Shueisha
Series
Common

レジリエンスの時代

再野生化する地球で、人類が生き抜くための大転換

ジェレミー・リフキン

柴田裕之 訳

集英社シリーズ・コモン

The Age of Resilience

Reimagining Existence on a Rewilding Earth
by Jeremy Rifkin

同胞たる生きとし生けるものたちに声を与えてくれたキャロル・L・グリューネワルトに捧げる

レジリエンスの時代　目次

第二部　地球の財産化と労働者の貧困化

序

ウイルスが次々に現れる。気候は温暖化を続ける。そして、地球は刻々と再野生化している（訳注　本書で著者は「再野生化（rewild）」という言葉を、主に、「人間の制御が及ばなくなり、猛威を振るう」といった意味で使っている）。私たちは長い間、自然界をヒトという種《しゅ》に無理やり適応させることができると考えてきた。それが今や、ヒトのほうが、予測不可能な自然界に適応せざるをえないという、不名誉な運命に直面している。周囲で起こっている大混乱に対して、私たちはなす術《すべ》もない。

私たち現生人類は、地球上で誕生から最も日が浅い哺乳類の種であり、わずか二〇万年の歴史しか持たない。私たちはその期間のほとんど——九五％以上——を、霊長類や哺乳類の仲間たちとおおむね同じように採集者や狩猟者として、大地の恵みに頼り、季節の移り変わりに適応しながら暮らしてきた。その間、地球そのものにはかすかな痕跡しか残さなかった。[*1] その後、何が変わったのか？　いったいどのような経緯で、私たちは収奪者になり、自然界を屈服させたのか？　そして、なぜ今やその自然の猛反撃に遭って放逐されかけているのか？

ここで一歩下がって、私たちの種の特別な宿命に関する、今や語り古された物語にしばらく目を向けてみよう。一七九四年、フランス革命の暗澹《あんたん》たる時代のさなか、哲学者ニコラ・ド・コンドルセは、叛逆罪《はんぎゃく》でギロチンにかけられるのを待つ間に、未来についての壮大な展望を、次のように書き記した。

「人間の能力の向上には、いかなる限界も定められてはおらず（中略）人間の完成への道はあくまで果てしない（中略）完成に向けたこの進歩は、今後それを妨げようとする、あらゆる力による制御も及ばず、自然が私たちを配した地球の寿命以外に際限を知らない」[*2]

コンドルセの約束手形は、後に「進歩の時代」と呼ばれるようになるものを存立させる基盤を提供した。人類の未来についてのコンドルセの展望は、今日では単純過ぎて笑止千万なものにすら思える。それでも進歩とは、古代からある考え方の、最新の生まれ変わりにすぎない。その考え方とは、私たちの種はこの地球を分かち合っている他の生き物とは出来が違う、というものだ。私たちは、ホモ・サピエンスが微生物の最初のわずかな兆しまで遡る祖先の集団から進化してきたことは渋々認めるものの、自分たちは別格だと考えたがる。

近代に入ると、私たちは神学的な世界のほとんどを投げ捨てたが、アダムとイヴに対する神の約束、すなわち彼らとその子孫が「海の魚、空の鳥、家畜、地のあらゆるもの、地を這《は》うあらゆるものを治め」[*3]ることになるという約束にはしがみつき続けた。宗教的な含みは抜きにせよ、依然として真剣に受け止められてきたその約束が、この惑星の生態系の崩壊を引き起こしたのだ。

無視できない変化が一つあるとすれば、それは、人類が支配権を握っていたためしがなく、自然の営為は思っていたよりもはるかに強力だと、私たちが気づき始めていることだ。地球上の生命を広く見渡したとき、今や私たちの種は、格段に小さく、些細《ささい》な存在にすぎないように感じられる。

あらゆる場所で人々が怯《おび》えている。全地球を呑み込んでいく恐ろしい破壊の波は、人間が引き起こしているという厳しい現実に、私たちは目覚めつつある。世界中で猛威を振るい、経済と生態系を損ねている洪水や旱魃《かんばつ》、森林火災、ハリケーンは、すべて人間のせいなのだ。これまで頼ってきた手段では容易に抑え込めず、人間には太刀打ちできない地球のさまざまな力が、すっかり根を下ろし、不吉な波紋を拡げていることを、私たちは感じている。人間という種も、その同胞たる生きとし生けるものたちも、そこに転落したら二度と戻れないような、環境面での奈落の際《きわ》に、じりじりと近づきつつあることを、私たちは悟り始めている。

そして、人間を原因とする気候変動が、地球上の生命を六度目の大量絶滅へと向かわせているという警告は、今や異端の説ではなく定説となった。至る所で警鐘が鳴らされている。政府の指導者も、経済界や金融界も、学界も、一般大衆も、これまでの私たちの生き方や、存在意義の解釈の仕方、命と安全を守ることの本質そのものを理解するうえで拠り所としてきた通念に、全面的に疑いを抱き始めている。

「進歩の時代」は事実上過ぎ去り、いわば適切な「検死」を待っているにすぎず、次のような新しい声があらゆる方面から、ますます大きく、断固とした調子で聞こえてきている。すなわち、私たち人類は何から何まで考え直す必要がある、世界観、経済の理解、統治の形態、時間と空間の概念、人間の最も基本的な欲求、地球との関係のすべてを、という声だ。

だがこれまでのところ、そうした議論は始まったばかりで、ろくに定義もされていない場合すらある。生活のあらゆる面を考え直すとは、実際のところいったいどういう意味なのか？一つ手掛かりがある。さまざまな形で投げ掛けられる疑問は、来るべき大混乱に、どう「適応」するか、だ。この疑問は、キッチンテーブルの周りや、私たちが働いたり遊んだり人生を送ったりする地元の地域で聞かれる。

そして、「レジリエンス」という言葉が、無数の場所で繰り返し聞かれる新しい決まり文句になった。この言葉は、目前に迫った危うい未来を生き抜くキーワードとなりつつある。「進歩の時代」は「レジリエンスの時代」に道を譲った。私たちの種の本質と、地上におけるその居場所を考え直すことが、新しい旅の出発点であり、その旅では、自然が教室だ。

「進歩の時代」から「レジリエンスの時代」への大変革は、私たちの種が周囲の世界を認識する方法の、大規模な哲学的・心理的再調整を、すでに引き起こしている。この変革の根本にあるのが、私たちの時間的志向と空間的志向の全面的な転換だ。

「進歩の時代」を終始導いてきた根本的な時間的志向は「効率」だった。すなわち、天然資源の収奪と消費と廃棄を最適化し、それによってより速く、より短い時間で、社会の物質的豊かさを増すことの追求だ。ただしそれには、自然そのものを枯渇させるという犠牲が伴うのだが。

個人の時間的志向と社会のテンポは、効率の追求という責務を軸にしている。それによって私たちは地球を支配する種として君臨するにいたったものの、今やそれが自然界の破壊の元凶と化している。

最近では、学究の世界や、企業の重役室や政府からさえも、これまで神聖視されてきた「効率」という価値観に異議を唱える声が上がり始めている。効率という価値観が社会のテンポをがっちりと握っているせいで、文字どおり私たちの命が奪われているというのだ。もしそうならば、私たちはどのように未来を考え直せばいいのか？

時間に関して、「進歩の時代」が効率と足並みを揃《そろ》えて進んできたのに対し、「レジリエンスの時代」は適応力と歩調を合わせる。効率という時間的志向から適応力へと乗り換えれば、それがいわば再入国許可証となり、私たちの種は、自然界からの分離と搾取から、地球を活気づけている多くの環境の力との再融合へと、回帰することができる。つまりそれは、ますます予測が難しくなっていく地球上で、人間の営為を再構築する節目となるのだ。

この再編は、経済生活と社会生活の営み方や、その測定・評価法にまつわる他の根深い思い込みに対して、すでに影響を及ぼしている。効率から適応力への転換は、生産性から再生性へ、成長から繁栄へ、所有からアクセスへ、売り手と買い手の市場からプロバイダーとユーザーのネットワークへ、直線的なプロセスからサイバネティックなプロセスへ、垂直統合型の「規模の経済」から水平統合型の「規模の経済」へ、中央集中型の価値連鎖《バリューチエーン》から分散型のバリューチエーンへ、複合企業《コングロマリット》から、流動的なコモンズでブロックチェーン化された、柔軟でハイテクの中小規模の協同組合へ、知的財産権からオープンソースとしての知識の共有へ、ゼロサム・ゲームからネットワーク効果へ、グローバル化からグローカル化へ、消費主義から生態系の保全と管理へ、国内総生産（GDP）から「生活の質の指標（QLI）」へ、「負の外部性」からサーキュラリティ（循環性）へ、地政学から生物圏政治へ、といったさまざまな転換に代表される劇的な変化を伴う（訳注「規模の経済」とは、生産規模や生産量の増大に伴う収益率の向上、スケール・メリットのこと。「バリューチェーン」とは、製品やサービスが生産されて顧客に届くまでに付加価値を生み出すプロセスの連鎖を指す。「外部性」については、三〇・五六・五七ページを参照のこと）。

世界をアナログの官僚制から地球全体を覆うデジタルのプラットフォームへと変えつつある第三次産業革命によって、この惑星に固有のインフラ（水圏、岩石圏、大気圏、生物圏）に私たちの種はかつてのように埋め込み直されている。この新しいインフラによって、人類全体が「工業の時代」の先へと進む。今、出現しつつある経済のパラダイムでは、二一世紀後半以降、「レジリエンスの時代」が本格化するにつれて、「工業の時代」の核心だった「金融資本」は、「生態系資本」が呼び水となる新しい経済秩序に取って代わられる可能性が高い。

驚くまでもないが、新しい時間の捉え方の浸透は、空間の捉え方の根本的な改変と並行して進む。「進歩の時代」には、空間は受動的な天然資源を意味し、統治は自然を財産として管理することと同義になった。だが「レジリエンスの時代」の空間は、この惑星のさまざまな圏から構成される。それらが相互作用して、進化する地球のプロセスやパターンやフローを確立しているからだ。
私たちはまた、人間や同胞の生き物たちの生命が、プロセスやパターンやフローとして存在していることを、ようやく理解し始めたところだ。私たちが互いに作用し自然界にも働き掛ける自律的な生き物であるという考え方は、科学的探究の最先端にいる新世代の物理学者や化学者や生物学者によって疑問視されている。彼らは、人間性の本質について、これまでとは異なる物語を見出し始めており、その過程で、人間には自律的な自己性があるという見方に異議を唱えている。
あらゆる生き物は、地球のさまざまな圏の延長だ。岩石圏の元素や鉱物や養分、水圏の水、大気圏の酸素は、原子や分子の形で私たちの中を絶えず流れており、私たちのＤＮＡに定められたとおりに、細胞や組織や臓器の中にとどまるものの、結局、人生を送る間にさまざまな間隔で途切れなく置き換えられる。意外かもしれないが、私たちの体を作り上げている組織や臓器は、一生のうちに絶え間なく入れ替わっている。たとえば骨格のほぼ全体が一〇年ほどですっかり新しくなる。人間の肝臓は、およそ三〇〇～五〇〇日ごとに一新され、胃壁の細胞は五日で新しいものに取って代わられる。そして、腸のパネート細胞は二〇日ごとに新しくなる。[*4] 厳密に物質的な視点に立てば、成人も一〇歳以下でしかない。[*5]
しかも、私たちの体は本人だけのものでさえなく、細菌やウイルス、原生生物、古細菌、真菌といった他の多くの生き物と共有されている。実際、人間の体内の細胞の過半数と、私たちを形作っているＤＮＡの大多数は、人間のものではなく、人体のありとあらゆる場所に生息する生き物たちのものだ。要するに、地球に存在する種と生態系は、人体との境界で止まることはなく、私たちの体に絶え間なく出入りしている。私たちの一人ひとりが、半透膜とも言えるのだ。文字どおりの意味でも比喩的にも、私たちはこの惑星の一部であり、それは、人類は自然から分離しているという、これまで大切にされてきた考え方をきっと打ち砕くことだろう。

自然界の流れから私たちが分離できないという事実は、それ以上に微妙な意味合いを持ち、また本質的なものでもある。他のあらゆる種と同じで、人間も多くの生物時計を備えており、それらが体内のリズムを、地球の自転や公転に伴う、ほぼ一日周期の概日《がいじつ》リズムや季節の移ろい、ほぼ一年周期の概年リズム、月の満ち欠けの周期に絶えず適応させている。あらゆる細胞や組織や臓器を縦横に貫き、地球にも浸透している内部と外部の電磁場の影響も見逃せない。私たちの遺伝子や細胞が集まって形を成し、体の機能を維持するためのパターンを確立するうえで、電磁場が決定的に重要な役割を果たしていることも、近年わかってきている。

私たちは骨の髄まで、この地球の一部なのだ。私たちの時間性が考え直されているのと同じで、種としての私たちの拡張された空間性について新たな理解が生まれ出てきているために、人間と同胞の生き物たちとの関係や、地球上での私たちの居場所も、再評価せざるをえなくなっている。

それに伴い、統治の本質や、社会的な生き物としての人間の捉え方について、新たな思考が生まれている。「レジリエンスの時代」には、統治というものが、天然資源の支配権から、地域の生態系の保全・管理へと移行する。そして、バイオリージョン（生命地域）統治は、今よりはるかに分散型になり、生物圏に適応して、その領域を保全・管理する責任を、地元のコミュニティが担うようになる。生物圏とは、生命が展開する地球の領域であり、岩石圏と水圏と大気圏を網羅し、一九㎞の厚みを持つ。

　文明化と自然への適応との間の壁が取り払われる、この非常に異なる世界では、最も公正で包摂的な統治モデルとして長らく高い評価を受けてきた代議制民主政治は、私たちの種の全員に求められる、自然への直接的な関与からはしだいにかけ離れたものとして認識されるようになる。若い世代が自らのバイオリージョンの統治に積極的に関与し始めるなかで、すでに、「代議制民主政治」は「分散型の対等者《ピア》政治」に少しずつ道を譲り始めている（訳注　「バイオリージョン」と「ピア政治」については、第一二章を参照のこと）。

　従来、市民は勤勉で効率的ではあるものの、統治に関しては傍観者であり、彼らの唯一の責務は、自らの利益を代表する限られた数の代議士の常連候補に投票することだった。だが代議士たちは、幕を開けつつある新しい時代には、自らのバイオリージョンの保全・管理に専心するピア主導の能動的な市民議会に、ある程度取って代わられる。これにはすでに先例がある。国民国家は伝統的に、市民陪審制を確立し、市民を招集して刑事裁判や民事裁判でピアの有罪あるいは無罪を評価させてきた。

　これらは、私たちの種が「進歩の時代」から「レジリエンスの時代」への歴史的転換をするなかで、今ようやく生じてきたわずかな進展にすぎない。生命力にあふれる地球は、計り知れない形で進化しており、私たちは生き延びて繁栄したければ、それに適応する必要があるのだが、そうした地球で自らの主体性の感覚を考え直すにつれて、他の進展も見られるだろう。

ここからは、人類の最初の祖先が直立歩行を始め、アフリカの大地溝帯から開けたサバンナへと冒険の旅に出て、そこから諸大陸に拡がって以来の道のりをたどることにしよう。

人類は、この世界の卓越した徒歩旅行者であり、日々の生活の糧以上のものを探し求めてきた。私たちの中には、何かもっと深く、満足し切れないものが渦巻いており、その感覚は他のどんな生き物にも見られない。そう認めようと認めまいと、私たちは自らの存在意義の絶え間ない探求の途にある。その探求心こそが私たちを突き動かしているのだ。

だが、この旅のどこかで、私たちは道を見失った。人類は、地球上に存在してきた期間のほとんどで、他のすべての種と同様、周りで展開する、より大きな自然の力に絶えず適応する方法を見つけてきた。やがて今から一万年前、氷河期が終わって、「完新世《かんしんせい》」と呼ばれる温暖な気候の時代が訪れると、私たちはじつに独創的な新しい方向に進路を転じ、自然に対して人間に適応することを強いた。五〇〇〇年前に灌漑《かんがい》農業帝国が台頭し、その後、中世後期と近代にプロト産業革命と産業革命が起こり、これが文明と呼ばれるようになる。こうして私たちの旅は、自然界の支配の拡大が特徴となった。そして今、私たちの成功――仮にそれを成功と呼べるなら、だが――は、驚くべき統計で示すことができる。ホモ・サピエンスは地球の全バイオマス（生物量）の一％に満たないにもかかわらず、二〇〇五年には光合成の純一次生産量の二四％を使っており、現在のペースでいけば、二〇五〇年には四四％を使い、地球上の他の生き物には五六％しか残さない可能性が見込まれる。[*6] これではは明らかに持続不可能だ。人類全体が、生命の標準から大きく外れ、今や同胞の生き物たちを道連れにして、新たに始まった「人新世《じんしんせい》」の巨大な地質学的墓場へと向かっている。[*7]

皮肉にも、私たちの種は同胞の生き物たちとは違い、二つの顔を持っている。仮に私たちが地球を台無しにする種だとしても、地球を癒《い》やす可能性も秘めている。幸いにも神経回路に、共感的な衝動という特別な資質が組み込まれているからだ。この資質は可塑性を備えており、無限に拡大できることが証明されている。この稀《まれ》で貴重な特質は、進化の過程で登場したものの、何度となく後退しては再浮上し、そのたびに、新たな高みに到達し、また後戻りしてきた。近年、若い世代はこの共感的な衝動を、私たちの種の枠を超えて、同胞の生き物たちにまで示し始めた。それらの生き物もみな、私たちの進化上の家族の一員だからだ。この共感は生物学者が「生命愛（バイオフィリア）の意識」と呼ぶもので、新たな前途の有望な兆しだ。

人類学者たちによれば、私たちは抜群に適応性が高い種だという。問題は、この決定的な特質を活かし、自然がどこへ私たちを導こうと、謙虚な気持ちやマインドフルネスや批判的思考を持って自然の懐に飛び込み、再び同化していけるかどうか、だ。それができれば、私たちの種と生物学的な拡大家族を、再び繁栄させることが可能になる。自然を人類に適応させるのをやめて、元どおり人類を自然に適応させるという大転換にあたっては、伝統的なベーコン哲学に基づく科学的探究を断念する必要がある。あわせて、自然の秘密を苦労して手に入れたり、地球を人類だけが消費するための資源や産物と見なしたりすることに重点を置くのをやめなくてはならない。そして今度は、根本的に新しい科学的パラダイムの導入が求められる。新しい世代の科学者が「複雑で適応的な社会・生態系（CASES：complex adaptive social/ecological systems）」のモデル化と呼ぶパラダイムだ。科学へのこの新しいアプローチは、自然を「資源」ではなく「生命の源」として見て、地球を自己組織化・自己進化する複雑なシステム（複雑系）として捉える。その複雑なシステムがたどる道筋は、究極的には事前に知ることができないものであるため、無理に先手を打つのではなく、見込みを立てて用心深く適応する科学が必要とされる。

再野生化する地球が、私たちの気概を試そうとしている。はたして人類にはこの難題に一丸となって立ち向かう気概があるだろうか？「レジリエンスの時代」に私たちが出発した旅が、新たなエデンの園へとぜひ行き着いてほしいものだ。ただし、そのエデンの園で、今回は人間が他の生物の支配者として振る舞うのではなく、この地球上の生きとし生けるものたちの仲間として存在し、地球という故郷を分かち合わなくてはならないのだ。

第 一 部

効率 vs. エントロピー

——近代の弁証法

第一章　マスクと人工呼吸器とトイレットペーパー
——適応力は効率に優る

ビジネス界では誰もが知っている一節がある。それは、「進歩の時代」に私たちが自らをどう定義するようになったかの背景にある精神を捉えたものだ。近代的な経済学者の草分けで、経済学の父と呼ばれるアダム・スミスは、著書『国富論』に、今や不滅のものとなった以下の言葉を記した。それは、これまで人間性の本質と考えられてきたものを言い当てており、過去二世紀にわたって、歴代の世代に信奉されてきた。

各自が、額の多寡にかかわらず自らの自由にできる資本の最も有利な使途を見つけ出そうと、絶えず努力している。実際、本人の眼中にあるのは、自らの利益であって社会の利益ではない。しかしながら、自らの利益を探求することで、自然に、あるいはむしろ必然的に、社会に最も大きな利益をもたらす使途を本人が選択することになる。（中略）それぞれ自らを利することのみを意図しているのだが、そうするなかで、他の多くの場合と同様、見えざる手に導かれ、自らの意図にはまったく含まれぬ目的の達成を促進する。（中略）各人は、自らの利益を追求すれば、実際に社会の利益の促進を意図しているときよりも、それを**効果的**に促進できることが多いからだ。[*1]

スミスは「効果的」という言葉を、「効率的」という言葉と事実上同義と捉え、効率的であることは「ホモ・エコノミクス（経済的なヒト）」が目指し、社会が傾注する目標にほかならないと考えていた。

二〇二一年五月一四日、「ニューヨーク・タイムズ」紙は「あなたの自動車もトースターも、洗濯機さえも、『それ』なしでは機能しない。しかも、世界的な品不足が起こっている」という思わせぶりな題の寄稿記事を掲載した。[*2] 書き手はエコノミストのアレックス・T・ウィリアムズだ。

記事の内容は、過去二世紀にわたって私たちが商業活動の土台としてきた経済秩序を自己崩壊させ解体させるほどの規模の、経済的混乱と激変を先取りしたものだった。この記事には、その経済秩序に取って代わる可能性が高い種類のシステムのかすかな手掛かりが埋もれている。記事は穏やかに始まり、「サプライチェーン（供給網）において半導体が世界的に不足していること」を指摘する。半導体とは、デジタル化されたスマート世界を構成する無数のプロセスや工業製品に埋め込まれた微小なマイクロチップのことだ。半導体は、五〇〇〇億ドル規模の産業だ。この不足という問題がどれほど深刻かを理解するために、フォーチュン500（訳注「フォーチュン」誌が選ぶアメリカの企業総収入上位500社）に入っているフォード・モーター一社に焦点を絞ろう。同社は、自社の自動車の製造とメカニズムに使われる半導体の昨今の不足のせいで、その後一年間に二五億ドルの減益を見込まざるをえなくなったことを発表した。[*3]こうした損失を、医療機器から送電線まで、半導体に依存しているグローバル経済全般に拡大すれば、この危機の深刻さが見えてくる。

舞台裏では、ジョー・バイデン大統領がフォード・モーターとグーグルの重役たちとハイレベルの会議を行ない、大半が国外で製造されている半導体の不足がもたらす経済への悪影響と国家安全保障上のリスクを検討した。そして、ベライゾン、クアルコム、インテル、エヌビディアなど、他の巨大テクノロジー企業の重役たちが業界連合を結成し、半導体の研究開発の資金援助と、アメリカ国内での半導体製造施設建設の資金負担を、連邦政府が緊急に行なうように圧力をかけた。この業界連合は、アメリカ経済を停止させかねない半導体関連の不足と国家安全保障上のリスクを挙げて、連邦政府のインフラ計画案に、手始めに五〇〇億ドルという巨額の資金が計上されることを望んでいる。

この問題は、グローバル・サプライチェーンのただの短期的な停止にとどまらない。「ニューヨーク・タイムズ」紙の記事を読み進めると、二つのキーワードに行き当たる。「効率」と「レジリエンス」だ。両者はまさにこの危機の本質を衝き、さらには資本主義そのものが抱える根本的な矛盾にさえ直結している――「効率」と「レジリエンス」との避けようのないトレードオフこそがその矛盾だ。

複雑な構造を持つ半導体を生産する巨大な製造施設を建設するのには莫大な費用がかかるので、利益率が下がる。緊急時に稼働する必要があるかもしれないシステムの高コストのバッファーやその他の冗長性を排除した、いわゆる「無駄のない《リーン》ロジスティクスとリーン・サプライチェーン」や「リーン製造過程」に投資して上位に上り詰めたのは、きわめて効率的なほんの一握りの企業だけだ。冗長性の例としては、過剰在庫の保管、ただちに稼働できるバックアップ用製造施設の用意、製造ラインのどこで中断が起ころうと、素早く配置できる予備の人員の維持、ロジスティクス・システムの中断や遅れを避けるための代替サプライチェーンの選択肢を確保が挙げられる。

こうした追加の措置のせいで、業務効率が低下し、収益が落ちる。そのため、このようなバックアップの類《たぐい》は、経営陣や株主から敬遠される。マージンや利益が減るからだ。その結果、半導体市場にはごく少数の巨大企業しか残っておらず、それらが業界を支配している。そうした業界大手は、リーン・ロジスティクスとリーン製造過程によって業務全般のコストを削減し、競争を生き延びてきた。その結果、しだいに「効率的」にはなったが、それと引き換えに「レジリエンス」を失い、想定外の出来事に対して脆弱《ぜいじゃく》になった。ウィリアムズはこの明らかな落とし穴を指摘し、「たとえば、自然災害で工場が機能しなくなったときに、そこで製造するはずだった分の半導体を埋め合わせる供給体制がないならば、そのような超効率的で超リーンな工場に意味などないのではないか？」と問う。[*4] 要するに、効率の追求が幅を利かせているが、それはレジリエンスを犠牲にしてのことなのだ。

半導体不足は、エスカレートする天災や人災の後で、経済のレジリエンスに世間が疑問を持った最初の出来事ではない。資本主義システムに欠陥があるかもしれないことが、初めて唐突に認識されたのは、二〇二〇年の春だった。各国は生命を脅かす新型コロナウイルス感染症の急速な拡大に不意を衝かれ、肝を潰した。医療施設はこのパンデミックに対する備えができていなかったし、国民は自らを守る手立ても、家族のニーズを満たすだけの手段もないまま、ウイルスにさらされた。

二〇二〇年三月には、「ウォール・ストリート・ジャーナル」紙のウィリアム・ガルストン（ビル・クリントン元大統領の次官補代理だった）が書いた意見記事がきっかけで、経済にまつわる激しい議論が湧き起こった。記事の前置きには、「効率だけが経済の美徳ではない」とあった。ガルストンは、新型コロナウイルスのパンデミックの経済的影響についてずっと考えてきた、と述べている。パンデミックの悪影響は心配だが、このパンデミックには、衝撃的な驚きが続いた。アメリカは、必要とされる対応の準備がまったくできていなかったのだ。毎晩のニュースで、知事や医療専門家や一般大衆が、N95マスクや個人用防護具や人工呼吸器などはどこにあるのか、と問うていた。抗菌石鹼《せっけん》ばかりか、トイレットペーパーその他の基本的な生活必需品まで不足しているのはなぜなのか、と。

効率主義を否定する風潮

一〇〇年に一度の健康危機に際して、アメリカ国民の最も基本的なニーズさえ満たせないグローバルな経済システムには、どこか歪《ゆが》みがあるようにガルストンには思えた。そこで彼は、テレビのコマーシャル画面の裏に隠されていた疑問――現代の資本主義を支えつつも伏せられてきた外聞の悪い秘密についての疑問――を投げ掛けた。「何十年にもわたってアメリカのビジネスにおける思考を支配してきた、効率の飽くなき追求のせいで、グローバルな経済システムが衝撃に対して脆弱になっているのだとしたらどうだろう?」[*5]。世界には、人件費の削減と環境保護の手順をないがしろにすることで、効率的な「規模の経済」を生み出せる地域がある。それを最も行ないやすい地域へと、日常生活に必要なモノやサービスの生産を分散させることに、グローバル化の成功そのものがかかっている、とガルストンは指摘している。でき上がった製品は、コンテナ船や航空貨物便でアメリカや世界の隅々にまで運ばれる。

グローバル化によって実現する効率は「トレードオフ」であり、それが「避けられない」ことは承知している、とガルストンは認めながらも、その必然的結果として「効率が向上するにつれ、レジリエンスが低下した」と言う。そして彼は、ビジネス界の読者に次のように警告して締めくくった。「効率は、競争優位性の主要な源泉であり続けている。だが、効率の向上をひたすら追求していると、個々の市場関係者が下す決定が全体として生み出すレジリエンスという公共の利益の供給量は、最適ではなくなる」[*6]。それは、ビジネス界には受け容れ難いメッセージだった。なにしろ、グローバルな資本主義システムにおける効率は、これ以上ないほど素晴らしいものとして長年売り込まれてきたのであり、ガルストンはその効率の、否定しようのない欠点に注意を促すことで、現代社会の営みが拠って立つシステム全体のアキレス腱《けん》を踏みつけたわけだ。
威嚇射撃を行なったのがガルストンの記事だけだったなら、人目を引くことはなかったかもしれない。だが、ほんの一か月余り後の四月二〇日、保守派の政治家で共和党指導者の一人であるマルコ・ルビオ上院議員が同調し、「ニューヨーク・タイムズ」紙掲載の「私たちはよりレジリエントなアメリカ経済を必要としている」と題する意見記事で、資本主義システムの心臓部を狙った第二の正面攻撃を行なった。ルビオのほうがなおさら攻撃的な姿勢を取り、「過去数十年間、我が国の政治・経済の指導者は、民主党員であれ共和党員であれ、どのような社会を構築するかという選択をしてきたが、彼らが選んだのは、レジリエンスよりも経済的効率を、実体経済への投資よりも金銭的利益を、公益よりも個人の富裕化を重んじることだった」と警告した。[*7]
アメリカのビジネス界が製造拠点を開発途上国へと移転させる一方で、金融とサービスを基盤とする経済の構築に注力してきたことを、ルビオは非難した。アメリカのビジネス界はこうして「史上有数の効率的な経済エンジンを作り上げた」けれども、それは「レジリエンスを欠いている」と彼は書き、そのために、「危機に直面したときに壊滅的な結果を招きうる」ことを指摘する。そしてルビオは、より深く、より哲学的な観点から、次のように主張した。この国を世界の輝かしい導き手にしたアメリカのレジリエンス精神の再生を追求することで、「超個人主義的なエトス」から生じる問題に真剣に取り組む必要がある。[*8]
アメリカがもともと持っていたレジリエンスを犠牲にして、効率化に熱をあげてきたというガルストンとルビオの記事のような批判は、このときすでに表に出てきつつあった。ただ、アメリカの経済と社会に与えていた害は、それまでほとんどの国民には現実味がなく、それを初めて人々が実感したのは、新型コロナのパンデミックが始まって以来の数か月間に、スーパーマーケットや薬局の棚が空になっているのを目の当たりにしたときだった。

コロナ禍以前にも、資本主義のエスタブリッシュメント（既成勢力）の深奥から疑問の声は上がっていた。二〇一九年一月、「ハーバード・ビジネス・レビュー」誌は、「効率の高価な代償」という、物議を醸す題の長い論説を掲載した。書いたのは、トロント大学ロットマン経営大学院の元学長ロジャー・マーティンだ。この論説は、ある難問とともに発表されたシリーズの一部だった。その難問とは、「アダム・スミス以来、ビジネス思想家たちは、これまで断固として、無駄の排除を経営の聖杯と見なしてきた。だが、効率追求の弊害が、その恩恵を帳消しにするとしたらどうなるのか?」[*9]だ。マーティンは、他の人々と同様に経営学という高尚な世界に身を置くが、この学問の二五〇年の歴史上初めて前に進み出て、彼らの領域の定説に異議を唱えているのだ。新古典派経済学、そして最近では新自由主義経済学の要《かなめ》である効率の決定的な重要性を、懐疑派が気づきそこねないように、マーティンは次のように整理している。

効率の純粋な美点は、けっして輝きを失ってはいない。それは、貿易をより効率的にすることを目指す、世界貿易機関（ＷＴＯ）のような国際機関で体現されている。貿易と外国直接投資の自由化や、効率的な形態の課税、規制緩和、民営化、透明性の高い資本市場、均衡予算、浪費を抑える政府といった形で、ワシントン・コンセンサスに組み込まれている。そして、地球上のすべてのビジネススクールの教室で奨励されている。[*10]

マーティンは効率に固執する資本主義を批判するにあたって、別の道筋を選んでいる。彼は次のように主張した。テクノロジーが新たに飛躍的発展を遂げると、それに伴って起業の機会も生まれる。そのような発展の初期には、先導者たちが、自らの潜在的なバリューチェーンの全般にわたって効率を上げ、そのバリューチェーンを業務の中へと垂直統合して「規模の経済」を生み出すことによって、新興市場の潜在力を素早く支配下に置くことができる。だが、先行して市場をリードするようになると、大急ぎで首位を目指していたときに予期していなかった「負の外部性」が生じるのだ（訳注　「負の外部性」とは、生産や消費によって、第三者や環境などに及ぶ負の影響）。

マーティンは、世界のアーモンド市場のほぼ全体を支配する数社の例を挙げる。アーモンド産業が徐々に成長していた当時、カリフォルニア州のセントラルヴァレーは「アーモンド栽培に最適」と考えられた。そして、現在では世界のアーモンドの八割以上がこの地域で生産される。[*11]

あいにく、理想的な気象パターンを理由にアーモンドの生産を一か所に集中させた結果、予期せぬ環境要因に出くわした。カリフォルニア州で開花したアーモンドは、受粉できる期間がごく限られており、アメリカ全土からこの地域へミツバチの巣箱を運んでこなければならない。

ところが近年、ミツバチの数が激減している。二〇一八年から翌年にかけての冬の間だけで、アメリカの養蜂業者が飼っているミツバチの三分の一以上が死んでしまった——これは記録的な数だった。[*12] ミツバチが死滅した環境面での原因については諸説があるが、アーモンド産業の単一栽培は、当初こそ効率的だったものの、外的影響に脆弱で、レジリエンスが低いことがわかったのだ。

マーティンは言及していなかったが、アーモンドの木は、大量の水も消費する。アーモンドを生産するのに一粒当たり一ガロンの水が必要とされる（訳注　一ガロンは約三・八L）。それが積もりに積もって、毎年カリフォルニア州の農業で消費される水全体のほぼ一割が、セントラルヴァレーで栽培されるアーモンドの木の渇きを癒やすために使われる。これは、ロサンジェルスとサンフランシスコの全人口が一年間に消費する水よりも多い。[*13]

さらに、かつて肥沃だったセントラルヴァレーは、気候変動のせいで旱魃に見舞われるようになり、アーモンドの果樹園を設けるうえでは非常に効率的だった地域の将来が脅かされているため、事態はいっそう深刻だ。世界で取り引きされるアーモンドの八割を生み出す木々を一か所で栽培することから得られる短期的な効率性は、この業界が考えていなかった環境からの予想外の脅威にさらされてしまった。莫大な利益を生む事業と見られていたこのアーモンド栽培は、レジリエンスが低いことが判明したのだった。[*14] 営利事業として単一栽培を行なう——アーモンドをすべて一か所に集約する——と、効率的ではあるものの、将来の未知の出来事に対して、十分なレジリエンスを欠くことになるというのが、この事例の教訓だ。

産業資本主義の破綻

効率が時間的な価値であるのにひきかえ、レジリエンスは状態だ。たしかに効率を高めればレジリエンスを損なうことが多いが、その対抗策の役割を果たす時間的価値は、さらなる効率化ではなく適応力なのだ。地球は自己組織化する系《システム》のように振る舞い、そこではあらゆる生命体が、この惑星のエネルギーの流れやさまざまな圏の進化に、刻々と適応していることに、私たちは過去半世紀ほどで気づくようになった。適応力は、東洋の宗教と哲学に特有の自然界の「調和」の概念とよく似ている。

効率化とは、摩擦を取り除くことであり、経済活動の速度を落としたり最適化を遅らせたりしかねない冗長性を排除することの婉曲《えんきょく》表現だ。ところがレジリエンスとは、少なくとも自然界では、冗長性と多様性に尽きる。たとえば、特定の穀物品種の単一栽培は、成熟までの速度の点では効率的だが、その単一の品種が疫病に襲われると、その損失は取り戻せない可能性がある。

資本主義の理論や実践の要として長年喧伝《けんでん》されてきた効率性だが、経済や社会のリスクとそれに伴う脆弱性を増大させ、私たちの集団的なレジリエンスを低下させるという大きな欠点があることに、経済界やビジネススクールは気がついた。それは唐突な発見だったが、そうとわかった以上、私たちはどう進んでいくべきかを真剣に考え直さなければならない。

効率に執着することに問題が生じ始めたのだとしたら、効率と対を成し、私たちの経済が命脈を保つもう一方の拠り所としている生産性はどうしたらいいのか？　効率は時間的な価値であるのに対して、生産性は、投入されたインプットによって生産されるアウトプットの単純な割合であり、特に、テクノロジーと関連し、革新的なビジネス手法に伴うもののことを指す。効率と生産性はどちらも、純粋に直線的なプロセスであり、時間の面で生産チェーンと市場交換の場に限定されており、モノが交換されたりサービスが提供されたりした瞬間以外に及ぶ有害な副作用にはほとんど注意を払わず、その責任も引き受けない。だが当然ながら、効率と生産性の向上によって生み出される、まさにこうした非常に有害な「負の外部性」を否定することで、企業は利益を増やせるのだ。

生体システムは、それとはまったく異なる稼働体制で組織されている。生体システムの時間的な特徴は効率ではなく適応力であり、生産性ではなく再生力が性能の指標だ。あらゆる生物と生態系において、適応力と再生力は切っても切れない関係にある。たとえば、生物学におけるオートファジーという過程を考えてみよう。

大隅良典《おおすみよしのり》は一九四五年生まれの日本の分子細胞生物学者で、オートファジーの研究に生涯を捧げてきた。「オートファジー」という用語は、ギリシア語で「自食」を意味する言葉に由来する。オートファジーは、細胞の廃棄物処理システムだ。このプロセスによって、「細胞のゴミが捕獲され、オートファゴソームと呼ばれる袋状の膜に閉じ込められ（中略）リソソームと呼ばれる別の構造へと運ばれる」。生物学者たちは長らく、リソソームはただの「細胞のゴミ箱」で、ほとんど何の重要性も持たないと考えていた。人間社会が、ゴミの投棄場や埋め立て地をどのように見るようになったかということと、ちょうど同じだ。[*15] だが、やがて大隅は、オートファジーが生命体のリサイクル・メカニズムであることを発見した。細胞の構成要素の屑《くず》が回収され、その中からまだ使える部分が取り出されて、エネルギーが生成されたり新たな細胞が作られたりする。大隅はこの功績によって、二〇一六年にノーベル生理学・医学賞を受賞した。[*16]

オートファジーは、生物の中に深く埋め込まれているプロセスやパターンのうち、私たちの経済生活の理解を再構築するのに役立っている多くの例の一つにすぎない。近年、経済のほぼすべての部門で、生体システム内の再生活動を模倣して、採取から生産、貯蔵、ロジスティクス、消費に至るまで、経済プロセスのあらゆる段階に「サーキュラリティ（循環性）」（リサイクルを意味するビジネス用語）を組み込むことが流行している。これによって、廃棄物とされてきたものがほとんど失われず、再生を通して何度も利用され、今の世代と将来の世代への環境面でのつけが最小化される、比較的閉じたループが完成する。

新型コロナの感染が拡大していくなかで、サプライチェーンとロジスティクスと緩衝在庫の崩壊が起こり、世界に不意討ちを食らわせた。効率vs.適応力と生産性vs.再生力についての議論は、そうした崩壊をきっかけとして巻き起こった一時的なものにすぎないのか？　それとも、本質的にもっと深い議論が根を張りつつあるのか？　私がペンシルヴェニア大学ウォートン・スクールの学生だった一九六〇年代と、後にウォートン経営幹部教育プログラム、特に上級管理職プログラムで教えていた一九九五〜二〇一〇年には、効率化と進歩の欠点の問題に議論が及んだことは、記憶の限りでは一度もなかった。まして、適応力とレジリエンスに焦点を当てた反経済的な物語を熱く語り合うことなど、けっしてなかった。

何が変わったかといえば、それは、深刻さを増す一方の危機が続発していることだ。わずか過去二〇年ほどの間に、以下のような出来事が起こった。テロリストが二〇〇一年九月一一日に世界貿易センタービルを攻撃するとともに、世界中でテロリストの下部組織と活動が急速に増えた。二〇〇八年には世界経済が崩壊し、いわゆる「グレート・リセッション（大不況）」が起こった。金融業界とビジネス界のグローバルなエリート層が台頭し、世界各地の労働者の貧困化が進み、格差が拡大した。極右やポピュリズム（大衆迎合主義）やファシストの政治運動が盛んになった。独裁者による支配が拡がり、民主的な統治への信頼は失われた。これらの危機はどれも、人間の文明を揺るがしかねない。だが、そうした危機すら影が薄くなるような、さらに巨大な危機が二つある。パンデミックと気候の温暖化だ。グローバルなパンデミックは、大規模化しながらしだいに短い間隔で発生するようになっている。加速する気候の温暖化は、私たちの種を同胞の生き物たちもろとも六度目の大量絶滅へと向かわせている。

この二つにかろうじて匹敵する規模と範囲の危機を私たちの種が最後に経験したのは、七世紀前の中世後期のヨーロッパでペスト（黒死病）が流行したときだった。一三四八年に大流行が始まり、その後数百年にわたって急な再発を繰り返したこの病気は、ヨーロッパ全土とアジアの一部を荒廃させ、ユーラシア大陸全体で推定七五〇〇万〜二億人の死者を出した。[*17] 社会が混乱し、政治が揺らぎ、カトリック教会の統治とそれに伴う世界観への大規模な幻滅が起こった。それまで一〇〇〇年以上もの長い間、教会が提示する物語が信者に慰めを与え、西洋文明の進路を決めてきた。キリストの話や、教会による救済と永遠の命という約束は、強力な物語であり、西洋世界全体で受け容れられていたが、結局は、エルシニア・ペスティス（ペスト菌）という裸眼では見えない微小な細菌の敵ではなかった。

この修羅場から新たな包括的世界観とそれに付随する物語が現れ出てくるのと同時に、統治の形態や、経済生活と社会生活の構成の仕方も改まった。このように文明が新たに秩序化され、ヨーロッパとアメリカが、そして最終的には世界の残りの国々も、「進歩の時代」という、緩やかに定義されたモチーフの下で、近代へと進んでいくことになる。

「進歩の時代」が何を意味するかは、人それぞれであり、民主的な統治の興隆、個人の自由の拡大、長寿化、人権の拡張などがそれに含まれてきた。だが、この新しい物語の核心は、市場を基盤とする資本主義経済で科学とテクノロジーを活用して、人類の物質的な豊かさを増進させることだ。

中世から近代へのパラダイムシフトの要となったのが、人間の境遇を完全なものにするという約束だ。だがこのパラダイムシフトでその約束を実現する責務を担うのは、科学の驚異と数学の厳密さや、生活を楽にする新しい実用的なテクノロジー、社会の経済的な豊かさを増すうえでの資本主義市場の魅力だった。これら三つの要因が、「進歩の時代」の礎石だ。それらを結びつけているのが効率という要素であり、効率化は、あらゆる個人やコミュニティ、経済と社会全体の時間的志向と空間的志向を構成する、比類なく近代的な方法だ。この効率という言葉は、常時あまりに広く使われているので、話題に上ることはほとんどなく、疑問視されることも稀だが、それでも、地上の楽園を生み出すことを願って時間を節約し、空間を収奪する手段として、普遍的に支持されている。

　効率は、近代の時間的原動力だ。効率は時間の使い方の優先順位を変え、ひいては空間の使用法も変える。時間の使い方の陰には、ある前提が潜んでいる。すなわち、効率的であれば時間を節約し、積み上げ、購入し、延長することができ、それにより個人にとって、さらには社会にとっても、使える時間が長くなる、という前提だ。個人や機関やコミュニティは、効率的になればなるほど、未来が延長され、「ある程度」の不死に少し近づけたという確信を強める。現代科学が台頭し、テクノロジーが際限なく高度になり、市場資本主義が普及するにつれ、この新しい三位一体《さんみいったい》が、父と子と聖霊という従来の三位一体に取って代わった。そして、さらには効率が「進歩の時代」の新しい神として、長い間、森羅万象の第一動者と見られてきた従来の神に取って代わることになった。

第二章　テイラー主義と熱力学の法則

映画ファンなら、二〇世紀の傑出した喜劇俳優チャールズ・チャップリンの代表作『独裁者』と『モダン・タイムス』はお馴染みのはずだ。前者でチャップリンがアドルフ・ヒトラーをもじっていることはご承知だろうが、後者も二〇世紀に重大な影響を及ぼした有名な人物のパロディであることは知らないかもしれない。『モダン・タイムス』では、チャップリン（リトル・トランプ）は組み立てラインで働く工場労働者であり、スパナでナットを締めるのが仕事だ。ところが、経営陣が決める作業ペースがしだいに加速し、彼はそれに遅れまいとして必死に手を速めるものの、歯車に巻き込まれ、工場全体を大混乱に陥れる。[*1] パロディにされたもう一人の人物とは、フレデリック・W・テイラーで、効率という金科玉条、いわば「効率化という福《ふく》音《いん》」の生みの親だ。

フレデリック・テイラーは、一八五六年にフィラデルフィアの裕福なクエーカー教徒の家庭に生まれた。そして、ニューハンプシャー州エクセターの名門校フィリップス・エクセター・

アカデミーで学んだ。機械工学の学位を取得した後、いくつかの企業で管理職に就いた。なかでも有名なのが、ベスレヘム・スティール社だ。彼は後に、ダートマス大学タック・スクール・オブ・ビジネスで教鞭を執り、一九〇六年にはアメリカ機械学会の会長に就任した。一九一一年に刊行した『科学的管理法』（有賀裕子訳、ダイヤモンド社、二〇〇九年、他）は、現代文明の核心に効率を埋め込むうえでのバイブルとなる。

テイラーは、生産過程のあらゆる段階であらゆる労働者のあらゆる動きを経営陣が確実に制御する、分業システムを考案した。やがてテイラー主義として知られるようになる彼のシステムは、一つの絶対的な原則に基づいていた。経営と計画立案を、工場の現場における職務の遂行と切り離したうえで、さらに、業務全般をいっそう単純な職務の下位区分へと分割して、それらを協働させ、生産過程の効率を上げるというのが、その原理だ。

生産過程全体における各労働者の分担は、単純で反復可能な一つの業務に絞り込み、事細かに記された指示書に従わせる。現場の監督者たちには訓練を施し、労働者の動作や動きのそれぞれにかかる時間をストップウォッチで計って分析し、労働者の反応時間が長くなるような無駄な振る舞いを取り除くようにさせた。それから、各労働者の動きを調整し、反応時間を縮め、精度を高めた。目的は、業務を完了させるための最適な状況下での、最短時間を見極め、それを効率向上のための基準にすることだった。作業能率を落としかねないような、動作のわずかな変化も正されることが多かった。それにより業務から削ぎ落とせる無駄な時間が、ほんの数秒しかない場合もあったのだが。

労働者の作業は標準化され、各人の行動性癖が取り除かれ、そうして確保された労働環境では、労働者と彼らが扱う機械との区別がつかないほどだった。工場の現場のあらゆる要素が、科学的に管理された巨大な機械の部品と見なされ、その巨大機械の性能は効率向上の観点から絶えず測定され、その価値は費用便益分析によって計算されるのだった。

「効率化という福音」

結局のところ、工場の現場での提案は、二〇世紀初めの社会環境全般でテイラーの効率普及活動を進めるための足掛かりにすぎなかった。テイラーの示した物語が秀逸なのは、それが科学と結びつけられていた点だ。そのおかげで正当性が与えられ、教育を受けた中間層が簡単に理解できるようになるとともに、もともと機械の性能に結びつけられていた工学の用語である「効率」という言葉を使ったために、その物語が生活のあらゆる面に当てはまることを示唆できた。当時は、「機械の時代」を迎えていた。電話、発電機、電気、電気照明、自動車、飛行機、超高層ビル、ラジオ、映画、自動組み立てライン、電化製品など、新しい発明が猛烈な勢いで次々に市場に投入されていた。

一九世紀末から二〇世紀前半にかけて、アメリカその他で大規模な国際博覧会が次々に開催された。一八九三年のシカゴ万国博覧会を皮切りに、一九三九年のニューヨーク万国博覧会で盛り上がりが最高潮に達するなか、何百万という家族が見に出掛け、近代科学と新しい効率的な商業によって実現間近まで来たユートピア世界を経験した。一般大衆が作り出し、そこで暮らすことになる未来へと、彼らを引き入れるように、あらゆる展示が企画されていた。

この新しい世界観を一般大衆に教え込む出発点として、家庭ほどふさわしい場所が他にあるだろうか？　大衆雑誌には、女性たちに「進歩的になって効率向上運動に加わる」よう乞い求める記事があふれた。それらの記事は、女性の良心に訴える一方で、彼女たちを遠慮なく叱りつけもした。中間層の母親たちは、仕事で「頑張り続ける」のをやめるように諭された。家庭は「国民を生産する大切な工場の一部」であることを忘れないように、というわけだ。[*2] アメリカの家政学者クリスティン・フレデリックは、人気雑誌の「レディーズ・ホーム・ジャーナル」に記事を発表し、主婦たちにもっと科学的に考えて効率的に家事に当たるよう促した。「じつは自分が洗い物のときだけで八〇も誤った動きをしているのに、長年気づきませんでした。仕分けしたり、拭いたり、片づけたりするときの、誤った動きを数に入れなくても、こんなにあったのです」と、フレデリックは告白している。[*3] 彼女はアメリカの主婦たちに、「どれが効率的な動きで、どれが不要な動きや非効率な動きであるかを見分ける」ために、標準的な食器洗いの手順を採用するように訴えた。[*4]

家庭の活動を調べるために、「家事実験ステーション」が設置された。家事のそれぞれを行なうのに最適な動きと時間を突き止め、家事を切り盛りする人を訓練して「家政工学の原理」を身につけさせるために、時間と動きの研究が行なわれた。[*5] こうして、効率普及活動が本格的に始まった。「家庭は（中略）機械化され、システム化され」、効率向上に向けて最適化される「ことになった」[*6]

家庭は、社会全体にテイラー主義を導入する足掛かりだったが、効率化実現のための教師、案内役、仲裁者、執行者となったのは、学校制度だった。科学的経営の原理を利用して、工場に似せて作り変えられた学校は、子供たちをテイラー主義の小さな信奉者に仕立て、「明日の世界」で彼らを待ち受ける機会と課題に備えさせた。

台頭中の産業システムにおいては、科学的経営の原理を使って効率を向上させ、生産性を上げ、経済的豊かさを生み出すのが第一の任務だったが、そうした産業システムに対応するのに必要な職業的要件を満たすべく児童・生徒を準備することができない、時代後れの教育へのアプローチに対して、ヒステリーを掻《か》き立てるうえで一役買ったのが、大衆向けのメディアだった。「サタデー・イヴニング・ポスト」誌は、「我が国の中世の高校——我々は子供たちを一二世紀のために教育するのか、それとも二〇世紀のために教育するのか?」と題する、激しい攻撃記事を載せた。書き手は、一般人が「紳士の教育」と考えるものを嘲り、「世の中——特に実業界——ではまったく役に立たないはずだ」としている。[*7] 別のテイラー主義の信奉者は、「多くの学校の経営管理には、オフィスや小売の世界では許容されないであろうような非効率が見られる」と叱責している。[*8]

全国の教育者が、こうして突きつけられた難題に挑んだ。教育長たちは手始めに、公立校制度における責務を科学的経営に即して全面的に再編成するように促した。最優先されたのは、教室での学習について教師が独自の取り組みをする権限を奪うことだった。内容を標準化し、各教師が成果をあげる方法を指示するためには、カリキュラムの編成や教室での説明の仕方や試験の実施方法を教育長と教育委員会の手に委ねる必要がある、とテイラー主義の信奉者は主張した。

この新しい方式では、教育長は製造業の経営陣に相当し、教師は工場の現場の労働者のようなもので、特定の課題をそっくり与えられ、課題の内容を生徒に提供する方法も逐一指示された。知識は簡単に消化できる事実に分割され、それを生徒が暗記して、標準化された試験で書き出せるようにする。

標準化された試験と数値による評価が規範になった。物事について「なぜ」とじっくり考える旧来の知的伝統は脇に追いやられ、物事を「どのように」最適化するかに的を絞ることが、まるで熱烈な信仰のように信奉された。効率が成績を決める主な基準になった。課題を厳しい締め切りまでに仕上げることが求められた。知識は、タコ壺《つぼ》化した専門分野に区分された。はっきりと区別された課題へと学習を単純化する、教育の分業だ。学校制度の実績は、州が実施する標準化された試験で進級基準を満たす生徒の数で評価された。そして、後にはSATとACTという全国的な大学進学適性試験での生徒の点数で判断されるようになった。

過去一〇〇年間に、教育に対するテイラー主義の取り組み方には微調整が加えられはしたものの、それはごく稀なことだった。二〇世紀の教育は、生徒にテイラー主義の考え方を叩き込み、彼らが工業と商業の世界で効率的に働けるように準備することに、ほとんど特化していた。

アメリカの連邦政府による二〇〇一年版「落ちこぼれ防止法」は、まさにテイラーの道具箱から取り出したものだ。標準化されたハイステークス試験（訳注　結果に入学や卒業の可否がかかっているような重要な試験）や、教師が教室での課題をどのように与えるかについての詳しい指示などが、この法律の目玉だった。標準化した成績評価へと簡単に単純化できないカリキュラムは、少しずつ教室から締め出されていった。

ワシントン大学教育学大学院の教授ウェイン・アウは、「新テイラー主義の下で教える——ハイステークス試験と二一世紀のカリキュラムの標準化」と題する「カリキュラム研究ジャーナル（*Journal of Curriculum Studies*）」誌の記事で、今日のアメリカの学校でテイラー主義の信条に従い続けることの影響を次のように説明している。

> こうして、アメリカのハイステークス試験に向けて学習される知識は、試験準備のために丸暗記するのに主に必要とされる、切れ切れの事実や作業、手順、データに変容してしまっており（中略）その結果、生徒はしだいに、低次元の思考に付随した知識しか身につけないことが増え、しかも、試験という文脈の中だけでの、ばらばらの断片として、この知識を学習している。このようにアメリカの学校では、教師の指導の下で知識そのものを体系化することが、ハイステークス試験によって実質的に制限されている。[*9]

効率向上運動にかつてないほどの重要性が与えられたことによって、国民の議論の中で最も誤解されたのが、天然資源の保全の分野だ。当時の多くの主要な環境保護主義者が、美的な目的で未開地の自然を維持したり、しだいに工業化される環境でアメリカの動植物の在来種が栄えられるように生態系を維持したりすることを願っていた。

ところが、各種の専門家の団体や業界は、セオドア・ローズヴェルト大統領の政権と連携して、環境保全を効率化の課題と位置づけ直した。彼らは、アメリカが急成長して世界随一の工業大国として君臨するうえで、天然資源が決定的に重要な資産であると主張する一方、この国の天然資源の埋蔵物を慌てて所有したり、収奪したり、搾取したりすることで、金の卵を産むガチョウを殺しかけていると警告し、自国の産業と経済全体を発展させるために、自然の遺産をより効率的に利用するように促した。資源利用にまつわる課題は技術的なものなので、その監督は、自国の天然資源を効率的に管理する方法を熟知している専門家たちの手に委ねるべきだとされた。

環境史家のサミュエル・P・ヘイズは、自然保護運動の骨子を、次のように要約している。「『効率化という福音』の使徒たちは、美意識よりも実益に重きを置いた。彼らの枠組みの中では、自然の景観や史跡の保護は、産業生産性の向上に従属するものであり続けた[*10]」

過去一世紀の間に、アメリカの公有地の利用法が変わったと思っている人が万一いたら、以下の事実を考えてほしい。現在、公有地の九〇%で、「石油とガスの掘削が許されている一方、環境保全やレクリエーションや自然保護区域などの目的に向けられている土地は一〇%にすぎない[*11]」。なお悪いことに、アメリカの内務省が行なった連邦政府所有地の利用に関する最近の調査によれば、国内で採掘される石炭の四二%と原油の二二%と天然ガスの一五%が連邦政府の所有地からのものであり、これは、温室効果ガスである二酸化炭素のアメリカの排出量の二三・七％に相当するという。[*12]

二〇世紀最初の数十年間における効率化の物語は、公正性、ジェンダーや人種の平等、政治的権利の剝奪、道徳性、さらには自然界に対する人類の責任といったテーマにまつわる根本的な問題を回避するための、便利な道具となった。効率は中立的な力として褒めそやされた。チャールズ・ダーウィンは、種の淘汰《とうた》の過程が最適者の生存を確実なものとしていると主張して、自然という書物を書き換え、神の目的についてのいかなる疑問も無効にしたが、それとちょうど同じように、科学的管理法の原理は、効率は対立したり競合したりする利害の上を行くという、独自の理論的根拠を伴って現れた。効率に異議を唱えれば、侵すことのできない科学法則と自然界の仕組みに無謀にも挑むことになるというわけだ。これはまた、なんという思い違いだったことだろう。

世界の仕組みを読み間違える――畏敬されていた人々がいかにして私たちの種を道に迷わせたか

「工業の時代」の間に、世界の表土の三分の一が劣化した。科学者たちは、地球上の人口を養える表土は、あと六〇年分しか残されていないかもしれない、と言っている。[*13] 厚さ一インチ（訳注　一インチは約二・五四cm）分の表土を再生するのには、五〇〇年以上かかる。[*14] 気候変動が生物の大量絶滅を引き起こしており、現存する全生物種のうち最大五〇％が今後の八〇年間で失われる可能性があると、科学者たちは警告している。[*15]

一方、地球上の酸素は、過去二〇億年間でも前例がないほどの驚くべき速さで減っている。

海洋の植物プランクトンは、地球上の酸素生成の半分を担っているが、温室効果ガスの排出によって起こる海水温の上昇のせいで、今やそのプランクトンの生存が脅かされている。新しい研究による予想では、植物プランクトンの減少のため、早ければ二一〇〇年には地球規模で海洋中の酸素が枯渇しうるという。[*16] それに劣らずぞっとすることがある。温室効果ガスの排出によって地球の気温が上がるにつれ、洪水やハリケーン、旱魃、森林火災が今や急速に激しさを増しており、生態系の安定を損ない、地球の多くの地域を居住不能にする恐れがあるというのだ。二〇七〇年までに地球の一九%は「居住がかろうじて可能な高温域」になりかねない。[*17]

私たちの種が地球に及ぼしている影響を見ていくと、唖然となる。一世紀前には、地表のおよそ八五%が依然として手つかずの原生地域とされていたが、この惑星に生命が誕生して以来三五億年になる今日、人間の手が入っていない陸地は二三%を切っており、最後まで残っていたそれらの土地も、次の数十年で消えてしまいそうな見通しだ。[*18]

どうしてこのようなことが起こってしまったのか？　なぜ私たちには、こうした事態になることが見えていなかったのか？　それについては、さまざまな意見がある。だが、最適な条件下ではグローバル経済が人類の利益をさらに高め、幸福を確保するように機能するという物語を提供した科学界やエコノミストたちやビジネス界に、責任の多くがあることは議論の余地がない真実だ。

この物語は、フランスの数学者・科学者であり、また最初の近代的な哲学者と見なされることも多い、ルネ・デカルトに始まる。一五九六年にフランスのトゥレーヌ地方ラ・エーで生まれたデカルトは、少年時代から数学と物理学に秀でていた。青年時代には、自然に対する人間の支配力を拡張していくさまざまな新しい機械の発明に目を見張り、それらは機械論的宇宙、すなわち、力学の法則によって機能している合理的な宇宙という、はるかに大きな構図の一部に違いないと考えた。そして、そのような諸法則を発見して利用し、人類の境遇を改善することができる、と主張した。

デカルトは次のように回想している。一六一九年一一月一〇日の晩、まだ二三歳だった彼は床に就き、続けざまに三つの夢を見た。夢の中で、それまでのものとはまったく違う新しい哲学を神の霊が明らかにしてくれた。目覚めたときに彼は、後に解析幾何学として知られるようになるものの諸要素と、数学を哲学に応用する概念をつかんでいた。デカルトはこう考えた。「数、図形、恒星、音、その他のいかなるものであろうと、測定の問題が発生することには何の違いもない。したがって、その要素を全体として説明する一般的な科学があるに違いなく、それが秩序と測定に関する問題を生じさせるのだと気がついた。（中略）これが普遍数学と呼ばれるもので、（中略）その領域は広範に及び、あらゆる主題で真の結果を生み出すはずであることを悟った[*19]」

さらにデカルトは、こう考えるようになった。もし人間の思考に制約がなく、その思考が数学で武装されるならば、神が宇宙で成し遂げたように、秩序があり、予測可能で、自己永続的な機械的存在の類似体をこの地上で作り出すことができる、と。彼は、「我に延長と動きを与えよ、されば宇宙を構築してみせよう」と言ったとされている――これまで口にされたうちで最も大胆な言葉かもしれない[*20]（訳注　デカルトの言う「延長」とは、物体の本性である空間的な広がりのこと）。ところが、それを受け容れる人がいた。特に当時の知識人の間には。

デカルトにしてみれば、機械論的宇宙という説明は、類推や比喩ではなかった。彼は本来の意味でそう説明していたのだ。デカルトは人間の情緒——記憶や想像や情念——を、「釣り合いおもりや歯車」の配列から生じる機能として説明し、同胞の生き物たちを「自動機械」とした。[*21] 一六四九年にイギリスの哲学者ヘンリー・モアに送った手紙に、デカルトは次のように書いている。「芸術は自然を写し取り、人間は思考をせずに動くさまざまな自動機械を作ることができるのだから、自然が人造物よりもはるかに優れた独自の自動機械を生み出すのはもっともなことのように思える。これらの自然の自動機械が動物だ[*22]」

だがデカルトは、自分の機械論的宇宙観では乗り越えようのない障壁に、依然として直面していた。これまでに発明された機械はどれも必ず、稼働するにあたって、重力の作用を受ける。デカルトは機械の構成要素を記述することはできたものの、重力という外部の力がどのように機械に影響を与えるかという疑問に対する答えは持っていなかった。その答えが出るには、さらに六八年の月日と、ある若い大学生の熟考を待たなければならなかった。

一六六四年のこと。アイザック・ニュートンは二一歳で、奨学金をもらいながら、ケンブリッジ大学トリニティ・カレッジでの三年目を過ごしており、ルネ・デカルトを熱烈に信奉していた。当時、黒死病がロンドンで猛威を振るい、人口の二五％に当たる一〇万人の命を奪い、農村地帯へも急速に拡がっていた。ケンブリッジ大学も門戸を閉ざし、学生を家に帰し、隔離させた。ニュートンはウールスソープにある実家の農園に戻った。そして、そこで二年近く避難生活を送った。

その間に、ニュートンは運動と万有引力の法則に取り組み、微分積分学を打ち建てた。歴史家たちは、この避難生活の期間を「驚異の年」と呼んできた。[*23] 彼は一六六七年春に、見識に満ちあふれたノートを手にしてケンブリッジに戻った。一六六九年には数学の教授に就任した。彼の代表作『プリンシピア』は、一六八七年に王立協会から刊行され、イギリスではたちまち大評判となり、その後まもなくフランスやヨーロッパの他の国々でもセンセーションを巻き起こした。[*24]

ニュートンは、重力を記述する数式を発見した。そして、自然界の現象は「すべて、これまでのところ知られていない何らかの原因によって、粒子どうしが互いに引きつけ合い、一定の形に凝集するか、あるいは互いに押しのけ合って遠ざかるような、特定の力を拠り所としているのかもしれない」と主張した。[*25] 彼は、惑星が特定の動き方をする理由と、リンゴが木から特定の落ち方をする理由を、単一の法則で記述できると断定した。彼の万有引力の法則は、「二つの物体の間の引力は、両者の質量の積に比例し、両者の中心どうしの距離の二乗に反比例する」としている。[*26]

さらにニュートンは、以下の三つの運動法則をまとめた。第一に、外部から力が働かないかぎり、静止している物体は静止状態を保ち、運動している物体は等速直線運動を続ける。第二に、物体の加速度は、その物体に働く力の大きさに比例し、物体の質量に反比例する。第三に、物体に力が働くと、それと大きさが同じで向きが反対の力が返ってくる。ニュートンの三法則は、宇宙のあらゆる力がどのように相互作用し、再び「平衡状態」に落ち着くかという問題に取り組むものだった。

アダム・スミスはニュートンの平衡理論と物理学の体系化を熱心に支持し、ニュートンの業績を「人間によって成し遂げられた最も偉大な発見」と呼んだ。[*27] そして、「見えざる手」という用語まで使い、市場では需要と供給のプロセスが、ニュートンの第三法則の説明(「物体に力が働くと、それと大きさが同じで向きが反対の力が返ってくる」)と、少なくとも表面的には驚くほど似た形で機能する様子を記述している。スミスと、その後の二世紀半の間に彼に続いた大勢の経済学者は、自己調節する市場も似たような形で機能し、モノとサービスの価格に関して需要と供給が絶えず反応し合い、調節し合い、最終的に合意と取引に至り、ニュートンのものに似た平衡状態へと回帰する、と主張した。

ニュートンの物体と運動の宇宙は、秩序があり、計算可能で、自発性や予測不可能性が入り込む余地はなかった。それは、「質」のない「量」の世界だった。ニュートンは自分の説を、単に演繹《えんえき》的な推論に依存するのではなく、数学的な証明によって裏づけ、数学を、世界を理解するときにも、それを収奪するときにも頼りになる科学に昇華させた。彼は、「啓蒙の時代」を「数学化」し、その数学が今度は、それに続く「進歩の時代」の足場を提供した。

ニュートンの運動の三法則は時間の矢(時間の一方向性)を伴わないことも、指摘する価値がある。ニュートンの宇宙では、あらゆるプロセスが可逆的だ。だが、本物の自然の世界では、そして、ひいては経済でも、時間を逆転させて元に戻すことはできない。経済学者たちは何世代にもわたって、時間と無関係なニュートンの概念的枠組みを受け容れて、経済活動をモデル化する手段としたため、あらぬ方向に導かれ、現実からさらに目を逸らしてしまった。

宇宙がどのように機能しているかについてのニュートンの主張と、自らの関心事との間に類似性を認めたのは、アダム・スミスと初期の経済学者だけではなかった。ニュートンの理論は当時、イギリスの権力者たち、特に国教会と政府によって熱烈に受け容れられた。両者は共に経済と社会の急速な変化のせいで悪化する一方の社会不安と経済の混乱をおおいに懸念していたからだ。イギリスの君主は、秩序ある、予測可能で、自己調節する宇宙についてのニュートンの記述を一つの手本と見なし、教会と政府と既成の学究の世界はそれを利用して、教養のあるエリート層の忠誠を取りつけ、彼らを通してニュートン主義を活かし、一般大衆を教育して手なずける一方、国家権力にしだいに盾突くようになっていた反王政・反教会の知識人による乱暴狼藉《らんぼうろうぜき》を鎮められると考えた。イギリス政府に反抗しても無駄だ、なぜならそれは、物事の自然な秩序、すなわち、国王をこの世における擁護者とする、秩序ある、予測可能で、自己調節する世界に真っ向から対立することになるからだ、というのが暗黙のメッセージであり、また、ときにはあからさまなメッセージであることもあった。

熱力学の法則――万物の規則

資本主義経済の仕組みを説明するために、ニュートンの概念的枠組みと時間の可逆性に頼るのがお粗末な選択であることを、経済の専門家たちが知らなかったわけではない。経済学者たちにも、それはわかっていた。一九世紀後半には、新たな一連の科学法則が発見された。それらは当てはまる範囲が非常に広く、網羅的で、議論の余地もないほど明解だったので、ニュートンの運動法則やダーウィンの進化論、さらにはアルベルト・アインシュタインの相対性理論さえも含む、他のあらゆる科学法則のための包括的な枠組みを提供するようになる。宇宙がどのように構成されているかにまつわる、この新しい科学の原理とは、熱力学の第一法則と第二法則のことだ。

これら二つの熱力学の法則が初めて公表されてから一世紀後、アインシュタインはその圧倒的な重要性をはっきりと認める言葉……同輩の科学者たちに何の疑いもなく受け容れられる言葉を書き記すことになる。彼は熱力学の法則について、こう述べている。

「理論は、その前提が単純で、多くの異なる種類の事柄に関連していて、応用範囲が広いほど、素晴らしい。（中略）［熱力学の法則］は、その基本概念が応用可能な枠組みの中で、けっして覆されることがないであろうと私が確信している、普遍的内容を持つ唯一の物理理論だ[*28]」

物体と運動を支配するニュートンの法則には、時間の経過と、展開していく出来事の不可逆性を考慮に入れていないという欠点があるのに対して、熱力学の法則は、まさに時間の経過についてのものにほかならない。しばしばエネルギー保存の法則とも呼ばれる熱力学の第一法則は、宇宙の総エネルギー量は一定であり、ビッグバンによって宇宙が誕生して以来、常にそうだった、としている。つまり、エネルギーは生み出すことも消滅させることもできないのだ。宇宙のエネルギー量は時間の終わりまで総量が不変のまま存在し続ける。だが、宇宙の総エネルギー量は一定であっても、常に形を変えている。ただし、その変化は一方向だけであり、仕事に変換できる有効エネルギーから、変換できない無効エネルギーへと向かうものだけだ。ここで熱力学の第二法則がかかわってくる。第二法則は、エネルギーは必ず熱いものから冷たいものへ、凝集した状態から分散した状態へ、秩序から無秩序へと流れ、不可逆的な時間の経過を示す、としている。

たとえば、石炭のかけらを一つ燃やすと、エネルギーはそっくり残るが、もはやそのエネルギーは凝集してはおらず、分散している。エネルギーは二酸化炭素と二酸化硫黄と窒素酸化物の形で大気中へと放出される。そのエネルギーの合計は減らないが、それが石炭のかけらに再構成されることはけっしてない。ドイツの科学者ルドルフ・クラウジウスは一八六五年に、「エントロピー」という言葉を造った。[*29] 消費されても残りはするものの、おおむね利用できないエネルギーのことだ。

次のように主張する人もいるだろう。太陽は、地球にたっぷり降り注ぐ全エネルギーの源泉であり、光合成を通じて、有り余るほどのエネルギーの蓄えを提供し続けてくれる。少なくとも太陽が燃え尽きるまでは。そして、それは何十億年も先のことになりそうだ、と。それは正しい。だが、それ以外にも物質に取り込まれたエネルギーの蓄えがある。金属鉱石、レアアース（希土類）、さらには、岩石の中に埋まっているあらゆる鉱物がそれで、太陽から噴出した物質が冷えて、地球を構成する素材を形成して以来、ずっと存在してきた。束縛されたエネルギーという形を取るこれらの物質は、一定で有限だ。毎年、塵《ちり》数粒ほどのものから小惑星まで、隕石が流星群などとして大気圏に突入するが、科学者の推定では、地球に落下する隕石の合計の重さは一日当たりわずか四八・五トンほどで、たいした影響はないという。[*30]

宇宙には三種類の系が存在することが知られている。一つは開放系であり、エネルギーと、物質という形を取る束縛されたエネルギーの両方を、外の世界と交換する。次が閉鎖系であり、外の世界とエネルギーは交換するが、物質は交換しない。最後が孤立系であり、外の世界とはエネルギーも物質も交換しない。地球は太陽系との関係においては閉鎖系だ。私たちは太陽からのエネルギーの継続的な流れは享受しているが、外の世界とは物質中の束縛されたエネルギーはほとんど交換していない。一例として、化石燃料の話に戻ることにしよう。

地面や海底の下の深い場所に埋もれている石炭や石油や天然ガスの鉱床は、三億五〇〇〇万年ほど前の石炭紀に存在していた生物の死骸であり、束縛されたエネルギーだ。同じような動植物が存在するはるか未来の別の地質時代に、その死骸が石炭や石油や天然ガスに変化することは、理論上はありうるかもしれないが、そうなる可能性は非常に低い。ＬＥＤスクリーン、スマートフォンやタブレット、電気自動車用モーターなど、多種多様な製品に埋め込まれ、テクノロジー主導の社会でしだいに貴重な原材料になってきているレアアースに関しても、同じことが言えるかもしれない。物質の形を取る束縛されたエネルギーとは何かについて、ここで簡単に説明しておいたほうがいいだろう。コロンビア大学の物理学と超弦《げん》理論の教授であるブライアン・グリーンは、「ニューヨーク・タイムズ」紙の意見記事で次のように指摘している。

> 質量とエネルギーは別のものではない。同じ基本的なものであり、異なるように見えるような形態にパッケージされているだけだ。氷が解けて水になりうるのと同じで、質量とはエネルギーの凍った形態であり、運動というわかりやすいエネルギーに変換しうることを、アインシュタインは示した。（中略）はるか遠い未来には、事実上すべての物質がエネルギーに戻っているだろう。[*31]

従来の経済学の致命的な欠陥は、依然として、時間が可逆であるニュートンの平衡状態という世界観に縛られていることだ。経済学者とビジネス界は、売り手と買い手の間で行なわれるモノやサービスや財産の経済的交換のすべてを、時間を超越した真空、すなわち、時間の流れとは無関係の取引の時点に閉じ込めてしまう。そうすることで、天然資源の採取に伴って長期的に起こる副作用や、資源がモノやサービスに変換されるさまざまな段階で起こる多くの相互作用に伴う副作用を、都合よく忘れ去った。この変換過程のどの段階でも、影響は波及し、他の現象に作用しているのだが、それらは市場取引には織り込まれていない。

波及効果の問題に経済学者がようやく取り組み始めたのは、一九二〇年代になってからだった。ヘンリー・シジウィックとアーサー・C・ピグーは、こうした予期せぬ影響という考え方を、「正の」外部性あるいは「負の」外部性として定義した功績が認められている。[*32] 二人が言う外部性とは、市場以外のどこか別の場所で、取引のとき以外のいつか別の時点で、より大きな利益あるいはコストを発生させる市場交換の影響のことだ。これは十分に認識されておらず、効率的な費用便益分析には織り込まれていなかった。だが経済学者たちは現在に至るまで、その外部性を市場交換の経済学の脇役として扱い、わずかな関連性しかないものと見なしてきた。とはいえ、市場取引の前後を含めて、製品やサービスにまつわる経済活動の全行程を考えてみてほしい。そうすれば、製品やサービスが交換・消費される瞬間に得られる短期的な利益に対して、長期的なコストが本当はどれほどかかるのかを見極めるうえで、経済学という専門分野がいかに脆弱かがわかってくる。

では、ニュートンの平衡状態の理論が依然として経済学に支配力を持っていたとしたら、どうなるのか？　経済の方程式から時間の要素を取り除けば、たしかに経済学者は自分の仕事でますます難解な数理モデルを使うことができる。それがどれほどの害をもたらしうるというのか？　それに、熱力学の法則は、エネルギーの流れとエントロピーのシンク（廃棄口）を扱うだけだと長く信じられていた。化学者と物理学者はおおいに関心があるだろうが、地球上の生命の生物学的作用を説明することには無関係だろう、と。熱力学の法則は、エネルギーが機械の動力源として使われたときにだけ当てはまり、そのおかげでエンジニアはエネルギーの入力に対する出力の比率をより正確に計算して、機械の効率を上げることができるというのが、一致した見方だった。

したがって、熱力学の法則は物理学者や化学者が言うほど普遍的ではないと見られていた。生命は、エントロピーの網に搦《から》め捕られるはずがないと考えられていた。つまるところ、進化は、それぞれが前よりも複雑で秩序のある新しい生物であふれている世界を私たちに見せくれているのだから。

だが、この最後の抵抗の壁も、一九四四年に崩れた。オーストリアの物理学者でノーベル賞受賞者のエルヴィン・シュレーディンガーが、生物学は物理学や化学と同様、同じ熱力学の法則に支配されていることを説明したときだ。「生命体は負のエントロピーを糧として生きており（中略）環境から絶えず秩序を吸い取っている」と彼は主張した。[*33]あらゆる生き物は、食物の摂取と老廃物の排泄《はいせつ》で地球上の有効エネルギーを消耗し、エントロピーのつけを増やしている。私たちは、有効エネルギーを消費するのをやめたら死ぬことになり、後に残されたものは塵と化す――エントロピーの最終的なつけだ。あらゆる人間も他の生物も、最後の呼吸をし終えたときに初めて、平衡状態に到達する。

私たちの一人ひとりを死から遠ざける非平衡状態に保つのに必要とされる、地球の天然資源の莫大な量について、一歩下がってじっくり考えてみることはあまりない。化学者のG・タイラー・ミラーは、人間が非平衡状態を維持するために、どれだけ多くの地球の有効エネルギーが各自の体を流れる必要があるかを理解させようと、単純化した食物連鎖のモデルを紹介している。この食物連鎖は、草を食べるバッタ、バッタを食べるカエル、カエルを食べるマス、マスを食べる人間から構成されている。人間一人を一年間生かしておくためには、マスが三〇〇匹必要になる。それらのマスは、カエルを九万匹食べ、それらのカエルは二七〇〇万匹のバッタを食べ、それらのバッタは一〇〇〇トンの草を食べなければならない。[*34]

なぜこれほど多くの自然の資源が食物連鎖の各段階で収奪され、消費されなければならないのか？ それはこういうわけだ。たとえば、ライオンがアンテロープを追いかけ、殺し、たいらげるときのように、獲物を食べる場合には、「エネルギーの約八〜九割は、各段階で熱として環境に放出され、無駄になる。つまり、エネルギーの一〜二割だけが、生体組織に蓄えられ、［食物連鎖の］次の段階の種に伝達されるのだ」。[*35] 文化史家でもあったエリアス・カネッティは、人間が生きていることで現出する恐ろしい光景を捉え、「私たちのそれぞれが、死骸に埋め尽くされた野に立つ王だ」と述べた。[*36]

経済学は平衡状態のパラダイムに執着しており、非平衡の熱力学に対応するには、嘆かわしいほど準備が足りない。熱力学では、有効エネルギーを収奪するたびに短期的な利益が得られるが、それは、製品の中に埋め込まれたエネルギーも含め、エントロピーのつけ
という長期的な損失を残すのと引き換えになる。製品のライフサイクルで生じかねない、簡単に見分けのつくような正の外部性と負の外部性をいくつか考慮に入れようと経済学者たちが試みたところで、それでは情けないほど不十分だ。あらゆる経済的交換がエントロピーの長い尾を引いており、それがありとあらゆる方向に拡がって他の現象に影響を与えるというのが現実なのだから。

熱力学の法則は、国内総生産（ＧＤＰ）のような指標が国家の成長と富を年単位で測定する

うえで、いかに不合理なのかを明確に示してくれる。GDPは、経済活動の瞬間的な交換価値しか測定しない。エネルギー資源など天然資源の枯渇や、バリューチェーンの各段階で発生するエントロピーのつけといった長期的なコストは、販売時の製品やサービスの価値にまったく反映されていないのは明らかだ。

経済の専門家たちは、必ずしも最初から道を逸れていたわけではない。重農主義者と呼ばれる最初期の経済哲学者は、一八世紀の半ばから末にかけて、主にフランスで登場した。彼らは、あらゆる経済活動は自然の倉庫から価値を引き出す、と主張した。アダム・スミスやデイヴィッド・リカードやトマス・ロバート・マルサスらの、もっと規範的な経済学者も同じ考えを持っており、重農主義者のようにすべての富が自然に由来するとまでは思っていなかったとはいえ、あらゆる経済活動の原資としての自然の重要性には、少なくとも気づいていた。

重農主義がほどなく落日を迎えたのは、歴史の巡り合わせのせいだった。重農主義者たちの全盛期は、近代産業資本主義の前身であるプロト農業・産業革命が一八世紀後半に勃興した時期と重なっていた。この革命では、石炭を燃料とする蒸気機関の技術や繊維製品などの工場生産が発展した。やがて産業革命が起こって農業が第一線から退き、必要とされながらも脇役に甘んじるなか、製造業が前面に出てきて、富を生み出す資本と労働の重要性が注目されるようになった。その結果、自然は単なる原材料の供給源と化した。特に新世界で広大な土地が発見されると、天然資源が潤沢になり、自然を利用することは比較的安価となった。自然は富を生み出す実質的な要素ではなく、単なる生産の要素として見なされたのだ。

一七七六年にはジェイムズ・ワットが、石炭を燃料とする最初の二台の蒸気機関を設置した。[*37]それは、アダム・スミスが『国富論』を刊行したのと同じ年のことだった。それに続く一世紀の間に、蒸気機関はヨーロッパと南北アメリカの隅々にまで行き渡った。蒸気機関は、資本形成における決定的に重要な要素だったにもかかわらず、その燃料となる石炭は比較的安価で、やはり、生産においてもほとんど取るに足りない要素と見なされるようになった。

当時の他の思想家たちと同じで、アダム・スミスは蒸気機関の発明がもたらした効率に畏怖の念を覚え、どの機械も最適の性能を達成するためには、同期して働かなければならない個々の構成要素から成ることに、とりわけ魅了された。スミスは、製造の過程でも同じような原理が働いていることを発見し、それを「分業」と呼んだ。彼は『国富論』で、ピン工場を例に説明している。そこではピンの生産が一八の別個の作業に分割され、それぞれをみな異なる労働者が行ない、その結果、ピンの大量生産の効率が大幅に上がっていた。

大量生産は、蒸気機関と並んで、効率化の大躍進を引き起こし、産業資本主義は経済生活の最前線に躍り出ることになる。イーライ・ホイットニーは、比較的未熟な労働者でも容易に組み立てることができる、標準化され交換可能な同一の部品を大量生産するというアイデアを導入し、そのプロセスをマスケット銃の生産に適用した。分業と大量生産は、新たな産業の効率化の核として不可欠なプロセスとなっていく。

工業生産が開始されると、経済学者は、資本の増大と労働の効率化に照準を合わせ、両者を、生産性を上げて利益を生み出す主要な要素と考えた。新しい資本主義の産業システムと、その仕組みを説明する経済学者たちは、重農主義者の初期の展望からははるかに離れ、自然の富はあまり考慮せず、資本と労働の役割に重きを置いて、効率と生産性と収益の向上を優先した。だが、そこには一つ問題があった。初期の経済学者たちが理解するようになったとおり、「見えざる手」は限界効用逓減の法則を考慮に入れていなかったのだ。

古典派経済学が興り始めた頃、アンヌ・ロベール・ジャック・テュルゴーは、サプライサイド（供給側）の限界収穫逓減の法則を最初に発見した。生産者は、いずれ必ず生産能力利用の最適水準に達し、その後は個々の生産要素が生み出す単位当たりの利益の増分は減少していく、と彼は主張した。一世紀後の一八七〇年代には、ウィリアム・スタンリー・ジェヴォンズやカール・メンガーやレオン・ワルラスら、新世代の新古典派経済学者たちが、同じような過程がデマンドサイド（需要側）でも働いていることを発見し、それを「消費の限界効用逓減」と呼んだ。

消費における限界効用逓減の法則は、次のようなものだ。モノやサービスの消費の最初の一単位は、二番目の一単位よりも大きな効用あるいは喜びを生み、それに続く消費では一単位ごとに生まれる効用や喜びは逓減する。たとえば、消費者は、より多くのお金を払っても、最初のアイスクリームを買う。なぜなら、最初の一個がもたらす喜びが大きいからだ。だが、その後のアイスクリームがもたらす満足感や喜びは減っていくので、支払う金額がだんだん減っていく可能性が高い。

生産の限界収穫逓減と消費の限界効用逓減が描く曲線が交わる所で、生産と消費の合意が成立し、交換の価格が決まる。価格が上がると、買い手の消費が減る一方で、供給者の単位当たりの収益が上昇する。価格が下がると、逆のことが起こる。どちらの場合にも、適切な市場交換が促され、システムが平衡状態に戻る。

交換価値を決めるカギとして、アダム・スミスやデイヴィッド・リカードやジョン・スチュアート・ミルらの古典派経済学者が労働コストを考えていたのに対して、新古典派経済学者は消費者の役割へと焦点を移した。その結果、生産による利益を、製品あるいはサービスを生み出した労働者と資本を提供した所有者とでどう分配するべきかという議論は下火になり、市場交換の過程から公正さの問題が消えた。少なくとも、新世代の新古典派経済学者の目にはそのように映った。

限界効用逓減の法則はまた、新古典派経済学者が経済学を数学化してニュートン主義の仲間入りさせるために、正真正銘の科学とすることを目指すうえで必要としていたものを彼らに与えもした。ジェヴォンズの同時代人のうち、フランシス・イシドロ・エッジワースとフィリップ・ヘンリー・ウィックスティードの二人は、さらに先に進んで、「無差別曲線と契約曲線、ラグランジュの未定乗数法、生産関数」という形で適切な数学的計算法を考案し、それらは今日の経済学でも依然として使われている。[*38]

経済学の数学化をめぐって沸き起こった熱狂の中にあっても、新古典派経済学者たちは、引きつけ合い押しのけ合い、いつも平衡状態へと戻る、力とその逆向きの力から成る機械論的宇宙観を、断固として支持し続けた。ジェヴォンズの言葉に耳を傾けてほしい。「物体の重力が、自らの質量だけではなく、周囲の物体の質量と相対的な位置と距離にも依存しているのと同様、効用も、望んでいる者と望まれているモノとが引きつけ合う力に依存している」[39]
公平を期すために言うと、ジェヴォンズは、互いに引きつけ合い、押しのけ合い、やがて必ず平衡状態へと戻る力の平衡理論と、動的な市場との折り合いをつけることの難しさを十分承知していた。市場では、一回の販売ごとに環境が変化し、その変化がどれほど小さくても、さまざまな関係が新しくならざるをえないからだ。彼は著書『経済学の理論』で、「産業の実情は、絶え間ない動きと変化の状態である」と述べている。[40] 彼は、動的な市場は研究するのが難しいことを打ち明けている。そして、「私が交換行為を思い切って取り扱うことができるのは、純粋に静的な問題としてだけである」ことを認めた。それがなおさら明らかなのが、次のような嘆きだ。

このように扱われる経済理論は、統計力学という科学にごく近い類似物であり、［経済的］交換の法則は、仮想速度の原理によって決まる梃子《てこ》の平衡の法則に似ていることがわかっている。（中略）だが、経済学の動的な諸部門は、今後の発展が待たれるままになるかもしれない、と私は考えている。そのような発展については、私はまだまったく検討に着手していない。[41]

ジェヴォンズは、ニュートン物理学や平衡状態にある機械論的宇宙という考え方を熱烈に信奉していたが、進化し続ける経済市場の現実とはそれが相容れないことに気づいており、自分の経済理論が「ごく近い類似物」でしかないことを、しぶしぶ認めた。それでもなお、平衡状態にある静的な機械論的宇宙という考え方を、刻々と自己進化する動的な経済市場と調和させることを願っていた——それは実現不可能な課題なのだが。

宇宙の機能の仕方だけではなく、地球上の生命の進化と経済の仕組みさえも定義するにあたっての、熱力学の法則の決定的な重要性について、経済学者たちは沈黙し続けた。ところが、物理学と化学と生物学の分野では、世界の一流の科学者たちの多くは、熱力学の法則を存在の本質についての物語のまさに中心に置くことの重要性を強調し続けた。こうして経済の専門家たちは、現実と向き合うことのないまま、さらに取り残されていった。

熱力学の第一法則と第二法則が宇宙の仕組みを支配する包括的な枠組みであることを説明した偉人は、アインシュタインだけではない。一九一一年には、後にノーベル賞を受賞する化学者のフレデリック・ソディが、著書『物質とエネルギー（*Matter and Energy*）』で、経済の専門家たちをこう戒めた。彼らは、熱力学の法則には目もくれない。ニュートン主義本位の、経済活動の平衡理論に卑屈なまでに執着している。平衡理論は経済慣行の真の土台に反するばかりではなく、文明と自然界の両方を危うくする潜在的に致命的な道筋でもあるのに、と。ソディは、熱力学の法則こそ「最終的には、政治制度の興亡や、国民の自由あるいは束縛、商業と工業の動向、富と貧困の源泉、民族の身体的福祉全般を支配している」ことを、同僚の経済学者たちに指摘して注意を促した。[*42]

化学と生物学における散逸構造の研究と、熱力学の法則と非平衡熱力学の研究でノーベル化学賞を受賞した、ベルギーの化学者イリヤ・プリゴジンも、生涯を通してニュートン主義の平衡モデルから脱却するように訴え続けた。彼は一九八二年、インドのジャワハルラール・ネルー大学でタナー講義を行ない、化学の分野での一生をかけた研究で学んだことを振り返った。「化学のいっさいは」、熱力学の法則に従う「不可逆的プロセスに一致する」と彼は指摘した——そして、生物学と物理学でも同様だ、と。[*43] では、なぜ経済学は、宇宙を支配するこの基本法則の範囲外に存在しうるのか?

プリゴジンは、経済の専門家たちを暗に指しながら、こう説明した。熱力学の法則は「物質の新たな見方に[つながり]、そこでは物質は、機械論的世界観で記述されているような不活発なものではもはやなく、自発的活動と結びついている。この変化はじつに深いものなので、私たちは人類と自然の新たな対話について語ってかまわないと思う[*44]」

プリゴジンは次のように主張した。

物質の不変で恒久的な基盤という考え方は打ち砕かれ(中略)[熱力学は]物質は動的であり、連続的な生成状態にあるという概念につながる。この構図は、物理学の古典的な記述、すなわち、力あるいは場という観点での変化の記述からは大幅に逸脱する。それは、ニュートンによって拓かれた王道から離れる重大な一歩だ。(中略)だが私は、力学と熱力学の統一が、物理系の時間的進化を根本的に新しい方法で記述する地ならしになると信じている。(中略)今や私たちは、時間を幻想として否定するという誘惑を克服する。時間は（中略）幻想とはかけ離れたもので（中略）構築されるものなのだ。[*45]

「これらの理論的構成概念はすべて、一つの要素を共有している。すなわち、私たちによる自然の操作には何かしらの限界があることを示しているのだ」とプリゴジンは結論した。[*46]

経済学者たちはそう考えない。経済の過程そのものは、比較的自由にしておけば、しだいに多くの富を生み出し、資本の所有者と労働者と消費者がそれを分かち合い、起業家階級の創造的な発想力の限界以外の上限はない、と経済学者は想定している。

それでは、時間の概念のない機械論的宇宙観と結びついた経済制度の下で暮らすことの結果は、どのようなものだったのか？　自然の収奪しか頭になく、効率向上の新しい技術的手段の発見に取りつかれて「天然資源」を短期的な過剰消費に変換しようとし、常に費用便益分析を行なって収益の増加を追い求めながら生きてきた結果、どうなったのか？　熱力学の観点に立つと、産業資本主義が支配的だった二世紀半の間に得られた短期の経済的利益は、長期のエントロピーのつけを前にすれば、微々たるものであり、また、儚《はかな》いものだ。エントロピーのつけの痕跡と負の外部性は、途方もないほど長い年月にわたって影響を及ぼし続けるだろう。そうと知った私たちは、何をもって富とするかという概念を、どのように考え直せばいいのか？

第三章　現実の世界
——自然界の資本

「真の富」とは何か？　生命の全過程の拠り所であると同時に、それ抜きでは経済制度が存在しえないのが「真の富」なのだが、それはじつのところ、経済学者とビジネスリーダーの間では相変わらず驚くほど考慮されていない。負の外部性はそこに端を発する。

純一次生産、すなわち植物バイオマスの生成量は、植物が光合成をする間に吸収する二酸化炭素の総量から、呼吸によって放出される二酸化炭素を引いた残りだ。純一次生産は、あらゆる富の源泉であり、さまざまな種が生存を確実にするために食物連鎖に従って摂取する栄養の根源だ。人類は、誕生以来の過去二〇万年にわたって、地球の純一次生産の産物を食べて生きてきた。ところが、過去二世紀の「工業の時代」の間に、人類はこの惑星の純一次生産の産物から集める量をしだいに増やし、それを生産活動によって短期の富に変え、人口と寿命の大幅な伸びを可能にした。

産業革命の幕開けには、地球上にはおよそ七億の人間がいた。[*1]二〇〇〇年には、この惑星には六〇億を超える人間が暮らしており、全世界の純一次生産の二四%を利用していた。[*2] そのうえ、現在の見通しでは、人口の増加に伴って、二〇五〇年には人間による純一次生産の利用は四四%を超えうるので、地球に生息する他の種は、純一次生産のわずか五六%を分け合わなければならなくなるかもしれないという。[*3]

だが、純一次生産は自然の基本的な資本である土壌なしでは実現しえない。一般に、土壌がなければ植物は生えず、植物がなければ光合成が行なわれない。土壌は複雑極まりない微小環境だ。その母材は岩石だ。岩石は長期にわたって、主に雨や風、気温、重力、地震、火山活動によってもたらされる物理的な風化と自然侵蝕《しんしょく》にさらされる。十分な時間がたつと、岩石は崩れてしだいに細かい粒子へと砕け、それが最終的には砂や堆積物になる。地衣類が砂や堆積物と混ざり合い、それらをさらに細かい粒子にする。菌類と細菌、土壌中で暮らす昆虫、動物も、岩石が土壌へと分解するのを助ける。分解した岩石中の元素と無機物は、土壌の重要な成分だ。

その土壌で植物が育つ。動物は植物を食べ、排泄物で土壌を肥やす。蠕虫《ぜんちゅう》や細菌が、落ち葉や落枝や動物の排泄物を分解し、土壌に加える。平均的な土壌サンプルは、四五%が無機物、二五%が水、二五%が空気、五%が有機物だ。アメリカだけでも七万種類を超える土壌がある。[*4]

大いなる期待──農業における「緑の革命」

地球の表土が失われつつある一因は、植物遺伝学と農業の工業化がもたらした新たな効率と直接、関係している。植物遺伝学と農業の工業化が、生育が速い高収量品種の作物の栽培や、単一栽培の導入、有毒な除草剤や殺虫剤の使用の増加、新しい方式の灌漑の実施、かつては一毛作だった場所での三毛作につながったからだ。これらの要素が相まって、一九六〇年代〜一九八〇年代半ばにかけて、農業生産が劇的に増加した。特にインドと中国と東南アジアでそれが顕著だったが、アフリカやヨーロッパやアメリカなども同様だった。

これがいわゆる「緑の革命」で、ノーマン・ボーローグ博士が創案したものだった。博士は後に、開発途上国の飢餓を緩和した業績でノーベル平和賞を授与された。だが結局彼は、あまりに劣化した土壌を後に残したので、危機的な食糧不足を防ぐための土壌の復元は、多くの地域で間に合わなくなった。

事の顚末《てんまつ》は以下のとおりだ。まずインドで、その後ほどなく東南アジア全域で、後にはアフリカや他の開発途上国で、悪化する飢餓の問題を緩和するために、農業生産の効率を劇的に上げることを目指す野心的な計画が策定された。その計画はいくつかの構成要素からなり、それらは互いを補い合い、全体として農業生産での大躍進を起こすことになっていた。

その第一弾が、一エーカー当たりの収量を上げられる新世代の高収量品種の種子を蒔《ま》くことだった。その種子はボーローグ博士が開発したもので、一九五四年からフォード財団とロックフェラー財団による資金援助を受けていた。そして、開発途上国で生産されるコメ、小麦、トウモロコシ、大豆、ジャガイモといった基本的な主食用作物を網羅していた。高収量品種の種子は、化学肥料によく反応したが、成熟するには大規模な灌漑が必要だった。また、高収量品種の植物は、多くの病気に耐性があり、同じ植物の従来の品種よりも速く成熟した。

目標は、より効率的に、より短い期間で農業生産を最適化し、利益と食糧の蓄えの増加につなげ、最貧国で増大する飢えた人口を養うことだった。だが、残念ながら、高収量品種の種子に組み込まれた効率性は、環境面での多大な代償を伴っており、アジアその他の農業地帯は以前より貧しくなり、土地と土壌が深刻なまでに劣化した。

まず、高収量品種の種子は高価で、開発途上国の貧しい農民は手に入れにくい。初期投資コストが高いことに背中を押され、垂直統合型の農業企業が進出してきて、未利用の土地の広大な範囲の支配権を奪うとともに、農民たちから小さな農地を買い上げてまとめ、広い生産地にした。化学肥料を大量に使わなければならないために、高額なコストがなおさら嵩《かさ》んだ。生産の強化には、作物を速く成熟させるための手の込んだ新しい灌漑システムの整備が伴っていた。それで土壌の水分が増すと、昆虫も増え、殺虫剤や除草剤の使用量も増加した。農業生産の迅速化のために、トラクターや脱穀機や耕耘《こううん》機を購入したり、余剰農産物を貯蔵する巨大な倉庫を建設したり、作物を市場にいっそう速く運ぶべくロジスティクスと輸送を改善したりすることとなり、より多額の経費も必要になった。

アジアにおける「緑の革命」の最初の一五年間で、コメの収穫率は一年当たり二・一〜二・九％増えた。[*5] その間に耕作面積も増え、コメの収穫率はさらに上がった。ところが、一九八〇年代初めには、収量がしだいに減り、「緑の革命」が失速し、後退さえし始めているのが明らかになった。何かが間違っていたのだ。

「緑の革命」は、次のような経緯で裏目に出たのだった。従来は毎年一つの作物しか育ててらず、一年の残りの期間は土地を休ませ、栄養分を補充させていた農民たちは、速く成熟する高収量品種の作物のおかげで効率が上がったため、一年に二つの作物や、三つの作物さえ育てることができるようになった。そして、このように作物の新しい栽培期間は一年中続くため、一年を通して灌漑が行なわれ、耕地は水浸しになり、より多くの土壌が流出した。

毎年インドだけでも、推定六〇億トンの表土が失われていた。[*6] こうして土壌が流出すると、それを埋め合わせるために、ますます多くの化学肥料が必要とされ、水浸しの土地に惹き寄せられる昆虫を撃退するために、さらに多くの殺虫剤が使われた。それに加えて、年に三度、トラクターで農地を耕し、収穫のときにコンバインを使うことで、土壌中の微生物がさらに痛めつけられ、土地が痩せたので、なお悪かった。これらの有害な活動が重なり合い、長い歳月をかけて発達してきた土壌系の化学的特性や生物学的特性が奪われた。

評価が発表されるようになるとはっきりしたのだが、迅速に成熟する高収量品種の種子と大規模な灌漑ネットワークを使って生育を促し、効率の向上を図った結果、土壌中の栄養分が枯渇していた。そこから、「養分収奪」という用語が登場した。新しい形式の農作業にこの名称がつけられたのが、拡大していた「緑の革命」にとっての転機となり、開発途上国だけではなく先進国全域でもこれからの農業生産へのアプローチが考え直され始めた。

一九八〇年代には、巨大な世界規模の実験が失敗に終わったことを収量についてのデータが示すようになった。かつて「緑の革命」は褒め称えられ、作物生産の効率を大幅に上げ、農民の収益を増やしつつ、世界の飢えた人々に安価な食糧を提供する、農学における大きな科学的前進とされたが、その革命がつまずいた。東南アジアと太平洋のコメの生産地域（フィリピンのルソン島中央部、タイ、インドネシアの西ジャワ）から入ってくる農家のデータは、一九八〇～一九八九年にかけて、以下のことを示していた。

収量の増加率は、投入量の増加率よりも低かった。ルソン島中央部では、一〇年間で収量が一三％増加したが、それを達成するために、肥料は二一％、種子は三四％増やさなければならなかった。タイの中央平原では、同じ期間に収量は六・五％増加したが、肥料のレベルは二四％、殺虫剤は五三％増えた。同様に、西ジャワでは、収量は二三％増えたが、肥料の使用量は六五％、殺虫剤の使用量は六九％増えた。

これはアジアの開発途上国でだけ、そして、稲作でだけ起こっていると誤解されるといけないから、私たちはもう一度考える必要がある。農作業におけるこの変化は、当時、世界の主要な農業地帯のすべてで起こっていたし、今もなお起こっているのだ。

アメリカの「憂慮する科学者同盟」は、同国のコーンベルト（トウモロコシの生産地域）での「工業化された農業の隠れたコスト」について意見を述べている。同じ高収量品種の種子と、それに伴う大規模な灌漑や、化学肥料と殺虫剤の大量使用、作物の大規模な単一栽培のせいで、同様の莫大な土壌喪失という負の外部性が生じ、アメリカの農業地帯と経済の存続が脅かされているという。[*7]

グローバルな農業の状態についてのますます多くの報告書と同じく、「憂慮する科学者同盟」もその責任を、科学に基づく効率の向上に帰している。

工業化された農業は二〇世紀半ばに始まって以来、テクノロジーの奇跡として一般大衆に売り込まれてきた。その効率のおかげで、食糧の生産は世界人口の急速な増大に対応できるし、その規模の経済のために、農業は利益を生む事業であり続けられる、と言われてきた。だが、この筋書きからはコストという決定的に重要なものが抜け落ちていることがあまりに多かった。実際には、工業化された食糧と農業のシステムには高額のコストが伴っており、その多くが、納税者や農村社会、農民自身、他のビジネス部門、将来の世代に回される。これらの「外部性」を考慮に入れたときには、必要とされる食糧を生産するに当たって、このシステムが費用対効果の高い方法でもなければ、消費者の健康に資する方法でも、持続可能な方法でもないことがわかる。[*8]

かつて有望だった「緑の革命」を、人類の大きな希望から、地球の表土の危険な枯渇や前代未聞の規模のグローバルな飢餓の見通しへと変えたのは、意図されていなかった一連の誤りであり、それは、「多重衝突作用」とでも呼べるようなものだ。「緑の革命」の各構成要素が跳ね返ってきて積み重なり、連鎖的な正のフィードバックループを構成して、予期していなかった新しい負の外部性を生み出したことは、とりわけ目を引く。

好むと好まざるとにかかわらず、誰もが巨大な生物圏という教室に押し込められていて、私たちの行なうありとあらゆる行為が、自分たちの暮らす自然界に変化を——どれほど些細なものであろうと、何かしらの変化を——引き起こすという教訓を学んでいる。私たちは誰一人としてけっして自律的ではなく、周りを取り巻く世界の資源を採取しながら共生する関係を保つ行為者だ。何をするにしても効率を上げるほどエコロジカル・フットプリント（環境に与える負荷）とエントロピーのつけが増える。検討できるのは、私たちがどれだけその増加を小幅に抑えることにするか、ぐらいのものだ。

　私たちが効率的になるほど、負の外部性が増え、正のフィードバックループが強まることが見込まれる。市場での売り手と買い手の間のモノやサービスの交換は、それに関与する二人の当事者だけにしか影響を与えず、そこから波及してその途中で他の負の外部性を生み出すようなエントロピーの作用はない、もしくはないに等しいと、ほとんどの人が信じるようになった。これは、少しばかり浅はかだと言って済まされるようなことではない。

　だからといって、私たちが行なうさまざまな交換行為から正の外部性も波及することがありえないというわけではないが、熱力学の法則と非平衡熱力学が突きつける現実は苛酷だ。正の外部性でさえそれに伴うエントロピーが尾を引き、その道筋のどこかでそれ自体の負の外部性を生み出すことは確実なのだ。

シンデミックに気をつけろ

どうやら私たちは、実情を察し始めているらしい。熱力学の法則に支配されている世界に生きるとはどういうことかを意識させる、新しい言葉がすでに登場している。「シンデミック」（訳注　社会的・環境的要因と健康・衛生的要因の重なった危機）というのがそれで、コネティカット大学の医療人類学者メリル・シンガーが一九九〇年代半ばに造った。彼は複数の疾病の流行が重なり合い、正のフィードバックを起こし、負の外部性の悪循環を招くことを説明した。専門家の査読のある医学専門誌としては世界でも最古の部類に入る「ランセット」は二〇一七年、「シンデミック」をはるかに包括的で詳細に説明する一連の記事を発表して、この言葉の信頼性を高めた。さらに同誌は二〇一九年には、「肥満と栄養不良と気候変動というグローバルなシンデミック」と題する研究を掲載した。[*9]

「ランセット」誌はその論説で、肥満と栄養不良と気候変動という、文明社会を駆け巡る三つのグローバルなパンデミックを取り上げ、それらが互いに作用し合い、影響を与え合いながら、人類を、「緑の革命」で遭遇したのと同じような悪循環へと陥れている様子を分析した。興味深いことに、じつは「緑の革命」の負の外部性が、この新しい超大型のシンデミックの展開に、主要な役割を果たしている。

「ランセット」誌は、肥満と栄養不良と気候変動が重なり合って「シンデミック、すなわち危機の相乗作用を引き起こしている。それは、この三つが同じときに同じ場所で共に発生し、相互作用して複雑な後遺症を生み出し、その根本に同じ社会的な推進力を持っているからだ」と主張した。[10] 半世紀前まではあまり知られていない些末な問題だった肥満は、爆発的に広まり、少なくとも新型コロナのパンデミックに見舞われる前までは、人間の健康に対する世界最大の脅威となっていた。二〇一五年には、肥満とされる人が二〇億人に達した。そして、肥満は毎年四〇〇万人の死と、一億二〇〇〇万年分の障害調整生存年の損失につながっている。[11] これまた驚くべきなのだが、肥満に帰せられるコストの推定値は、世界のGDPの二・八%に急増した。[12] 肥満から生じる心血管疾患や肺疾患や糖尿病も加えると、統計値は途方もないものとなる。

肥満の火種は、一九五〇年代の化学肥料や農薬といった化学資材を使う農業（訳注　現在の、いわゆる「慣行農業」。以下、慣行農業とする）への移行と、一九六〇年代の「緑の革命」の開始や高収量品種の作物の導入に伴うその拡大と、一九九〇年代後半の遺伝子組み換え作物の登場に元をたどれる。農業からの温室効果ガス排出は全排出量の一五〜二三%を占めており、「ランセット」誌の論説が指摘しているように、もし食料システムの下流部門（たとえば輸送やロジスティクスや廃棄物管理）を含めれば、食品と農業関連の排出量は二九%に達する。[13]

そのうえ、温室効果ガスの排出のせいで気温が一℃上昇するごとに、大気の保水量がおよそ七%増え、雲の中の水分も増し、水関連の極端な現象が多発する。たとえば、冬の気温の著しい低下や豪雪、春の壊滅的な洪水、夏の長期にわたる旱魃や猛烈な森林火災、秋にかけての巨大なハリケーンの来襲などで、それが前代未聞の人命と財産の損失や生態系の破壊を招く。[14]

最後の氷河期が終わってから一万一七〇〇年にわたる、かなり予測可能な水循環と足並みを揃えて発達してきた地球の生物群系は、今日その水循環を推進している、急激な温度上昇にはついていけないので、刻々と崩壊しつつある。[15]

慣行農業は、ほとんど考慮されていないものの巨大な影響を及ぼす、さらなる負の外部性も誘発している。劣化する土壌に化学肥料が施され、除草剤や殺虫剤が土壌に染み込んでいくので、健全な植物の生育に必須の栄養成分が損なわれている。そして、シンデミックの引き金が引かれるのがここだ。作物の栄養価が下がると、八〇億もの人の口に入るさまざまな食料品に影響する。つまり人類は、一生を通じて、健全な身体機能のために必要とされるだけの栄養を摂取していないということだ。国連食糧農業機関は、「健全な土壌は食料生産の基盤」というモットーで、じつに的確にそれを言い当てている。[16]

工業化された農業は、他の工業部門と同じ最優先目標を掲げて運営されている。すなわち、バリューチェーン全般で効率を上げることだ。それを達成するために、工業化された農業の場合には、作物の単一栽培をする。生育を速めるために石油資材を大量に使用する。農産物を世界各地に搬送し、より長期にわたって在庫品として貯蔵しておけることを保証するような、低栄養で加工度の高い食品を生産し販売する。加工食品は「カロリーが高く、脂肪分と甘味料とその他の炭水化物を多く含み」、何十億もの人に消費され、肥満のとめどもないグローバルな流行を誘発し、それが心疾患や糖尿病、その他の命にかかわる病気の蔓延《まんえん》につながる。[17]

食品摂取のグローバルな変化は、何十億もの人の健康と幸福に大きな影響を与えてきた。彼らが、肥満関連の、命にかかわる病気になったのだ。その理由をたどると、すべてはグローバルな食品産業が進める合理化に戻り着く。この業界を牛耳っているのが、自社のバリューチェーン全般で効率化を進め、収益を増やすことに専心する少数の多国籍企業だ。タフツ大学フリードマン栄養科学政策大学院の食品政策と国際ビジネスの名誉教授ジェイムズ・ティロットソンは、この件を要約し、「農業の効率化に取り組む体制がまるごと一つここにはある」ことを指摘している。[*18]

加工度の高い食品（エネルギーをたっぷり含み、栄養分は少ない）は安価で、主に低所得層や中間所得層の家庭が購入して消費する。そのような家庭の子供たちは、生まれたときからすでに、肥満になるように代謝の面であらかじめ条件づけられていることが多い。なぜなら、親たちが肥満だからだ。

サセックス大学の経済学教授ピーター・ドルトン博士が「経済学とヒト生物学（*Economics and Human Biology*）」誌に発表した研究によれば、「世代間伝達のメカニズムは、生物学的プロセスであると同時に（中略）共有している環境のプロセスでもあり（中略）家庭と、それに伴う遺伝子構造が、子供に見込まれるBMI［ボディマス指数］の約三五〜四〇％を決めることがわかった」という。[*19] 肥満を世代から世代へと伝える遺伝的素因は、食品加工産業のマーケティングにとっては、自社の取扱品目の強固な消費者基盤を確保してくれる、夢のように素晴らしい恵みだ。ところが、それには不幸にも、この負の外部性の継承によって、人々を何世代にもわたって健康状態悪化の罠《わな》に陥れるという代償が伴う。

食品産業は、「ファストフード」の導入によって、効率化を加速させ、栄養分の少ない加工食品から成る食生活を送るように何世代もの消費者を条件づけてきた。婉曲に「コンフォート（快適に感じさせる）」フードやドリンクと呼ばれるものに、果糖をたっぷり含むコーンシロップや砂糖や脂肪が大量に添加されるせいで、各世代は、危険な健康問題や高額な医療費をほぼ確実に招くような食生活を一生やめられなくなってしまう。ファストフードが、食品の調理と摂取の核心に合理化と効率化のプロセスを持ち込んだため、太りやすく栄養価が低い食生活が一般大衆の習癖となった。

クイックサービスレストランは、加工食品を好み、新鮮な果物や野菜はめったに出さない。すべては効率を軸にできているからだ。なにしろ、新鮮な果物や野菜は、加工食品に比べて貯蔵できる期間が短い。果物や野菜は、タイムリーに入手できるようにするにはロジスティクスの手間が増えるのに対して、加工食品は貯蔵できる期間が長いので、それほど注意を払わなくても済む。

アメリカの農務省は、家庭外で摂取する食品が「一日の平均エネルギー摂取総量に占める割合は、一九七七〜一九七八年には一七％だったが、二〇一一〜二〇一二年には三四％に増え、クイックサービスレストランでの食品の摂取が、この増加分の最大の要因だった」ことを突き止めた。[*20] 家庭外で摂取する食品は、「飽和脂肪酸とナトリウムの含有量が多く、カルシウムと鉄分と食物繊維の含有量が少ない」と同省は結論している。[*21] それにもかかわらず、効率的な食事は快い経験として一般大衆に売り込まれてきた。

肥満と栄養不良と気候変動のシンデミックについての「ランセット」誌の論説は、意味深長なものではあったが、一見すると無関係に思える他の多くの負の外部性は網羅していなかった。科学界と医学界は、新型コロナのパンデミックと、肥満と栄養不良と気候変動のシンデミックとの関係が見つかって不安を募らせていた。新型コロナのデータは、このウイルスに感染して亡くなる危険が最も大きい人々に、慢性的な肥満の人が含まれていることを示している。彼らは糖尿病や心疾患や肺疾患の罹患率《りかん》が最も高い人々であり、「緑の革命」とその後のバイオテクノロジーによる農業革命の間に、グローバルな食品産業によって生み出され、標的にされてきた世界規模の集団と重なる。

負の外部性の多くは、予見するのが本当に難しい。たとえば、抗生物質と肥満と新型コロナのパンデミックとの関係を考えてほしい。抗生物質は二〇世紀に開発された特効薬の一つで、厖大《ぼうだい》な数の命を救ってきた。姉と私は双子なのだが、アメリカでペニシリン治療を受けた最初期の赤ん坊だ。私たちは一九四五年一月に生まれた。極端な未熟児で、それぞれ二・五ポンド（訳注　約一一三四g）に満たず、生き延びられるとは思われていなかった。ペニシリンが私たちの命を救ってくれた。

抗生物質は、第二次世界大戦後、まずアメリカで、続いて他の事実上すべての場所で大量に使われるようになった。今日、細菌感染症の治療薬として、一〇〇種類以上の抗生物質が使われている。医学界が心配しているのは、これらの抗生物質の多くが、使われ過ぎたせいで、もう効果がないことだ。細菌たちが首尾良く変異を遂げ、耐性を獲得したのだ。

アメリカの疾病管理予防センターによると、国内で毎年四七〇〇万通の抗生物質の処方箋が、抗生物質を必要としない感染症のためや予防措置のために出されているという。[*22] 畜産業と農業でも、同じような抗生物質の過剰処方のパターンが見られる。同センターは、「アメリカでは毎年、二八〇万件を超える、抗生物質耐性の感染が起こっている」と報告している。[*23] 全世界では、薬剤耐性菌感染症で毎年約七〇万人が亡くなっている。[*24]

世界銀行は、薬剤耐性菌感染症が次の大きなパンデミックであり、「二〇〇八年の金融危機に匹敵する害をグローバル経済にもたらしうる」と警告している。[*25] 二〇一七年に「薬剤耐性菌感染症――私たちの経済の未来への脅威」という題で発表された研究論文で、薬剤耐性のために病院の入院期間が延び、死者数も増えており、二〇五〇年までにGDPが先進国では三・八％、低所得国では五％以上減少しうる、と研究者たちは報告している。[*26] グローバルな貿易は三・八％も落ち込む一方、医療費は一年当たり一兆二〇〇〇億ドルに達しうる。[*27]

新型コロナで医学界が夜も眠れない状態になっているのは、肺疾患のせいだ。アメリカの国立アレルギー感染症研究所のアンソニー・ファウチによると、一九一八〜一九一九年のスペイン風邪では、死の大半を引き起こしたのは、ウイルスそのものではなく、二次性細菌性肺炎感染だったことが判明しているという。[*28] 新型コロナの流行がもたらした肺関連の細菌感染症の治療で抗生物質の使用が劇的に増えたせいで、細菌の耐性株の変異が加速し、既存の抗生物質がみな効かなくなり、人類にとって悲惨な結果をもたらす可能性が懸念されている。

私たちは費用と便益を測定するうえで、原因と結果を限定して単純化し過ぎている。こうした因果関係の考え方は当たり障りがないように見えるものの、相互に作用し結びついた、長期に及ぶ負の外部性の嵐を引き起こす可能性がある。

私たちは化石燃料あっての存在

「進歩の時代」というのはどう見ても、誤った名称だ。最近まで表に出てこなかった、より深い物語にはそぐわない。近代以降を「化石燃料の時代」と呼んでも、けっして誇張にはならないだろう。もし人類が、地球の歴史におけるこの瞬間を生き延びられたなら、はるか未来の世代は私たちのことを、地質記録に残されたカーボン・フットプリント（訳注　製品やサービスのライフサイクルで排出される温室効果ガスの総量を二酸化炭素に換算したもの）の痕跡でのみ、知ることになる。私たちが遠い祖先を石器時代の人や青銅器時代の人や鉄器時代の人として捉えるのとちょうど同じように、遠い未来の世代は私たちのことを炭素時代の人と考えることだろう。

私たちはたいてい化石燃料を、乗り物を動かしたり、住宅や職場を暖めたり、発電したり、化学肥料や殺虫剤に使ったりするエネルギーと結びつけるが、じつは化石燃料は、経済に必須の物質的構成要素、たとえば鋼鉄を生産するための熱も提供してくれる。化石燃料は、建設資材やプラスティック、包装、医薬品、食品の添加物や保存剤、潤滑剤、合成ゴム、合成繊維、化粧品、洗剤、家具、電子機器など、無数の製品に使われている。

私たちの経済活動の大部分は、化石燃料から成るか、化石燃料によって変えられたり動かされたりしている。私たちの体や家庭、企業、オフィス、工場に入ってくるものはおおむね、化石燃料が仲介しているか、化石燃料でできているかのどちらか、あるいは両方だ。

　慣行農業や「緑の革命」やバイオテクノロジー農業が生み出す負の外部性とシンデミックは、破壊的ではあるものの、類を見ないものではない。グローバル経済のあらゆる産業と部門が同じような物語を語っている。これらの負の外部性は、程度こそ違うものの、種類は同じなのだ。

　グローバルなファッション業界を考えてほしい。温室効果ガス排出その他の、環境に影響を与えている負の外部性の責任を帰せられる大規模な汚染者を思い浮かべるとき、グローバルなファッション業界は、最近まで見過ごされ、問題にされていなかった。だが、もうそうはいかない。この業界は、二酸化炭素の全排出量のうち一割を出しており、これは、国際的な航空・海上運輸から排出される量の合計を上回る。そして、水の消費では第二位に入る。[*29]

　ファッション業界の巨大なカーボン・フットプリントとウォーター・フットプリント（訳注 使用されたり汚染されたりする水の量）は、生産の効率化と切っても切れない関係にあるし、前シーズンに買ったものを捨てて新しいものを買うことで、毎シーズンのファッションに後れを取らないように消費者を説得する抜け目のない広告とマーケティングのキャンペーンとも直結している。効率の向上の大半は、開発途上国に生産過程の一部を外注することで達成してきた。そうした国々では、環境基準が緩やかだったり、なかったりし、労働者は生きていくのがやっとの賃金しかもらえず、危険な工場で、ディケンズの小説に出てきそうな労働条件の下で働いている。

　こうして効率化が進んだおかげで、衣料品のコストが劇的に下がり、消費者の購入量も急増した。二〇二〇年、欧州連合（ＥＵ）では、衣料と履物の平均的な消費者は、一〇年前と比べて購入量は増えたが、出費は減った。アメリカでは、平均的な消費者は五・五日ごとに衣料品を一点購入する。[*30] 衣料品を耐用年数が過ぎるまで着用する率にも、一五年前と比べて三六％という大幅な減少が見られたのは不思議ではない。[*31] ファッション業界は、「人口動態とライフスタイルのパターンが現状を維持し続ければ、衣料のグローバルな消費量は、二〇一九年の六二〇〇万トンから、一〇年後には一億二〇〇〇万トンへと増える」と予想している。[*32]

購入量が上昇し、使用期間が縮まれば、廃棄物が増える。毎年九二〇〇万トンの廃棄物がファッション業界に起因し、一部の推定では、衣料品の製造時だけでも、使用される生地の二五〜三〇％が無駄になっているという。[*33] 毎シーズン、ＥＵに限っても、衣料品の在庫の三分の一以上が売れ残り、処分される。製造過程で傷んだり廃棄されたりする布地を加えると、全世界で毎年環境に行き着く全廃棄物の二二％をファッション業界が出していることになる（消費者が購入した後、リサイクルされる繊維廃棄物は一五％に満たない）。[*34]

繊維製品の製造業者は、製造過程で二五〇〇種を超える化学物質も使う。ある研究では、これらの化学物質の一〇％が、「人間の健康への大きな潜在的懸念」材料であることがわかった。そして、ファッション業界は灌漑で一年当たりおよそ四四兆トンの水、すなわち、灌漑用水の全使用量の約三％を使う。[*35]

「工業の時代」の大半を通して、化石燃料は非常に安価だったので、効率の向上にとってそれらの燃料がどれほど重要かに、私たちはほとんど注意を払わなかった。すでに述べたとおり、経済学者は効率を決める主要なインプットに、時間や資本や労働力と並んでエネルギーを含めたものの、生産性を決めるときに、エンジニアを除けば、企業はたいていエネルギーを無視した。あまりに安価だったからだ。企業は効率を上げるにあたって、もっぱら資本と労働コストと便益に的を絞った。

今振り返れば、無邪気さ、特に経済学者たちの無邪気さに驚く。「工業の時代」には、化石燃料があったおかげで労働者の生命と健康が維持されてきた。つまり、ほとんどの人的資本は、化石燃料によって生み出され、蓄えられた富なのだが、それを認めるわずかな記述さえ、文献にはほとんど見つからない。

私たちの文明の存在そのものが化石燃料と結びついているという現実がようやく明白になったのは、二一世紀の最初の一〇年間に世界市場で原油価格が急騰する事態に直面したときだった。一九六〇年代には、原油は一バレル当たりわずか三ドルで売られていた。やがて、一九七三年に石油輸出国機構（ＯＰＥＣ）が原油禁輸措置を実施したため、散発的に値段が上がり始めた。そして二一世紀の最初の一〇年間には、さらに急激に値上がりし続け、二〇〇八年七月には一バレル当たり一四七ドルという史上最高値を記録した。

原油価格が一バレル当たり一〇〇ドルを超えると、グローバル経済が低迷し始めた。私たちが製造・生産するモノのじつに多くが、化石燃料で作られたり、動かされたりするからだ。一バレル当たり一四七ドルという最高値に達した頃には、グローバル経済全体が停止状態になった。なぜなら、経済の事実上すべてのモノとサービスの値段が、化石燃料と本質的に結びついているためだ。

二〇〇八年七月は、化石燃料に基づく「工業の時代」の終わりの始まりとなった。このときの激震から、経済はまだ完全には回復できていない。巨大なネズミ講のようなサブプライム住宅ローンの泥沼にはまり込んだ金融市場の破綻は、その余震だった。本格的な化石燃料経済が経済生活のあらゆる方面を停止させたとき、ローンの証券化商品の価格操作を行なう虚構の経済は、維持できなくなった。

比類ない物質的豊かさを生み出した効率と生産性の急上昇は、歴史上はるか昔の地質時代に由来する化石燃料の採掘と利用抜きには考えられなかったことを、グローバルなビジネス界と各国政府は、そして経済学者も間違いなく、まだ十分理解できていない。「進歩の時代」を生み出すために、束縛されたエネルギーの宝庫である石炭紀の墓地を掘り返して、二〇〇年足らずでそのエネルギーを消散させたことの負の側面は、温室効果ガスの排出という形のエントロピーのつけが手元に残ってしまったことであり、それが今や地球上の生命の将来を脅かしている。

市場均衡理論の欠点と、効率を中心に据えつつ負の外部性の熱力学的意味を断固として認めない合理化プロセスの欠点を踏まえると、必要なのは経済学の完全な見直しであり、さらに重要なのは人間の主体性の本質を根本的に再考することだ。その見直しのためには、まず、時間と空間という概念を私たちがどのように認識してきたかを理解する必要がある。

たしかに、私たちが長い間考えてきた時間と空間は、今、直面している危機とは関係ないように見える。とはいえ、人間の意識の根本的な座標である時間と空間を、私たちがどのように理解し、知るようになったのかを見直すことが欠かせない。これは、角が立たないように「進歩の時代」と呼ばれている合理性と効率の有毒な取り合わせから人類全体を救い出し、来るべき「レジリエンスの時代」にふさわしい、より適応力のある共感的な生き方を見つけるのに不可欠だ。時間と空間の中での私たちの存在そのものを、考え直さなければならない。それこそ、私たちの種が針路を変更して、予測不可能で再野生化する地球での生き方を学ぶ、最後の絶好の機会となるだろう。

第二部

地球の財産化と労働者の貧困化

第四章

大転換
――時間と空間の地球規模の囲い込み

一八四四年五月二四日のこと。アメリカの合衆国議会議事堂に集まった議員たちは、驚くべき出来事を目の当たりにした。その何年も前、議会は、発明家サミュエル・F・B・モールスの考案物の開発に出資することに合意していた。モールスは、記号化した情報を、電流を利用して四〇マイル（訳注 約六四km）離れた場所に瞬時に送り、記号化した応答を数秒のうちに紙テープ上に受け取れる機械（電信機）を完成してみせると請け合った。以前なら夢想することさえ難しかったであろう約束だ。[*1]

モールスは、四〇マイル離れたボルティモアにある鉄道の駅にいた助手のアルフレッド・ヴェイルにメッセージを送り、返答を求めた。数秒後、その返事が合衆国議会議事堂に戻ってきた。モールスが送ったメッセージには、「神は何を作り給うたか?」とあった。この瞬間、空間的距離は事実上消滅し、所要時間はほぼゼロまで圧縮され、電子の時代の到来が告げられた。モールスのメッセージは、旧約聖書の「民数記」からの転用であり、その場の心情を捉えるのにふさわしい言葉だった。

旧約聖書の「創世記」では、神が世界を生み出すべく「光あれ」と命じると、たちまち「光があった」。完璧な効率性だ。モールスのほぼ瞬時の通信は、議員たちの畏敬の念を掻き立て、それまでは全能の神だけしか持てなかったような種類の効率性を生み出した。

私たちがどのようにして歴史上のこの重大な時点を迎え、時間と空間の概念の根本的な変容に至ったかという物語は、一四世紀の中世ヨーロッパで、後に近代を特徴づけることになる二つの出来事と共にさりげなく始まった。一つは、機械式の時計の発明と、ベネディクト会修道士の日課の厳密なスケジューリング。もう一つは、イタリア・ルネサンス期の、画家たちによる絵画における透視図法（遠近法）の発明だ。

機械式時計と絵画における透視図法――歴史を変えた意図せぬ帰結

ベネディクト会は、モンテ・カッシーノのベネディクトゥスが五二九年に創設したキリスト教の修道会だ。同会の修道士は、過酷な肉体労働と厳格な宗教儀式に身を捧げた。彼らの鉄則は、「怠惰は魂の敵」だった。継続的な肉体活動は懺悔《ざんげ》の一形態であり、永遠の救済を得るための道だと、修道士たちは信じていた。聖ベネディクトゥスは、「もし地獄の責め苦を免れて永遠の生を得たければ、今、まだ時間が残されているうちに、永遠性を手にするのに資することのみを急ぎ行なわなければならない」と修道士たちを戒めた。[*2]
ベネディクト会の修道士たちは、誰よりも先に、時間を「稀少な資源」と認識した。そして、時間は神のものだから、神を敬うために目一杯活用しなくてはならなかった。そのためには、どの瞬間も、きちんと定められた活動に費やす必要があった。そこで、祈りや労働、食事、読書、入浴、睡眠の時間がそれぞれ決められた。[*3]

修道士全員が所定の日課と活動に必ず一斉に取り組むようにするために、ベネディクト会は西ローマ帝国滅亡後に事実上捨て去られたローマの時間を再導入した。文字どおりあらゆる活動に一日のふさわしい時間が割り当てられ、誰もがその時間に現れるようにするために、それぞれの活動を告げる鐘の合図を取り入れた。最も重要な合図は、八つの時課に修道士たちを呼び集めるものであり、そこで彼らは聖務日課を唱えた。だが、頭を剃《そ》ることや、マットレスの中身を詰め直すことや、瀉血《しやけつ》をすることなど、ごく日常的な活動にさえ、定められた週、さらには季節の中にまで、時間枠が与えられた。成り行き任せにされる時間はなかった。

ベネディクト会修道士は、現代の私たちが「スケジュール」と呼ぶものによって時間を合理化した、歴史上初の一団だったかもしれない。そのため、彼らはしばしば、「西洋文明初の『職業人《プロフエツシヨナル》』」と呼ばれる。[*4] 各自が特定の役割を与えられ、密接に関連づけられた日課を同期してこなす彼らが、後の時代の歴史家たちに見過ごされることはなかった。社会学者のエビエタ・ゼルバベルは、ベネディクト会修道士たちが「人間の活動に、機械の持つ規則正しい集団的な拍子とリズムを与えることに貢献した」と言っている。[*5]

ベネディクト会修道士たちは熱狂的に時間を厳守しようとしたにもかかわらず、鐘を鳴らす人間が必ず当てになるとはかぎらないという問題に直面した。それに対する答えが、一三〇〇年頃の機械式時計の発明だった。それは自動化された機械で、「脱進機」と呼ばれる装置で動く。脱進機は、「落下する錘《おもり》の力を規則的に遮断」し、エネルギーの放出と歯車の動きを制御する仕組みだ。[*6] この新しい装置のおかげで、修道士たちは時間の長さを標準化し、日々の活動を正確にスケジュール化し、作業をより確実に管理できるようになった。

このテクノロジーの驚異は、あまりに並外れていたため、まもなく修道院から都市の生活共同体へと噂が広まり、時計はどこの町の広場でも中心的存在となって、日々の商業生活と社会生活の調整役を担った。商業活動と生活全般がしだいに効率的になりつつあり、時間厳守だけではなく正確さも求められた。一五七七年には分針が、そしてその後ほどなく、秒針も導入された。[*7] 時間を正しく合わせることが、執着や娯楽になった。「工業の時代」と市場資本主義の幕が上がり始めるなか、「時は金《かね》なり」が時代の新たな格言になった。かつては目を見張るような贅沢品だった時計は、一七九〇年代には、各家庭で手の届く値段の必需品となり、労働者は懐中時計を身につけ始めさえしていた。

ジョナサン・スウィフトの『ガリバー旅行記』では、リリパット（小人国）の賢人たちが、拘束した異国の巨人が絶えずポケットに手を入れては、風車のような音をひっきりなしに立てる、ピカピカした物を取り出し、「この機械装置を耳元に」持っていく、と皇帝に報告する。彼らの推測は、以下のとおりだ。「それは何かしらの未知の獣、あるいは、彼が崇拝する神でありましょう。ですが、どちらかといえば、後者と考えたいところです。なぜなら彼は（中略）それを見ずに何かを行なうことはまずない、と請け合ったからであります」[*8]

置時計と懐中時計は、一般大衆を着実に再教育し、日の出と正午と日の入りによって計算される自然の時間から遠ざけて、工場の現場の機械的な時間の一定したリズムに順応させた。活動が同期するように細心の注意を払うことを求める工場の生産システムは、超効率的な文明への道のりの一里塚だった。

ちなみに、ベネディクト会修道士たちは自らの発明が、非宗教的な暮らしをより効率的にするのを促すために使われ、最終的には中世のキリスト教世界の神学的世界観を突き崩すことになるとは、思ってもいなかった。以後、時間そのものは、地球のリズムに縛られることのないパラレルワールドで機能する、測定可能な標準単位として認識されるようになる。そして時間は、自然界全体を収奪して消費するにあたっての、効率向上という機械的な展望に捧げられる——すべて、経済進歩の名の下に。だが、その反動のせいで、近現代の幕が下りようとしている、この数十年間に、大きな害がもたらされることになる。

機械式時計の発明からちょうど一世紀後、フィレンツェの建築家で彫刻家のフィリッポ・ブルネレスキが、ヨーロッパ人としては初めて透視図法を使った絵を描いた。他の画家たちもたちまち彼に続いた。美術での透視図法は、人類による空間認識の仕方を変えるツールとなる。空間的な位置の知覚における、この創意に富む転機はやがて、科学的方法の誕生と空間の数学化につながり、近代的な地図作成によって地球のさまざまな圏が囲い込まれ、私有化されるときの、ツールとテクニックを提供することになる。

封建時代のヨーロッパでは、場所は重要であり、何もない空間という概念は思いもよらなかったたろう。キリスト教の世界では、信者は神の王国のあらゆる場所を、序列化された被造物が占めていると考えていた。「腹で這いずるもの」という最下位の生き物から人間、その上に天使たち、そしていちばん上に主《しゅ》が位置する階梯《かいてい》を彼らは信じていた。神の王国は被造物に満ち満ちており、空間的な空白がまったくない。神が、いつの日か満たされる空白を被造物に残しておいたりするはずがあろうか？　テキサス大学の歴史と地理の教授アルフレッド・W・クロスビーは、次のように指摘して、それを見事に言い当てている。「空白が存在する可能性を認めない人々にとって、何もない空間にはまったく信憑性《しんぴょうせい》も自律性もない」[*9]

存在の大いなる連鎖を形作る階梯のずっと上のほうで、天使たちのすぐ下を、アダムとイヴの子孫が占めており、その目は常に、上の天国に焦点を合わせている。堕落した世界の地平線を見晴らす理由など、ないに等しかっただろう。この世は、天へ、永遠の生へと昇っていくことを期待しながら一時的にとどまっている場所だと認識されていた。

アメリカの旅行者がヨーロッパを訪れたときには、中世の大聖堂を見て、がっかりすることがよくある。大聖堂の威容を遠くから捉え、広々とした空間の中の圧倒的な存在に見入るつもりだったのに、中世と近代の住宅が幾重にも同心円を描いてびっしりと取り巻いているため、視界が遮られてしまう。それは、封建時代のヨーロッパでは、町の門の向こうの何もない地平線と、周囲の野には、危険が潜んでいたからだ。神の大聖堂の懐近くに身を置くことで、集団的な安全保障が得られた。立派な扉を抜けて大聖堂に足を踏み入れた人は、たちまち頭上の丸天井を見上げ、その上の天国のほうへと視線を向ける。そこに永遠の生が待っているのだ。

大聖堂の壁を飾る絵画やタペストリーはといえば、そこには神の創造物が平面上に描かれてあり、あらゆる生き物が天に向かって昇っている。旅行客の目には、それらの絵は非現実的で幼稚に映る。美しくはあっても、奥行きがない。遠近感がないのだ。どの絵も、本物らしく見えない。

ブルネレスキは、フィレンツェの洗礼堂を、まだ建設中の大聖堂の正門から透視図法で描くことで、教会の従来の規範を打ち破った。目の高さの地平線上にすべての線が集まる「消失点」を設定することで、彼の透視図法は、三次元の奥行きがあるような錯覚を生み出した。[*10] 彼の筆遣いは、世界史上でも有数の革命的な移行を引き起こし、そのおかげで人類は、空間や、空間と自らの関係の認識の仕方そのものが変わった。ミケランジェロやレオナルド・ダ・ヴィンチ、ラファエロが、まもなく筆を執り、遠近法を使った独自の傑作を描き始めた。

マサッチオは、ルネサンスの画家では初めて、遠近法とそれに伴うさまざまな規則を十分に使いこなした。彼の作品には立体感があり、そこに描かれた家や風景は、本物を目にしているときと同じように、遠いものほど遠くにあるように見える。美術史家たちは、この新しい作風を「写実主義」と呼ぶ。

この芸術上の単純ではあるものの巧妙な手段が解き放った、途方もない力を想像してみてほしい。それ以前は、無知無学な一般大衆にとって、存在の現実について学べることは、地元の大聖堂を飾る絵画の中に描かれていた。それが彼らの唯一の教室だった。キリストの再臨と、天へ引き揚げられて永遠の救済を受けるのを今か今かと待ちながら身を寄せ合う人間たち——

信者のコミュニティ――を描いた絵に、キリスト教徒は長い間慰められてきた。それが、透視図法の登場以降、地平線を見晴らすように目を向け直させる絵を眺めることになった。地平線の多くは、依然として満たされておらず、作り変えられるのを待っていた。

絵画での透視図法の使用に関して最も革新的だったのは、それが人間の意識の転換への道を拓いたことかもしれない。透視図法は、その後の各世代が世界を観察者の視点から考える下地を作った。人の視線の先にあるものはすべて、評価し、品定めし、獲得し、収奪し、私有化する、潜在的「対象」となる。

切り離された観察者として世界を見るのは、自分自身を周囲の活動や状況から抜き出し、覗《のぞ》き見する者の役割を担うことだ。たった一人の観察者が外にあるものを窓から眺めているところを、ルネサンスの巨匠の多くが描いたのは偶然ではない。自律的な自己という、まさにその概念は、まずイタリアのルネサンスで、後にはヨーロッパ北部のルネサンスで急速に広まった。

絵画に透視図法を応用した初期の画家の多くは、建築家でもあり、透視図法の知識を建築図面の作成にも利用した。彼らが作品の制作から学んだ事柄は、数学の分野にも持ち込まれ、射《しゃ》影《えい》幾何学が発展した。

近代科学の父ガリレオは、透視図法の数学的特性について画家や建築家から得た教訓の上に、自らの科学的探究のいっさいを積み上げた。一五六四年にフィレンツェの近くで生まれたガリレオは、数学を学び、それを通して絵画における透視図法に出合った。驚くまでもないが、当時数学は、イタリアでもドイツでも、透視図法の技術を熱心に活用して、この学問分野を発展させていた。つまるところ、絵画と数学は共に、測定と計算あってこそだからだった。近代科学の誕生前夜に当たるこの豊饒《ほうじょう》な時期には、画家と建築家と数学者の間でしきりにやりとりがあった。彼らはみな、透視図法と幾何学研究の両方から学んだ教訓を活用していたからだ。

ガリレオ自身、画家になることも考え、メディチ家の公式の画家に取り立てられることを望んだ。彼はデカルトと同じように、数学を科学に導入するのを助け、科学的探究を観察可能な現象の数学的測定へと一変させ、今でもその状況は続いている。ガリレオは、一六二三年に出版した著書『偽金鑑識官』で、次のように書いている。

哲学は、宇宙というこの壮大な書物の中に記されており、その書物は私たちの「視線の前に」絶えず開かれている。だがこの書物は、まずそれが書かれている言語を理解し、それを構成している文字を読むことを学ばなければ理解できない。そして、それは数学という言語で書かれており、その文字は三角形や円などの幾何学図形であり、それなしでは人間には一言も理解しえない。それらなしでは、人は暗黒の迷路をさまようことになる。[*11]

ベルリン自由大学環境政策研究所の所長フィリップ・レペニースは、ガリレオの科学的観察における「視線」という言葉の使用は、美術における透視図法の広範な応用に元をたどれる、と述べている。画家と同じで科学者も客観的な観察者であり、自分が調べている対象に視線を投げ、研究している現象を客観化して知るために、数学を計測手段として使う。[*12]

「客観的」であること、すなわち、切り離され、合理的であることは、歴史の中で五〇〇年以上にわたって、高尚な科学の世界だけでなく大衆文化においても支配的であり続けた。それと並んで維持されてきたのが、私たちは一人残らず世界に視線を投げる自律的な主体であり、自己性を確保するためにその世界を客観化し、収奪するという考え方だ。

　絵画における透視図法への転換は、より写実的に描くというだけのことではなかったし、幾何学と数学を発展させ、科学的方法の地位を高めて世の中のあらゆる現象にまつわる事実を発見するにあたっての絶対的基準とするだけのことでさえなかった。より深い次元では、視覚の重視の代償として、聴覚の軽視が起こった。私たちは、「百聞は一見に如《し》かず」という考え方にあまりに慣れ切っているので、以前の文化では、真実であるのを確証するうえで、口から発する言葉のほうが重要だったことが想像しづらい。封建時代のヨーロッパでは、口承文化が支配的で、学習は徒弟制度や口伝えでの知識の伝承という形で行なわれていた。たとえば、契約の取り決めは、たいてい口頭での合意でなされた。

　視覚が切り離され隔たったものであるのに対して、聴覚は近接していて親密だ。そして、音は人を取り囲み、包み込む。口承文化は局地的なものだ。少なくとも二〇世紀までは、旅行者が伝統的な社会を訪れたときに、人々が身を寄せ合い、みなが一斉に話していることに気づく場合が多かった。それを見ている西洋人にとって、このような振る舞いはしばしば厚かましく見え、互いの空間や人格をなおざりにしているように思えた。だが彼らは、口頭でのコミュニケーションは空間的に届く範囲が限られているという単純な理由からそうしているのだ。西洋人は、口承文化が参加型であり共同型の度合いが非常に強いということを見落としている。

沈黙のコミュニケーション——社会化への新しいアプローチ

スケジュールと時計が時間を囲い込み、絵画の透視図法が空間の収奪と囲い込みの過程を加速させたのだとしたら、印刷機の発明は、時間と空間の囲い込みの点で、それに匹敵する変革を引き起こした出来事であり、一九世紀後半の電話の発明や、二〇世紀後半のインターネットの発明と肩を並べる。印刷機は、ヨーロッパ全土と、最終的には全世界で一般大衆の識字能力を向上させるのに貢献した。印刷機のおかげで、時間と空間ではるかに隔てられた厖大な数の人が、ページに記された情報を沈黙のうちに共有できるようになった。

読むことによる学習は、口承文化と比べて孤立した知的な経験でもある。読書は独りでするものだ。口頭でのコミュニケーションは儚く消えてしまうが、印刷された情報は恒久的であり、私たちは書物をしまっておいて、また取り出して参照することができ、そこに記された言葉や考えを維持できる。口承文化では、情報は記憶にとどめておくしかないので、思い出せる量にはおのずと限度がある。だから口承文化では、物事を覚えておくために、記憶術や押韻に頼っていた。

印刷により、人間の頭は、それまでとは別の斬新な形で鍛えられることになった。特に、じっくり考える力が育まれた。読書をする人は、書かれていることに思いを巡らせたり、ページを遡って再確認したりすることさえでき、私たちは想像力を働かせて、まったく新しいやり方で考えることが可能になった。

印刷はまた、個人による著作——著作権という形態で、自分の言葉を財産としてその権利を主張する能力——という考え方も生み出した。自分の文章は自分の財産であると主張するのは、歴史のそれ以前の時代には馬鹿げたことだっただろう。近代以前の哲学者は、自分の考えを「独自の思考」とは思わず、しばしば夢を通して、あるいは畏敬の念に打たれた瞬間に、天から降ってきた「啓示」と見なした。それとは対照的に、著作という考え方は自律的な自己性が存在すること、すなわち、各個人は他者との唯一無二のコミュニケーションの占有権所有者であるという信念を強化した。

商業活動も、印刷によって同じように変化した。封建時代の契約は、主に口頭での合意に頼っていた。口頭でのコミュニケーションには空間的な限界があったので、商人は互いを直接知っていることを前提に、たいていい地元だけで活動した。文書化された簿記記録はそれほど信用されず、帳簿に記された数字や語句は、その信憑性を保証するために、関係者に対して読み上げられた。以前の、口承文化が支配的だった時代に由来する「監査」(訳注　英語では「audit」で、「聴く」という言葉に由来する) という用語は、何世紀も生き延びてきた。「ルカによる福音書」の注解で、ミラノのアンブロジウスは「視覚はしばしば騙《だま》されるが、聴覚は保証人の役割を果たす」と注意を喚起している。[*13] 今日、私たちは書かれた言葉を福音として信頼するようになっている。

書物は時間そのものを捉え、隔離する。書物は、永続性の雰囲気をまとっている。電子の時代の今日でもなお、たいていの人は、書物を引きちぎったり、ゴミ箱に投げ込んだりする行為には絶句するだろう。時間は、書物のページの空間に凍りついている。その後、一九世紀に写真が時間の中で凍りつくのとちょうど同じだ。印刷された言葉によってもたらされた意識の変化は、科学者と経済学者が時間を凍りつかせ、空間をそれぞれの専門分野で我が物としていくお膳立てを整えた。

私たちは、科学的な視点や経済的な視点、心理学的な視点といった用語をうんざりするほど耳にするが、「視点」という言葉には、真実と、現実を思い描く唯一の方法——「物事を見る唯一の方法」——が与えられていることには、潜在意識の中でしか気づいていない。口から発した言葉を通して得られる、何が現実で正しいかという感覚は、近代以降、しだいに脇へと押しやられていった。

印刷革命という追い風を受けて、大海を越える探検が盛んに行なわれ、新しい空間の発見と囲い込みが進んだ。新たに発見された海洋交易路や、海岸線と陸塊の形状は、地図に印刷して標準化することが可能だったので、船乗りたちは前よりも正確に航海できるようになった。標準化された地図は一六世紀以降、外洋航海や新しい土地の植民地化や商取引の時間効率を劇的に向上させた。

印刷技術は、国民という新しい考え方も発展させた。国民を社会という拡大家族として束ねる共通言語がなければ、国民国家というものを思いつくのは不可能だっただろう。フランス革命の前夜、今日フランスと呼ばれる地域の人口のうち、フランス語を話す人はかろうじて半数しかいなかったことを考えてほしい。[14] イタリアが一八六一年に統一されたとき、標準的なイタリア語を話す人は人口のわずか二・五％だった。[15] ピエモンテ出身の初代首相は、「我々はイタリアを建国した。今度はイタリア人を作り上げなければならない」と宣言したとされる。[16]

そこへ救いの手を差し伸べたのが、印刷業者だった。彼らは本を大量に生産して、効率を上げ、売り上げと収益を伸ばしたかったが、文字どおり何百もの地域の言語や方言に行く手を阻まれていた。市場が小さ過ぎて、本を印刷しても割が合わないのだ。このような状況を改善して、より効率的な販売方法を確立するために、印刷業者たちは各地方で話されているさまざまな慣用句の要素をまとめ始め、続いて、多くの場合は地域で最も優勢な言語の文法を標準化して単一の地方語にし、若い国民国家によって公用語として確実に採用されるようにした。

共通言語を採用すると、国民としての共通のアイデンティティが生まれるという効用まであった。個人どうしが互いに相手を、自国への共通の忠誠心を抱く市民の拡大家族として認識するようになった。それぞれの国民国家の中で話されたり書かれたりしている言語を単一の地方語に絞り込むことで、商業や社会生活や統治の効率も大幅に上がった。

石炭を採掘し、蒸気を発散する

印刷物を通したコミュニケーションの革命に続いたのが、エネルギーと移動性の面での、同じぐらい強力な革命だ。農業と牧畜と市街地開発の用地を確保するためにヨーロッパ全土で森林が劇的に減ったことが、大陸全体のエネルギー危機につながった。産業革命前のヨーロッパ社会では、何と言おうと森林がエネルギーと建設資材の主な供給源だったからだ。イギリスは、石炭の採掘という代替手段を見つけた。問題は、一定の深さまで掘ると地下水面に達し、石炭を地表に運び出す妨げになることだった。

一六九八年、トーマス・セイヴァリは炭坑の深い所から水を取り除く蒸気ポンプを発明して特許を取り、ヨーロッパにこの問題の解決策を与えた。ところが、地表に運び出された石炭は、第二の問題を起こした。石炭は木材よりもずっと重く、嵩ばるので、舗装されていない道路を使って運搬するのが(雨天では特に)難しく、馬を使うと費用がかかり過ぎた。この問題に答えを出したのが、ジェイムズ・ワットが一七七六年に導入した蒸気機関だった。石炭を燃料とする蒸気機関は、一七八〇年代にまず綿工業の生産過程で使われ、まもなく他の産業にも拡がり、一八〇四年にイギリスで最初に蒸気機関車が導入されて、見事な力を披露した。[*17]

蒸気機関車のあまりの速さに、イギリスの一般大衆は魅了された。一八三〇年代には、蒸気機関車は時速六〇マイル(訳注 時速約九七㎞)という、息を呑むような速度で走っていた。一八四五年には、「すでに一年間に四八〇〇万人の乗客がイギリスの鉄道を利用した」[*18]。蒸気機関車は、時間の壁を取り除き、移動距離を圧縮し、それによって、輸送とロジスティクスで強力かつダイナミックな新しい動きを生み出していた。輸送とロジスティクスは超効率的になり、それが世界中に波及し、それまでには想像できなかった規模の大陸内貿易の基礎を築いた。

蒸気機関車はまた、気象の季節変動に事実上影響されず、一年を通して稼働できた。運送の速度に関しては、運河の平底の荷船が一往復する時間で、蒸気機関車は数往復できた。また、同じ料金で荷船の三倍の貨物を運べた。これらがすべて合わさり、時間と空間における速度と効率の歴史的な増大につながった。

早くも一八三〇年代には、蒸気船が外海での運行を始めており、コストは帆船の場合よりも一五～二〇％少なくて済んだ。一九〇〇年には蒸気船は重量換算で全世界の貨物の七五％を運ぶまでになった。蒸気船はまた、何百万ものヨーロッパ移民をアメリカの海岸に運んでいた。肝心なのは効率であり、すべては石炭紀の墓地から掘り出された石炭によって可能になったのだった。

新しい形態の通信と、新しいエネルギー源、そして新しい移動とロジスティクスの様式が相まって、経済活動と社会生活と統治に、新たな通信手段と動力と動きを提供した。そのおかげで時間と空間が圧縮され、一八九〇年代までに少なくともヨーロッパとアメリカでは、効率が社会の主要なテーマに祭り上げられていた。

世界の時間の標準化

一つだけ、重大な問題があった。それぞれの地域が、独自の時間を採用していたので、鉄道にとってロジスティクスの悪夢が生じていた。一八七〇年にアメリカの首都ワシントンからサンフランシスコまで鉄道で旅する人は、道すがら各地の時間帯に自分の時計を合わせようとしたら、二〇〇回以上の調整が必要になっていただろう。[*19] もし地元時間を放置すれば、蒸気機関車や蒸気船がロジスティクスと交易にもたらしうる効率は、永遠に実現しない。幕を開けつつある「工業の時代」に蒸気機関車や蒸気船が提供する新しい効率と、それに伴う生産性を現実のものにするには、輸送とロジスティクスの流れに合理化を持ち込む必要があることは明らかだった。

商業と貿易の全国市場や大陸市場や世界市場を創設するには、時間と空間の構成の転換が求められた。そのために提案された解決策は大胆なものだった。それは、全世界を網羅する普遍的な標準時間帯の体制を確立し、時間を非社会化・非ローカル化するという計画だ。

イギリスとアメリカの政府が真っ先に、自国をいくつもの標準時間帯に分割し、鉄道事業への配慮を示し、一八八〇年代には他の国々も、単一の世界時間の導入を声高に要求していた。一八八四年一〇月の国際子午線会議での投票で、ロンドン近くのグリニッジを、世界時体制の導入のために、本初子午線（経度ゼロ度ゼロ分ゼロ秒）の基準にすることが決まった。フランス政府はグリニッジを選ぶことに反対し、パリの天文台を経度の基準とすることを提唱した。この争いは三〇年近く延々と続いた。

だが一九一二年、パリでさまざまな国が出席して「国際時間会議」が開かれ、決着がついた。グリニッジが経度ゼロ度と定められ、その後は参加各国が自国の地元時間を捨てて世界時体制を導入するという合意に至った。こうして時間は、新たにグローバル化された経済での商業とロジスティクスと貿易のために、各地の地元時間や地球のリズムから、一気に切り離された。

時間と空間の抽象化と合理化と圧縮は、二〇世紀の間と二一世紀に入ってからも続いた。その背景にあったのが、埋蔵されている大量の原油と天然ガスの発見、電気の導入、電話の発明、自動車時代と空の旅の到来、ラジオやテレビ、コンピューター、インターネット、人工知能、アルゴリズムによる統治の登場、GPSによる相互接続といった、その後の技術革新などだ。これらの変化は、時間と空間と存在の本質そのものを私たちの種がどう認識するかに、長期にわたる影響を与えた。

人類は、これらの新しい時間と空間の座標軸を手に、地球の広大な範囲や、この惑星の密接に絡み合った地球化学的・物理学的・生物学的営みを構成している他の多くのものを、首尾良く囲い込んだり、部分的に私有化したり、収奪したりしてきた。私たちの種は、誕生してからの短い期間に、比類なき効率性を原動力とする快楽主義の熱意に駆られて、あらゆるものを攻略し、強奪し、消費してきた。不幸にも、こうした歴史は近現代を説明する際には、ほとんど取り上げられてこなかったが、広く知られてしかるべきだ。

第五章

究極の強奪

――地球のさまざまな圏と遺伝子プールと電磁スペクトルの商品化

封建社会で財産といえば、それは今日私たちが思っているのとは違うものを意味した。地球は神の創造物であり、アダムとイヴの子孫に委託されているというのが、教会の見方だった。神は、自分の版図《はんと》の一部を利用する権利を信者たちに授ける。そこには義務と責任の階層制があり、天上の高みから教会にいる神の使者へ、そこから王、大公、領主、農奴へと下に向かって連なっている。この体系は、所有関係ではなく、利用して利益を得る用益関係に支配されていた。今日考えられているような形で財産を所有している人は誰もおらず、人々は、上から下へと順に神が委託した被造物の一部に対する用益権を行使しているだけだった。したがって、土地の売買は、封建時代のヨーロッパでは目立った役割は果たさなかった。

地球のさまざまな圏の財産化

一八世紀には、用益関係に基づく封建制度が崩れ始めており、初期の資本主義システムを基盤とする私的所有権という近代的な概念に道を譲りつつあった。イギリスの哲学者ジョン・ロックは、一六九〇年に出版した著書『市民政府論』で、財産を全面的に見直すための哲学的基盤を提供した。

私有財産は侵すことのできない自然権である、とロックは主張し、エデンの園で神がアダムに約束したこと、すなわち、アダムとそのすべての子孫は、神の地上の王国と、そこに住むあらゆる生き物と、大地に豊かに実るものの支配権を持つという約束を肯定した。彼は、以下のように明言している。

〔神は〕この世界を共有物として全人類に与えたとき、人間には労働することも命じ、人間は貧しかったので、働かざるをえなかった。神とその道理は、彼〔人類〕に大地を征服するように――すなわち、生に資するように大地を改善し、そこでその上に自分自身のもの、つまり自分の労働を注ぎ込むように――命じた。神のこの命令に従って、大地のどの部分であろうと征服し、耕し、種を蒔いた人間は、そうすることによって自分の財産であるものを大地に加えたのであり、それに対しては他の人間は所有権は持たず、無傷で奪うことはできないだろう。[*1]

さらに穏やかならないのだが、ロックは自然を、人間が利用して価値ある財産に変えるまでは無用の長物だとしている。

自らの労働によって土地を専有する人は、人類共通の蓄えを減らすのではなく、むしろ増やす。なぜなら、人間の生活を維持するための食糧の点では、囲い込まれて開墾された一エーカーの土地から産出されるものは（中略）同じぐらい肥えてはいても共有されて荒れたままになっている一エーカーの土地から産出されるものよりも一〇倍多いからであり（中略）したがって、土地に価値の大半を与えるのは労働であり、それなしでは土地は無価値に等しい。[*2]

ロックは、地球の共有財《コモンズ》の支配を、神の「存在の大いなる連鎖」の中で共に担う義務から、人類の共同体に妨げられずに地球の一部を所有する各個人の権利へと変えた。

地球の生命力は、水圏、岩石圏、大気圏、生物圏という地球の主要な圏のやりとりと密接に結びついている。なかでも最も注目されている生物圏は、地面や海底から大気圏の上端までの一九㎞の層であり、その中で水圏と岩石圏と大気圏が作用し合って、生命が繁栄することを可能にしている。

これらの重要な圏を、人類は「進歩の時代」に我が物にした。生命が出現して進化する地球のインフラを形作るこれらの圏のそれぞれを、人類は効率化の名の下に、商業的搾取のための操作可能な財産に変えてしまったのだ。今や私たちは、その報いを受けている。地球上の生命を維持するうえで共に決定的に重要な役割を果たす岩石圏と水圏に対する破壊の歴史を、ここで簡単に振り返ってみよう。

岩石圏——私たちを支える地盤

岩石圏は、地球の固体部分であり、上部マントルと地殻から成る。岩石圏の表面には土壌があり、その部分は土壌圏と呼ばれる。土壌は陸地のほとんどを覆っており、厚さは数cmから数mまで、さまざまだ。この岩石圏の極薄の表面は、「クリティカル・ゾーン（臨界域）」と呼ばれることがよくある。もっともな話だ（訳注「クリティカル」には「臨界」という意味の他に、「重要な」「重大な」という意味もある）。アメリカ国立科学財団は、次のように指摘している。「それ［岩石圏］は、生きて呼吸をしながら常に進化している境界層で、そこでは岩石、土壌、水、空気、生物が相互作用している。こうした複雑な相互作用は、自然界の生息環境を調節し、私たちの食糧や水の質を含め、生命を維持するための資源の入手可能性を決める」[*3]

土壌は、植物を根づかせ育て、水を浄化する。土壌は、必須のミネラルを含んでいるだけではなく、命で満ちあふれてもいる。それは小型の生態系なのだ。コロンビア大学の地球研究所は、土壌一エーカー（訳注　約四〇四七㎡）には「ミミズが九〇〇ポンド（訳注　約四〇八kg）、真菌が二四〇〇ポンド（訳注　約一〇八九kg）、細菌が一五〇〇ポンド（訳注　約六八〇kg）、原生動物が一三三ポンド（訳注　約六〇kg）、節足動物と藻類が八九〇ポンド（訳注　約四〇四kg）、ときには小動物さえ含まれ（中略）土壌一gには細菌が一〇億も入っていることがあり、そのうち、すでに発見されているものは五％にすぎない」としている。[*4]

そこにあって当たり前だと長年思われてきた土壌を、なぜ科学界は突然これほど重視するようになったのか？　それは、一九世紀後半に農業の機械革命が、二〇世紀には慣行農業が、そして二一世紀の今、遺伝子組み換え農業が始まり、それがあらゆる大陸の土壌に途方もない害を与えてきたからだ。歴史上初めて、「表土の喪失率が土壌形成率を上回った」。国際土壌照合情報センターは、土壌は「脅かされている天然資源」だと警告している。[*5] その影響は広範に及ぶ。すでに述べたとおり、土壌形成には時間がかかる。たった一インチの表土を自然が生み出すのに、五〇〇〇年以上かかる。

だが、土壌を劣化させているのは、ハイテクの超効率的な慣行農業だけではない。家畜の放牧も、土壌の減少の要因だ。地球上の氷に覆われていない陸地の二六％が、家畜のために使われている。主に牛だが、羊や山羊やその他の種もいる。[*6] 放牧が広く行なわれているため、地球の土壌に深刻な害が加えられてきた。国連食糧農業機関は、放牧が「地下水の利用可能性や土壌の肥沃度や生物多様性への悪影響」をもたらしている、と警告している。同機関は、「世界の草原の二〇％が劣化した」ことを指摘する。[*7]

この傾向は加速する一方であり、それは主に、人間がしだいに牛肉などの肉食を好むようになるにつれ、単位面積当たりで放牧される家畜の数が増えたからだ。そのうえ、牛は温室効果ガスのメタンを吐き出すからなお悪い。メタンは二酸化炭素の二五倍も大きな温室効果がある。家畜（主に牛）は、温室効果ガスの排出の一四％を占めている。[*8]

牛などの家畜がこのまま増え続けたなら、それだけで地球に残された貴重な土壌の多くが失われ、取り返しがつかなくなる可能性が高いが、他にも働いている要因がある。世界経済フォーラムによる二〇二〇年の調査では、地表の九五%が「人間によって改変された」ことがわかった。[*9] 土壌喪失のその他の大きな要因には、森林破壊、人間の定住、採鉱、輸送システム、道路網などがある。

これらの土壌侵蝕の要因のうちで最も有害なのは、森林破壊だ。この森林破壊の主要な原因は、「憂慮する科学者同盟」によると、牛肉、大豆、パーム油、木材製品という、四つの商品だという。[*10]

アマゾンの多雨林をはじめ、世界中の熱帯雨林の広大な地域が牛の放牧のために焼き払われていることは、よく知られている。だが、牛と森林破壊の関係には、見た目以上のものがある。放牧用以外の熱帯雨林の伐採の多くは、大豆栽培の用地確保のためだ。世間では知られていないが、アメリカで生産される大豆の七割は、牛などの家畜の飼料になる。[*11] パーム油はといえば、加工食品の原料として広く使われるようになった。これらすべてをひとつなぎにしているのが、市場の効率だ。エントロピーのつけは、残っている地球の表土の大半が失われたときに、支払い期限が来る——現在の割合で土壌喪失が進めば、今日の幼児が生きている間に。

あいにく、エントロピーのつけは、表土の減少だけでは済まされない。岩石圏は、上部地殻からその上に生えている木々の梢《こずえ》まで拡がっている。牛の放牧や、大豆の栽培やパーム油を採るアブラヤシの栽培のための土地を確保したり、材木や木材製品を供給したりするために森林破壊が進んでおり、二酸化炭素やメタンや亜酸化窒素の排出に起因する気候の温暖化と相まって、世界各地で森がまるごと消えつつある。そのせいで、気候科学者はパニックを起こしている。

森林、特に熱帯林は、土壌と同じで炭素の吸収源だ。森林も土壌も大気中の二酸化炭素を捕らえて蓄える。ところが今や、逆向きの危険な傾向が始まっている。一〇〇か所もの世界一流の科学機関がかかわり、三〇年の月日をかけて実施された新しい研究が、二〇二〇年に「ネイチャー」誌に発表され、気温の上昇と旱魃、そしてとりわけ森林破壊のせいで、熱帯林が吸収する炭素の量が一九九〇年代に比べて三分の一減ったことが明らかになった。リーズ大学の地理学の教授で、この研究論文の主要執筆者の一人であるサイモン・ルイスによれば、典型的な熱帯雨林が二〇六〇年代には炭素の発生源になりかねないという。[*12]

熱帯林は、一九九〇年代には人間の活動から出る二酸化炭素の一七％ほどを吸収していたが、二〇一〇年代には大気圏の二酸化炭素のうち、六％しか吸収していなかったことを、この研究は指摘している。[*13] 樹木が大気圏から二酸化炭素を吸収する量が低下しているせいで、地球温暖化が激しくなり、正のフィードバックループが生まれ、なおさら多くの樹木が枯れている。世界の熱帯林が、炭素の吸収源から、二酸化炭素の正味の排出者に変わる速さは、「最も悲観的な気候モデルと比べてさえ、何十年も先を行っている」とルイスは言う。[*14]

大気圏にはおよそ七九〇〇億トンの二酸化炭素が含まれているのに対して、地球の土壌には二兆三〇〇〇億トンの炭素が埋まっている。土壌が劣化し続け、森林が減って大気圏に排出された二酸化炭素を吸収する量も減少し、現在それらが蓄えている炭素を放出すれば、フィードバックループに歯止めがかからなくなり、地球の気温は国際連合の「気候変動に関する政府間パネル」が今日予想しているよりもはるかに上昇する可能性が高い。[*15]

地球の土壌と森林の枯渇に最大級の責任がある諸産業の年間収益の費用便益分析をし、数値を直接比較してみよう。そうすれば、地球の岩石圏に加えられている害に比べて、グローバル経済で達成される短期的な商業利益がいかに少ないかがわかる。世界の家畜産業の収益は、二〇一八年には三八五〇億ドルだった。[*16] 林業は二〇二〇年に五三五〇億ドル稼いだ。[*17] 大豆業界は二〇二〇年に四二〇億ドル、パーム油業界は二〇一九年に六一〇億ドル、それぞれ利益をあげた。[*18] 鉱業の収益は、二〇一九年には六九二〇億ドルに達した。[*19] これらを合わせると、一兆七〇〇〇億ドルになる。これらの統計値を、地球の土壌の根絶や、死にかけたこの惑星上に残っている森林の衰退と天秤にかけてほしい。それだけの価値があるだろうか？

水圏——水の私有化

水圏は、地球の水のすべてを網羅し、海洋、湖、川、地下の帯水層、氷、大気圏の霧や雲を含む。狩猟採集者だった私たちの祖先は、一九万年以上にわたって、水を共有資源と見なしてきた。一万年ほど前に農業と牧畜が始まると、川や湖沿いでの水へのアクセスをめぐる争いが増えたが、多くの場合、水資源は共有されていた。人口が依然として少ない世界では、全員に行き渡るだけの豊富な蓄えがあったからだ。人口が八〇億を超えた今日、水利権をめぐる争いは重大な問題になり、気候変動と地球の陸地の広大な地域で進む砂漠化によって悪化している。

一方、海洋では一般に、誰もが航海したり漁業を行なったりすることができると、世界中で考えられてきた。交易のための制海権をめぐる争いや正面切っての戦争の記録はあるものの、海洋の一部を囲い込んで領有権を主張するというのは、比較的新しい現象だ。

地球の海洋コモンズの囲い込みをめぐる最初の大規模な争いは、一四〇〇年代に、当時共に強大な海洋国家だったスペインとポルトガルの間で起こった。両国はそれぞれ、大西洋とインド洋と太平洋の全域の領有権を主張した。なんとも厚かましい主張だ。両国は一四九四年に結んだトルデシリャス条約で「カーボベルデの西三七〇リーグ（訳注　約二〇〇〇km）を通って北極と南極を結ぶ」線を境に世界の海洋を二分して囲い込み、領有することになった。[20] スペインは、メキシコ湾と太平洋を含む、この境界線の西側のあらゆる海の排他的支配権を、ポルトガルは大西洋とインド洋を含む、東側のいっさいの支配権を、それぞれ獲得した。

一七世紀になる頃には、両国の整然とした取り決めは、イギリスやフランスなどのヨーロッパ諸国が公海の領有権を主張したために、ずたずたにされていた。そこから得られる利益は、戦って争うだけの価値があった。イギリスの探検家のサー・ウォルター・ローリーは、優位に立つことの重要性を捉え、こう主張した。「海を制する者が交易を制し、世界の交易を制する者が世界の富を制し、ひいては世界そのものを制する」[21]

どれか一国がすべての海の領有権を獲得する見込みはなさそうだったので、各国はそれぞれの沿岸水域から拡がる海洋を、少しずつかじり取り始めた。イタリアは、自国の海岸線から帆船が二日で行き着ける距離である一〇〇マイル（訳注　約一六一km）までの領有を主張した。

肉眼で見える水平線までの広い海の領有権を主張する国々もあった。望遠鏡で見える範囲まで領有権を拡げることを主張する、野心的な国々もあった。オランダは、砲弾が届く範囲まで領有権を拡張することを望んだ。ナポレオンが登場した頃には、大砲の射程は三マイル（訳注　約四・八㎞）だった。その新しい境界線が、第二次世界大戦の直前まで、標準となった。

第二次世界大戦後、今や世界の支配的な超大国となったアメリカは、自国の大陸棚の海底に眠る天然ガスと石油の鉱床と鉱物の支配権を主張した。一九六〇年代後半には、多くの国が陸から一二マイル（訳注　約一九㎞）までの沿岸水域の領有権を主張していた。[*22]

一九八二年、国際連合は海洋法に関する条約を採択し、世界各国が調印して、どの国も陸から一二海里（訳注　約二二㎞）を領海、さらに領海基線から二〇〇海里（訳注　約三七〇㎞）までを排他的経済水域（ＥＥＺ）として保証され、海洋と海底と下層土の生物資源と非生物資源の「探査、開発、保存、管理等のための主権的権利」を与えられた。[*23] この並外れた特典の授与のおかげで、沿岸国家は、大陸棚沿いの海洋漁場の九〇％と海底の石油鉱床とガス鉱床の八七％を含む、広大な範囲を囲い込むことができた。[*24]

ここ数十年、非常に重要になっているのが、海底に眠っている莫大な量の石油と天然ガスだ。海底は、銅やマンガン、コバルト、アルミニウム、錫《すず》、ウラン、リチウム、ホウ素など、貴重な鉱物と金属の宝庫でもある。現時点までに、全海底の五七％が各国に排他的利用のために分け与えられており、地球の最後の巨大なコモンズと、この水の惑星に大きな影響を与えている水圏の多くが囲い込まれてしまった。[*25] しかも、海洋は地球の七〇％以上を占めるというのに。

石油と天然ガスを海底から掘り出すのは巨大なビジネスであり、自国の領有権をこれらの豊富な海底にまで拡げることができた幸運な国々に莫大な富をもたらしている。ノルウェーのような、それほど大きくない国も、北海の深い底から化石燃料を採掘する権利を享受して、世界でも有数の産油国になっている。先頭集団に入っているのがアメリカで、西部とメキシコ湾の海岸線沿いには、海上石油プラットフォームが並んでいる。

公海漁業もまた、少なくとも最近、乱獲によって漁業資源が枯渇してしまうまでは、実入りの良いビジネスだった。公海での漁獲高の六四%を、中国、台湾、日本、韓国、スペインの五か国が占め、二〇一四年には合わせて七六億ドルの収益をあげている。[*26]

デジタル・テクノロジーや衛星監視、海底マッピング、ソナー、レーダー、GPS装置などを使い、深海の漁場を見つけることで、漁業は深海の「露天掘り」と化した。大手企業は一万四〇〇〇トン超、長さがサッカーフィールドほどもある大型のトロール船を投入する。これらのトロール船は、水に浮かんだ巨大な工場のようなもので、捕まえた魚を船上で処理し、パッケージする。トロール船は、最大で一八〇〇万食分の冷凍魚肉を保存でき、「ジャンボジェット機一二機を呑み込める」ほど大きな網で海底をさらう。網は丈夫なので、二五トンもの大岩も押しのけることができる。「八〇マイル（訳注　約一二九㎞）の延縄《はえなわ》、あるいは四〇マイルの流し網」を設置することもできる。[*27]ハイテクの公海漁業は超効率的で、世界の水産資源を枯渇させてしまい、今や漁業の収入の約三分の一は、この業界を破綻させないためだけに各国政府が交付する助成金だ。[*28]

この惑星の淡水——地球上の生命の基本物質——も同様に、囲い込まれ、私有化されている。時間と空間の囲い込み、合理化、私有化の流れを考えると、いたしかたなかったのかもしれないが、水も稀少な資源とされ、やはり囲い込まれて私有化され、一握りのグローバル企業の金銭的利益を生んでいる。彼らは、自分たちこそが、この必須の資源を維持し、人類に普及させるのに最もふさわしい立場にある、と主張する。

淡水源の私有化は、一九八〇年代初期にイギリスとアメリカで、それぞれマーガレット・サッチャーとロナルド・レーガンが政権の座に就いていたときの、両者の政治的合意に続いて起こった。両国政府は、公道網や鉄道、郵便事業、港や空港、公共テレビネットワーク、送電網、刑務所、公立学校制度などの資産のリースと所有の一方あるいは両方を、民間部門に任せることを提唱した。両政府は、当時人気のあった「新自由主義」と呼ばれるものを受け容れた。新自由主義は、政府の官僚制度は革新をするのが遅く、一般大衆の要求に鈍感で、とりわけ、はなはだ非効率だ、と主張した。民間部門に公共財や公共サービスを引き継がせれば、市場原理が働いて、最も効率的な手法が導入され、最善の市場価格が達成され、そのすべてが消費者のためになる、という理屈だった。

これは特筆に値するが、当時、政府による公共サービスの運営が非効率的だったり、国民の必要に鈍感だったりしていたという証拠はほとんどなかった。少なくとも、高度に工業化された国々では、鉄道は時刻表どおりに運行し、郵便事業によって郵便物が配達され、道路網は維持され、公立の学校は適切で、公衆衛生サービスは手際良く運営されていた。それにもかかわらず、新自由主義に即した経済政策の擁護者は、政治指導者たちの注意を引くのに成功し、その後、国際連合や経済協力開発機構（ＯＥＣＤ）、世界貿易機関（ＷＴＯ）、世界銀行などの国際的な調停機関にも意見を受け容れてもらえた。そして、そうした指導者や機関がみな、世界中で公共サービスを解体して民営化する政策を導入し、それらのサービスを主に、世界でも最大規模の多国籍企業の一部に譲り渡した。

ＷＴＯは、水は取引可能な商品であると宣言し、「商品」、「サービス」、あるいは「投資」に分類し、民間部門が市場で水ビジネスに取り組むのを妨げようとする政府を束縛する条項を定めた。世界銀行は他の機関の先頭に立って、特に開発途上国で、公共水道事業の民営化を擁護し、各国が資金提供を受ける条件として、上水道と衛生システムの民営化を促進する法律の制定を義務づけた。世界銀行などの主要な機関は、政府が水関連のインフラを民間企業にリースして、指定した期間、管理させることができる、いわゆる「官民パートナーシップ」を推奨した。

民間企業には、自らが管理している公共のインフラやサービスを絶えず改善したり、料金を引き下げたりする動機がないに等しいことに、世界銀行やＷＴＯ、ＯＥＣＤ、その他の国際機関は気づかなかった。消費者が供給者を選び、競合する業者（消費者にもっと望ましい価格と、質の高いサービスを提供できる業者）に鞍替《くらが》えすることができる市場とは違い、道路や空港などの公共インフラの運営は自然独占の事業だ。消費者にはそれらを利用する以外の選択肢はない。長期のリースを実施する官民パートナーシップは、「資産収奪」を促す。すなわち、提供されるサービスに関して利用者には選択の余地がほとんど、あるいはまったくないことがわかっているので、業者はインフラやサービスに改善を加えなくなるのだ。公が管理しているインフラサービスとは違い、民間企業は収入と利益の着実な向上を示さなくてはならないが、利用者はあまり増えない。言い換えれば、潜在市場は最初から開拓されてしまっていることが多いのだ。したがって、継続的に資産収奪を行なってコストを節約し、利益が絶えず流れ込んでくるようにすることになる。これは、上水道と衛生設備にはとりわけよく当てはまる。最貧層のコミュニティは、民間企業が押しつけてくる条件を受け容れるしかないからだ——見えざる手が最も望ましい価格を保証する事例にはほど遠い。

世界銀行は水関連事業の民営化の初期に、各国政府に対する気前の良い融資を行なったり、同銀行の公共部門である国際金融公社を通したりして、官民パートナーシップを奨励した。国際金融公社の任務の一つは、民営化事業に投資することだ。

水関連事業の民営化の欠点についての証拠が山積みになってもなお、世界銀行は民営化事業に出資し続けた。たとえば、二〇〇四～二〇〇八年に「世界銀行の上水道と衛生関連の事業の五二％——総額五九億ドルの七八事業——が、何らかの形の民営化を進めるものであり、そのうちの六四％は、何らかの形の費用回収を実現した」[*29]。世界銀行や国際通貨基金（ＩＭＦ）やＯＥＣＤなどの国際機関の内部や、国家の統治機関の役人たちの間では、市場の効率性や市場原理への執着は依然として強固だ。

民営化の動きはまだ終息していない。水関連の市場はグローバル企業一〇社が支配しており、スエズ、ヴェオリア、RWE・AGの上位三社は、一〇〇か国以上の消費者に上水道と衛生関連のサービスを提供している。[*30] これらの巨大なグローバル企業は、民営化の方針を推し進め、気前の良い政府の助成金や補助金の恩恵を受けるとともに、水サービスの質を落とす危険を冒しつつ高額な料金を請求して莫大な利益をあげている。すべては効率向上の名目で行なわれており、それが費用便益報告書や四半期報告書にしっかりと記録されている。

上水道の民営化は、急激な発展を遂げる水市場の一方の側でしかない。もう一方の側では、グローバル企業がボトル入り飲料水の販売という成長市場を見つけ出した。一九七〇年代には、一〇億Lの水がグローバルな市場で販売されていた。四〇年後の二〇一七年、ボトル入り飲料水の販売量は三九一〇億Lへと爆発的に増え、二〇二〇年にはこの市場の収益は三〇〇〇億ドルに達することが見込まれていた。コカ・コーラやペプシコのような企業の飲料水部門は、二〇一六年には販売額で清涼飲料水部門を上回っていた。[*31]

水とそれに伴う衛生サービスの民営化が始まってから三〇年が過ぎ、世界保健機関(WHO)と国連児童基金(ユニセフ)は、二〇一九年に報告書を発表した。依然として、世界で二二億人が安全に管理された飲料水サービスを受けておらず、四二億人が安全に管理された衛生サービスを受けていないことがわかったという。基本的な手洗いさえできない人が三〇億人もいるそうだ。[*32]

水道と衛生のサービスへのアクセスが不十分なのは、開発途上国だけの問題ではない。アメリカで行なわれた水道についての調査によると、民間企業による公益事業はたいてい「地方自治体の公益事業よりも、水道料金が五九％高く」、「下水道料金が六三％高い」という。[*33] この調査は、民間企業との契約を取りやめた一八の地方自治体を対象とし、「上下水道は、公共団体が運営したほうが、民間で運営するよりも平均で二一％安上がりだった」ことを突き止めた。そのうえ、民営化は「水道事業の資金調達コストを五〇〜一五〇％増加させる可能性がある」。民間の水道会社は損失を最小化するために、「粗悪な建設資材」を使い、「必要なメンテナンスを先延ばしにし、労働者の数を減らして」資産収奪をすることでコストを削減し、「そのすべてが、質も信頼性も低いサービスにつながっている」。この調査報告の結論は率直だ。「多国籍の水道会社は、利用者ではなく主に株主に対して責任を負っている」[*34]

水道と衛生のサービスへのアクセスという人権は、気候変動が悪化するにつれ、いっそう不確かな未来に直面することになる。地球上の一部の地域では、水の循環が劇的に変化して生態系が崩壊し、人間が住めなくなり、そこから前例のないほど多くの人が移住を余儀なくされるだろう。彼らは根本から考え直し、確かな水環境を守る方法を見つけ、レジリエンスのある手法の導入によって十分な水へのアクセスを確保して命を維持する必要が出てくる。

遺伝子プールの商品化

近年、生命の設計図を構成している多様な遺伝子プールさえもが、効率化の名の下に、商品化の熱狂に呑み込まれてしまった。科学界や生命科学業界、バイオテクノロジー企業、製薬業界、農業関連産業、医療界がみな、自然界の最も個人的な深奥の部分の囲い込みを目指して、遺伝子地図のさまざまな面や特性の権利を主張してきた。商業目的で生命世界の遺伝的プログラムを書き換えようとする、「ゴールドラッシュ」ならぬ「遺伝子ラッシュ」は、野生の世界を手なずける最終段階と言える。

一九七二年、当時はゼネラル・エレクトリック社に雇用されていた微生物学者のアーナンダ・モハン・チャクラバーティは、アメリカの特許商標庁に、海洋に漏出した石油を摂取するように設計された遺伝子組み換え生物の特許を出願した。特許商標庁は、無性生殖で生み出された植物（連邦議会で制定された法律で特許を取得できる特別の資格を与えられていた）を除いて、他のあらゆる生物は、自然の産物なので特許を取得できない、と主張して、チャクラバーティの出願を退けた。

チャクラバーティはこれを不服として、関税・特許控訴裁判所に控訴し、判事たちは三対二という際どい判決を下して、特許商標庁の決定を覆した。「微生物が（中略）生きている（中略）という事実は、法的意義を持たない」、微生物は「馬やミツバチあるいはラズベリーやバラよりも、反応物や試薬や触媒のような無生物の化学的構成物に近い」と、過半数の判事が主張した。[*35]

特許商標庁は連邦最高裁判所に控訴し、「ピープルズ・ビジネス・コミッション」という私のシンクタンクも、法廷助言人として意見書を出す形でそれに加わった。その意見書では、「製造された生命は、高等なものであれ、下等なものであれ、一般の化学物質以外の何物でもないとして、生命未満のものに分類されてしまう」と述べ、もし連邦最高裁判所でこの特許が認められたなら、将来、あらゆる形態の生命とその構成要素の特許を取得する道を拓くことになる、主張した。[*36]

一九八〇年、連邦最高裁判所は五対四の僅差でチャクラバーティの主張を認め、遺伝子組み換え生物の第一号に関する特許権を与えた。連邦最高裁判所長官のウォーレン・バーガーは、私のシンクタンクの意見書のことを、「恐ろしい予測のおぞましい羅列」と呼んだ。[*37] 連邦最高裁判所の判決からほんの数か月後、創業まもないバイオテクノロジーのスタートアップ企業ジェネンテック社が一〇〇万株を発行した。初日の取引が終わる頃には、二倍の値をつけていた。まだ一つとして市場に製品を出してもいないことを考えると、ウォール街の歴史の中でも驚異的な偉業だった。[*38]

当初は生命にかかわる特許は出願できないとしていた特許商標庁は一九八七年、立場を翻し、動物を含め、遺伝子操作された多細胞生物はすべて特許取得の可能性があるという裁定を下した――バイオテクノロジーの世紀の幕開けを告げる判断だった。世間の懸念を抑えるために、特許商標庁長官のドナルド・J・クイッグは声明を出し、地球上のあらゆる遺伝子組み換え生物の種に特許が与えられることは考えられるが、憲法修正第一三条が奴隷制を禁止しているために、ヒトは除外される、とした。[*39] 一方、ヒト全体とはいわないまでも、ヒトの胚《はい》や胎児、遺伝子、細胞株、組織、臓器は、遺伝子操作がなされたら特許取得の可能性がありうる。[*40]

特許商標庁は新しい指針を打ち出してから一年後、初めて哺乳動物に対する特許を認めた。それは遺伝子操作されたマウスで、あらかじめ癌《がん》を生じやすくさせるような人間の遺伝子を持っていた。しばらくして、スコットランドの研究チームが、有名なクローン羊のドリーを生み出すのに使った方法についての特許をアメリカで取得した。[*41] それ以来、遺伝子操作する方法と遺伝子操作された種子や動物（ヒトの遺伝子や細胞株を含む）の構成要素の両方に、世界中の特許審査機関が厖大な数の特許を与えてきた。

植物遺伝学者と農業従事者は、とりわけ強い怒りを覚えた。モンサント、W・R・グレース、バイエル、シンジェンタといった農業と生命科学のグローバル企業が、遺伝子組み換え種子の特許を取得し、人間の命を維持する基本的な食料の源を支配し始めたからだ。農民は何千年にもわたって、翌シーズンに備えて収穫時に新しい種子を取り置いてきたが、いったん遺伝子組み換え種子を買うと、もうそれができなくなった。その後の数十年間、すべての大陸で、無数の農民が生命科学企業に絶え間なく監視され、遺伝子組み換え種子に由来する次の世代の種子を翌年に蒔いているのを発見されると、裁判所に訴えられ、企業の特許とそれに関連した権利の侵害の罪に問われてきた。[*42]

生物学者たちはほぼ例外なく、商業目的での生命の特許取得を積極的に支持した。タフツ大学の都市・環境政策の教授シェルドン・クリムスキー博士が一九八〇年代後半に行なった調査では、アメリカの連邦議会と政府の行政部門に科学政策について助言する機関である高名な全米科学アカデミーに所属するバイオテクノロジー科学者の三七％が、「業界と提携」していることがわかった。[*43]

数十年にわたって農業団体や公衆衛生当局、大学の研究者、一般大衆が、遺伝子組み換え生物に特許を与えることにしだいに強く反対していった結果、アメリカの連邦最高裁判所は、乳癌と子宮癌の治療に関連する二つの遺伝子の特許を受けていたミリアド・ジェネティクス社に対する訴訟で裁定を下したが、以前の見解をわずかに撤回しただけだった。遺伝子そのものは特定しただけでは特許が取れないものの、女性の選別検査《スクリーニング》に使われる合成DNAは自然界で自然に発生しないので特許を取得できることに、同裁判所は同意し、私たちの種の遺伝子構造の商業利用への扉を大きく開いたままにした。[*44]

遺伝子操作は健全な植物の栽培や動物の飼育をより効率的に行なう方法を追求するので有益だ、とバイオテクノロジー企業は主張した。しだいに多くの科学者も、人間の間で受け継がれる有害な遺伝子を除去することだけでなく、心身の健康を増進する能力増強遺伝子を加えることさえ、支持するようになっている。

バイオテクノロジー業界が大々的に宣伝する短期的な効率の向上は必ず、もっと深刻な負の外部性を伴う。そうした負の外部性の筆頭が、大学の研究室で醸し出される、身も凍るような雰囲気だ。大手製薬会社や生命科学企業やグローバルな農業関連企業は、バイオテクノロジー研究の多くに出資し、関与する科学者に自社の株式を支給さえして大学の研究室を意のままにし、秘密のヴェールに包み込む。[*45]

大学院生と指導教授は、研究内容が他の大学院生や教授に伝わらないように、バイオテクノロジー企業と秘密保持契約を結ぶことをしばしば求められる。研究者は、専門家の査読がある科学専門誌に研究結果をタイミング良く発表することも禁じられ、科学者や学生の間でのデータの共有を妨げられる。グローバル企業が獲得する短期の金銭的利益は、科学の研究とデータの自由で開かれたやりとりを縛るという犠牲を伴うものであってはならない、と多くの若手科学者が主張し、業界が出資するバイオテクノロジー研究を引き受けないという対抗方針を打ち建て始めている。

効率化の旗印をいちばんこれ見よがしに掲げているのが、「クリスパー・キャス9」と呼ばれる、新たに登場した遺伝子スプライシング（訳注　遺伝子の塩基配列から、一部を取り除き、残りの部分を結合すること）技術の分野だ。クリスパー・キャス9は「分子生物学の歴史上、今日までに作り出されたなかで最も用途の広いツール」と喧伝されている。[*46] 二〇二〇年のノーベル化学賞は、マックス・プランク研究所病原体科学ユニットのエマニュエル・シャルパンティエとカリフォルニア大学バークリー校のジェニファー・ダウドナという、クリスパー・キャス9の二人の発明者に授与された。この二人の科学者は、「クリスパー」と呼ばれる細菌の免疫機構を、「小麦から蚊、はてはヒトに至るまでどんなもののゲノムも簡単かつ安価に編集できるツール」に変えた。[*47] この、「遺伝子を切る鋏《はさみ》」として安価に使える驚くほど効率的なツールは、医学、農産物、有害生物の防除、その他のさまざまな分野に及ぶ新しいバイオテクノロジー産業を誕生させた。

スウェーデンのチャルマース工科大学の化学生物学者パーニラ・ウィットゥング・スタッフシードは、この信じられないほど効率的なツールの将来性について語り、「ＤＮＡを好きな箇所で切断できるようになったおかげで、生命科学に大変革が起こった」ことを指摘した。[*48] だが、厖大な時間をかけて進化し、適応してきたそれぞれの種の、複雑で微妙な遺伝的関係をほとんど理解しないまま、いわゆる「有害形質」を除去するために植物と動物とヒトの生殖細胞系列の遺伝子を切り取る効率が急激に向上している現状は、途方もない負の外部性を招きかねない。そうした負の外部性は、製薬、農業、医学、生命科学の各業界によって生み出される短期的な効率の向上と収益を帳消しにして余りある可能性が高い。

代表的な例を挙げよう。私は一九七七年に、テッド・ハワードとの共著で、当時まだ黎明期《れいめい き》にあったバイオテクノロジー革命の将来性と危険についての『遺伝工学の時代——誰が神に代りうるか』（磯野直秀訳、岩波書店、一九七九年）という本を出した。先ほどの二人が二〇二〇年にノーベル化学賞を受賞した、まさにあの鋏の技術を、科学者たちがいつの日か思いどおりに使えるようになる、と私たちはそのとき主張した。そして、生殖細胞系列から、いわゆる「単一遺伝子形質」を切除しないように警告した。これらは、慢性疾患や早死にさえ引き起こす、単一の遺伝子により発現する形質だ。

たとえば、主にアフリカ系アメリカ人に見つかる鎌状赤血球の潜性形質は、早期死亡の潜在的な指標だ。だが、同じ形質が、マラリアを防ぐこともわかっている。同様に、嚢胞性線維症《のうほうせいせんい しょう》は体を衰弱させ、命を脅かすが、その潜性形質も、コレラへの抵抗力の増大と相関することがわかっている。じつは、この二つをはじめとする潜性形質が人間のゲノムに存在する理由も、長い年月にわたって人間のゲノムに存続することを可能にした進化上の利点も、ほとんどわかっていない。

私は一九七〇年代後半に、生殖細胞系列の遺伝子操作について、ハーヴァード大学の卓越した生物学教授であるバーナード・デイヴィス博士との討論に招かれた。もし遺伝子スプライシングのツールが手に入るとしたら、ヒトの生殖細胞系列の潜性形質をすべて取り除くか、と私が尋ねると、博士の答えは、断固とした「イエス」だった。だが、これらの潜性形質のいくつかは、進化の歴史を通してヒトのゲノムに存在し続けてきたのだから、それを取り除けば、植物や動物に対してしてきたのと同じように、私たち自身の種を軽率にも「単一栽培」することになり、適応力にも生存にさえも有害な影響を与え、さらにこれらの潜性形質が撃退できていたかもしれない環境からの新しい潜在的な攻撃に対して、人間はより脆弱になり、レジリエンスが弱まる可能性がある、と私は警告した。

現実には、体細胞ゲノム編集（訳注　本人の遺伝子を改変するが、生殖細胞のゲノム編集とは違い、その結果は子孫には伝わらない）を行なえば（つまり、機能を失わせたり、命を奪ったりする可能性のある形質を誕生後に切り取れば）、はるかに有効性が高まりそうだ。なぜなら、問題のある遺伝子を持っている人々には健康な人生が保証される一方で、その形質が生殖細胞系列に伝わることの妨げにはならず、まだ誕生していない世代にはその遺伝子に関する選択の自由が残るからだ。残念ながら、このような制限や代替の選択肢は、バイオテクノロジー業界からはほとんど顧みられなかった。

クリスパー・キャス9を使ってヒトの生殖細胞系列に介入することをめぐる倫理的な難問は、二〇一八年一一月、中国の科学者が遺伝子を編集した双子の姉妹の誕生を発表したことで、表面化した。胎児の生殖細胞系列に対する遺伝子操作の第一号だ。賀建奎《フー・ジェンクイ》というその科学者は、複数の胚の中で、ＨＩＶ（ヒト免疫不全ウイルス）への抵抗力を与えるように、カギとなる遺伝子を改変し、それからそれを母親の子宮に着床させた[*49]（訳注　双子の父親はＨＩＶ陽性者だった）。

科学者たちはこの発表に、ぞっとすると同時に胸を躍らせた。以前は受け容れられないと考えられていた飛躍的発展のじつに多くと同じで、越えてはならない一線をいったん越えてしまうと、科学者と生命科学企業の大多数は、すぐに我も我もと後に続き、賀建奎が実験の前に適切な審査手順を厳守したかどうかという手続きの上問題を提起しただけで、そのような実験を一度でも行なうこと自体の、より深い倫理的な意味合いや生態学的な意味合いは素通りした。

バイオテクノロジー業界は、クリスパー・キャス９の開発を歓迎する一方、人間の能力を増強する新しい医療技術の成功を確実にするために、適切な手続きを導入する必要がある、と警告した。ゲノム編集技術の商業的な見通しについてのある調査によると、バイオテクノロジー業界はいち早くクリスパー・キャス９を受け容れ、二〇一五年から二〇一六年にかけての一年間だけでも、クリスパー・キャス９が「ゲノム編集を行なうバイオ事業への投資の五倍増」につながったという。これは、この新しい遺伝子編集ツールが「グローバルなバイオテクノロジー革命に拍車を掛けた」ことの明快な表れだ。この調査報告の執筆者たちは、「バイオ事業へのグローバルなシフトは、個別化医療や遺伝子組み換え作物や環境面で持続可能なバイオ燃料への需要が増え続けるにつれ、盛んになる」と自信たっぷりに述べている。[*50]

商業界はすぐさま事業化に乗り出したが、多くの科学者が、人間の健康に関する場合には商業的な利益に劣らず人道的な懸念にも駆り立てられていることは、認めなければならない。彼らは、遺伝形質の除去が私たちの種や他の種の将来世代にもたらしかねない危険を理解しているのだ。だが結局は、遺伝子編集の効率を高めるツールとしてのクリスパー・キャス9の能力はあまりに魅力的だから、彼らは見過ごすことができない。将来の負の外部性は心配していても、私たちの種を向上させるために、ヒトゲノムを完璧にはできないまでも改善する目的で、この技術を使いたがっている。

　研究者たちは、クリスパー・キャス9を使った遺伝子編集が及ぼすかもしれない長期的な負の影響を説明する科学専門誌の記事で、この新しいツールがヒトのゲノムの再構築プロセスをどれほど効率的にするかを絶えず強調する。まるで効率化そのものが最も重要な道義的義務であるかのように。

　たとえば、イェール大学医学大学院救急医学科のキャロリン・ブロコウスキーとヴァージニア大学生物学・分子遺伝学科准教授のマザー・アドリが、「クリスパーの倫理――強力なツールの応用のための道徳的配慮」と題して「分子生物学ジャーナル（*Journal of Molecular Biology*）」誌に発表した論文だ。この分野の科学者や医師が書いた他の多くの論文と同じで、二人もやはり道徳性を効率と同一視するという路線を取っている。「技術的な限界と生体システムの複雑さ」を考えると、「編集された生物の将来について正確な予測をしたり、潜在的なリスクと利益を評価したりするのは、不可能ではないにせよ、難しいかもしれない」とブロコウスキーとアドリは説明する。それから、「テクノロジーは前例のないペースで進化している」という事実を頼みとし、「より効率的で繊細なクリスパーのツールが開発されるにつれ、こうした懸念の多くが時代後れになるかもしれない」と結論する。二人は表向きは、効率が未知の将来の潜在的危険に優るという基本姿勢を取っている。それは、末期を迎えた「進歩の時代」において効率が依然として道徳上の最高の基盤であり続けている明らかな表れだ。[*51]

電磁スペクトルに乗る——GPSという地球のグローバルな脳と神経系

飛躍的に効率化するテクノロジーによって地球の贈り物を囲い込み、収奪し、私有化し、消費するための時間と空間の合理化は、一九八九年二月一四日に一つの山場を迎えた。アメリカ政府はその日、GPS（全地球測位システム）用の最初の実用人工衛星を打ち上げて軌道に乗せたのだ。

一九九五年七月一七日に本格運用を開始したGPSシステムは、高度二万㎞で地球を周回する三三個の人工衛星から成る。それぞれの衛星が、電磁スペクトルのマイクロ波の周波数帯域にある電波に乗せてGPS信号を発信する。コロラド州コロラドスプリングズのシュリーバー空軍基地に本部を置くこのシステムは、八〇〇〇人の軍人と民間人を雇用し、世界各地の一六の監視ステーションに配置している。[*52] GPSは、これまで考案されたなかで最大の監視システムをまとめ、人類の多くが生きていくために頼りとしている日常生活の事実上あらゆる面を監視・調整している。

各衛星は原子時計を搭載しており、その時計は、他のGPS衛星の原子時計とナノ秒の単位の精度で同期していて（訳注　一ナノ秒は一〇億分の一秒）、これらの時計はすべて、首都ワシントンのアメリカ海軍天文台の親時計の監視下にある。『ピンポイント――GPSはテクノロジーと文化と私たちの心をどのように変えているか（*Pinpoint: How GPS Is Changing Technology, Culture, and Our Minds*）』の著者グレッグ・ミルナーは、世界のどこであれ、たとえば誰かがスマートフォンなどのデジタル・デバイスを利用したときに、GPSシステムがどのように機能するのかを、素人にもわかる言葉で説明している。

人工衛星は絶え間なく電波信号を発し、その衛星がどこにいたか、そしてどこに行くかについての情報を、正確な発信時刻とともに伝える。信号は、地球の電離層を突破するときに特別激しいダメージを受けて弱まりながら、二万kmの旅をする。六七ミリ秒後（訳注　一ミリ秒は一〇〇〇分の一秒）に私たちに届いたときには、さらに弱くなっている。地球上のほぼすべての場所で、同時に少なくとも四個のGPS衛星が視界に入るようになっている。受信機は、それぞれの信号の発信元と到着時刻を踏まえて、携帯電話の緯度と経度を計算し、地図上に点として示すことができる。受信機は、正確な時間も提供できる。四つの衛星のおかげで、四つの次元を把握できる。時間と空間をピンポイントで計算する。[*53]

GPSの位置測位システムとナビゲーションシステムは、アイザック・ニュートンの「機械のような宇宙」の現実世界版であるとともに、暗い面としては、ジェレミー・ベンサムのパノプティコン（全展望監視システム）の現実世界版でもある。GPSの原子時計と、地表へ届く信号は、まるでグローバルな脳と神経系のように振る舞い、経済活動や社会生活や、時間と空間全体での統治を調整する。ミルナーは、人間のいる環境の至る所での時間関係と空間関係のまとめ役としてのGPSの重要性を、次のように説明している。

私たちはGPSを使って、犯罪の容疑者や性犯罪者、野生動物、認知症患者、素行の良くない子供たちを追跡する。GPSは飛行機を地上へ誘導し、海では船の針路を定める。私たちはGPSを内蔵する腕時計を身につける。ゴルフや釣りのために、専用のGPS機能付きのスポーツアプリを買う。GPSを使って石油鉱床の位置を突き止める。GPSは、今日私たちが食べる食品のかなりの量を栽培するのを助けてきた。GPS自体が、世界中でも、とりわけ正確な時計だ。そして、他の時計を結びつける時計でもある。世界の複雑なシステムの構成要素や結節点《ノード》は、時刻の同期が必要で、しばしばGPSの時刻とリンクしている。GPSの時間管理は、国境を越えた複雑な送電網の調節を助け、携帯電話の会話を電波塔から電波塔へと伝え、ミリ秒単位の食い違いが何十億ドルものお金に影響を与えうる金融取引ネットワークで何十億件もの取引を調整する。GPSは、天気の予報を助ける。GPSは、土地を測量し、橋やトンネルを建設する。どれだけの水が地中にあるかや、火山から立ち昇る噴煙に含まれているか、さらには、海洋が地球の重心の位置変化にどのように影響しているかを知っている。[54]

現在、GPSをはじめとする衛星測位システムからの信号を受信している機器は六四億台ある。[55]グローバルな衛星測位システムの市場規模は、二〇一九年には一六一二億七〇〇〇万ドルだったが、二〇二七年にはその二倍以上の三八六七億八〇〇〇万ドルに達することが見込まれている。[56]

欧州連合（EU）はGPSシステムに相当する「ガリレオ」という測位システムの構築を二〇一一年に開始した。ロシアには、地球を周回する「グロナス」という衛星測位システムが、中国には「北斗衛星導航系統」というシステムがある。

明るい面としては、GPSは、人類全体を同胞の生き物たちや岩石圏、水圏、大気圏、生物圏と結びつけて超グローバルな生き物にまとめ上げることができるかもしれない。つまり、人類を再調整して、ダイナミックな地球の緊密な内部機能に再び組み込んでくれる可能性がある。いわばGPSは、私たちの惑星で起こっている活動の、この上ない振り付け師であり調整役なのだ。

逆に良くない面としては、GPSによる時間関係と空間関係の振り付けが、かつて私たちが地球の営為やリズムと共有していた親密な関係から、人類を切り離す一方で、私たちの個人や集団としての主体性の感覚を幼児化しつつある。一例を挙げよう。日課を管理するためにGPSという脳と神経系への依存が強まるにつれ、空間関係を把握したり体のリズムを周りの世界と同調させたりする認知能力が低下していることが、しだいに多くの臨床試験によって明らかになってきている。

二〇一九年六月、ノーム・バーディンがワシントンにある私のオフィスを訪ねてきた。ノームは、運転者を目的地まで導く、人気の高いGPS誘導追跡システムを提供するWaze（ウェイズ）の創業者で元CEOだ。ノームと私は数時間いっしょに過ごし、GPS誘導システムの長所と短所について話し合った。このシステムのおかげで、厖大な数の運転者が目的地まで最速の道筋を選び、それによって、ガソリンを節約して二酸化炭素の排出量を減らすことができる。

私はこの会話の間に、妻のキャロルともどもWazeを使っており、おおいに気に入っていることに触れた。だが、個人的な教訓話も紹介した。私たちには、一年を通して定期的に訪問する親しい友人夫妻がいる。数年前、この二人は家を替え、ワシントンの郊外にある別の地区に引っ越した。それは、私たちがちょうどWazeを使い始めた頃のことだった。二人の家への道筋は複雑で、何度も曲がる必要があった。数か月が過ぎたある日、私たちは彼らを訪問するために家を出たが、数ブロック走ったところで、Wazeのアプリが入ったスマートフォンを家に置いてきてしまったことに気づいた。そして、自分たちがどこにいて、どう行けば目的地にたどり着けるのか、見当もつかなかった。窓から外を見ても、道しるべになるようなものは、まったくなかった――見覚えのある道も、家も、店も。

私たちは、友人夫妻の家までの地図が頭に入っていないことに思い当たった。彼らは車でわずか二五分の所に住んでいるというのに、だ。そして、Ｗａｚｅは無駄を削ぎ落とし、移動をはるかに効率的にしてくれたものの、それには、自分の置かれた物理的環境を認識して記憶にとどめる能力に関して、個人的な主体性を失うという代償を伴っていたことを、私たちは突然思い知らされた。私たちは幼児化してしまっていた。空間における移動の感覚は、ＷａｚｅとＧＰＳによる空間と時間の誘導にすっかり委ねられていたわけだ。

この現象を指す言葉がある。「発達性地誌的見当識障害（ＤＴＤ）」だ。それは珍しい疾患で、患者は「周囲の空間の心的表象を形成できない」[*57]。この疾患のある人は、正常な記憶の想起はできるが、「環境の配置や、そこにあるもの（たとえば目印になるもの）や、これが最も重要なのだが、それらのものの間の空間的関係についての情報を含む、自分の周囲の空間的表象」を生み出すことがどうしてもできない[*58]。そういう人は、ナビゲーション技能が欠けている。今までのところ、この疾患の治療法はない。念のために言っておくが、彼らはどの日にも自分のベッドルームからキッチンへの行き方がわからないことが多い人たちだ。

妻と私の経験は、非常に軽い、ＤＴＤの「後天的」なバージョンにすぎないが、どうやらありふれているものらしい。認知科学の分野の研究者たちは、移動の道筋のマッピングだけでなく、他の多くの通常の空間マッピング活動でも、ＧＰＳという脳と神経系にしだいに頼るようになっているという問題について、検討し始めた。科学者たちは、空間ナビゲーションを司る私たちの脳の部分が、もはや使われておらず、萎縮しつつあると考えている。この場合も、私たちは認知能力を衰えさせる危険を冒しているのだ。ますますテクノロジーが介在してデジタルでつながっている世界で、GPS誘導が私たちを助け、楽にさせ、より効率的な決定を下してくれるなか、他のじつに多くの生活能力が衰えているのと同じことだ。

妻と私の個人的な主体性の喪失が、おおむね例外的なもので、深刻な結果につながらないとして退けられるといけないから、「GPSによる死」と呼ばれる新しい現象について考えてみよう。GPSを利用している運転者が、この追跡装置に頼り過ぎ、自動車のサイドウインドウから実際に外を見て確認することを怠り、ひたすら指示に従い続け、崖から転落したり、川や湖に乗り入れたり、行き止まりに突っ込んだりすることがある。そういう人は、個人の主体性の感覚をすべてGPSに譲り渡してしまったのだ。

私たちはGPSのことをグローバルな親時計と考えるようになったのだが、「世界の最も強力なストップウォッチ、時間を管理するための完璧な手段」と呼ぶほうがもっと正確だ、とミルナーは主張している。[*59] 現時点の時刻を数字だけで示すデジタルの腕時計が、針が回転するアナログの腕時計に取って代わり始めた一九八〇年代のことを、私は思い出す。ぐるっと回る時計の針は、一日二四時間周期で自転する地球の類似物であるのに対して、デジタル腕時計はどちらかというと、つけている人に、現時点を切り取って時刻として知らせるタイマーのようなもので、その時点に至るまでの過去とも、その先に至る未来とも無関係だ、と当時私は授業で学生たちによく注意したものだ。デジタルの時間は、空間の中で凍りついている。

GPSのデジタル計時も同じように機能する。GPSは時間を計るメカニズムだ(フレデリック・テイラーの再来)。そして、その応用で最も重要なのが、スマート・デジタル・インフラのカギを握るさまざまな要素の計時と同期であり、それはこの新興のインフラが今、物理的な世界とバーチャルな世界の両方で社会のいっさいを一変させ始めているからだ。この計時のメカニズムの存在を、熱狂的に歓迎する人もいれば、それに不安を抱く人もいる。私たちが「進歩の時代」を抜け出して「レジリエンスの時代」へと進んでいくなか、このメカニズムによって、今後何世紀にもわたり、私たちがどう意思を疎通させ、動力を提供し、集団的な経済生活と社交と統治を動かすかが、根本的に変わるだろう。だが、そこで私たちは異なる道を選びうるのであり、それらの道を理解するのには、歓迎する態度と不安を抱く態度の両方が決定的に重要になる。

人間の脳の配線を変える

バーチャル世界での主体性の喪失は、二〇年以上にわたって争点となってきた。論争の多くは、サイバースペースで育ったデジタル・ネイティヴの最初の二世代（ミレニアル世代とZ世代）は、思考の仕方が違うかどうかをめぐるものだ。ただし、単に視点のことを言っているわけではなく、彼らが人生の多くを過ごし、彼らの認知能力の発達に不可欠になった、新しい没入型の世界が、彼らの脳の配線を現に変えてしまったかどうかが、問題にされているのだ。もし、配線が変わったのなら、私たちの種は未来を生き抜いていくうえでどのような影響を受けかねないだろうか?

バーチャル世界に長々と没入していると、人間の認知と、ことによると脳の配線にさえも影響が出るかもしれない。その最初の兆候は、画面上でのやりとりに夢中になっている若いデジタル世代で、語彙と識字能力が急激に衰えたことだった。インターネットは主に「百聞は一見に如かず」のビジュアル・メディアなので、デジタル世代は使用頻度の低い単語にさらされることが減ってきた。そしてまた、インターネットには主要言語のすべてに存在する事実上あらゆる単語が含まれている一方で、バーチャル世界では、手早く閲覧したり、マルチタスキングをしたり、他の情報にすぐリンクしたりするなど、効率が重視されるので、単語やパラグラフ全体にさっと目を通すことが優先され、文章に対する注意の持続時間が縮まる。

ショートメッセージや電子メール、もっと最近ではインスタグラムやツイッターのせいで、使用頻度の低い単語はますます使われなくなり、短縮されたコミュニケーションが増え、略語や絵文字への依存が強まっている。そのため、あらゆる種類のバーチャルなコミュニケーションが、縮まっていくユーザーの注意持続時間に対応している。視覚的な素材を伴うときには特にそうなのだが、文章が短く単純になり、単語も簡単なものが選ばれるので、ユーザーが目にする語彙は限られ、したがって「迷子になり」、他者と効果的に意思を疎通させたり、複雑な思考を表現したりする能力を失う。Ｗａｚｅのユーザーが道路で迷子になるのと同じようなものだ。それとは対照的に、歴史上の他のあらゆるコミュニケーション革命は、語彙の幅と使用を拡げるとともに、保存できる情報量を増やしてきたので、人間はますます微妙なニュアンスを込めたコミュニケーションが可能になったのだった。

カリフォルニア大学ロサンジェルス校の心理学教授で、「子供のデジタル・メディア・センター」

所長のパトリシア・グリーンフィールド博士は二〇〇九年、コンピューターやインターネット、マルチタスキング、テレビゲームが個人の主体性に与えている影響についての包括的な報告を、「サイエンス」誌に発表した。彼女は、学習と新しいデジタル・コミュニケーション・テクノロジーの相互作用についての五〇以上の研究を分析した。そして、視覚的な能力は向上したものの、逆に文章の読解、特に文学作品の読解の能力が下がり、それが批判的思考能力の低下も招いてきた可能性があることを報告した。[*60]

「学生は、ビジュアル・メディアをより多く使うことで、情報を以前よりうまく処理する」点をグリーンフィールドは指摘したが、ほとんどの視覚的媒体はリアルタイムの媒体であり、批判的思考に非常に重要な熟考や分析や想像のための余裕を与えないことも、即座につけ加えている。[*61] 文章を減らし、より単純化されたビジュアル・メディアに素早くアクセスすることで得られる効率は、より深い学習経験を犠牲にしているのだ。グリーンフィールドは特にマルチタスキングを槍玉に挙げ、「複雑な問題を解決しようとしているなら、集中力を継続させる必要があり（中略）深い思考を持続させることが求められる課題に取り組んでいるなら、マルチタスキングは有害だ」と主張する。[*62]

「インターネットとの接続」がもたらす多大な効率は、人間の脳のさまざまな箇所で神経の配線の変化を生じさせるらしい。それがどのような結果につながるかは不明だが、個人の主体性の喪失を引き起こしていることを示す科学研究が、グリーンフィールドの報告から一〇年後には現れ始めた。ハーヴァード大学、オックスフォード大学、キングズ・カレッジ・ロンドン、マンチェスター大学、西シドニー大学などの研究者から成るグローバルなチームがまとめた大規模な報告が、二〇一九年五月に「世界精神医学（*World Psychiatry*）」誌に発表された。その研究結果は、人間の脳が、使われ方次第で配線し直される、極度に可塑性のある臓器であることを示している。[*63] 脳は、人間が意思疎通を行なうテクノロジーの根本的な変化に、とりわけ敏感だ。つまり、口頭でのコミュニケーションから手書き文字、印刷、コンピューター、デジタル・デバイスへという歴史上の大変化は、私たちの意思疎通の仕方だけではなく、脳の機能の仕方をも変える、ということだ。

　研究者たちが報告している発見の一つは、ランダム化比較対照試験から得られた。オンラインのロールプレイングゲームに六週間参加すると、衝動制御と意思決定にかかわる脳の部位である眼窩《がんか》前頭《ぜんとう》皮質《ひしつ》の灰白質《かいはくしつ》が大幅に減った。[*64] 複数のメディアを併用するメディア・マルチタスキングを伴う、長時間のインターネット利用が、「気が散る環境でも目標を維持することと関連している前頭前野《ぜんとうぜんや》の灰白質の減少」と結びついていることも、研究者たちは報告している。

　四一の研究を対象とした別のメタ分析では、マルチタスキングが「認知能力全般の大幅な低下」と相関していることがわかった。[*65] インターネットを使う情報検索と紙の百科事典を使う情報検索を比較した調査では、「インターネットで調べた情報は、百科事典で学んだ情報よりも思い出しづらく、それは、オンラインでの情報収集中の、［脳の］腹側《ふくそく》皮質《ひしつ》視覚路《しかくろ》の活性化の減少と結びついていた」ことが、磁気共鳴画像法（ＭＲＩ）で判明し、「オンラインでの情報収集は、速いものの、長期的に情報を保存しておくための脳領域を十分に活用できていない」

可能性が支持された。[*66] 高い認知能力を持ち、分析思考が得意な人々を対象とする別の二つの研究では、彼らがインターネットからの情報の検索と保存にはあまり頼らず、その情報についての自分の記憶をより頼りにすることが実証された。[*67]

インターネットと接続することによる効率の向上と認知的主体性の衰退とのトレードオフについての、こうしたさまざまな報告は気掛かりであり、現在と未来の世代が新しいコミュニケーション媒体をどう使うかを総合的に考え直す必要があることを示唆している。

サイバースペースのバーチャル世界で働き、遊び、人生のしだいに多くを過ごすことがもたらす新しい超効率性は、デジタル世代の個人の主体性の感覚を幼児化させ始め、脳の配線まで変えただけではなく、人類から未来を奪い始めてもいる。効率は、将来のあらゆるアウトプットを最適化し、費やす時間やエネルギー、労働、資本を果てしなく減らそうとする、たゆまぬ力であることを思い出してほしい。効率の源泉は、時間の経過を消滅させ、常に存在し続ける「今」の時点に、すべての未来を最適化し、時間の矢をすっかり排除することだ。当然ながら、もっと効率的になろうと日常生活で奮闘しているときに、そんなことは人間の頭にはない。際限なく効率を高めようとする容赦ない衝動の根底にあるのは、私たちは一瞬一瞬を使うごとに、その時間は失われ、避けようのない死にその分だけ近づくという恐れだ。効率は、もっと時間を稼ぎ、この地球上で少しばかりの不滅性を確保するための、代替計画なのだ。

効率を追い求める動きは、今や最終段階に入ったように見える。その段階は、「アルゴリズム統治」と呼ばれている。実業界や政府は、サイバースペース全体でありとあらゆる種類の過去のデータを蓄積し、解析ツールを使ってその情報を調べることに、自らの商業的な運命や政治的な運命をかける度合いを強めている。その目的は、未来を説明し、予測し、規定するのに役立ち、先手を打つのさえ助けてくれるアルゴリズムを生み出すことだ。それによって、市場や社会運動や統治で、まだ到来していない未来の出来事を制御すること、あるいは少なくともそれに影響を与えることを目指している。

アルゴリズム統治——既知の既知、既知の未知、未知の未知

二〇〇二年六月六日、ベルギーのブリュッセルにある北大西洋条約機構（NATO）の本部で、アメリカの国防長官ドナルド・ラムズフェルドは記者会見を開き、テロに対するグローバルな戦争を支援するNATOの努力について語った。会議の内容について報道陣に簡単に説明した後、ラムズフェルドは質問を受けつけた。

記者団からの最初の質問は、「テロと大量破壊兵器について、実情は事実が示しているよりも悪いという趣旨のことをおっしゃいましたが、一般に考えられているよりも悪いこととは何か、教えていただけますか？」だった。

ラムズフェルドは次のように答えた。

私は（中略）諜《ちよう》報《ほう》機関からの情報について、たっぷり研究・分析を行なってきて（中略）深掘りし、徹底的に調べているうちに、自分たちが何を知っているか、それをいつ知った

か、それが現にいつ存在していたのかがわかった。そして、意外なことではなかったが（中略）何か重大な出来事が起こってから二年間、起こってから四年間、起こってから六年間、場合によっては起こってから一一年、一二年、一三年間知らないでいたことがあったのもわかった。さて、ここから何が学べるか？ その教訓は、こういうことだ。世の中には既知の「既知」がある。自分が知っているのを知っていることがある。既知の未知もある。つまり、自分が知らないのを今知っているということがあるのだ。だが、未知の未知もある。自分が知らないのを知らないということもあるのだ。だから、できるかぎりのことをして情報をすべてまとめ、それから、私たちは状況を基本的にこのように見ている、と言うときには、それは既知の既知と既知の未知についてだけにすぎない。そして毎年、私たちはあといくつか未知の未知を発見する。

　これは謎めいた話に聞こえる。だが、謎めいた話ではない。厳粛で重大な問題だ。それは別の言い方もできる。証拠の不在は不在の証拠にあらず、だ。（中略）何かが存在している証拠がないというだけでは、それが存在しない証拠にはならない。それにもかかわらず、結局、私たちが脅威の評価をするときにはほぼ必ず（中略）そのパズルの三つのピースすべてではなく、最初の二つのピースだけに基づいてしまう。[*68]

政府の公式の記者会見ではたいてい動じることのない報道陣も、このときは耳にしたばかりのことに彼らなりの「衝撃と畏怖」を経験した（訳注　「衝撃と畏怖」は、二〇〇三年のイラク戦争のときにアメリカの軍事戦略を指して使われた言葉)。このアメリカの国防長官は、頭がおかしくなったのか? それとも彼は、大学の哲学ゼミで出てきそうな、何かまったくもって深遠なことを述べているのか? 早口言葉のようなラムズフェルドのややこしい説明は、たちまち世界中に伝わり、深刻な場面での緊張を解く喜劇的な発言のテーマになり、その意味をめぐって果てしない知的冗談の言い合いが起こった。公正を期して言うと、この自明の理を口にしたのはラムズフェルドが最初ではなかった。「既知の未知」と「未知の未知」という言い回しは、アメリカ航空宇宙局(NASA)本部では、宇宙飛行で起こりかねない問題について討議するときに、長年使われてきた。アメリカの心理学者のジョセフ・ルフトとハリントン・インガムは一九五〇年代に、「未知の未知」という用語を治療のテクニックとして使った。一まとめにされたこの自明の理は、歴史をはるかにたどることができる。とはいえ、世界貿易センタービルを崩壊させ、二九七七人の死者を出した、想定外の九・一一同時多発テロの後、「未知の未知」は突如、ぞっとするほど現実味のあるものに変わり、アメリカ人全員と他の至る所の人々の頭から離れなくなった。

人工知能(AI)が最大の目標とするのは、データを蓄積して解析ツールを使い、「既知の未知」と「未知の未知」を暴き出すこと、すなわち、未来がはっきりする前にその未来を知ることであり、予知能力を発揮することだ。超効率的な技術主導の社会がもたらす影響のうち、ほとんど考慮されていないものの一つは、物事の発生サイクルが速くなると、とんでもない手違いが起こる危険が増し、壊滅的な衝撃を与えかねないことだ。さまざまな学問領域の学者やビジネスリーダーや政府の監督者は、当然のことながら、未来のリスクを軽減しようと必死になっている。

そこでAIと解析ツールの出番となる。この分野での予備的な研究は、予測、それも特に商業の領域での予測に的を絞ってきた。目標は、過去の欲求と傾向に基づいて、本人が気づきさえしないうちに消費者の潜在的な欲求を予期することだ。音楽業界と映画業界は二〇年近く前から、データ・マイニングをして、どの歌や映画も発表前に、どれだけの商業的成功を収めるかを解析し予測してきた。そうした解析や予測を行なうプラチナ・ブルー・ミュージック・インテリジェンスやエパゴジックスといった企業は繁盛している。さまざまな商業分野の企業が、消費者向けの製品やサービスを市場に投入するときに、広告とマーケティングで解析ツールとアルゴリズムを同様に使って、過去の関心や購入履歴から、販売される製品やサービスに最も合致している購買層を特定し、その層に届くようにしてきた。

研究者の間では、こうした予測分析の慣行が未来の可能性を狭めている点をめぐって、盛んに議論が行なわれている。予測分析は、アートやエンターテインメント、製品、サービスなどの新しいジャンルが市場に参入するのを妨げ、何が望ましいかという従来の常識を打破する機会を奪うからだ。予測分析は、過去の好みや傾向に基づいたビジネスのエコシステムに参入希望者を閉じ込めてしまい、彼らの主体性を萎縮させる場合が多い。

ミシガン大学のデジタル研究の准教授ジョン・チェニー＝リッポルドは、一般大衆の個人の主体性を導いたり、管理したり、強奪したりする目的での予測分析を説明している。彼は次のように書いている。

「サイバネティックスによる分類は（中略）私たちが何者で、何を望み、どんな人間になるべきかを教えてくれ（中略）従来とはまったく異なる形で（中略）自由を考えるように、最終的には求める。私たちはインターネット上で自分が誰かを定義することが事実上できなくなっている。より具体的には、自分のアイデンティティを構成するさまざまなカテゴリーの意味の所有権を失いつつある[*69]」

ピュー・リサーチ・センターは二〇一七年のある調査で、「アルゴリズム時代の長所と短所」という問題について、社会の多様な分野の専門家たちに声を掛け、助言や意見を求めた。彼らは、データを蓄積して解析ツールを使い、厖大な数の人が自分の生活をどのように定義しているかをよりよく理解するアルゴリズムを作ることには多くの利点があるのを認めつつも、会話の節目ごとに、そうした利点よりも深刻な問題点を指摘する、三つの但し書きを滑り込ませた。

第一に、アルゴリズムはプログラマーとデータセットのバイアスを反映している。第二に、アルゴリズムによる分類は、分断を深める。第三に、アルゴリズムは、企業のデータ収集者によって成形されたフィルターバブル（訳注　自分の得たい情報以外からは隔離された状態）やサイロ化状態（訳注　他の部門と情報共有や連携ができないタコ壺状態）を生み出し、そのせいで、人々はより広範な考えや信頼できる情報にさらされる機会を制限されたり、予想外の発見や出合いの機会を奪われたりする[*70]。

とりわけ興味深いのは、効率、利益、個人の主体性の喪失が、専門家どうしの会話で出てきた回数だ。「アルゴリズムは何よりもまず、効率と収益性を最適化するために書かれ、データのモデリングと解析が社会に与えうる影響についてはほとんど考慮しない」という点で広い合意が見られることを、ピュー・リサーチ・センターは発見した。[*71] 調査回答者の多くは、「人間はこのプロセスにとって『インプット』であり、考えたり感じたり変化したりする真の存在とは見られていない」ということで意見が一致した。[*72] ある回答者は、問題を掘り下げ、「アルゴリズムは正確さや公正さよりも効率を重視する。そしてアルゴリズムは、時間とともに進化しても、そもそもそのアルゴリズムを策定したものと同じ優先順位を継続するだろう」と述べた。[*73]

予測分析は、何十億もの人間の将来の主体性を狭めるとはいえ、先制的な分析に比べれば、かなりおとなしい。超効率性が前代未聞の規模で時間の経過への脅威となるのが、この分野だ。

先制措置——未来を先回りして消去する

二〇〇二年六月一日、ウェストポイントのアメリカ合衆国陸軍士官学校の卒業式で、ジョージ・W・ブッシュ大統領は、九・一一同時多発テロを受けて、卒業を迎えた学生たちに語りかけた。大統領は、巣立っていく士官候補生たちに、次のように警告した。

「もし脅威が完全に現実のものとなるのを待っていたら、それは待ち過ぎということになる（中略）こちらから敵に戦いを仕掛け、敵の計画を頓挫させ、巨大な脅威が現れる前に抑え込まなければならない（中略）我が国の安全のためには、全アメリカ国民が先を見詰め、毅然《きぜん》とした態度を取り、必要に応じて先制行動に出る覚悟でいることが求められる[*74]」

ブッシュ大統領がこの演説を行なったとき、ジャーナリストの大半とアメリカの一般大衆の多くは、たいした注意を払わなかった。ところが、この「先制行動」の正式な導入を契機として、軍事戦略と外交政策だけではなく、統治にも根本的な変化が起こり、それがたちまち商業のあり方や、市民社会の働きにさえも波及し、一般大衆の健全性や社会の信条にまで影響を与えた。

その演説の日、大統領はアメリカを、そしてまもなく他の国々とその国民を、「未知の未知」という曖昧な領域へと導いた。そこでは、知りようのない未来の危険に立ち向かう唯一の方法は、近い将来、あるいは遠い将来のいつかの時点で起こるかもしれない、潜在的な「仮想の出来事」に対して先制行動を取り、その出来事が起こるのを防ぐために現時点で介入することだった。

まず、先制行動のロジックには、そもそも綻びがあった。AIアナリストたちは、将来のどこかの時点で起こりうる仮想の有害な出来事という「未知の未知」を暴き出すのに役立つ手掛かりを求めて、大量の過去のデータを調べ、それから、その出来事がまだ発生してもいないうちに、現時点での対応を始める。ところが、過去のデータからは、これまで一度も起こったことのない出来事が未来に起こるのを探知できそうになく、したがって、「未知の未知」を発見するのを助けるような、適切な情報の痕跡は得られない。第二に、先制は仮想の出来事に対する行動の形を取るので、起こるのはその先制行動だけになる。そのため先制は、応答になる代わりに、現実の報復措置を招く状況を生み出す。皮肉にも、未来のリスクを回避するという名目で、先制行動は防ぐことを望んでいたまさにそのリスクを生み出し、今ここで大混乱の種を蒔いてしまう。

九・一一同時多発テロ以来、「未知の未知」を発見して先制措置を取るためのアルゴリズムを作るべく、ビッグデータと解析ツールの利用が急速に広まった。特に都市では、「未知の未知」である未来のリスクを見定めるため、「予測型のセキュリティ管理」にしだいに頼るようになっている。それは、以下のような手法だ。年中無休の二四時間体制で監視を行ない、市民の傾向や活動や動きについての厖大な最新データを提供する。それから市当局は、そのデータと解析ツールを駆使して介入し、リスクを未然に回避する。先制措置は、犯罪や反社会的活動を防ぐ、より効率的な手段である、という理屈だ。

政府の監督の下で行なわれる監視と先制措置は、危険で一般大衆の安全を脅かすと思われる、潜在的な犯罪活動や社会的抗議活動を主な標的としている。ところが、誰がリスク要因で、どの種類の活動が脅威となるかの判断は、データを集めたりアルゴリズムをプログラムしたりするアナリストの影響で偏っている場合が多いことが、社会学者によって指摘されている。こうしたステレオタイプ化は、人種的マイノリティや民族的マイノリティ、不利な条件下にあるコミュニティ、自由主義と左翼の社会抗議運動を、さらには動物の権利の擁護団体さえも、監視することを主な目的としている。

先制統治は、アナリストが「フューチャリング」と呼ぶ旗印の下で進む。フューチャリングとは、新しいタイプの「予測的統治」のことであり、多くの場合、都会での先制介入を中心としている。近年、一般大衆に協力を求める、さまざまな商用アプリが散発的に導入されてきた。先制介入を必要とするリスクをもたらしかねない状況を、一般大衆がリアルタイムで監視して結果を提供するものだ。これらのアプリは、犯罪発生率の高い地区や照明が乏しい地区、廃屋のある地区、路上生活者が大勢いる地区を、ユーザーが歩いていたり車で走っていたりするときに知らせ、そこが「安全ではない区域」であることを教える。アプリのユーザーは、そうした区域を通っているときに、自分の印象や観察したものを、プラットフォームにショートメッセージで知らせることを奨励される。データベースに加えることができるからだ。

数年前、マイクロソフトは「ペデストリアン・ルート・プロダクション（歩行経路生成）」システムの特許を取った。これは、「危険な」区域を避けるように歩行者に経路変更させる、ナビゲーション中心のアプリだ。[*75] これらのアプリの多くが、一般大衆の怒りを買った。最も不利な境遇にあるマイノリティのコミュニティでは特にそうで、プラットフォームは自発的に販売を取りやめたり、露骨に差別的な形跡は取り除くか、少なくとも隠蔽するように、設計し直したりすることを余儀なくされた。

先制措置は、抗議活動や暴動や略奪など、伝播する恐れのある「未知の未知」に、特に向けられている。そうした活動を起こしかねない人々と彼らが占める空間は、潜在的に有害な活動を予防するために、より徹底した監視や警察のパトロールとその他の措置、たとえば早い時間帯からの外出禁止や特定の道路の閉鎖の対象に指定される。

政府と一般大衆が、現在の好機をつかむよりも未来のリスクを回避するほうに、感情的信頼を置くようになったという事実は、感情的なマインドセットと社会的なマインドセットに根本的な変化が起こっていることを示している。だが、統治におけるこの変化の政治的帰結は、民主的な法体系の核心にかかわる厄介な問題を提起する。オタワ大学法学部の倫理とテクノロジーの研究教授イアン・カーは、「スタンフォード・ロー・レヴュー（*Stanford Law Review*）」誌で、次のように主張している。

先制戦略が広く定着すると、推定無罪を含む、私たちの最も根本的な法律上の義務がないがしろにされかねない。（中略）ビッグデータがあれば、先制的な社会的意思決定という戦略を広く実施することができる。ただし、そうした戦略が広がれば、個々人ができないことは増えてくる。個人は自分について集められた情報や、なされた推測を、観察したり、理解したり、それらに参加したり、応答したりできなくなるのだ。ビッグデータが、私たちが知りもしないうちに、私たちにかかわる重要な決定を下すのに使われる可能性を考えると、先制的な社会的意思決定は、プライバシーと適正手続きを尊重する価値観とは相容れない。[*76]

先制措置は、究極の権力奪取を象徴している。自分の未来が延々と続くロックダウンの下に置かれてしまい、時間に対する主体性の行使ができなくなる人々が出てくるからだ。

過去一世紀間にテイラー主義が途方もない影響を広範に及ぼしたことは疑いようがない。地球のさまざまな複雑系を形作る、ほぼすべての作用主体が、効率化と利益追求のために、収奪され、商品化され、生命維持装置につながれた。今や、「効率化という福音」は、私たちが知るようになった資本主義システムの内部崩壊にさえつながりつつある。次は、その最終幕を見てみることにしよう。

第六章

資本主義の矛盾
——効率の向上と労働者の減少と消費者債務の増加

科学的管理法の原理を工業生産に応用する過程は、最初の瞬間から明白な矛盾を孕《はら》んでいた。その矛盾はあまりに目立つために、一目でわかってしかるべきだったが、効率化の推進者たちは、専門的な識見をたっぷり持っていたにもかかわらず、それを見逃した。一方、機械の操作と商業の基本の、どちらの最も単純な仕組みさえ理解できないとテイラーが見なした、いわゆる「愚かな労働者」は、しだいに安価になっていくモノの生産速度を上げつつ人件費を減らせばどうなるかは、少なくとも理解していた。より短い時間でより多くのモノを生産すれば、効率は向上するものの、必要とされる労働者の数は必ず減り、人員の削減と失業者の長い列につながることに、どこの労働者も気づいていた。

一九二〇年代半ばには、アメリカの工業は超効率的になり、ますます安い製造コストでますます多くのモノを生産しつつ、余剰人員を解雇し、依然として雇っている労働者の給与を厳しく抑え続け、人件費を節約した。

消費危機

労働者たちの懸念には、けっして根拠がないわけではなかった。科学的管理法と効率という信条がもたらした高揚感は、消費危機に頭から突っ込んでいった。労働者の数も賃金も減ったため、製造業者は在庫を過剰に抱え込み、小売店はレジを閉ざすことになったからだ。近代的な組み立てラインによる効率化がもたらした「消費不足」に真っ先に気づいたのがヘンリー・フォードで、彼は他の資本家たちに前代未聞の提案をした。アメリカの企業は気前よく賃上げと労働時間の削減を実施するべきだ、というのだ。そうしなければ、「誰が私の車を買ってくれるだろう?」と彼は問うた。[*1]

フォードの名誉のために言っておくが、彼は自分の提案を実行に移し、八時間労働制を定めた。そして、他の企業の重役たちも、しぶしぶフォードの後に続いた。フォードは自社の労働者の賃金も上げたが、それは他の企業リーダーにとっては相変わらずタブーだった。彼らは効率化の加速に執着しており、ますます安価で効率的なテクノロジーを導入して人件費を削減し、より多くの収益を企業にもたらすことに重点を置いていたからだ。

全米製造業者協会は一般大衆に「買い手のストライキをやめる」ように懇願しながらも、所属する事業者たちは、「あまり生産的でない」「使い捨ての」労働者を、より安価で効率的な機械に置き換え続けた。アメリカの連邦議会は一九二八年に介入し、上院の教育労働委員会で失業の蔓延の問題について公聴会を開き、「テクノロジーの進歩」が主な原因であると結論した。

さらに、同委員会の報告書によると、解雇された労働者は以前より長い期間、失業状態にとどまり、再雇用されたときにも、受け取る報酬が減っているとのことだった。[*2]

その間、ビジネス界は、労働運動の好戦的な態度の高まりを和らげるために、しぶしぶ八時間労働制の導入に同調したものの、賃上げには二の足を踏み、人間の労働をより効率的な機械に置き換え続け、消費者の需要をいっそう減らした。その代わりに、ビジネス界は労働者の購買意欲をそそる新しい方法に目を向けた。

近代的な広告業界が一気に台頭したのがちょうどこの頃で、心理学という新しい分野の見識を借り、先のことなど気にせずに今ここで「良い生活」を送るという展望を提示した。そして、質素倹約に努めて身分相応に暮らすという、長年大切にされてきたキリスト教の価値観から労働者たちを遠ざけた。大衆雑誌は、今この瞬間にアメリカンドリームを生きている新しい男女の姿を描き出した。広告は、昔ながらの責任感や人間関係よりも、物質的な所有物や環境によって自己性を定義する任務を引き受けた。個人の「人格」よりも「個性」のほうが、個人を特徴づけるうえで重要になり、後者は、増える一方の財産によってしだいに飾り立てられ、囲まれていき、かつては大金持ちしか享受できなかったライフスタイルを称賛するのだった。

広告業界は、「不満な消費者」を生み出す必要があることに気づいた。不満な消費者を生み出せば、新しいモノや、より多くのモノや、より優れたモノを欲しがらせることができる。長年、フォード・モーター社の後塵《こうじん》を拝してきたゼネラルモーターズ社（GM）は、ここにきて、この新しい広告戦略を真っ先に採用することで、ついに先頭に躍り出た。ヘンリー・フォードは、自社のT型モデル自動車の発売を世間に知らせたとき、「どのお客様も、お好きな色をお申しつけください。ご希望に合わせてお車の塗装をいたします。その色が黒であるかぎりは」と言った。[*3] GMはそれとは対照的に、さまざまな種類の自動車をさまざまな色で提供し、毎年モデルを変え、顧客に流行後れの自動車に不満を抱かせ、でき立ての最新モデルを欲しがらせれば、販売台数を増やし、フォードを追い越すことさえ可能なのに気づいた。GMのチャールズ・ケタリングは、経済的繁栄のカギは「消費者を不満にさせておく」ことだ、と主張した。[*4]

表面的な変更や些細な変更しかしなくても、新しいモデルやバージョンを発売するのが、売り上げを伸ばす最善の方法であることを、ビジネス界は理解するようになった。宣伝文句は、消費者の買い物を、ありふれた作業から魅惑的な体験へと変えた。企業は製品を、「新しい、改良された」モノと位置づけ、消費を、日常生活の中で最もモダンで最新でいるための「周囲の人々に後れを取らない」ゲームに変えた。

それでも、厖大な数の人に向けたマス広告によって、消費の増大を確実にするためには、別の方面への働き掛けも必要とした。そして、当時アメリカに流れ込んできていた新しい移民の家庭が格好の標的になった。移民の夫婦の間にアメリカで生まれた二世世代は、アメリカンドリームをしきりに経験したがっていた。広告業界は、その世代の憧れと、移民してきた親世代の質素なライフスタイルや旧世界の習慣に対して彼らが感じていた気恥ずかしさの両方につけ込み、アメリカ生まれの若い世代を、店で買う衣服や手間が省ける最新の機器などで誘惑した。広告業界は、映画とラジオという新しい媒体を利用して、より快楽主義的で物質主義的な文化を紹介し、アメリカの最も新しい世代を、やがて「消費という福音」と呼ばれるようになるものの一端を担うように仕立てた。

一九二九年までに、広告は消費という概念そのものを、最低限の必需品の調達から快楽主義的な渇望を満たす行為へと、完全に変えてしまっていた。その年、ハーバート・フーヴァー大統領の「昨今の経済変化に関する委員会」は、抜け目ない広告業界の手でほんの数十年間に起こった人間心理の変化についての報告書を発表した。そこには次のような調査結果が記されている。

本調査は、長らく理論的に正しいとされてきた事柄を疑いの余地なく立証した。すなわち、欲望には限度がないこと、ある欲望を満たせば、別の欲望がそれに取って代わること、だ。結論は以下のようになる。経済的には、果てしない領域が私たちの眼前に拡がっている。新しい欲望があり、それらは満たされるそばから、さらに新しい欲望に際限なく道を譲り続ける。(中略)広告その他の促進手段によって(中略)製造に対するかなりの牽引力《けんいん》が生み出された。(中略)私たちは、活動の増加を継続できるように見える。(中略)状況は恵まれており、勢いには目を見張るものがある。[*5]

唯一、そこに立ちふさがっている問題は、アメリカンドリームに向かって歩み始めるための金銭的余裕をどうやって確保するか、だった。資本主義システムは、掛け買いするという解決策を提供した。分割払いで購入する方法だ。一九世紀には高価な品だった家具は、分割払いを利用する掛け買いがしだいに増えていった。シンガー社のミシンは、真っ先に分割払いで買えるようになった機器の一つだ。シンガー社は早くも一八五〇年に、この新しい支払いの仕組みを導入した。一九二〇年代には、分割払いのローンはすっかり軌道に乗っていた。分割払いの製品の筆頭にあったのが自動車で、当時の最も高価で貴重な所有物であり、何をおいても、アメリカンドリーム体験の典型そのものと見なされるようになっていた。一九二四年の段階ですでに、自動車購入の七五%が分割払いのローンだった。[*6]

華やかさと良い暮らしを褒め称えるマス広告は、社会評論家のクリストファー・ラッシュが「ナルシシズムの文化」と呼んだものの先駆けとなった。[*7] この新時代は、分割払いによる購入を通して信用を供与することで、賃金の低下や不完全雇用を埋め合わせ、大量消費への道を提供し、企業が効率性崇拝に息を吹き返させるとともに、生産を加速して工業用機械を休みなく稼働させ、利益を生み続けるのを可能にすることになる。

だが、この消費ブームは、株式市場とともに一九二九年に破綻した。分割払いは一九三〇年代の大恐慌の間もずっと、なんとか続いたものの、雇用されている労働者の数はあまりにも少なくなり、彼らでさえ家に持ち帰る賃金は減っていた。質素倹約が勢いを盛り返したが、今回はいざというときに備えて収入の一部を貯金に回すためではなく、路頭に迷うのをなんとか防ぐためだった。

消費者需要が急減したにもかかわらず、アメリカの工業は、大恐慌の全般を通して、労働者を減らし、より安価で効率的なテクノロジーに置き換え続けた。一九三八年のある調査によると、総労働時間の減少の五一%は、生産量の減少によるものだったが、四九%という衝撃的な割合は、生産性の向上と労働者の解雇に起因するという[*8]。

テクノロジーの効率化と生産性の向上によって必要な労働者の数が減ったとき、社会には二つの選択肢があった。労働者の数を減らすか、一週間の労働時間を減らすか、だ。ほとんどの企業は前者を選び続けたが、労働者が減れば、支払われる賃金の総額が減り、分割払いができたとしてもなお、購買力も減退するのだから、その選択は、「自分の顔に腹を立てて鼻を切り落とす」のに等しかった。一方、一部の企業は一日六時間・週三〇時間労働制に移行し、仕事を分け合ってもらって労働者を雇い続け、消費を回復させて経済を上向かせることを願って踏んばっていた。

ケロッグ、シアーズ・ローバック、スタンダード・オイル、ハドソン・モーター・カー・カンパニーなどの、アメリカの一流企業の一部は、週三〇時間労働制に移った。ケロッグは、さらに一歩先に進み、男性労働者の最低賃金を一日四ドルに上げた。これは、一日当たりの労働時間で二時間分の短縮を埋め合わせる賃上げだった[*9]。週三〇時間制を義務づける連邦法が上院を通過し、下院でも可決されるだけの票が見込まれたが、フランクリン・デラノ・ローズヴェルト大統領が反対に回った。

雇用者がより高度なテクノロジーで労働者を置き換え続けるなか、ローズヴェルト新政権は、政府が出資したり資金援助したりする一連の派手な政策を打ち出し、人々を職場に戻し、消費支出を押し上げ、経済を刺激した。こうしたニューディール政策の取り組みは、それぞれわずかな救いをもたらしたが、アメリカの工業の生産能力に見合う水準まで消費支出を回復させるほどではなかった。その結果、多くの企業が立ち行かなくなり、破産の宣告に至った。

その間もずっと、テクノロジーは職場を作り変え続け、生産能力を上昇させたが、各業界は在庫を一掃できるほどの需要を見つけられなかった。ニューディール政策で大胆な取り組みが次々になされたものの、アメリカがようやく不景気の泥沼を脱せたのは、第二次世界大戦に参戦して、アメリカ経済が戦時生産に動員されてからだった。何百万もの国民が軍に入り、さらに何百万人も、特に女性が、軍需産業の高賃金の仕事に就いた。

戦争関連業界の労働者の収入は下降から上昇に転じたが、価格統制と配給制度のせいで、アメリカの家庭は大恐慌前の水準での購買や消費ができなかった。消費者による購入の七分の一に相当する、多数の生活必需品が配給の対象となり、消費支出を抑え込んだ。[*10] 戦争遂行努力が続くなか、幅広い配給で生活全般が一時停止状態になり、世帯ごとの貯蓄が膨らんだ。アメリカの家庭の行き場のない貯蓄は、戦後まもなくおおいに役立つことになる。

復員兵たちは失われた年月を埋め合わせようと躍起になり、一九五〇年代後半以降、新しい州間高速道路網《インターステート・ハイウエイ・システム》の出口に沿って配された郊外地域に、連邦住宅局のローンで続々と家を買った。インターステート・ハイウェイ・システムは、史上最も高価な公共事業となる。郊外の出現とともに、アメリカンドリームが蘇《よみがえ》った。今回のそれは、「郊外の家庭生活」と呼ばれるようになるものに沿った、アメリカンドリームだった。

郊外生活の魅惑の時代

アメリカの産業界は、戦争のために動員したのと同じ活力によって、郊外経済を成長させた。郊外に暮らす家庭は、相変わらず都会暮らしをしている家庭よりも、一台以上の自動車を所有している率が二倍高かった。[*11] 郊外は、ファストフードのチェーンやショッピングモールやテーマパークの導入によって新しい公共生活ももたらした。インターステート・ハイウェイにより、オート・ツーリズムという新しい旅の形がアメリカに花開き、それが自動車販売の起爆剤になった。アメリカ人が自動車の旅に出て、この国の広大な土地と多様な文化を楽しむようになると、モーテルと観光スポットが至る所に出現した。

郊外生活の始まりとともに、「消費という福音」が津波のように押し寄せてきた。アメリカのインターステート・ハイウェイのインフラ建設の三〇年間と重なるように、しばらくの間、働き口はたっぷりあり、給与も良かった。あらゆる種類の労働者が、アメリカの郊外の発展のために駆り出された。だが、厖大な数のアメリカ人が享受する新しい繁栄さえも、テレビという新しい媒体を通した消費者向けの無数の広告に煽《あお》り立てられた、郊外住民の飽くことのない欲望は満たせなかった。テレビを持っているアメリカ人は、一九五〇年には九％しかいなかったが、一九七八年には九一％の家庭にテレビがあった。[*12] ほとんどのアメリカ人は、テレビの「中毒」になった。ニールセンの「トータルオーディエンスレポート」によると、二〇〇九年には典型的な六五歳のアメリカ人は、平均すると毎日四時間、毎週二八時間テレビを見ており、それまでの人生でまる九年を画面を眺めて過ごしたことになるという。そのうえ、典型的な六五歳の人が見てきたテレビコマーシャルの数は、二〇〇〇万本を超えるそうだ。[*13]

テレビに誘惑されるのは、無料で番組を見られるからだ。問題は、地元のテレビ局もテレビのネットワークも、広告で収益を得ている点だ。テレビは事実上、何よりもまず、「あらゆるリビングルームにセールスマン」を送り込む広告媒体であり、娯楽の媒体という面は副次的なものでしかなく、それは見込み客を引き込むおとりの役目を果たすためなのだ。これが功を奏した。何千万ものアメリカ人がテレビの無料視聴に夢中になり、それによって彼らは、より多くのモノや体験を買うことにも同じように夢中になるよう、この媒体に条件付けされたのだった。こうして「消費という福音」は、見事にカムバックを果たした。

郊外で実現した短いアメリカンドリームの間に増えた手取りの給与さえも、買い物中毒にはついていけなかった。金融界は、リボルビング払いとクレジットカードでこの危機をなんとか乗り切った。リボルビング払いの制度を最初に導入したのはデパートだった。顧客は、買い物の代金の未払い残高の利子を請求される代わりに、残高の支払いを延期することができた。大型デパートは事実上、銀行家になったわけで、販売による利益に劣らぬほどの利益を、顧客のリボルビング払い口座から入る利子で得ることも、しばしばあった。[*14]

銀行と大手金融会社は一九六〇年代に、デパートが使っているリボルビング払いの方式に目をつけた。銀行は一〇年前に試しにクレジットカードを発行してみたものの、おおむね失敗に終わったのだが、巨大な金融市場の持つ可能性を嗅ぎ取って、もう一度試すことにした。潜在的なリスクはあった。だが、郊外の中間層の世帯は、新しいライフスタイルを賄うために急速に負債を増やしていても、たいてい元本を首尾良く支払い終えているのだから大丈夫だと踏んだ。

一九五八年、バンク・オブ・アメリカがバンカメリカードを引っ提げて、真っ先に市場に参入した。後に、このカードは「Ｖｉｓａ」と改名された。一九六六年、カリフォルニア州の銀行の共同事業体がマスターチャージカードを導入した。クレジットカードは一九七〇年代に急増した。そして、多くのモノやサービスの支払い手段として、現金や小切手に急速に取って代わった。銀行や金融機関はデパートとは違い、資金力があるので、消費者信用に大規模に出資することができた。こうしてクレジットカードは、債務市場の状況を一変させた。

限度額のないリボルビング払いのおかげで、消費者は借り入れる金額を銀行に設定されずに自分で決められるため、貸し手と借り手の関係が根本から変わった。銀行も喜んでそれに応じた。消費者がリボルビング払いの額を増やすほど、クレジットカード会社が大きな収益をあげられることに気づいたからだ。そして、主に中間層から成るカードの潜在的利用者に信用力があるかどうかを確認する身辺調査を銀行が厳格に行なっているかぎり、リスクは管理可能に見えた。

ところが、金融界が賭けに出て、それまではローンを組んだりクレジットカードを作ったりする資格がなかったような大勢のアメリカ人にまで融資を始めたのがこの頃だった。この新しい手法は、「サブプライムローン」と呼ばれた。銀行とクレジットカード会社は収益性を上げるために、以前は対象外だった二六％のアメリカ人も、クレジットカードを作れるようにしたのだ。それらのアメリカ人は、貧しく、たいてい失業中で、主に不利な条件下にあるコミュニティの住民で、クレジットカードの支払いや返済の履歴がほとんど、あるいはまったくなく、信用リスクの判定ができなかった。こうしたクレジットカードの新たな所持者は、クレジット履歴報告が乏しい「薄い《シン》ファイル」顧客というレッテルを貼られた。[*15] サブプライムのクレジットカード貸し付けには固有のリスクが伴っているにもかかわらず、金融界とアメリカの産業界は、より多くの消費支出を断固として喚起する気だった。

仕事の消滅

一方、第二次産業革命のインフラの完成に費やされた三〇年間と、それがもたらした高賃金の仕事に隠された形で、まったく異なる現象がひっそりと展開していた。産業界全体に及ぶこの現象は、ブルーカラーとホワイトカラーの両方の労働者に影響を与えた。これら二つの労働者層の削減が進んでいたのだ。さまざまな職種がまるごと消えていき、何百万ものアメリカ人の生計が脅かされ、経済と社会の将来に暗い影を落としていた。

雇用におけるこの新しい問題は、一九四三年まで遡ることができる。この年、マサチューセッツ工科大学の数学者ノーバート・ウィーナーがサイバネティックスという新しい理論について「科学哲学（*Philosophy of Science*）」誌に学術論文を発表し、機械がフィードバックを通して考え、学習し、行動を調節できることを技術的に説明した。サイバネティックスについてのウィーナーの説明は、コンピューター化の時代と、後には人工知能（ＡＩ）の時代の科学的・技術的枠組みを提供した。彼は、「生身の人間の身体機能と、新しい通信機械の一部の働きとは、完全に一致している」と主張した。[*16]

ウィーナーは、より効率的なスマート・マシンが産業と商業で使われれば、それがもたらすことになる重大な結果に気づいていたので、次のように警告した。「自動機械は（中略）まさしく奴隷労働の経済版である。奴隷労働と競合するいかなる労働も、奴隷労働の経済的条件を受け容れざるをえない」[*17]

ウィーナーの先見の明のある予言は、まもなく現実のものとなった。一九五〇年代後半に数値制御テクノロジーの第一世代が工場に導入され、工業生産の自動化の幕が開いた。その後の数十年間に、経済活動のあらゆる面のコンピューター化と自動化がそれに続き、まず単純労働者が排除され、続いて技能労働者とホワイトカラー労働者、専門職、知識労働者が削減されていった。一九九〇年代には、仕事の性質における革命が、経済の多くの部門で働き口を消し去り始めていることが明らかになってきた（一九九四年刊行の拙著『大失業時代』（松浦雅之訳、ティビーエス・ブリタニカ、一九九六年）を参照のこと）。

それ以来、ロボット工学とコンピューター化とＡＩによって多数の労働者が取って代わられ、効率化が劇的に加速する一方、どの国でも労働者が窮乏し、打ちのめされ、必然的に消費は途方もない危機に陥り、購買を奨励するためにますます多くの消費者債務を認めるという一時凌《しの》ぎの方策は、社会の時限爆弾と化しつつあった。一九九〇年代の初めには八％ほどだった平均の世帯貯蓄率は、その後数年で急落し、二〇〇〇年には一％まで落ち込んでいた。[18]

未来を抵当に入れる

自動化革命が加速していたちょうどその頃、別の深刻な問題が膨らみ始めていた。一九九七年にサブプライムローンが住宅市場に導入されたのだ。この最新版のサブプライムローンは、アメリカの経済と社会を翻弄し、他の国々にもたちまち波及して歴史的なバブルとなり、それが二〇〇八年の晩夏に弾けた。ウォール街と銀行業界は、サブプライム住宅ローンが巨大なネズミ講の様相を紛れもなく呈していることに、少なくとも薄々は気づいていた。だが、経済学者のジョン・メイナード・ケインズなら言ったかもしれないが、彼らの「アニマル・スピリット」が主導権を握り、前途に待ち受けているかもしれない厄介の種や報いを頭から消し去った。金融界とウォール街と住宅業界のほぼ全員が、流れに身を任せてしまった。

サブプライムローンは、頭金がほとんど不要で、利率も当初は少しずつしか上がらないので、以前なら所得や信用力の低さのせいで資格のなかったであろう何百万もの新規購入者がそれに釣られ、支払い能力を超える住宅を購入した。こうして、住宅市場の暴走が起こった。二〇〇〇年から二〇〇六年にかけてのわずか六年間で、サブプライムローンは従来の水準である市場の約八％からおよそ二〇％まで上昇した。[19] 投機が爆発的に増えた。投資家、つまり、住むためではなく投資として住宅を購入する人が、二〇〇六年から翌二〇〇七年にかけてだけでも、二〇％から三五％へと急増した。[20] 新規の住宅購入者も投機家となって住宅を購入し、市場に参入する入札者が増えてその価値が上がると、さっさと転売して別のもっと高価な住宅を買い、その新居の価値が上がると、それも転売することを繰り返す場合がよくあった。アメリカの一部の地域では、住宅の価値が二倍、三倍に上がった。

この不動産バブルは二〇〇八年に弾けた。[*21] ますます多くのお金を費やし、ますます多くの負債を抱え込みながら、とどまるところを知らない住宅バブルに乗じていた何百万ものアメリカ人は、そのバブルが弾ける日が訪れようとは夢にも思っていなかった。だが現にその日が訪れ、期限が来たローンの利息の支払いができなくなり、住宅の差し押さえがアメリカ中に拡がった。銀行や貸し付け機関が、経営危機に陥った。リーマン・ブラザーズを皮切りに、ウォール街の大手企業のいくつかが倒産した。サブプライムの不動産担保証券とローンを数十億ドル規模で抱えていたアメリカン・インターナショナル・グループ（ＡＩＧ）は、破綻しかけた。銀行は貸し付けを凍結し、アメリカ経済は減速して停止し、大恐慌以来最悪の経済崩壊に至った。この出来事は、「グレート・リセッション（大不況）」として、永遠に歴史に名を残すこととなった。

アメリカの大手金融機関は「大き過ぎて潰せない」として、連邦政府がウォール街に救いの手を差し伸べ、七〇〇〇億ドルの支援を行なった。バブルを生み出したウォール街の企業はおおむね無傷で済んだが、厖大な数のアメリカの家庭と労働者が見捨てられた。二〇〇九年の末には、失業率が一〇％まで急上昇し、就業意欲を失って完全に求職を諦めた人や、フルタイムの雇用を望みながらパートタイムでしか働いておらず、求職活動をしていない人まで含めると、一七％に達した。すべてを合計すると、二〇一〇年だけでも、住宅バブルのせいで二七〇〇万人のアメリカ人が失業したり不完全雇用になったりして借金を抱え込み、二九〇万人の住宅所有者が差し押さえ通知を受け取った。[*22] アメリカの労働者とその家族が強いられた犠牲の大きさを知りたければ、二〇〇八年までの家計の累積債務が一二兆七〇〇〇億ドルという気の遠くなりそうな額に迫っていたことを考えてほしい。[*23] 比較のために言うと、二〇〇八年のアメリカのGDPは、それをわずかに上回る一四兆七〇〇〇億ドルでしかなかった。[*24] どう見ても、資本主義システムは破綻していた。

このグレート・リセッションの大惨事から、どうやら何の教訓も学ばなかったようだから、なおさら苛立たしい。たしかにアメリカはすぐに立ち直り、二〇一〇年から二〇二〇年の間に景気が回復した。だがその回復も、ある程度までは、またしても消費者債務のバブルの拡大によって可能になった蜃気楼《しんきろう》だった。家計債務の合計は、一〇年にわたって再度増え続けてきた結果、新型コロナウイルスによって景気が下降する前の、二〇二〇年の第一・四半期には一四兆三〇〇〇億ドルに達し、二〇〇八年の前回のピークを一兆六〇〇〇億ドルも上回った。[*25]

生産性の改善に応じてあっさり賃金を上げ、ロボット工学と自動化とAIがもたらした効率の向上に見合う形で一週間の労働時間を減らすほうが、はるかに理に適っているように思えるのだが、なぜ企業はそうしないのか？　会計手続きの慣行や、それに伴って企業が株主向けに発行する四半期報告書と、真っ向から対立するから、というのがその答えだ。株式公開企業は、評論家が「ショート・ターミズム（短期主義）」と呼ぶ綱渡りをする。毎年各四半期に収益が増えていることを株主に示さなければ、株価が下がったり、さらに悪くすればCEOが交代させられたりする。

より安価なテクノロジーとAIの導入によって効率と生産性が上がれば、企業は労働者を解雇し、残る労働者の賃金を低く抑えられる。コストの削減は帳簿上の見栄えが良く、収益の増加を示すことを可能にするので、株主は喜ぶ。長い目で見ると、金融界とアメリカの産業界は、新しくてより効率的なテクノロジーがもたらした利益をアメリカの労働者と分かち合ったほうがためになるのだが、不幸にも、それは資本主義システムの機能の仕方とは相容れない。費用便益分析の観点から測定した効率こそが、このシステムを駆動しているのだ。

効率ゲームは心理も操作する

「消費という福音」は、消費者に購買を続けさせるいっそう巧妙な方法によって命脈を保たれてきたが、その一方で、効率化のパラダイムもテイラー主義の誕生以来、より洗練された方向へと姿を変えていった。科学的管理の原理は、初期にはフォード・モーター社で採用され、その後すぐにアメリカ中の他の企業や産業、そして海外の経済圏でも採用された。だが、その応用に対するテイラーのまだ粗削りなアプローチは、一九五〇年代には収穫逓減を経験していた。日本企業のトヨタが「トヨタ生産方式」と呼び、後に「リーン生産方式」と名づけられた、テイラー主義の独自の修正版を試し始めたのがこの頃だった。より進んだこの新バージョンは、一見したところ、テイラーのもともとのバージョンの応用とはあまりに違って見えたので、まったく新しい管理モデルと思えるほどだった。だが実際には、過去半世紀にわたってほとんどの場合、労働者の管理におけるこの新しいアプローチは、思ったよりもずっとテイラー主義に似ていた。

フォード・モーター社の場合と同じで、トヨタの目標も、より少ない資源と労働者でより多くの生産を行なうことに偏っていた。では、どこが違うかといえば、それは生産過程の性質と労働者の「扱い」だった。トヨタの重役は、標準化された製品の大量生産を前提とするフォードの方式はあまりにも柔軟性がなく、市場の好みと消費者の需要の変化にリアルタイムで応じる機敏さを欠いていると考えるようになった。

標準化した製品ラインの大量生産に頼っている企業は、コストを削減するために、設備を目一杯稼働させがちでもある。機械にかかる費用は莫大なので、減価償却を最適化するために、常に停止を避ける。経営陣は確実に連続操業させるために、過剰在庫と臨時雇いの労働者という形の「緩衝装置《バッファー》」を用意しておき、生産に必要な資源が不足したり、生産の流れが遅くなったりするのを避ける。最後に、機械への投資は高コストなので、新しい製品ラインのために設備を一新するのが難しかった。そのため、消費者は低価格という恩恵を受ける一方で、新製品がなかなか提供されず、製品の多様性も限られる。

一方、しばしば「ジャストインタイム生産方式」とも呼ばれるリーン生産方式は、機敏性と柔軟性のためにできている。目的は、その時点で市場が求めているものだけを生産し、顧客の個人的な好みに応える幅広い品揃えを提供すると同時に、バリューチェーン全体で効率を上げることだ。経営学の教授のジェームズ・ウォマックとダニエル・ジョーンズとダニエル・ルースは一九九〇年の著書『リーン生産方式が、世界の自動車産業をこう変える。』で、リーン生産方式がリーンである理由を、次のように説明している。

それは大量生産と比べて、あらゆるものの使用量が少ない——工場での人力は半分、製造スペースも半分、工具への投資も半分、新製品の開発の作業時間と期間も半分だ。また、必要とされる在庫の半分よりはるかに少ない量しか現場に置いておかなくてもよく、欠陥も大幅に少ない。そしてより多様で、ますます種類が増え続ける製品を生産する。[*26]

テイラー主義は、厳密な分業を行なって規定の職務を果てしなく細分化し、労働者を指揮統制するトップダウンのアプローチだが、日本流のリーン生産方式では、チームを編成して労働者に協働させることでそれを和らげる。設計技師とコンピューター・プログラマーと工場労働者が顔を合わせてアイデアを出し合い、問題を解決し、いっしょに下した決定を工場の現場で実行に移す。現場でリアルタイムで働いている複合的なチームが問題解決に当たるほうが、停止時間が少なくて済むというのが、その根拠だ。

労働者は、「コンカレント・エンジニアリング」と呼ばれる過程で、新車の開発について意見を出すことさえ奨励され、デザインや生産、流通、マーケティング、販売などについての質問もし、自動車の製造から販売までの、より一貫した体系的取り組みができるようにした。このチーム・プロセスは、頼りにされていると従業員に感じさせることよりも、むしろ最終的な収益を増やすことを目指している。新製品を市場に出すのがわずか半年遅れただけで、利益が最大三三％減りかねない。[*27] 設計段階に全員を招き入れれば、コストを抑え、遅れを避けることができる。

リーン生産方式は、「五ゼロ戦略」と呼ばれるものを核として構築されている。五つのゼロとは、欠陥ゼロ、故障ゼロ、遅延ゼロ、書類ゼロ（煩雑な手続きの削減）、在庫ゼロだ。これこそリーンの意味するところであり、必要なものだけを、ちょうどそのときだけ使い、顧客が求めるものだけを生産するのだ。

リーン生産方式の理論は、話がうま過ぎて、テイラー主義からかけ離れているように聞こえる。だが実際には、権限の行使は常にトップダウンであり――ただし、あまり目立たず、それでいて、労働者に対する要求がなおさら厳しくさえある――見た目ほど民主的ではない。だからといって、このほうが効率的ではないと言っているわけではない。その正反対だ。労働者の一人ひとりにより多くを求める――彼らの心身の両方を利用する――ことによって、リーン生産方式を採用している企業は、じつは効率を上げ、資源の利用を最適化し、製品ラインの製造と出荷を速めつつ、運営コストを節約してきた。

アメリカとカナダとメキシコでのリーン生産の慣行を対象とする調査に基づき、カナダのトレント大学の社会学者クリストファー・ハクスリーが三〇年間のリーン生産を調べた研究が参考になる。この研究からは、以下のことがわかった。日本のリーン生産方式は、「作業の強化（中略）と労働者の時間当たりの生産量を増やすための能率促進を重視し」、「『ストレスによる管理』

と呼ばれる経営管理の意図的なテクニックによって先鋭化されている」[*28]。さらに、「カイゼン［絶え間ない改良を意味する日本語］の原理と、非付加価値労働時間の削減の追求は、仕事に就いている労働者の回復時間あるいは休止時間を減らす容赦ない組織的活動を示唆している」[*29]

ハクスリーは次のように結論する。「リーン生産方式は当初、新しい職場で働いている人々の労働生活の質を根本から変えて向上させるという熱烈な主張がなされたが、北アメリカでこの新しいシステムが実施された三〇年間からは、それを裏づける証拠はほとんど得られない」[*30]

リーン生産方式は結局、条件付けをし、なおいっそうの効率を引き出すために心理的な操作を利用して、労働者の作業能率を上げるようにデザインされた、より婉曲的なテイラー主義にすぎず、すべて最小限の支出で生産高を最適化するためのものなのだ。

最終段階

二〇世紀を通じて、そして二一世紀に入ってからも、労働者の管理への各業界の取り組みは、いっそうヴェールに包まれていった。報酬と罰という厳密に行動主義的な取り組み方を適用しようが、参加と関与を奨励しようが、情動的知能を育もうが、目標は、労働者を調節して、彼らが操作する機械の効率的な付属物になってもらうことだったし、今もそれは変わらない。

今やデジタル革命によって商業活動は、ビッグデータや解析ツール、アルゴリズム、監視に重点を置くようになり、加速した経済活動が展開する新しい水準に高められた。それと比べれば、二〇世紀初めのテイラー主義は児戯に等しく見える。デジタル化で加速した経済に参加する精神的ストレスのせいで、あらゆる分野の労働者が、人間の耐久力の限界まで追い詰められている。効率への要請が今や途方もない勢いで膨れ上がっているため、今後多数の人間が身体的にも、情緒的にも、精神的にもついていけなくなりそうだ。今後数十年間にロボットと自動化とＡＩが、大量雇用されている労働者だけでなく専門的な職業人の多くにさえ取って代わり、人間の大半が落伍《らくご》しかねない。

どの業界にも、お気に入りの信条というものがある。たとえば、不動産業界では、「一にも立地、二にも立地、三にも立地」だ。経営陣にとっては、「測定できるものは管理できる」だ。それはテイラー主義の遺産で、過去六世代にわたって受け継がれ、その時代の社会風潮に合うように何度となく焼き直されてきた。

フォードの方式とリーン生産方式が二〇世紀の主流となったのに対して、テイラー主義の構想を二一世紀に持ち込んだのがアマゾンだった。世界最大のロジスティクス企業であるアマゾンは、測定と管理と超効率性がすべてだ。同社は二〇一九年に全世界で三五億個の荷物を配達し、二〇二〇年後半には、「フォーチュン」誌が発表する世界の企業総収入ランキング上位五〇〇社の第一位に躍り出た。[*31] 共同創業者のジェフ・ベゾスは、今や世界で二番目の金持ちで、その総資産は一七〇〇億ドルにのぼる。[*32] 彼のロジスティクス帝国は、オンラインに登場した史上最も効率的な産業メカニズムとして群を抜いている。もしフレデリック・テイラーが今日生きていたら、ベゾスが科学的管理法の原理を使って成し遂げたことの幅と広さに、きっと畏敬の念を抱いたことだろう。

だが、ある人間の理想郷《ユートピア》のような夢は、別の人間にとっては暗黒郷《ディストピア》のような悪夢となる。自動化された制御システムと、ありとあらゆる場所の監視カメラと、アルゴリズムによるロジスティクス誘導ネットワークを通してすべて同期した何千もの移動ロボットを備えたベゾスの巨大な倉庫群は、テクノロジーの偉業の極みだ。だが、念入りに眺めてみると、これほど多くのハイテク機器を使っていながら、このシステム全体の成否は一二〇万の従業員の肩にかかっており、その大半が現代版の労働搾取工場のような状況で低賃金で働いているという、醜い真実が明らかになる——ただし、昔の搾取工場とは違い、アマゾンの物流センターはエアコンが利いていて、耐火性があるが[*33]。

アマゾンは、自社の測定と管理と、従業員に心身両面でぬるま湯に甘んじさせないだけの仕事を課すことを誇りにしている。過酷なペースと仕事量のせいで従業員が「壁にぶち当たった」ときには、上司に慰められる代わりに叱られ、「壁をよじ登る」ように命じられる。経営陣とホワイトカラーの労働者は、一日二四時間、年中無休で待機していることを当然視される場合が多い。ときには文字どおり日付が変わっても働き続け、深夜にもショートメッセージを受信する。新規の従業員は、適者のみが生き残ることをたちまち思い知らされる[*34]。

管理のための会議では、同僚どうしで欠点や短所や不手際をあげつらうことが期待されている。ただし、それによって発奮し、自分の限界を超えて才能を発揮する人が出てくるという利点もあるが。現にそれを生き抜き、活躍さえする人もいる一方で、業績と効率を改善するようにという絶え間ないプレッシャーに耐え切れず、去っていった人も多い。ある元重役は、通りかかったときに目の当たりにした、オフィスで泣いている同僚たちの姿が頭から離れないことを明かしてくれた。「会議室から出ると、大の男が手で顔を覆っている姿が目に入ります。いっしょに働いた人のほぼ全員が、自分の机で泣いているのを私は目にしました[*35]」

質素倹約がアマゾンの施設ではスローガンになっている。会社が助成金を出している昼食だろうと、広いオフィスだろうと、余計な飾りやおまけはいっさいない。切り詰められていて簡素だ。そして、新入社員の最初の選別から、その後繰り返される昇進まで、従業員は誰もが「業績改善アルゴリズム」に基づいて絶えず評価される。上から下まで、従業員の活動はどれほど些細なものであっても、業績評価の対象となり、データは型どおりにアルゴリズムに登録される。アルゴリズムは効率の上昇も低下も、刻々と一つ残らず記録していく。この意味では、一〇〇万超のアマゾン従業員の効率は、集計され、評価され、調整され、同社が小売事業や顧客に対してするのと同じやり方で、仕事のあらゆる面が継続的に監視されているわけだ。

フリーランス・ジャーナリストのエミリー・グンデルズバーガーは、身分を隠してケンタッキー州にあるアマゾンの倉庫で働き、著書『勤務時間中――低賃金労働が私にしたこととアメリカに正気を失わせている様子（*On the Clock: What Low-Wage Work Did to Me and How It Drives America Insane*）』で、自らの体験を細部まで生き生きと描き出した。グンデルズバーガーは「ピッカー」だった。つまり、倉庫で品物を見つけて棚から取り出し、自動化されたロボットで次の作業段階へ送り出す仕事を割り当てられた。彼女はアマゾンの物流センターに見られる階層ピラミッドの最底辺での仕事を、「サイボーグ・ジョブ」と表現する。仕事中は、携帯型のバーコードスキャナーを腰に下げているが、そのスキャナーが常に彼女の居場所を追っており、棚から取り出す品物の所まで導いてくれる。スキャナーは、その作業を終わらせるためにどれだけの時間が与えられているかも示す。刻々と残り時間が表示され、その時間内に品物を取ってスキャンし、送り出さなければならない。

物流センターの倉庫で一つ品物を取り出すたびに、ただちに次の仕事がスキャナーに現れる。次から次へと仕事を与えられるので、休む暇はないに等しい。ケンタッキー州の倉庫でグンデルズバーガーと同僚たちが取り出す品物は、特大で重いので、みな腰を痛める。アマゾンの一部の施設での二〇二〇年の負傷率は非常に高く、アメリカのアマゾン以外の倉庫での負傷率の二倍近かった。[36]

トイレは数が少なく、巨大な倉庫の遠い場所に位置していることが多いので、グンデルズバーガーや同僚たちがトイレ休憩を取るには、最短でも一〇分かかることがよくあった。彼女は、こう報告している。「一一時間勤務で、最長でも一八分しか取れないことになっていた。そして、それ以上取ると、けっして見逃されることはない。管理の担当者が必ずやってきて、その人を見つけ出し、仕事を休んでいる時間が長過ぎることをスキャナーが示していると、きつく叱責する」[37]。多くの従業員は、唯一の対策として、勤務前と勤務中には水やその他の飲み物を控えていることを報告している。

アマゾンの手法はデジタル・ネオ・テイラー主義という新時代の指標ではあるものの、同社だけが特別だと言ったら不公平になる。アマゾンは、このネオ・テイラー主義時代の新企業のうちでいちばん成功しているというだけのことだ。電子センサーや閲覧履歴の保持、スマートフォンのアプリ、ネットワーク記録、顔認識システムなどは、デジタル監視文化のほんの手始めにすぎない。

こうした監視はみな、効率の面で成果をあげるのだろうか？　もちろんだ！　二〇〇九年、貨物運送会社のユナイテッド・パーセル・サービスは、自社の配達用トラックに二〇〇のセンサーを取りつけ、運転速度から停止回数まで、配達経路ですべてを追跡し、一日当たりに可能な配達の最適回数を評価した。すると同社は、労働者を監視するシステムを導入してから四年のうちに、運転手を一〇〇〇人減らしたにもかかわらず、二四時間ごとに配達車が届ける荷物の数が一四〇万個も増えたことがわかった。監視が業績を上げる刺激になった人もいれば、降格や解雇を恐れているために、それを脅しと感じた人もいた。[*38]

仕事のゲーム化――奴隷状態を楽しいものにする

デジタル・プラットフォームを利用して大量のデータを集め、解析ツールを使ってそのデータから有用な情報を取り出し、アルゴリズムやアプリを作って、労働者にしだいに多くの要求を突きつけ、効率の改善を図るという手法は、目も眩《くら》むほど普及し、従業員の主体性の感覚を麻痺《まひ》させた――これは歴史上前例のない、精神的に強要された隷属状態の一種だ。だが、テイラー主義と効率の追求が新たな高みに上るには、もう一捻り必要となる。それが「ゲーミフィケーション（ゲーム化）」と呼ばれるもので、あらゆる労働者からより大きな業績と効率を引き出すようにデザインされた、最も高度な形態の指揮統制だ。

オランダの歴史家のヨハン・ホイジンガは、一九三八年に出版した著書で、その題にもなっている「ホモ・ルーデンス（遊ぶヒト）」という言葉を造った。ホモ・ファベル（工作するヒト）やホモ・エコノミクス（経済的なヒト）は、私たちの種の社会的志向について多くを教えてくれるものの、もっと深い次元では、社会は遊びから生じる、と彼は主張した。すなわち、「社会は、この遊びを通して生命と世界についての解釈を表明する」[*39]。言語、神話や民間伝承、芸術、舞踏、哲学、法律、そして何より、私たちが語り合う話（それが人間の集団的な物語と世界観を形成している）など、人間の活動の多くの面は、「深い遊び」から現れ出てくるのだ。

遊びの基本的な要素は、仕事の基本的な要素とはまったく違う。遊びは楽しい。人を無理やり遊ばせることはできない。遊びは自由にやるものでなければならない。専門的な仕事のうちでも高度なものには、深い遊びがある程度伴っているとはいえ、社会の大多数の仕事は、退屈で、同じことの繰り返しで、生き延びるために必要でなければ、辞めてもけっして後悔しないだろう。そして最後になるが、遊びは、厳密な始まりも終わりもない、時間を超越した状態の中に存在することが多い。遊びは成り行き任せなので、しばしば終わりが決まっておらず、その楽しさに我を忘れているときには、本人は時間の感覚をそっくり失いがちだ。可能な限りで最も効率的なやり方で実利的な目標を達成しようとするとき、時間は制約になるが、遊びのときには時間が止まってしまう場合がよくある。

退屈で搾取的だと頻繁に言われる仕事と、遊びの特質は対照的だ。ところが今や、遊びさえもが容赦ない効率化のために、産業界に利用され、経営コンサルタントに採用され、ビジネススクールで褒めそやされている。昨今では、労働者は「タレント」と呼ばれる。「パフォーマンス」が成績の代役となり、遊びはゲーミフィケーションという陰鬱《いんうつ》な代替物によって歪曲されてしまった。

ゲーミフィケーションの暗黙の目的は、遊びを使って労働者に、合理化された規則や手順を叩き込むことだ。思考と行動の両面で果てしなく効率的になり、扱っている機械とテクノロジーの進歩についていくという課題に、労働者を縛りつけておくために、そうした規則や手順を経営陣は必要としている。ゲーミフィケーションは、生産性の向上を追い求める長い旅路における、最後の最も効率的な通過儀礼として確立された。

ジェニファー・ドゥウィンターとカーリー・A・コクレクとランドール・ニコルズは、「ゲーミングとバーチャル世界ジャーナル（*Journal of Gaming and Virtual Worlds*）」誌に書いた論説で、ゲーミフィケーションはネットワークベースの経済に出現しつつあるグローバルな労働者の「再調整者」の役割を果たし、資本主義の次の段階における必須の特徴となった、と主張する。三人は、以下のように言っている。

コンピューター・ゲームは、フレデリック・W・テイラーが提唱した科学的管理法の一種のように見えたり振る舞ったりすることに成功しているが、コンピューター化された媒体そのもののせいで、ゲーム化されたトレーニングは、科学的管理法を新たなスペースへ拡張する役を果たす。（中略）この方法は、遊びのスペースの領域と実世界の領域を合体させることで、労働の領域と余暇の領域を危険なまでに統合する（中略）芸術あるいはゲームで代替現実を慣行化することの問題は、それらの現実がシステムによって勝手に使われ、支配的な世界観に従属させられてしまう点にある。（中略）プレイヤーはゲームのロジックに身を任せ、ゲームのアルゴリズム・プロセスに参加することを通して、トレーニングされてしまう。[*40]

コロラド大学の経営学教授のトレイシー・シツマンが六五の異なる学術的なサンプルを調べて、従業員の働きぶりと効率を向上させる教育におけるシミュレーション・ゲームの有効性を検討すると、宣言的知識（訳注　事実や概念などに関する知識で、言葉で表現できる）では「シミュレーション・ゲームでトレーニングを受けた人のほうが対象群と比べて一一％高く、手続き的知識（訳注　やり方に関する知識で、言葉で表現できないことが多い）では一四％高かった。知識の保持では九％優り、自己効力感は二〇％上回った」[*41]

ドゥウィンターらは、アメリカのアイスクリームパーラー・チェーンのコールド・ストーン・クリーマリーが使っているトレーニング・ゲームを例に挙げている。このゲームは、面白いと同時に、さまざまな筋書きで顧客にうまく品物を提供する方法を新規従業員に教えるよう、デザインされている。ゲームの売り物は、アイスクリームパーラーのとても完成度の高いシミュレーションであり、そのおかげで、いっそう面白くなっている。トレーニングを受けている人はこのシミュレーションで、顧客サービスや、分量の正確さや、レシピの正しい認識を競い合い、その結果で各自の総得点が決まる。ゲームをやり終えると、参加者は「犯したミスのせいで店にどれだけ損害を与えるかを、セント単位まで細かく」伝えられる。[*42]

このゲームは本当に面白いので、トレーニングを受けている人は、従来のトレーニング・マニュアルで「勉強する」場合に想定されるよりもはるかに長い余暇時間を、この「課題」に費やすことが多い。シミュレーション・ゲームは、労働者に課題や仕事のトレーニングをさせるうえで効率的であり、そうしたゲームは面白いから、労働者は実際の仕事もゲームと同じように考える可能性が高い。言い換えれば、ゲームを使ったトレーニングは、効率を上げ、労働者(「プレイヤー」と呼ぶほうがより適切かもしれない)をやる気にさせることができるので、じつに有効なのだ。

従来のテイラー主義とゲーミフィケーションに共通するのは、両者が共に、合理化されたプロセスを採用して労働者をトレーニングする点にある。一方、違いは、従来のテイラー主義では、労働者が警戒して抵抗したり、あるいはせめて最低限の努力で済ませようとしたりするのに対して、ゲーミフィケーションでは、合理化された操作が覆い隠され、プレイヤーに、自ら主体的にゲームをマスターした、そして後には仕事のプロセス自体も習得した、と感じさせる点にある。

従業員の在職期間を通してゲーミフィケーションで収集されたデータは転用され、そこから得られる豊富な情報を解析し、労働者を再教育し、技能に磨きをかけさせ、変化していく市場環境に適応させるのに役立てることができる。そうしたデータは、労働者の成績を評価する手段として使えるので、継続的な監視は、ゲーミフィケーション体験に不可欠となる。

将来、企業によるゲーミフィケーションが拡がり、それに伴って、余暇の領域がほぼ確実に減るだろう。ゲーミフィケーションの最も狡猾《こうかつ》な面は、商業界が遊びを乗っ取り、それを使って無数の人を条件付けし直し、効率と投資収益率の向上のために、容赦なく続く仕事生活を彼らに受け容れさせるところかもしれない。

＊＊＊

商業の仕組みにフレデリック・テイラーが与えた影響は目覚ましかったが、その影響は、二〇世紀の間ばかりか今日に至るまで、社会の事実上すべての面ではるかに深くまで及んできた。効率に対する彼の執着は、人間の営為の奥深くまで浸透し、人類の自己観そのものを変え、人間の精神だけでなく自然界にまで悪影響を与えている。

ロンドン・ビジネススクール教授のゲイリー・ハメルによる、フレデリック・テイラーの業績と影響の非常に好意的な評価は、幅広い賛同を集めると同時に、多くの非難も浴びている。ハメルは、次のように書いている。

「調査、計画作成、コミュニケーション、標準化、動機付け、フィードバックを重視したテイラーの影響は、あらゆる部門に及んでいることが確認できる。ビジネス、政府、医療、教育はみな、業務の構造にこの原理を取り込んだ。フレデリック・W・テイラーが自分の最も有名な著作を出版してから一〇〇年になるが、彼の微妙な影響は途絶えることがない。けっして消え去ることのない彼のストップウォッチが時を刻む音と同じだ」[*43]

現代的な経営管理の父と長らく見なされてきたピーター・ドラッカーは、ハメルに輪をかけて熱烈にテイラーを崇拝し、彼の業績は、「『フェデラリスト・ペーパーズ』以降、西洋思想に対するアメリカの最も強力かつ永続的な貢献」だと主張している[*44]（訳注「フェデラリスト・ペーパーズ」とは、アメリカ合衆国憲法の批准を目指して書かれた八五篇の評論を集めた論文集）。

だが、これで終わりではない。テイラー主義は、究極の成功を収めようとしているかもしれない。最も優秀な人材が後れを取らずに存在意義を持ち続ける能力さえも、ロボット工学とAIの効率の向上が霞ませ始めているせいだ。ハイテク企業の重役室では、「迫りくるシンギュラリティ」と呼ばれるものが、しだいに話題に上るようになっている。それは、スマート・テクノロジーが知能と効率で人類を凌ぐ時点であり、そのとき、私たちの種が自らの運命を管理する役割に、根本的なパラダイムシフトが強いられる。

一般大衆にとって警鐘が鳴り響いたのは、一九九七年にIBMのディープ・ブルーというコンピューターがチェスの世界チャンピオンのガルリ・カスパロフとの勝負に勝ったときで、それがきっかけとなって、ロボットとAIがいつの日か人間の知能を凌駕《りょうが》し、地球上で支配的な種となるかどうかをめぐるグローバルな議論に火がついた。一流大学や資産管理会社、オックスフォード・エコノミクスやマッキンゼーや世界経済フォーラムなどによる多数の最新の研究が、新しいスマート・テクノロジーに何百万もの仕事が奪われることを予想している。[45]

より効率的でますます安価なテクノロジーへの飽くなき欲求が、あらゆる産業部門を駆り立てている。世界最大の受託製造業者で、アップルその他の巨大企業を顧客に持つ、中国のフォックスコン（鴻海《ホンハイ》科技集団）の創業者テリー・ゴウは、他の企業重役たちなら内々にしておきたがるような言葉で、世界の労働者を強烈に非難した。彼は、次のように述べたのだ。「鴻海は、一〇〇万を超える労働者を抱えている。そして、人間も動物だから、一〇〇万もの動物を管理しなければならないので、私は頭が痛い」[46]。ゴウは自分の念願の実現に力を入れている。フォックスコンは二〇一六年までだけでも六万人の労働者をロボットで置き換え、その後もロボットの導入を続けており、ごく近い将来には「消灯した各工場」で一〇〇%自動化を達成することを目指している。オックスフォード・エコノミクスのある研究では、世界の労働者の八・五%が二〇三〇年までにロボットに取って代わられそうであることがわかった。[47]

だが、未来の予想者たちは、次のような展開を見落としている。「レジリエンスの時代」には、何億もの人が「レジリエントな雇用」の新しいカテゴリーに加わり、最も知能の高いテクノロジーにとってさえ複雑過ぎる、生態系の保全・管理という有意義な仕事に取り組むだろう。この新時代は、私たちの主体性の概念そのものを変え、未来の各世代を、モノの生産と消費を中心とする「労働の倫理」から、自然界の世話をする「保全と管理の倫理」へと導く。労働者の性質と機能の変化は第四部で取り上げ、レジリエンス革命の経済的構成を掘り下げよう。

人類に未来があるかどうかは、自らの生存と同胞の生き物たちの生存に対する共通の脅威に、私たちが種として結束して立ち向かえるかどうかに大きく左右される。同胞の生き物たちは、私たちとともに歩んでおり、私たちは彼らから恩恵を受けていることにようやく気づき、そのありがたみを理解し始めたところだ。それでは私たちは、時間と空間の両面で自分の存在をどう捉え直し、地球温暖化のせいで急速に温まっているこの惑星に順応すればいいのか？　化石燃料に主導された「工業の時代」に人類が加えた害に対して、地球の各圏が再適応しようと苦闘するのを、私たちは畏敬と不安の両方を覚えながら、周り中で目にしている。地球上の生命を支配するこの惑星のさまざまな強大な力を屈服させるには、人類の営為だけで十分だなどと信じていたのが、どれほど大きな心得違いだったかに、私たちは気づき始めている。

惑星規模の一つの文明として考えたり振る舞ったりするというのは、一世代前なら大げさで、馬鹿げているようにさえ見えたかもしれない。だが、今は違う。未来は暗いように思えるとはいえ、私たちの種と、同胞たる生きとし生けるものの多くが、来るべき苦難の数々を切り抜けることを可能にするかもしれない最後の切り札が残っている。その切り札をどう使って効果をあげるかを理解するには、地球上の生命とはいったい何か、そして、私たちの種がその中にどう収まっているかを、まったく新しい形で考え直す必要がある。

チャールズ・ダーウィンが一八五九年に著書『種の起源』を出版したとき、生命が歴史の中でどのように進化したかについての、私たちの考え方が変わった。彼の前提の多くが、今日もなお重要性を持っているが、彼が描いた構図は、全貌を語るにはほど遠い。近年、化学と物理学と生物学の分野で劇的な進展があり、生命がどのように誕生するに至り、どのように進化して自らを維持しているかについて、はるかに広大な物語が綴《つづ》られ始めている。進化についての、この幅広い新たな説明は、まだ一般社会には広まっていないけれど、それは生命を形作ってきたさまざまな力に関する私たちの最も基本的な想定を打ち砕く。

そうした新発見が私たちに語る内容は、命ある地球の上で人間であるとはどういうことかという認識を、根本から変えるだろう。その地球は、相互作用する多種多様な主体から成り、それらがいっしょになって、私たちが存在し、栄える条件を定めている。この新しい知識こそが、正しく吸収されたなら、大切な見識を与えてくれ、そのおかげで私たちの種は、歴史上のこの瞬間に針路を変更することができ、自らの旅の行方を変えられるだろう。人類と、私たちに連なる進化上の家族全体を救うのに、それが手遅れにならなければよいのだが。

第 三 部

私たちはどのようにしてここに至ったか

——地球上の進化を考え直す

第七章 生態学的自己
――私たちの一人ひとりが散逸のパターン

たいていの人は「自己」について考えるとき、それを議論の余地のないテーマと見なす。私たちの一人ひとりが特定の遺伝子プロファイルを持って生まれ、どんな人間になるかは部分的にそれで決まり、残りは各自の意欲や情熱、経験、人間関係などに左右され、それぞれが唯一無二の存在になる。私たちは、人生を送るうちに思いがけない出会いをしたり、幸運や不運に出くわしたりするものの、自分のことを自律的な主体だと考えたがる。そして、他の誰もが同じように思ったり感じたりするわけではないという考え方を受け容れ、常軌を逸したさまざまな代替現実に暮らしている人さえいることも認める。それでも、残りの人はたいがい、意識を持った人間であるとはどういうことかについて、意見が一致している。そして、これまでずっとそうだった。

人間になるということ

いや、少し違うのだ。中世からポスト・モダンの時代に至るまでの五〇〇年という短い歴史の中で、私たちの種は二五世代にわたって、意識ある自己とは何かということについて、多種多様な信念を抱いてきた。キリスト教徒の先人たちは、すべての赤ん坊は原罪を背負って生まれ、死後は天国で永遠の救済を与えられるか地獄で永遠に焼かれるかという心配に苛まれながら、絶望的な人生を送るのだと信じていた。近代になって、チャールズ・ダーウィンは原罪に異を唱え、人間の意識はもっと運任せのもので、親から子へと受け継がれる形質のランダムな選択が、肉体をおおむね確立するというだけでなく、ある程度、人の意識も左右すると主張した。ジークムント・フロイトは、赤ん坊は自分のリビドー(性的衝動)を消し去りたいという飽くことのない欲求を持ってこの世に生まれてくるのであり、生きている間はどの瞬間も、性欲を満たすことに向けられていると確信していた。だが、少なくとも一八世紀の啓蒙主義以降は、人間の性質についてのより近代的な考え方をすべて一くくりにしているのは、各自が唯一無二の特質を持つ、比較的「自由」な主体であるという概念だ。その主体は、まさにニュートンが予測したとおり、絶えず無数の力とぶつかり合いながらも、たいてい平衡状態に戻りつつ、個性を持つ自律的な人間であるという非常に明確な感覚を維持し続ける。

一八世紀の哲学者イマヌエル・カントは、次のように主張した。自律は人間の至高の使命だが、自分の行動が純粋に理性的であるためには、そして、この世での経験において純粋理性を行使しようとする自然な傾向を損ないかねない感情やその他の外部の考えに邪魔されないようにするためには、一生努力しなければならない、と。

過去には、自分を自律的な主体と考えるというのは、理解し難いことだっただろう。狩猟採集民だった旧石器時代の祖先は、今日私たちが当たり前のように感じている種類の個性という概念は、ほとんど持ち合わせていなかった。彼らの移動性の暮らしには、個人間の技能の違いや、余剰物の貯蔵と分割の手段がないに等しかったので、各自の地位と他の人々の地位との区別が起こらなかった。人類学者のリュシアン・レヴィ＝ブリュルは、原始的な人々の間には「私」という概念そのものが存在せず、「私たち」という概念しかないことを指摘している。[*1] 生活は集団で営まれ、区別があるとしても、それは年齢と性別の違いによって組織された仲間集団であり、それらのアイデンティティは、幼い子供から高齢者まで、ライフサイクルの異なる段階に入るときの時間的な通過儀礼と結びついていた。

原始的な社会秩序は、どの狩猟採集民の集団にもたしかに存在した。コミュニティの高齢者は、それまでの記憶と、祖先の集合的な知恵を持っていたので、助言を提供してくれる存在として頼りにされたが、それでも生活はその後のどんな時代よりも平等主義だった。何であれ各自の個性に類するものを区別する材料はほとんどなく、まして、自分たちが種として独特であるという認識はなおさら稀薄だった。狩猟採集民は、さまざまな形や力が絶えず混ざり合っている、区別されていない世界で暮らしていた。そこには、レヴィ＝ブリュルが「融即律」と呼ぶものがあり、他の動物が「他者」として区別されることはなく、異なる形態の生き物として存在していた（訳注 「融即律」とは、別個のものを区別せず、自身と同一化する心の原理）。山や滝や森さえもが、生きていて主体性に満ちていると思われていた。

ダーウィンが旅するなかで気づいたように、狩猟採集民は他の動物たちを常に観察しており、しばしばそれらの行動を模倣し、ある意味で、動物の霊を自らの霊の中に取り込んでいた。私たちの初期の祖先は、他の生き物の営為を自分の中に組み入れることで、もっとうまく生き延びるための手掛かりを得ていた、と歴史家のルイス・マンフォードは述べている。

「人間は好奇心を持っており、しかも模倣好きなので、クモから罠での捕獲を、鳥の巣から籠細工を、ビーバーからダム造りを、ウサギから穴掘りを、ヘビから毒の使用法を学んだかもしれない。ほとんどの種とは違い、人間はためらうことなく他の生き物から学んだり、それらのやり方を真似たりした。人間は、動物の食べ物や、食物獲得の方法を自分のものとし、生存の可能性を高めた[*2]」

旧石器時代の祖先たちは、儀式のときには鹿の枝角《えだづの》をつけ、毛皮を身にまとい、鳥の羽根で体を飾り、他の動物の霊の行動を模倣した。生者の世界と霊の世界との、この継ぎ目のない絡み合いが、アニミズムの本質だ。太古の宇宙観では、物質的なものであれ非物質的なものであれ、肉体的なものであれ霊的なものであれ、あらゆる現象は主体性を持ち、相互接続した境界のない空間次元で時間的に相互作用すると信じられていた。人の自己を取り巻くいっさいのもの——他の生き物だけではなく、命のないものさえも——が、私たち自身とあまり違わない、生き生きとした霊であるという感覚は、五歳か六歳までの幼い子供たちのほぼ全員に見られる。彼らも同じように、生命力の場に囲まれた魔法の世界に暮らしている。それらの生命力の多くは、生き物ではないのだが。

旧石器時代の人々は、歴史家のミルチャ・エリアーデが「永遠回帰」と呼ぶ、季節と周期の時間的世界に暮らしていた。[＊3] 彼らは、自分の移動生活が、誕生、生、死、再生という季節の周期と結びついていたのとちょうど同じように、自分自身の人生の経過も理解するようになった。死ぬと、人の霊はしばらく中途半端な状態にとどまった後、人間や他の生き物として、あるいは、生き物ではない世界に埋め込まれさえして、いずれ他の命の形態になる。一九世紀の人類学者サー・エドワード・タイラーは、他に先駆けて、そのような社会をアニミズム文化に分類した。

中東、北アフリカ、インド、中国における巨大な灌漑農業文明の台頭と、その後の略奪的な帝国の出現と、最終的には「工業の時代」の到来に伴う社会の方向転換はそれぞれ、アニミズムの世界観からの容赦ない分離を特徴とすることになる。私たちの初期の祖先が命を帯びている地球と見なしていたものの収奪と囲い込みと財産化は、私たちが文明と呼ぶものの中心テーマであり続けてきた。ところが、命ある地球という、文明のこの根本的な原動力に、学究の世界がようやく取り組むようになったのは最近のことだ。

世界の地質学者やその他の学者の間で、新しい地質年代を「人新世」と名づける問題について、現在、激しい議論が戦わされている。新たに提案されたこの地質年代は、地球の地質を奪い、消費し、変化させるという人間のインプットの影響があまりに甚大で、今から何億年先でも識別可能だろうと多くの地質学者が主張するほどの、独特の歴史的足跡を地質記録に残す時代が来ていることを示している。人新世は、二〇〇年以上前に化石燃料を地下深くから掘り出すことで始まったと、しだいに多くの地質学者が考えるようになっている。灌漑農業文明の出現まで、はるかに遡ると主張する地質学者もいる。灌漑農業が始まって以降、人類は地球の各圏を囲い込んで利用し、環境を損ない、その影響が累積しているからだ。

それでは、その責任はどこに求められるのか？　たしかに西洋のテクノロジーは少なくとも、「人類」による地球の征服と利用を、先頭に立って派手に誇示してきた。地球は全知の神からの贈り物であり、神はアダムとイヴとその子孫にその支配を認めたというのが、西洋のテクノロジーの主張だ。東洋の宗教と哲学はもっと控えめで、包摂の濃厚な気配を維持し、人類は自然の支配者ではなく複雑な一部分であり、地球上に存在して、あらゆる種が恩恵を受けている他の無数の主体に、文明の仕組みを絶えず調和させなければならないと考えている。とはいえ実際には、アジアのさまざまな大文明は頻繁に道を踏み外し、地球の他の主体に対する影響は、最近まで比較的穏やかではあったものの、過去半世紀の間にアジアが再び台頭するにつれて、地球の各圏の強奪と搾取はその度合を増している。

厳密には人類史の年表のどこに人新世の始まりを記すかはともかく、人類による地球の囲い込みが進むことで、私たちが自然との関係の中で自分をどう定義するかが決まってきたというのが現実だ。農業の時代の長い年月と、それに続く「工業の時代」の短い年月の間に、人間による地球の各圏の収奪と財産化が発展し、激しくなるにつれ、共同生活は公的な生活に道を譲り、今度はその公的な生活が私的な生活に道を譲り、こうして移り変わるたびに、人々の個性は内向きになっていった。

「進歩の時代」が成熟し、人類の非常に多くが、「所有された地球」の上で私有財産に囲まれて、閉ざされたドアの内側へと引きこもるにつれ、個人の自律は強固になった。人類はしだいに封じ込められ、各自がより自律的になって孤立する一方、何百万、さらには何千万もの人が過密な都市やその周辺に拡がる郊外でひしめき合い、しだいに荒涼としてくる外部環境から誰もが隔絶されている。二〇〇六年は、人類にとって歴史的な節目となった。この年、人口密度の高い都市空間に閉じこもる人類が、六六億という当時の世界人口の過半数に達し、ついに「ホモ・ウルバヌス（都市に住むヒト）」が主流になったのだった。[*4]

それでもなお、気候変動から学んだ厳しい教訓と、私たちの真の生物学的性質の新発見から学んだ穏便な教訓から、期待感が生まれ出てきている。それが私たちの種を、ぐるっと一回りさせて、新たな出発点へと導き、未来を描き直す機会を再度与えてくれるかもしれない。その新しいインスピレーションは、最も深い生物学的な意味で人間であるとはどういうことかを根本から考え直すところから始まる。自分がどのような生物学的実体かについて、私たちが考えていたことの多くは、はなはだしい誤認であり、そのせいで人類の歴史における、この絶望的な瞬間に私たちは至ったのだ。

厳密に生理学的な意味で、私たちは種として本当はどういう存在なのかに気づけば、それは人類を解放する救いとなり、生気に満ちた、進化する地球の懐へと戻る新たな道筋を、私たちにたどらせてくれる可能性がある。今度は私たちは、アブラハムの神によってアダムとイヴとその子孫に贈られたものとはまったく異なる主体性の感覚を持って、この惑星のコミュニティに再び加わることになる。

存在について再考する――物体と構造から、プロセスとパターンへ

デジタル革命と情報理論の立役者を称賛するとすれば、サイバネティックスの父であるノーバート・ウィーナーと、彼の同時代人で一般システム理論の父であるルートヴィヒ・フォン・ベルタランフィは、共に候補者の上位に入るだろう。二人は、それぞれの分野でインスピレーションの源であり、彼らの理論が人類を情報の時代と、人工知能と、サイバースペースのバーチャル世界とその先へと導いた。二人はそれぞれ自分の研究を通して理解するに至った――時間と空間と存在の本質について人類が長らく固持してきた前提が、悲劇的なまでに見当違いで、私たちの種の生存可能性にとって有害であることを。

一九五二年、フォン・ベルタランフィは、こう書いた。「構造と呼ばれるものは、長い持続時間を持つゆっくりしたプロセスであり、機能は短い持続時間を持つ速いプロセスだ[*5]」。その二年前の一九五〇年、ウィーナーはより徹底した姿勢で人類を眺めた。ただし彼の見解は、あらゆる生命と物質界全般に当てはまるように意図されていた。彼は人間の生命について、以下のように書いている。

このホメオスタシス（恒常性）によって維持されるパターンこそが私たちの個人的アイデンティティの基準だ。私たちの体の組織は、私たちが生きているうちに変わる。食べる食

品と吸い込む息は、肉と骨になり、肉と骨を束の間形成している要素は、排泄物とともに日々体から出ていく。私たちは、絶えず流れる川の中の渦にすぎない。とどまり続ける物質ではなく、自らを永続させるパターンなのだ。[*6]

フォン・ベルタランフィとウィーナー、さらには、散逸構造と非平衡熱力学の理論を提唱した化学者のイリヤ・プリゴジン、経済の理論と実践を補足するために熱力学による修正を行なったニコラス・ジョージェスク・レーゲンらの一人ひとりが、各自の分野で存在の意味そのものを概念化し直し始めた。そして、私たちの種の時間性と空間性の捉え方を変え、人類に生命の本質を新たな形で把握する術《すべ》を与えてくれた。

存在論をめぐる彼らの先駆的な旅は、因習を打破する哲学者アルフレッド・ノース・ホワイトヘッドの思想に負うところが大きい。ホワイトヘッドの初期の研究は、数学の分野でなされた。彼はバートランド・ラッセルとの共著で、数学の基礎についての三巻本『プリンキピア・マテマティカ』を出した。これは形式論理学についての著作で、二〇世紀には誰もが認める数学のバイブルとなった。ホワイトヘッドの関心は、後半生では物理学と哲学に移った。一九二九年には主著『過程と実在』が刊行され、二〇世紀を通じて科学と哲学の多くの一流思索家に影響を及ぼした。

ホワイトヘッドは、時間の経過が欠落したアイザック・ニュートンの物質と運動の説明に照準を合わせ、次のように書いている。

それは、絶えず配列を変えながら空間に拡がる、それ以上還元できない厳然たる物体あるいは物質を、究極の事実として前提にしている。そのような物質は、それ自体としては無感覚、無価値、無目的である。それは、その存在の本質に由来しない外部の諸関係によって課された一定不変の軌道をひたすらたどっているにすぎない。[*7]

存在は「他のどの瞬間とも関係ない」、「持続時間のない」瞬間から成るというニュートンの説明にホワイトヘッドは強く反発し、「ある瞬間の速度」や「ある瞬間の運動量」は、率直に言って、まったく馬鹿げている、と主張した。[*8]「空間と時間における単純な位置という特性」を持つ孤立した物質という概念は、「自然」を「依然として意味も価値も持たない」ままにしてしまう、と彼は論じた。[*9]

ホワイトヘッドを苛立たせたのは、科学界で支配的な自然観が「自然内部の根本的な活動の区分を忘れている」点だった。[*10]オックスフォード大学の歴史家で哲学者のロビン・G・コリングウッドは、「動きのリズムが自らを確立するのに十分な時間」の中にだけ、関係とリズムは存在することを指摘している。[*11]たとえば、ある一つの音符は、その前後に音符が続いていなければ意味がない。

公平を期すために言っておくが、すでに土台が築かれていたからこそ、ホワイトヘッドはこの新たな悟りに至ったのだ。古典物理学の断層線に沿って、すでに他にも亀裂が走っていた。

原子は一定の空間を占める剛体であるという、従来の仮説が「間違っていた」ことに、物理学者たちは二〇世紀初頭には気づき始めていた。原子は物質的な意味での物体ではなく、特定のリズムで機能している関係性の集合体であり、そのため「原子は特定の瞬間に物体としての性質をまったく持ち合わせていない」ことを、彼らは悟った。[*12]

物理学者のフリッチョフ・カプラは、次のように説明している。

「原子よりも小さいレベルでは、古典物理学の剛体は(中略)相互作用の確率(中略)のパターンとなる。量子論は、宇宙を物理的物体の集合としてではなく、むしろ、統一された全体のさまざまな部分の間の関係が織り成す複雑な網として見ることを私たちに強いる」[*13]

構造を機能から分離する従来の考え方は、新しい物理学の時代の到来とともに崩壊した。あるものがどういうものなのかを、それが何をするのかと分け隔てることは、文字どおり不可能だ。あらゆるものは純粋な活動であり、静的なものは何一つない。物体は孤立して存在することはなく、時間を通してしか存在しない。ホワイトヘッドは、物理学の新しい見解を次のように要約している。

以前の視点は、変化の中から自然を抜き取り、いかなる時間の持続からも切り離し、相互関係に関しては、空間における物質の瞬間的な分布によってのみ特徴づけられる形で、ある瞬間の自然の十全の現実を思い描くことを可能にした。（中略）近代的な見方では、プロセスと活動と変化こそがありのままの事実だ。瞬間の中には何もない。それぞれの瞬間は、ありのままの事実を一まとめにする一つの方法にすぎない。したがって、単純な基本的実体として考えられる瞬間はないのだから、瞬間には自然は存在しないのである。[*14]

古いものを解体していたのは、新しい物理学だけではなかった。一九世紀後半には生物学への新たなアプローチが出てきており、それも時間と空間の歴史を書き換えることになる。チャールズ・ダーウィンは生物学に時間性を導入し、それまでの正統派の考え方に異議を唱えた。従来は、種はみな完全な形で出現し、どれも神が創造した森羅万象の一部であり、時間の流れの中で変わることなく存在してきたとされたが、ダーウィンの革命的な主張はそれと正反対で、時がたつにつれて、自然選択を通して、しだいに複雑な種が進化してきた、というものだった。新しい形質はランダムに生まれるが、種に優位性を与えて、変化する環境によりうまく適応できるようにさせる形質は、残る可能性が最も高い。

ダーウィンの進化論は、生物学の枠組みに時間性を持ち込み、自然に対する理解を一変させたが、生物学者たちは、それぞれの生き物の「構造」を探って、環境への適応度を評価することのほうに強い関心を抱き続けたので、新しい生物学の仕事の少なくとも一部は、分類学に固執したままになった。

生物学的進化の時間性に対する見方にはこのように限界があったが、ドイツの博物学者エルンスト・ヘッケルが一八六六年に生態学という新しい分野を導入したのをきっかけに、状況は変わり始めた。生物学者の新世代は、「生物と、外界や生息環境、習慣、敵、寄生生物などとの関係の科学」にもっと関心を持った。[*15] 生態学は、時間の流れの中で、生物のコミュニティがどのように発展して、変化する環境に自らを適応させるかの科学的研究に、より的を絞っていた。つまり生物学から部分的に離脱したわけだ。

物理学における新分野と、新興の生態学という分野は、時間と空間を完全に再構築しており、ホワイトヘッドがそれに声を与えた。彼は自然の本質についての新しい感覚を、次のように簡潔に要約している。「移り変わりから切り離された自然は存在せず、持続時間から切り離された移り変わりは存在しない」[*16]

時間と空間の関係や、状態と変化の関係についての考え方の転換は、科学者や哲学者の知性を刺激するものではあった。だが科学者でも哲学者でもない私たちにとって、そのような転換はどんな意味を持ちうるのか——自分は唯一無二の比較的自律的な物理的存在だと考え、さまざまな主体が競合する世界で絶えず自らの個性を高めたり守ったりしている私たちにとって。私たちの一人ひとりが、器や媒体のようなもので、世界に渦巻くさまざまな要素——力、場、原子、分子——が絶えず流れ込んだり、流れ出したりしており、私たちの自律の感覚に常に疑問を投げ掛けているというのは、想像することさえ難しい。だが、ここにこそ現実があるのだ。

私たちの一人ひとりが生態系である

水から始めよう。科学界はまだ、水と地球上の生命の出現や進化との深いつながりは解明できていないが、あらゆる種が主に、水圏からの水でできていることは事実だ。一部の生物は重さの九〇%以上、人間の場合には成人の体のおよそ六〇%が水だ。[*17] 心臓は約七三%、肺は八三%、皮膚は六四%、筋肉と腎臓はそれぞれ七九%、骨は三一%を水が占める。[*18] 血球や酵素、栄養分、ホルモンを体中に運ぶ淡い黄色の液体である血漿《けっしょう》は、九〇%が水でできている。[*19]

水は、生体システムの最も奥深い面の管理に本質的な役割を果たす。具体的な中身を並べると、堂々たるリストができ上がる。水は、

あらゆる細胞の生存における必須の栄養素［であり、］まず、構成材料として機能する。発汗や呼吸によって深部体温を調節する。私たちの体が栄養として使う炭水化物とタンパク質は、血流中の水分によって代謝されたり運搬されたりする。［水は］主に排尿を通して老廃物を外に排出するのを助ける。［水は］脳と脊髄と胎児のために、衝撃吸収材の役目を果たす。唾液を構成し、［また］関節の動きを潤滑にする。[*20]

水は、二四時間休みなく体に流れ込んだり、体から流れ出たりしている。この意味で、私たちの半透性の開放系は、地球の水圏から自分の存在そのものの中へ淡水を取り入れて、基本的な生命機能を実行し、その後、水は水圏に戻される。人間の体も他のあらゆる生き物の体も不変の構造というより活動のパターンに近く、エネルギーを取り入れて自らの自律性を確保して

いる閉鎖系ではなく、エネルギーを糧としてエントロピーという廃棄物を排出する散逸系として機能していると言えるとすれば、水の循環と再生利用は、適切な出発点となる。
平均的な成人男性の体は、およそ三〇兆個の細胞から成る。[*21] すべての細胞には、その生き物が親から受け継いだ遺伝子の設計図が収まっているが、個々の細胞は体の各場所で特定の機能を果たす。二〇〇五年、スウェーデンのストックホルムにあるカロリンスカ研究所のカースティ・スポルディング博士の率いる研究チームが、「ヒトの細胞の遡及的な誕生年代測定」と題する研究を「セル」誌に発表した。[*22]「ニューヨーク・タイムズ」紙のサイエンス・ライターのニコラス・ウェイドは、この研究の成果について、「あなたの体は思っているよりも若い」という題の記事を書き、センセーションを巻き起こした。[*23]「成人の体のあらゆる細胞の平均年齢は、わずか七〜一〇歳でしかないことが判明するかもしれない」。私たちが生まれたときから死ぬまで維持される細胞もあり、特に大脳皮質の細胞の一部がそうだが、ほとんどの細胞が何度も置き換えられる。つまり、物理的な観点に立つと、私たちはただ一度の人生を、いくつかの異なる体で生きるわけだ。[*24]
皮膚の細胞や手足の爪や毛髪の細胞が入れ替わることは、私たちも認識している。とはいえ、生命の維持に必須の器官は、一生を通じて自分とともにあり、一人ひとりが唯一無二で永続的な自己であることを保証してくれると、私たちはずっと思い込んできた。だが、それは間違いだったのだ。
赤血球の寿命は四か月ほど、三〇代後半の成人の肋間筋《ろっかんきん》の細胞の平均寿命は一五・一年、胃壁の細胞は五日で入れ替わる。結腸陰窩《けっちょういんか》の細胞は三〜四日ごとに、骨の破骨細胞は二週間ごとに、腸のパネート細胞は二〇日ごとに、気管の細胞は一〜二か月ごとに、脂肪細胞は八年ごとに、骨格の細胞は毎年一〇%の割合で、肝細胞は半年〜一年ごとに、それぞれ新しいものに取って代わられる。平均的な成人の肝臓は三〇〇〜五〇〇日ですっかり新しくなる。それに対して、中枢神経系は、一生変わらない。目の水晶体細胞も同じだ。[*25]

骨格の骨の表層の三%と、四肢の関節にある多孔性の骨の最大四分の一は一年ごとに、骨格のほぼ全体が一〇年ほどで、新しくなる。一方、歯のエナメル質は一生もつ。[*26]

私たちの体を形作っている細胞から分子や原子のレベルまでスケールダウンすると、入れ替わりはいっそう速くなる。成人はおよそ七×一〇の二七乗個の原子からできている。[*27] このように、人体の器官は細胞から、細胞は分子から、分子は原子から成るわけだが、原子という、この最も基本的な次元までくると、人間を形作るものは、空間の中に存在している自律的な構造よりも、時間の流れの中に存在している「活動のパターン」のように見えてくる。その理由を考えてみよう。

私たちが空気を吸い込んだり、水を飲んだり、食べ物を摂取したりするたびに、厖大な数の原子が地球の生物圏から体の中に取り込まれる。そして逆に、息を吐き出したり、汗をかいたり、排尿したり、排便したりするたびに、原子は生物圏に戻り、その多くがいずれは他の人間や同胞の生き物たちの一方あるいは両方に入っていく。

重さで考えると、人体は六五%が酸素、一八・五%が炭素、九・五%が水素、三・二%が窒素で、残りがカルシウム、リン、ナトリウム、カリウム、硫黄、塩素、マグネシウムなどだ。体内のさまざまな分子を構成するこれらの原子をすべて合計すると、たった一人の人間の中に存在する原子の数は、宇宙の恒星の数を上回るかもしれない。[*28] これまた驚きなのだが、一年のうちに、私たちの体の中にある原子の九〇％以上がなくなり、新しい原子に取って代わられている。[*29]

人体に取り込まれる酸素と水素のほとんどは、あらゆる生物が暮らす生物圏を構成する、大気圏と水圏と岩石圏に由来する。酸素と水素の分子が生物圏に戻ると、地球を巡る大気と水の流れに乗って、簡単に拡散する。どの人間の体にも、水素原子が四×一〇の二七乗個以上、酸素原子が二×一〇の二七乗個以上あるので、その一部が、これまで私たちの前に存在してきた人間や他の生き物の体の中に、いずれかの時点で入っていたことは確実だ。同様に、かつて私たちの体の中にあった水素と酸素の原子の一部も、やがて現れる他の人間や同胞の生き物たちの体に入り込む可能性が高い。[*30]

科学的な観点に立つと、人体は比較的閉ざされた自律的主体ではなく、むしろ開放された散逸系だと言える。どの人間の体も半透膜で包まれており、生物圏全体に由来する元素——酸素、水素、窒素、炭素、カルシウム、リン、ナトリウム、カリウム、硫黄、塩素など——が内部を通過するのを、その膜が選択的に許している。[*31] というわけで、私たちの体は、地球のさまざまな元素を宿す数多くの媒体の一つにすぎない。

だが、私たちの細胞や器官、地球の多数の系を巡っていく主体は、元素だけではない。地球上で最も微細な生命の形態である、細菌のことを考えてほしい。二〇一八年、ワイツマン科学研究所とカリフォルニア工科大学の研究者たちが、「地球上のバイオマス分布」と題する論文を「米国科学アカデミー紀要」誌に発表した。彼らの報告によると、あらゆる分類群のバイオマスを合計すれば、炭素はおよそ五五〇ギガトン（訳注　一ギガトンは一〇億トン）で、そのうちの四五〇ギガトンを植物が占めるが、第二位はなんと細菌で、七〇ギガトンになるという。第三位以下は順に、真菌が一二ギガトン、古細菌が八ギガトン、原生生物が四ギガトン、動物が二ギガトン、ウイルスが〇・二ギガトンだ。この広範な種の分類の中では、人間は地球上のバイオマスのうち〇・〇六ギガトン足らずでしかない。[*32]

話を人体に移すと、私たちは体の多くをさまざまな菌種と共有している。ワイツマン科学研究所の別の報告によると、「人体中の細菌の数は、じつは人間の細胞数と同じ桁で、その重さの合計は約〇・二kg」とのことだ。[*33] 細菌は、じつに多くが結腸に生息しているが、胃や皮膚、唾液、口腔粘膜をはじめ、体中で見られる。私たちは自分の体の中で独りぼっちではなく、最初期の親戚である細菌たちと暮らす同居者なのだ。消化器系の中の細菌は、食物、特に植物由来の食物繊維を分解するのを手伝ってくれる。また、ビタミンB複合体やビタミンKなどの重要なビタミンを提供してくれる。[*34] さらに細菌は、病原性の侵入者を撃退するように、免疫系を準備してくれる。[*35]

細菌が私たちの体に同居していることは、たいていの人が知っている。だが私たちの体の中には、真菌や古細菌や原生生物など、他の微生物の種も暮らしている。人体中の真菌の細胞数を、研究者たちはまだ把握していないものの、細菌の数よりは一桁少ない。[*36] カンジダ・アルビカンスのように、免疫不全の人にとっては致命的になりうる真菌もある。カンジダ・アルビカンスは、胃と膣《ちつ》と口腔の病気にも深くかかわっている。肺の中のクリプトコッカス・ネオフォルマンスは、病巣を作って他の部位に拡がり、命を脅かす病気の原因になりうる。プネウモキスチスは、免疫不全の人では肺炎を引き起こしうる。他には、体全体の健康の維持に何らかの役割を果たしている真菌の種もある。善玉菌のサッカロミセス・セレビシエ・ヴァール・ブラウディは、一部の人の胃腸炎を緩和するのを助ける。[*37] ある最近の研究では、調査対象となった人の口腔内で一〇一種類の真菌の種が発見された。それぞれの人が九〜二三種の宿主となっており、彼らのマイクロバイオーム（微生物叢《そう》）には、喘息《ぜんそく》を引き起こすクラドスポリウムや、臓器移植患者の真菌感染症の原因となりうるアウレオバシジウムも含まれていた。[*38]

古細菌は、私たちの体の中に暮らしている微生物のうちで、最も知られておらず、研究されていないかもしれない。古細菌というのは、単細胞の生き物であり、細胞核がなく、原核生物に分類される。最近の研究で、古細菌が人間の消化管や皮膚、肺、鼻にいることがわかった。これまでのところ、四種のメタン生成菌の古細菌が培養されたり、人間の体から単離されたりしている。九六％以上の人の消化管に、メタノブレビバクター・スミシーがいる。メタノスパエラ・スタドトマナエという別の古細菌は、調査対象となった人の約三〇％で見つかった。メタノマッシリイコックス・ルミニュエンシスはそこまで行き渡っておらず、およそ四％の人が持っている。[*39]

古細菌は人間の大腸でよく見られ、肥満の一因になっているのではないかと考えられている。慢性的な便秘と関連しているとする研究もある。また、心血管疾患の予防に使えるかもしれないし、歯周病と関係があるかもしれない。[*40] 古細菌は人体にくまなく存在していることから、人間の生理機能の調節過程で主要な役割を果たしていることが窺《うかが》える。

原生生物も、人体には多く見られる。これらの真核生物は、細胞核を一つ持っているが、動物でも植物でも真菌でもなく、別の種類の生物だ。原生生物には、プラスモジウムやアメーバ、繊毛虫《せんもうちゅう》、ジアルジアなどがいる。自然界の自由生活性の原生生物は、水が存在する環境に生息し、海洋と土壌のバイオマスのかなりの割合を占める。人間の食物の重要な構成要素である海藻は、原生生物だ。植物に似た原生生物（植物プランクトン）は、光合成によって地球の酸素の半分を生み出す。[*41] 原生生物は、医学と生物医学の研究に使われる。七〇～七五の原生生物の種が、皮膚や歯、目、鼻孔、消化管、循環系、生殖器、脳組織などの、人体のさまざまな部位に生息している。毒性のある原生生物もいれば、比較的無害なものもいる。[*42] 原生生物は、マラリアやアメーバ赤痢、トリコモナス感染症、睡眠病など、多数の致命的な人間の疾患を引き起こす。

さらに、ウイルスもいる。ウイルスは、新型コロナの場合がまさにそうであるように、私たちの体に忍び込み、病気を引き起こし、感染と死を広める侵入者と見なされるようになった。マックス・プランク分子遺伝学研究所のキャリン・モリングは、「ウイルスは敵というよりも味方」と題する学術論文で、次のように指摘している。「彼らは地球上で最も成功している種で（中略）土壌、海洋、大気、私たち人間の体、さらには私たちのゲノムにさえ住み着いている」。ウイルスはたいてい病原体に分類され、エボラ出血熱やＳＡＲＳ（重症急性呼吸器症候群）、ＨＩＶ（ヒト免疫不全ウイルス）感染により発症するＡＩＤＳ（後天性免疫不全症候群）、ジカウイルス感染症、ＭＥＲＳ（中東呼吸器症候群）といった、命にかかわる疾患とただちに同一視されるが、「大半のウイルスは、敵でも殺人者でもなく、私たちの惑星上に存在するあらゆる生物の発生と発達と維持において重要な役割を果たしている」ことを、モリングは教えてくれる。そして、次のような事実を挙げる。「ウイルスは私たちの免疫を構築した。ウイルスはウイルスから守ってくれる（中略）ウイルスは進化と、環境変化への適応の原動力だ[*43]」

私たちには細菌が三八兆個も宿っているが、人体内のウイルスが三八〇兆個に達するのに比べれば、影が薄くなる。ウイルスの「居住コミュニティ」はあまりに広く行き渡り、多様なので、「ヒトヴァイローム（人間のウイルス叢）」という正式名称さえ与えられている[*44]。幸い、これらのウイルスの多くは有害ではない。だが、さまざまな細菌株とそれらが人体で果たす機能についてはは科学者はかなりよく知っている一方で、人間の健康を調節したり不安定にしたりするうえでウイルスが果たす役割についての情報は乏しい。

ウイルスは、人体のあらゆる場所にいることがわかっている。ウイルスは、血液や肺、皮膚、尿、その他の事実上いっさいにいる。ウイルスは細菌を殺すことで生きている。それがウイルスの天職だ。特定のウイルスが、疾患を引き起こす細菌——特に、深刻で死に至る感染症を引き起こし、ほとんどの抗生物質に対してしだいに耐性を持ち始めている細菌——からどのように人間を守ってくれるかの手掛かりを探すために、科学者たちはヒトヴァイロームに注意を向けだした。[*45] 人体の至る所で隣り合わせに存在している何兆もの細菌と、それに輪をかけて多いウイルスの両者に影響を与えている無数の関係のすべてを解明し、細菌関連の疾患を予防する新しいアプローチの発見を目指すのは、現時点では気が遠くなるような企てだ。

人体に暮らすこれらの共生種を合計すると、人間自身の細胞は、体内細胞の総数のわずか四三％にしかならない。残る五七％の細胞は、私たちの内部にいる微生物のものだ。さらに細かく考え、人間の組成をゲノムの次元で評価すると、私たちの一人ひとりは、生理学的な構造を決める指示を出す二万の遺伝子からできているのに対して、その人体に宿っている微生物の総体を形成している遺伝子は、二〇〇〇万〜二〇〇〇〇万に達するだろう。[*46]

カリフォルニア工科大学の微生物学者サーキス・マズマニアンは、私たちがこれまで考えてもみなかったことを語る。生物学的にいえば、「私たちはゲノムを一つだけ持っているわけではありません（中略）人間のマイクロバイオームの遺伝子は、私たち自身のゲノムの活動を補う、実質的に第二のゲノムを提供してくれます」。そして彼はこうつけ加える。「私に言わせれば、私たちを人間たらしめているのは、私たち自身のＤＮＡと、消化管にいる微生物のＤＮＡの組み合わせです[*47]」

生物学の観点に立つと、私たちが人間と考えるようになったもののうち、人間由来の部分は私たちの体の半分未満しか占めておらず、その事実からは、私たちの種をキメラと見なすべきかどうかという疑問が出てくる。そして、ある意味で、人間はキメラだ。人間はさまざまな種のうちでも唯一無二の存在だと、長年信じてきた私たちにとって、それは不穏な考えだが、科学的な現実は、そのような唯一無二という捉え方よりも複雑だ。アメリカの国立衛生研究所の国立ヒトゲノム研究所に所属するプラバーナ・ガングリー博士は、人間を構成しているものについての新しいパラダイムに基づいて次のように説明している。

人間の体の中には、強力ではあるが目に見えない微生物の王国がある。これらの何千もの種と何兆もの生息者は、小さいけれど信じ難いほど影響力が大きく、人体のあらゆる場所で暮らしており、多様な人間のマイクロバイオームを形作っている。これらのマイクロバイオームは、人間の健康を支え、維持しているが、何らかの形でのマイクロバイオームの乱れは、癌や自己免疫疾患や心血管疾患など、何百もの疾患にも関連していることがわかっている（中略）研究者たちは、微生物のコミュニティの変化が病気につながるのか、あるいは、微生物のコミュニティが疾患の発症に応じて変化しているのか、まだわからない。[*48]

二〇〇七年、国立衛生研究所のヒトマイクロバイオーム計画が始まった。人体に生息している微生物の種類を明らかにし、人間の生命を共同で調節するうえでそれらが果たす役割を記述することが目的だった。それまでは、他の生命体が人体に遍在して共生していることについては、ほとんど知られておらず、私たちの中で暮らしている微生物の多くは、まだ突き止められたり分類されたりしていなかった。

ヒトマイクロバイオーム計画は、世界的に有名な科学研究機関で、アメリカ合衆国政府の主要な医学研究部門である国立衛生研究所が、人体をバイオームと初めて認めた証《あかし》だった（バイオームとは、「ある特定の環境に生息する動植物の大規模な自然発生の生物群集」を意味する）[*49]。国立衛生研究所は、人体――ひいては、他の種の体――はマイクロバイオームであると認めることで、ヒトという種と一人ひとりの人間が生態系である、と公式に主張していたわけだ。生態系とは「相互作用する生物から成る生物群集とその物理的環境」のことを指す[*50]。人間を生理学的に見てマイクロバイオームと再定義するというのは、歴史的な出来事であり、その意味合いは、まだ完全には理解されていない。ヒトマイクロバイオーム計画の指導者たちは、この企てを次のように説明している。

ヒトマイクロバイオーム計画は、今日のとりわけ刺激的で悩ましく根本的な科学の疑問のいくつかに取り組むことになる。これが重要なのだが、この計画は、医学微生物学と環境微生物学の間の人為的な障壁を取り払う可能性も持っている（中略）ヒトマイクロバイオームについての疑問は、それらが当てはまる「系」という観点においてのみ新しい。マクロスケールの生態系を研究している生態学者たちは、すでに何十年にもわたって同様の疑問に刺激を受け、悩んできたのだから[*51]。

人間は誰もがバイオームであり、それを踏まえれば、地球の生態系は人体の境界でとどまらずに各自のマイクロバイオームの中へも続いていると推定される。この意外な科学的新事実は、生態学的な自己の出現を告げている。私たちの一人ひとりがバイオームであり、そのバイオームは、私たちの腸の奥深くまで入り込んでいると同時に、生物圏の境界へ、さらにその先にさえ延びている。人間を構成しているものの本質についてのこの新しいパラダイムシフトは、研究者が疾患に取り組み、患者の健康を守る方法をすでに変え始めている。

カリフォルニア大学サンディエゴ校のロブ・ナイト教授は、「これらの微小な生き物たちは、最近まで誰も想像していなかったような形で私たちの健康を完全に変えています」と主張している。[*52] 微生物が人間のマイクロバイオームのさまざまな場所で、消化にどのような役割を果たし、免疫系を調節したり、疾患から人間を守ったり、生命の維持に必要なビタミンを作り出したりしているかを、研究者たちは探究している。マイクロバイオームを監視するのが標準的な医療行為となり、人の便を、患者の健康や疾患の状態を評価するために入手可能な微生物のDNA情報の「データの塊」と見なすようになると、ナイト博士らは考えている。

ウェルカム・サンガー研究所のトレヴァー・ローリー博士は、将来、疾患の治療法や、健康を促進する方法が、患者のマイクロバイオームに一〇〜一五の微生物を投与する処方に依存するようになると考えても、荒唐無稽ではないと言う。[*53]

今は非常に注目されているが、長年無視されてきたことがある。それは、すべての人間や同胞の生き物たちの内臓は、生命がひしめく惑星を維持可能にしているバイオームと生態系とさまざまな圏の延長にすぎない点だ。あらゆる生き物と、その中のあらゆる細胞は、半透膜に包まれた開放系で、地球のさまざまな系の要素が出入りして生命のパターンを維持するのを許している。不変の構造で満ちた地球という考え方そのものが、間違っている。イリヤ・プリゴジンはそれをこの上なく簡潔に言い表した。物と認識されているものは、生物学では、化学でと同じように、じつはプロセスである、と。あらゆる生き物は散逸系であり、地球の有効エネルギーを糧として生存し、必ずエントロピーという形の廃棄物を増やす結果になる。

だが、すべてが活動のパターンであるはずがないではないか。地球の多くを形作っている固い岩はどうなのか？　たしかに岩石は、万物は不変のものではなく進化するパターンであるという考え方に当てはまらないだろう。いや、じつは当てはまるのだ。「構造と呼ばれるものは、長い持続時間を持つゆっくりしたプロセスであり、［一方、］機能は短い持続時間を持つ速いプロセスだ」というフォン・ベルタランフィの言葉を思い出してほしい。[*54] アルプス、ヒマラヤ、ロッキー、アンデスなど、巨大な山脈を初めて目にしたとき、私たちは感嘆する。その威容に畏敬の念が湧き、孤高の姿に荘厳さを覚える。その永遠の存在に元気づけられる。あいにく、こうした体験は錯覚だ。見たところ泰然としたこれらの構造も、じつは果てしなく動いている。それらもまた、時の流れの中で形を変える、活動のパターンなのだ。

もしエベレスト山に焦点を当てて何百万年もかけて微速度撮影の動画を撮り、高速で映すことができたなら、山のパターンが刻々と進化するところを目撃できるだろう。一度でも地質学の講座を取ったことのある人なら、地球の地殻が時とともに大きく変化することを学んだはずだ。たとえば、三億二〇〇〇万年前には「パンゲア」と呼ばれる超大陸が一つだけ、大洋に囲まれて存在していた。そしてそれが二億年前に分裂を始め、最終的に今日知られている大陸塊になった。[*55] だが、そこまで時間を遡らなくても、岩石がリアルタイムで刻々と変化していくプロセスであることは実感できる。

風化、木の根や植物、昆虫、動物によって、岩石が崩壊してどんどん細かい粒子になる様子を第三章で説明した。それを思い出してほしい。こうして岩石が分解して土壌になる。分解した岩石の中のミネラルは、土壌の基本成分になる。植物はミネラルを吸い上げ、私たちがその植物を食べると、ミネラルも私たちの体の中に入ってくる。そうしたミネラルのうち、リンとカルシウムの二種類は、私たちの骨格と歯を構成する元素だ。これまた重要なのだが、あらゆる細胞を包み、門番として働いて、栄養分を中に入れ、エントロピーという形の廃棄物を流し出す半透膜も、リンでできている。[*56]

このように、私たちはじつのところ部分的には、岩石に由来するミネラルからできており、それらが私たちの「生成（becoming）」のパターンを支えるプロセスを維持するうえで重要な役割を果たしている。これらの岩石の細かい破片は、遠い過去からゆっくり旅を続けて、人間という生態系に入り込み、そこからまた、別の場所へと旅立っていく。

私たちのそれぞれがパターンだ。そこでは多数の主体が、さまざまな時点にさまざまな規模で機能し、私たちの生成に参加しては去り、また別のパターンに参加する。だが、これで話が終わりというわけではない。この惑星上のあらゆる種のあらゆるパターンを調整するのを助ける、主要な主体が他に二つある。生物時計と電磁場だ。両者が相まって、地球上の他のさまざまな主体のただ中で起こった生命進化のプロセスの、決定的に重要な失われた環《ミッシングリンク》を提供してくれる。それでは、今度はこの二つに目を向けることにしよう。

第八章

新たな起源の物語《オリジン・ストーリー》
――生命の同期と形成を手伝う生物時計と電磁場

一九五三年二月二八日正午、イングランドのケンブリッジ大学の教職員や学生の溜まり場になっているイーグル・パブでのこと。話によると、研究専門の科学者が二人、この酒場に飛び込んできたという。年長のほうが三六歳のイギリスの生物学者フランシス・クリック、彼の若い同僚が、二四歳のアメリカの分子生物学者ジェイムズ・ワトソンだった。クリックは、その場に集っていた客たちに、以後不滅となった言葉を口走った。「我々は生命の秘密を解き明かした」と。この二人はやがて、デオキシリボ核酸（ＤＮＡ）の二重螺旋《らせん》構造の発見で、ノーベル生理学・医学賞を受賞することになる。[*1] だが、慌ててはならない。その話には、まだ続きがあるかもしれないので。

生物時計――生命体の振り付け師たち

一気に一七二九年まで遡ろう。植物は日が照っている時間に葉を開き、夜にまた閉じることが知られていた。だが、フランスの天文学者のジャン・ジャック・ドルトゥス・ドゥ・メランは、植物を暗くした部屋に置いておいても、葉を開いたり閉じたりするかどうか、興味を持った。そこで、オジギソウを暗い食器棚に入れて観察したところ、真っ暗な所にしまい込まれていたにもかかわらず、二四時間周期で葉を開いたり閉じたりし続けたので、植物の活動には光という合図とは別の力が働いていることが窺われた。

一八三二年、フランス系スイス人の生物学者オーギュスタン・ピラミュ・ドゥ・カンドールは、ドゥ・メランの発見が正しいことを確認したが、さらに興味をそそる面をつけ加えた。ドゥ・メランの実験は、オジギソウが葉を開いたり閉じたりするのは光に当たっているからだけではないことを示したのに対して、ドゥ・カンドールは、この開閉過程は、温度に対するこの植物の反応と関連していているかもしれないと考えた。彼はオジギソウを光にさらし続けると、明暗の周期がなくても、オジギソウが「時計仕掛けのように」二二〜二三時間ごとに葉を開いたり閉じたりすることがわかり、何らかの体内時計があるに違いないことが示された。[*2]

ジョンズ・ホプキンズ大学のカート・リクターは一九五〇年代に、一連の残酷な実験を行なって、ラットの概日性の周期を乱そうとした。彼は、ラットを凍結させたり、電気ショックを与えたり、失明させたり、心拍を停止させたり、さらには脳の部分切除までしたりした。それでもラットは、二四時間の概日性の活動周期を示し続けた。[*3]

スイスのジュネーヴ大学の時間生物学者ウエリ・シブラーは、生物時計が哺乳類の時間的パターン形成を司る様子を次のように説明している。

ほとんどの哺乳類の生理的過程は、概日性の時間管理システムによって制御されて、日ごとの周期を繰り返している。このシステムは、脳の視交叉上核《しこうさじょうかく》にあるマスター・ペースメーカーと、事実上すべての体細胞に存在する末梢《まっしょう》の従属振動体から成る。視交叉上核は、日々の明暗の周期にフェーズが同調しており、さまざまなニューロンや体液のアウトプットや物理的なアウトプットによって、行動と生理的作用における明白なリズムを課している。これらの視交叉上核のアウトプットには、概日性の行動に直接影響を及ぼすものもある一方、末梢細胞型における無数の概日性振動体を同期させるインプットの役割を果たすものもある。日々の摂食・絶食の周期は、多くの末梢器官における振動体同期のための主要な同調因子だ。[*4]

DNAが概日性の生物時計をコードしていることは、すでに確証されているが、DNAは唯一の要因ではない。二〇一一年一月、「ネイチャー」誌は、ケンブリッジ大学代謝研究所臨床神経学科のジョン・S・オニールとアキレシュ・B・レディによる「ヒトの赤血球における概日時計」と題する研究論文を掲載した。この研究では、人間の赤血球が使われた。それは、人間の赤血球には核がなく、したがって、DNAが存在しないからにほかならない。それでも二人は、赤血球の中でおよそ二四時間の強力な概日リズムが働いていることを発見した。

これは、概日リズムが細胞質によって生み出されているに違いないことを意味する。この研究も、同様の他の研究も、DNA時計が存在しないとは言っていない。DNA時計は存在するし、動物界と植物界の全般で入念に確認され、記録されている。だがこの研究からは、新ダーウィン主義の総合進化説の支持者がそれまで考えていたのとは違い、遺伝子が体内時計の唯一の起源ではないことがわかる。[*5]

体内時計は、概日性の手掛かり——特に、明暗の周期と寒暖の変化——に従って、絶えず調整している。外的な環境の変化を予期し、それに応じる能力は、生命体が健康を維持するために重要だ。生き物は、活動的な段階、特に食物を得るために狩猟や採集を行なっているときには、闘争反応と逃走反応のどちらかを引き起こすための時間的な準備を必要とする。消化や免疫系の機能や再生の予定と準備は、休息と睡眠の周期の間に行なわれるので、この周期には、まったく異なる時間のスケジューリングや配分が必要になる。その他にも、約二四時間の流れに沿って外部環境で起こる変化に絶えず適応する、心拍やホルモン値などの体内の活動があり、それらはみな、時間的管理や同期を継続して行なう必要がある。

人間の疾患を生物時計の非同期化と結びつける証拠も、積み重なってきている。たとえば、人工照明について考えてほしい。私たちの種は二〇万年ほどにわたって、主に、太陽から直接発せられる光と、月に反射した太陽光という、自然の光とともに生きてきた。今日、電気照明が夜間もずっと人工的な昼光を生み出し、厖大な数の人の睡眠を妨げ、夜間に働くやはり厖大な数の人に影響を与えている。

空が暗ければ、星々が輝く宇宙と、九つの銀河が肉眼で見えるのだが、一日二四時間、どこかしらが光に照らされている密集した都市環境で暮らす人は何世代にもわたって、そうした星空を経験しそこねてきた。[*6] 旅行・観光業界の最新の売り物は、畏敬の念を抱かせるような宇宙の姿を目にできるように、地球上で人の住まないわずかな場所にある一握りの「ダークスカイ・パーク」（訳注　星空保護区の一カテゴリー）に飛行機で観光客を案内することだというのだから、悲しい話だ。

近年の新しい研究からは、夜間の人工照明が脳の松果体《しょうかたい》のメラトニン生成を抑え、私たちの生物時計を狂わせていることがわかる。この狂いは、前立腺癌と乳癌のリスクを増大させる一因ではないかとされている。[*7]

成人の注意欠如・多動症（ＡＤＨＤ）を調べた他の研究では、この疾患が睡眠障害と関連していることがわかった。睡眠障害はＡＤＨＤを悪化させうる。[*8] 交替勤務の労働者は、心疾患や糖尿病、感染症、癌にかかる率が高い傾向にあることを、多くの研究報告が実証してきた。これまた懸念材料なのだが、概日性のシステムの機能不全が、統合失調症や双極性感情障害などの主要な精神疾患の発症にかかわっていることを示す研究も、数多くある。[*9]

これらをはじめとする研究の結果が、ますます多くの人間の疾患を、脳の視交叉上核にある概日性の親時計と直接結びつけている。オックスフォード大学の概日神経科学教授のラッセル・フォスターは、次のように主張している。さまざまな重病と概日リズムに誘導された覚醒周期との深いつながりは「科学的根拠に基づく斬新な治療や介入を開発する、真に注目すべき機会の存在を示している。そのような治療や介入は、多種多様な疾患を抱える厖大な数の人の健康と生活の質を一変させるだろう」[*10]。あいにく、このような生物時計と関連した疾患については、未来の医師たちに対して行なわれる医学教育ではほとんど触れられることがない。

科学者たちは、さまざまな種が月／潮汐《ちょうせき》周期や概年周期と同期した体内時計も持っていることを発見した。たとえば、パロロというミミズのような海洋生物は、一〇月と一一月の下弦の月の小潮の間にしか繁殖しない[*11]。ケネス・C・フィッシャーとエリック・T・ペンゲリーは、リスを窓のない部屋に隔離し、食糧と水を継続的に提供し、気温を〇℃に設定した。するとそのリスは、体温を三七℃に保ち、野外で過ごしていたらするように、一〇月になると飲食をぴたりとやめて冬眠を始め、やがて初春には、やはり野外にいたらするように、通常の活動を再開した[*12]。

科学者は、概日リズムや月／潮汐リズムや概年リズムの他に、超日リズムもあることを発見した。超日リズムは、二四時間周期の中で現れ、長さはさまざまだ。たとえば、心拍がそれで、一秒も続かない。今では、以下のことがわかっている。すなわち、動物では体の散逸パターンを維持する何百ものプロセスがあって（植物ではもっと少ない）、あらゆる細胞の中で機能している内因性の生物時計に完全に依存している。それらはみな同期し、「存在」、あるいはもっと正確には「生成」と私たちが呼ぶものの、緻密な交響楽を奏でているのだ。

イギリスのカーディフ大学生命科学部の微生物学者デイヴィッド・ロイドは、私たちの体内時計が果たしている主要な役割について、現在の科学でわかっていることを要約し、次のように言っている。「厳密な体内時間管理は、私たちのあらゆる生化学的機能と生理学的機能と行動の機能の協調制御にとって本質的であり、気分や活力にとっても同様だ[*13]」

最も一般的な超日時計は、「概時時計」と呼ばれている。私たちの種には、九〇分ほどの基本的な活動／休止リズムがあることが十分に立証されている[*14]。半世紀前、シカゴ大学で教えていたアメリカの心理学者ナサニエル・クレイトマンは、人間が集中して活動できるのは約九〇分が限度で、それを超えると休息が始まることを発見した。

超日リズムは、それぞれの種の日課となる活動パターンの予定を決める。たとえば、このようなものだ。「相性の良いプロセスどうしの同期。相容れないプロセスの同時活性化の回避。細胞間コミュニケーションなどの刺激に反応するための生体システムの準備。ニューロンの統合性や即応性の維持。概日リズムとの相互作用[*15]」

さらに、超日リズムは、卵巣周期のタイミングを管理し、内部環境と外部環境の両方の変化に、生殖行動を同期させる[*16]。また、超日リズムは、体温を上げ、反応と応答の段階を整えることで、捕食者による攻撃の脅威を生き物に知らせる。

生物時計の特に重要な役割の一つは、二四時間という期間内に作用しているさまざまな機能を同期させることだ。たとえば、細胞内部の空間や、器官内部の空間でさえ、非常に限られているので、時間をうまく区分して予定を立て、それぞれの活動が正しい順序で起こるように、必ず適切に時間を割り振る必要がある[*17]。グラーツ医科大学生理学研究所のマクシミリアン・モーザーは、生き物の活動パターンを維持するうえで、時間的スケジューリングが果たす中心的な役割を強調している。

「時間の区分のおかげで、同じ空間単位内で正反対の出来事を発生させることができる。私たちの体という宇宙には、正反対の活動があり、それらは同時に行なうことはできない。心臓の収縮と拡張、息の吸い込みと吐き出し、仕事と休養、覚醒と睡眠、還元状態と酸化状態は、（中略）同時に同じ場所で（中略）行なうことはできない」[*18]

健康な細胞は自らの生物時計や代謝プロセスと同期した状態を保つことを、生物時計は教えてくれる。健康な細胞は、代謝機能を果たすために超日時計と概日時計によって割り当てられたスケジュールを守る。要するにあらゆる生き物で、全体を確実に正しく機能させるべく、内部動態に関して、二四時間の概日周期で個々の機能が働くタイミングが定まっているのだ。

私たち自身の種が、生存パターンを守ることができたのは、昼と夜の概日周期のおかげだったにもかかわらず、その周期からしだいに離れて途絶しているのを知ると、不安になるものの、それよりもはるかに深刻な惨事が生物の世界全体で起こりつつあり、もし私たちの対応が遅れたら、その惨事から抜け出すことは不可能になりかねない。

問題は、以下のとおりだ。あらゆる生き物のあらゆる細胞には、他にもあらかじめ組み込まれている、種に特化した生物時計がある。そうした生物時計はそれぞれの種が、来るべき季節ごとの変化を予期して適切な応答を準備するのを可能にし、繁栄できるようにしている。それぞれの種を季節ごとの変化に順応させるこれらのリズムは、「光周性《こうしゅうせい》」と呼ばれ、日照時間の長さを手掛かりに、移動や狩猟採集、繁殖、冬眠と覚醒などの、季節ごとの活動のタイミングを計る。

たとえば、ある動物が不適切なときに不適切な場所にいると、競争相手によって捕食されてしまうかもしれない。あるいは、もしある種が新しい生息地に着くのが早過ぎたり遅過ぎたりしたら、狩猟採集の機会や、繁殖や移動や冬眠に最適の時を逃して、生存の可能性を減らしてしまいかねない。こうした活動はみな、まさにふさわしい時期に行なわなければならない。そこからずれると、冬眠のために脂肪を蓄えたり、渡りに備えて羽毛を生え変わらせたりといった、後に続く将来の選択肢が狭まってしまう。そこでジレンマが生じる。気候変動が進むなかで、地球の各圏は徹底的に再野生化しており、あらゆる種を季節の移り変わりに適応させる体内の生物学的リズムにずれを生じさせているのだ。

脳の視交叉上核は概日時計を調節して、生き物が二四時間の覚醒／睡眠周期の指示を出すことを可能にしているのに加えて、昼間の長さについての神経信号を生み出して、生き物が季節の変化に即した指示を出すのも調節している。アメリカの国立精神保健研究所の名誉研究員トマス・A・ヴェーアは、次のように説明している。「昼間の長さについての信号は、夜間のメラトニン分泌の持続時間の中に間接的にコードされている。夜の時間は冬には長くなり、夏には短くなる。メラトニンの信号に応答する部位は、行動と生理機能に変化を引き起こす。それらの変化は、信号の継続時間が指示する季節に起こるようにプログラムされている」[*19]

季節の変わり目に生理機能や気分の変化——たとえば、冬に日照時間が短くなるせいで悲しさや憂鬱《ゆううつ》や疲労を感じる季節性情動障害——を経験すると断言する人がいるが、彼らの経験は想像の産物ではなく、生理的なものなのだ。

「サルやその他の哺乳類における、季節性の光周期反応の解剖学的基盤と分子的基盤の、ほぼすべての要素は、人間でも見つかっている」ことをヴェーアは指摘する。[*20] この分野の研究者たちは、季節の変化に対する人間の応答は、「工業の時代」に私たちの種がより人工的な環境に引きこもるにつれて衰退した可能性が高い、と主張している。

過去一万一七〇〇年間の完新世に地球の温暖な気候の特徴だった、比較的確かな季節のパターンが、地球温暖化のあおりを受けて劇的に変化していることに対する懸念が、気候科学者や生物学者や生態学者の間で高まっている。気候変動によってもたらされた水循環の変化は、予測し難い気象事象をますます多く引き起こし、すでに局所的な生態系に大損害を与えているため、さまざまな種が受け継いできた光周性の基である気候の基本的構造が、今や予測できない形で根本的に変わりつつあり、あらゆる種が危険にさらされている。

要約すると、こうなる。私たちの種と同胞の生き物たちは、複雑に関連したいくつもの生物時計を生理的に備えている。それらの体内時計がすべての細胞や組織や器官を絶えず調節し、地球の二四時間周期の自転と三六五日周期の公転に対応する概日リズムや概年リズム、季節のリズム、月周リズムに合わせている。超日時計は、生き物の生存を可能にする日々のさまざまな内部プロセスを調整する。昼間の長さを測定する他の生物時計は、生き物が季節の変化に順応して生き延び、栄えることができるようにする。私たちの種と同胞の生き物たちのすべてが、その核心において、時間的パターンなのであり、そのおかげで私たちはみな、生きている動的な惑星上の多数の主体のリズムに、絶えず順応できる。これらの生物時計はみな、その証拠なのだ。
　ノーベル委員会からの電話は、二〇一七年一〇月のある朝、五時一〇分にかかってきた。ブランダイス大学生物学教授のマイケル・ロスバッシュ博士は、夜明け前に電話が鳴ったときとっさに、誰かが亡くなったのかと思ったそうだ。電話を手に取り、同じブランダイス大学の生物学教授ジェフリー・ホール博士とロックフェラー大学の遺伝学教授マイケル・ヤングとともに、ノーベル生理学・医学賞を受賞したと聞いた彼の口からまず出てきた言葉は、「ご冗談でしょう」だった。[*21]
　生き物を作り上げるコードと指示が収まっているDNAの構造の発見は、科学史の重要な一里塚だったが、ノーベル委員会がロスバッシュら三人の業績を認めたことも、それに劣らず重要だった。オジギソウは暗い場所に置かれているときにさえ、二四時間周期で葉を開いたり閉じたりすることを、ジャン・ジャック・ドルトゥス・ドゥ・メランが最初に発見して以来三世紀近く、生物学者たちは、この未解決の謎を前に途方に暮れてきた。
　やがて一九七一年、アメリカの神経科学者のシーモア・ベンザーと、彼が指導していたロナルド・コノプカは、一群のショウジョウバエの変異体が、欠陥のある体内時計を持っているらしいことに偶然気づいた。そしてその後、その体内時計が特定の遺伝子にあることを突き止め、それを「ピリオド」遺伝子と呼んだ。[*22]一九八四年、ロスバッシュとホールはこの遺伝子の研究を始めた。二人は、その遺伝子から体が作り出す「ＰＥＲ」というタンパク質に特に関心を持った。そして、このタンパク質が夜の間に細胞の中にたまり、昼間に分解することを発見した。

PERタンパク質は、二四時間周期で時計仕掛けのように増えたり減ったりしていた。これだ！こうして二人は最初の生物時計を見つけ出したが、さらに多くの生物時計がそれに続くことになる。

一九九四年、ヤングは「TIM」と呼ばれる第二の体内時計を発見した。細胞の中でTIMタンパク質がPERタンパク質と結合すると核に入り込み、ピリオド遺伝子を停止させる。一九九〇年代後半には、科学者たちはさらに多くの生物時計を発見し、その後も発見を続けてきた。

ノーベル委員会は授賞にあたって、次のように述べた。「私たちの体内時計は絶妙の精度で生理機能を一日の劇的に異なる時間帯に順応させ」、そうすることによって「その時計は行動、ホルモン値、睡眠、体温、代謝といった重要な機能を調節する」[*23]。ノーベル委員会は予想どおり、生物時計の発見が健康に関して持つ実際的な意味合いを強調した。だが、あらゆる生き物が散逸のパターンであり、その原子や分子、細胞、器官が果てしなく去来していることや、複雑に連動した多くの生物時計がそのパターンを維持しており、それらの時計は発見され始めたばかりであることという、この発見のより根本的な重要性については触れそこなった。

未来の世代の学生が生物学の手ほどきを受けるときには、遺伝子によって運ばれる遺伝情報の科学的発見と、生命の時間的本質についての科学的発見に、同じ程度の重要性が与えられると私は思う。生命を、地球の各圏や日々の自転、季節の変化、太陽を巡る地球の毎年の移動と相互作用する時間的パターンと考えながら子供たちが成長すれば、私たちの種が自律的でも単独でもなく、分割不能の地球上ですべてつながり合い頼り合う無数のパターンの中のパターンであるという考え方を、すんなり受け容れられるだろう。

生物時計はすべての生物の内部活動パターンを調整し、地球の概日リズムや月周リズム、季節のリズム、概年リズムとの関係を同期させている。とはいえ、もう一つ別の力がまだ残っている。それが、それぞれの種の時間的パターンだけでなく空間的パターンも確立するのに重要な役割を果たしていることが、ようやくわかり始めてきた。それは、電磁場だ。

生命の創造者——電磁場と生物学的パターン

ルトガー・ヴェーファーは、ドイツのミュンヘンにある有名なマックス・プランク研究所に勤務する、無名の物理学者だった。彼は一九六四年、日光や気流、降雨、音など、外部環境の手掛かりから遮断された二つの実験室を備えた地下施設を設置した。そして、志願者が一度に最長で二か月間、隔離されたまま暮らせるように、それらの部屋に食料や水、快適な生活環境を用意した。一方の実験室には電磁波の遮蔽板を上に被せ、外界からの地磁気のリズムを九九%遮るようにしてあった。[*24]

体温、覚醒／睡眠の周期、排尿量、その他の生理作用といった、志願者全員の日々のリズムが、一日二四時間監視された。ヴェーファーは一九六四年から一九八九年まで、四五〇〇回以上の実験で、考えうるありとあらゆる条件下で暮らす志願者を昼夜を問わず監視し、「人間の概日リズムの基本原理」と題する一九九二年の論文で、最終データを要約した。[*25]

彼の研究結果は、以下のとおりだ。日光からは遮られているものの、外生的な電磁場には依然としてさらされている、遮蔽板のないほうの部屋では、概日性の睡眠と覚醒のパターンは、わずかなずれしか見せず、平均で二四・六時間周期だった。ところが、遮蔽板により外部の電磁場から遮断された部屋では、概日周期は明らかに変化し、生理作用がより不規則な非同期化を示した。それどころか、外因性の電磁場から完全に遮断された志願者たちは、概日リズムをすっかり失ったばかりか、さまざまな代謝機能の同期調整も喪失し始めた。

一部の実験では、ヴェーファーは電磁波の遮蔽板を被せた部屋に、人工的に電気と磁気を周期的に送り込んだ。すると、効果はてきめんだった。電磁波を遮ってあった部屋に、あるとき一〇ヘルツという微弱な電磁場を発生させると、たちまち志願者の概日リズムが復活した。こうして、外因性の電磁波が人間の概日時計の調整に役割を果たしていることが、初めて示された。[*26]

地球を包む電磁場の働きに関する正式な理論を最初に提案したのは、ジェイムズ・クラーク・マクスウェルだった。彼の理論は二〇世紀の近代物理学の基礎を築き、存在の本質の新しい説明に必要な概略を打ち建てた。やがてこの理論は、支配的な科学のパラダイムとしてだけではなく哲学のパラダイムとしても、ニュートン力学を霞《かす》ませることになる。

マクスウェルは一八六〇年代に、屈指の影響力を持つ二つの論文を書き上げた。彼が「電磁場」と名づけたものによって地球が命を帯びていることを理論化する論文だった。マクスウェルの業績は、一連の方程式によって、電磁場の速度が光の速度とほぼ等しいことを示し、それに基づいて、次のように述べたことにある。
「光は、電気と磁気の現象を引き起こすのと同じ媒体の横方向の波動として存在すると結論せざるをえない（中略）結果が一致しているのは、光と磁気が同一の実体の属性であり、光は電磁気の法則に従って場を伝播《でんぱ》する電磁気の擾乱《じょうらん》であることを示しているように見える」[*27]
マクスウェルの代表作『電磁気学』（井口和基訳、太陽書房、二〇一二年）は一八七三年に出版され、それがつけた道筋に沿って、二〇世紀にはアルベルト・アインシュタインが特殊相対性理論を発表することになる。
電磁場は、宇宙と地球上の生命の働きにとって、きわめて重要だ。地球の核は溶けたニッケルと鉄からできており、電磁石だ。その磁場は、溶融した核を流れる電気によって帯電している。地球の自転によって、時速何千kmもの速さで、これらの強力な電流が何百kmにもわたって伸びている。磁場は核から出ていき、地球の地殻を抜け、大気圏に入る。[*28]
地球の磁場のうち、宇宙に及んでいる部分は「磁気圏」と呼ばれ、重要な役割を担っている。[*29]太陽や宇宙の粒子線から地球を守り、地球上の生命を維持するのに欠かせない大気圏を太陽風が剝ぎ取るのを防ぐ盾として働く、磁気プラズマの層を幾重にも生み出しているのだ。
マクスウェルの電磁場の理論は、物理学の新しい考え方を生み出し、以後、その分野で現れたものいっさいの発端となった。それでも、二〇世紀にアルフレッド・ノース・ホワイトヘッドの胸を打ったのは、その理論のもっと深い宇宙論的な意味合いだった。第七章で触れたように、自然界は時間を超越した位置に存在する孤立した自律的物質のかけらから成り立っているにすぎないとニュートンが言い張ったことをホワイトヘッドは残念がっており、マクスウェルと彼の電磁場の理論に、知的な意味での魂の伴侶を見出した。

ホワイトヘッドは、電磁場の理論が「単なる位置が、物体が時空と関与するときの主な形であるという考え方をそっくり捨てる」ものであることに気づいた。なぜならその理論は、「ある意味で、あらゆるものは常にあらゆる場所に存在する」ことを示唆しているからだ。[*30] 一九三四年までには、ホワイトヘッドはこれらの言葉を一九二五年の著書『科学と近代世界』に書いている。一九三四年までには、マクスウェルの電磁場理論の存在論的な意義に関するホワイトヘッドの思考はすっかり練り上げられ、円熟した哲学となり、今日ではそれが、生命とは時間的なパターンであるというふうに、私たちの理解を作り変えている。ホワイトヘッドは『科学と近代世界』で、存在の本質を考え直すうえで電磁場が持っているかもしれない意義についてじっくり考えている。そして、電磁場は私たちに以下のことを教えてくれる、と書いている。

根本的な概念は、活動と過程だ。（中略）自己充足的な孤立という概念は、近代物理学では例証されていない。ある限られた領域内での本質的に自己完結型の活動というものは存在しない。（中略）自然は諸活動の相互関係の舞台だ。万物は変化する。活動とその相互関係も。（中略）近代物理学は（外的に関連づけられた物質のかけらから成る）［空間的］諸形式の代わりに、過程の形式という概念を提示した。そして、それによって空間と物質を一掃し、複雑な活動状態の中の、内部関係の研究をその代わりとした。[*31]

ホワイトヘッドは、自然の関連性、あるいは本人が「ものの共存性」と呼ぶものを確信していた。彼の世界では、「それぞれの出来事は、他のあらゆる出来事の本性の一要因となっている」[*32]。彼は良い線まで行っていたが、電磁場理論の冷厳な物理学を、生物学と生命の温かい世界に翻訳することができず、生命の意味についての自分の直観を未解決のままにしてしまった。

ホワイトヘッドが物理的な場について思いを巡らせていたのと同じ数十年間に、ソヴィエト連邦の科学者アレクサンドル・ギュルヴィッチは、「細胞と組織と器官の分化の胚発生過程による生命体の形成」を引き起こす生物学的過程である形態形成について考え直していた[*33]。彼は一九二二年に、生命体が形を発達させる過程を説明するために、生物学的な「場」という概念を初めて導入した。だが、理路整然とした生物学的な場の理論を練り上げたのは、一九四〇年代になってからだった。彼は次のように主張している。

細胞は、自らの周囲に場を生み出す。つまり、その場は、細胞から細胞外の空間へと拡がる。（中略）したがって、どの時点でも（中略）一群の細胞の中には、個々の細胞の場のすべてから成る、単一の場が存在する。（中略）その場は、生体システム内での発熱を伴う化学反応で放出されたエネルギーを使い、分子（タンパク質やペプチドなど）に、規則正しい、方向性のある動きを与える。（中略）細胞の場の源は一点にあり、核の中心と一致する。そのため、一般に場は放射状に拡がる[*34]。

ギュルヴィッチの細胞学的場の理論は、従来の考え方に執着していた。すなわち、場は根本的構成要素と結びついており、胚が形を取るときには、各段階は複雑性のより低い、前の段階に由来し、核の中心から外に向かうという考え方だ。言い換えれば、胚の発生と最終的な形のパターンを定めるうえで役割を果たすような、胚から独立した別の場はない、ということだ。ギュルヴィッチの場の理論は、胚の発生を構成要素の組み立てとする従来の考え方に依然としてはまり込んでおり、古典的な機械の比喩に、場の理論をわずかに放り込んだだけのものにとどまっていた。

一方、生物学を考え直す方法として、物理学の場の理論の意味合いを徹底的に探究するのにもっと熱心な生物学者たちもいた。物理学と医用工学を学んだオーストリアの生物学者で、ロックフェラー大学で教えていたポール・ワイスは、電磁場理論を理解していた。それは、完全に練り上げた生物学の場の理論を打ち出すのに向けて、次のステップを可能にすることになる、必須の知識だった。ワイスは、生物学の仕組みと種の進化の研究を長年続けた後、次のように結論した。生命体は、「系全体の動態のパターン化された構造が、構成要素の活動を調整している」[*35]。生物は別々の部品が何らかの形で自ら組み合わさり、全体として機能する集合体であるという、従来の考え方――古典的な機械の比喩――は当てはまらないというわけだ。

ワイスは、自分の主張の出発点として、顔を取り上げた。顔は、それを構成している小さな遺伝子のいっさいから組み立てられるなどということが、どうしてありうるのか、と彼は問うた。そして、実際には、顔は目に見えないパターンであり、それが構成要素を何らかの形で調整しているのだ、と主張した。鉄粉が磁石の目に見えない非物質的な力によって集まるのと同じように、活動を指揮する目に見えない場によって、適切な細胞が顔のしかるべき場所に並ぶのだ、と。ワイスは一九七三年の著書『生命の科学（*The Science of Life*）』で、研究者たちが発生中の胚の肢芽《しが》を取り除いて、嚢《のう》の中の別の場所に移植する実験について説明している。その実験では、肢芽が右の肢になるか左の肢になるかは、「基本的に、体の主軸、より正確には、そのすぐ周辺の軸パターンとの相対的な関係」次第であることがわかった。[*36]

同様に、カマキリの触角の一部を切断して移植すると、移植した部位次第で、別の触角にも、脚にもなる。「どちらの選択肢が優先されるかは、より広範な細胞の集まりのどこに、その細胞群が位置するかで決まる」ことを、ワイスは明言している。[*37]

だが、依然として答えが出ていないことがある。生物学的な場の本質とは何か？　そしてそれは、生命体はどのようにして誕生するのかという、最大の謎を解明できるのか？　最初の暫定的な答えは、イェール大学で教えていた解剖学教授のハロルド・サクストン・バーによる、一九一四〜一九五八年の数十年に及ぶ実地調査から得られた。バーは、生命体の発育と電磁場の関係を研究した。そして、その結果を一九七二年に『生命場の科学』という本にまとめて発表した。彼は、実地調査に基づき、生命の進化のための電磁場理論を提唱した最初の人物だ。彼はこう書いている。

いかなる生体システムのパターンあるいは構成も、複雑な動電場によって確立され（中略）この場は、物理的な意味で電気的であり、その属性によって、特徴的なパターンでその生体システムのさまざまな実体と関連している。[*38]

それ以前の生物学的な場についての純粋に理論的な見解の場合とは違い、バーは自説を数十年にも及ぶ実地調査で裏づけた。たとえば、コネティカット農業試験場と共同で実施した調査では、七品種のトウモロコシの電気的パターンを調べた。トウモロコシの種子のうち、四種類は賞をもらった品種で、残る三つはハイブリッドだった。この調査から、「種子の電磁活動と成長潜在力との間に」直接の「相関」があることがわかった。バーは、これらや、彼が長年のうちに行なった、樹木その他の生き物を対象とする類似の実験から、「遺伝子構造と電気的パターンの間には非常に緊密な関係があると結論することは避けられないようだ」と主張した。[*39]

特定の生き物や種は何からできているのかという昔からの疑問に対しては、「化学作用がエネルギーを供給するが、電磁場の電気現象が生体システム内部でのエネルギーの流れの方向を決める」とバーは言う。[*40]

ダーウィンの理論を部分的に書き換えて、生命体の遺伝コードと電磁場の両方を統合する余地を生み出すことを、ワイスとバーが暫定的に提案してからの数十年間に、実験室での研究と実地調査から、生命を形作っている動態に関して残っている未解決の疑問の一部に対する答えが見つかり始めた。その過程で、新世代の生物学者と生理学者が、物理学と化学と生物学の分野をまとめ上げだした。そしてその新しい総合体は、生命の意味の捉え方、特に、躍動的で生き生きとしていて進化を続ける地球との関係について私たちが持つようになった認識における、歴史上重要なパラダイムシフトになりそうに見えてきている。

新ダーウィン主義の総合説の旗手たちによる、生物学分野の内部からの反動は、よくても、おおむね無関心というところだった。たいていは、彼らは最近まで結束して新ダーウィン主義の総合説を擁護し、この分野の新参者を遠ざけてきた。これらの新参者は、物理学、特に内因性と外因性の電磁場が、細胞や組織、器官、体全体が構成されるパターンを確立するのに役割を果たしているかもしれない、と大胆にも主張するからだ。もしこれらの旗手たちが、生き物の発育で生体電磁場が果たす役割を認めたなら、遺伝コードが細胞や組織、器官、体を作り出す「指示」であるのに対して、内因性と外因性の電磁コードは生き物の体の各部分や全体を形成するために遺伝子がどのように発現するかを決める「パターン」を調整するうえで欠かせない主体かもしれないことになる。

生命の進化とプログラミングに電磁場が果たす役割という、新しい先鋭的な考え方は、なかなか考慮したがる人がいなかったが、状況は二一世紀の最初の一〇年間に急変した。それは、電磁式の診断装置や疾患治療という有望な商業分野が台頭しつつあり、医療の並外れた進歩の可能性が高まり、疾患の管理や治療の新しい方法は主に、遺伝子治療とゲノム医療での飛躍的発展の下で起こるという長年の考え方に疑問を突きつけているからだ。医療目的での非電離電磁場の使用は、過去二〇年間に大幅に増えた。現在広く使われていたり、臨床試験が行なわれたりしている、電磁場の応用例の一部を、以下に列挙しておく。磁気共鳴画像法（ＭＲＩ）、癌治療、腫瘍治療、筋肉痛治療のためのジアテルミー（高周波電気療法）、癲癇《てんかん》治療のための迷走神経の刺激、骨折治療でのパルス電磁場、腫瘍細胞に薬や遺伝子を送り込むために細胞膜の透過性を上げる電気穿孔《せんこう》法、神経系に関連した病的状態の治療、電気ショック療法、脳深部刺激療法などの神経系の疾患の治療、パーキンソン病やその他の疾患による震えの治療、慢性の痛みの治療、治療抵抗性うつ病の治療、神経再生や片頭痛や神経変性疾患の治療、変形性関節症の治療、創傷の治癒、免疫系の調節、癌病巣その他の皮膚の疾患の皮膚科治療。[*41]

地球上の生命の進化を根本から考え直す段階に、私たちはどれだけ近づいているのか？　過去一〇年間に行なわれた一連の実験のおかげで、社会は生体システムの本質の新たな理解に、かつてないほど迫っている。一九五三年にワトソンとクリックが遺伝子の二重螺旋構造を発見して「遺伝コード」の解読を達成し、ゲノム学の時代になると一部の人が考えるような時代の幕が開いたが、今日では、物理学とＡＩの教育を受けていることも多い新世代の生物学者たちが、彼らが「生体電気コード」と呼ぶものの解読にしだいに近づいている。生体電気コードとは、あらゆる生き物に浸透し、すべての細胞や組織、器官、生き物の形態やパターンや形状を決めるのに役割を果たしているかもしれない電磁場のことだ。電磁場が、それぞれの生命体のパターンと形を確立する「第一原因」かもしれないことを、ますます多くの科学実験が示している。

スイスのバーゼル大学環境科学科のダニエル・フェルズは、生体電場が生命体の中でどのように作用するかを、かいつまんで説明している。

電磁場は、細胞動態で本質的な役割を果たす。（中略）細胞の内部電磁場は、細胞内で振動するだけでなく、組織の中でも振動し（中略）パターン形成につながる。（中略）「たとえば」精子が卵子に出合ったときには、「亜鉛スパーク」と呼ばれるものの後でしか、受精は成功しない。この亜鉛スパークと結びついている、膜電位の大幅な変化が起こった後でようやく、胚の発生が首尾良く始まる。生命の過程が起こるための、膜電位へのこの依存は、多細胞生物の発育でも続き、遺伝子の活性化や後成的制御、さらには再生や幹細胞の分化の引き金としても見られる。（中略）生命体の外側の電磁場も、生命に測定可能な影響を持っており、したがって、細胞と生命体の環境の一部となっている。[*42]

最近の科学的発見のいくつかによって、生体電場が生体システムに対してや生体システムの中でどのように作用しているかに関する、興味をそそられる証拠がもたらされた。タフツ大学芸術科学部の生物学准教授ダニー・アダムズは、二〇一一年七月に先駆的な報告を発表した。彼女はじつに興味深い発見をした。カエルの胚が発生中、まだ顔ができる前の初期段階に、「その顔のパターンが胚の表面に浮かび上がる」ことを発見した——いわば、電気の顔だ。普通でないのは、この発見がまったくの偶然からなされた点だ。二〇〇九年九月のある晩、アダムズは発生中のカエルの胚を撮影していたカメラを一晩中オンにしておいた。翌朝、彼女が自分のチームといっしょに微速度撮影の動画を見てみると、生体電気信号が形を取りつつある顔の電気的パターンを形成していた。それがその後、生体で埋められることになる。彼女はそのときの様子を、次のように語っている。

それまで目にしたことのあるものとは、まったく違っていた（中略）画像から、三段階、あるいは三コースの生体電気活動が明らかになった。まず、胚全体に過分極（マイナスイオン）の波が走った。これは、胚が動くことを可能にする繊毛の発生と同時に起こった。次に、発生中の顔の、まもなく起こる形状変化と遺伝子発現の領域に一致するパターンが現れた。明るい過分極は、表面の折り込みを示す一方、過分極された領域と脱分極された領域の両方が、頭のパターン形成遺伝子の領域に重なった。第三のコースでは、局所化した過分極の領域が形成され、拡張し、消えたが、第二段階で生み出されたパターンを乱すことはなかった。同時に、球形の胚が長くなり始めた。[*43]

ダクチン（水素イオンを運ぶタンパク質）を阻害して生体電気信号の伝達を途絶させると、胚には頭蓋顔面異常が発生し、一つではなく二つの脳を持った胚や、異常な顎や、歪んだ目鼻立ちを持った胚ができることを、タフツ大学のチームはその後の実験で発見した。[*44]

チームの博士研究員のローラ・ヴァンデンバーグは、その発見の重要性を、以下のように要約している。

私たちの研究は、細胞の電気的な状態が発生の基盤であることを示した。生体電気信号の伝達は、単一の事象ではなく、一連の事象を調節しているようだ。(中略)発生生物学者は、遺伝子がタンパク質の産物を生成し、それが今度は目や口の形成に最終的につながるという、順序の考え方に慣れ親しんでいる。だが私たちの研究は、それが起こりうる前に、何か別のもの――生体電気信号――が必要であることを示している。[*45]

ダーウィン説の世界観とそれが具現化したもののいっさいが、一六〇年にわたって主流だったが、より幅広い物語によって、それが少なくとも部分的には修正されつつあることが、しだいに明らかになってきている。だからといって、ダーウィンの見識や、その後に登場した彼の理論へのさまざまな変更や補足や拡充のいっさいが打ち捨てられているわけではない。誤っていることが明らかになってきているものもある一方、依然として通用するものもある。それでは、何が起こっているのか? 新しい発見がなされるたびに、生命とはいったい何かについての、はるかに複雑な理解の仕方が浮上し、生体電気コードの解読へとつながっているのだ。

さまざまな科学の企てが、生体電気コードの解読に急速に的を絞りつつあり、それによって物理学と化学と生物学がまとまり、新しい総合説が形成されてきている。その説では、類推や比喩としてではなく、検証可能な有機体――ことによると、宇宙で唯一のもの――として、生気に満ちた地球を論じる。

二〇一四年には、新ダーウィン主義の総合説の支持者は集中砲火を浴びていた。物理学者や生理学者や生物学者が実験結果を一流の科学専門誌に続々と発表し、遺伝コードだけが生命進化の秘密を握っているという、長年信奉されてきた考え方に、異論を唱えたからだ。その年の六月、「生理学ジャーナル（*Journal of Physiology*）」誌は、「進化生物学と生理学の統合」という挑発的な題の特別号を発行した。

この特別号を紹介する論説で、五人の一流科学者があえてこう問い掛けた。はたして、「近代以来の総合説は、新たな説明の体系によって拡張されるか、あるいは置き換えられるのか、「そして、そうだとすれば」この新しい体系の構築で、生理学はどのような役割を果たすのか？」。五人はダーウィンの理論の中心テーマに異議を唱え、次のように書いている。「ランダムな変化が起こってそれに選択が続くという仕組みは、進化的変化の数ある仕組みの候補の一つにすぎなくなる」。彼らはさらに踏み込み、遺伝コードの優位という考え方に大胆にも挑み、以下のように主張した。

したがって、広い意味での生理学は、今や進化生物学の舞台の中央に躍り出て、私たちは近代の総合説の狭い枠組みから概念的にも技術的にも脱し、時空を通じたはるかに幅広い一連の進化の現象やパターンを探究する責任を負う立場に、ついに立っている。[*46]

チャールズ・ダーウィンは、さまざまな種がどのように出現し、時間とともに進化し、祖先を共有する新しい種を生じさせるかを説明するために、生命進化の斬新な理論、すなわち自然選択の理論を提示した。彼は、生存競争で個体に優位性を与える、継承可能な生物学的形質の、ランダムで徐々に起こる変化が子孫に伝わり、同じ優位性を与える、と主張した。やがて、こうした漸進的な変化が積み重なり、共通の祖先を持つ、新しい種の出現につながるというわけだ。とはいえダーウィンは、そのような漸進的な形質の蓄積が、目のような複雑な器官の形成につながりうるかについては、とりわけ頭を悩ませていることを認めていた。彼は、こう書いている。「さまざまな距離に焦点を合わせたり、さまざまな量の光が入るのを許したり、球面収差や色収差を補正したりするための、無類の仕掛けを持った目が、自然選択によって形成されえたと考えるのは、正直に告白するが、この上なく不合理に思える[*47]」

それから一五二年後、タフツ大学再生・発生生物学研究所で、同研究所所長の生物学教授マイケル・レヴィン率いるチームがある実験を行ない、それがやがて生物学の世界を揺るがすとともに、組織や器官や生き物全体の組み立てを調整するうえで電磁場が果たす役割に関するさらなる証拠を提供することになる。

二〇一一年一二月、レヴィンの研究チームは、「科学者たちが初めて、細胞間で自然に起こる生体電気の通信を変え、脊椎動物の特定の部位に生み出される新しい器官の種類を直接指定した」ことを発表した。タフツ大学の博士研究員で、「膜貫通電位がアフリカツメガエルの胚の目のパターン化を制御する」と題する論文の筆頭著者のヴァイバヴ・パイは、この過程を説明している。[*48]

チームはオタマジャクシの背中と尾の細胞の電圧勾配を変え、通常は目の細胞が生じる部位の電圧勾配と同じにした。その結果、「目に特有の勾配が、通常なら他の器官が生じる背中と尾の細胞から、目を生じさせた[*49]」

パイ博士によると、体のそれぞれの構造に器官形成を促す特定の膜電位の範囲があるというのが「仮説」だそうだ。「私たちは、特定の膜電位を使うことで、けっして目を形成できないと考えられていた部位に、正常な目を生み出すことができた。これは、体のどの部位の細胞からも、目を生じさせられることを示唆している[*50]」

各組織や器官や肢を生じさせる特定の膜電位の範囲を、先天性欠損症の治療や多様な再生医療で使えば、医学的に非常に有益になりうることを、レヴィンのチームはただちに指摘したものの、レヴィンはより大局的な見地も忘れず、今回の実験は「生体電気コード解読のほんの第一歩だ」と結論している。[*51]

第九章　科学的方法を超えて
――複雑で適応的な社会・生態系をモデル化する

自然の本質について現在新たに発見されつつあることは、「進歩の時代」の根底にある従来の科学の物語とはまったく相容れない。したがって長年行なわれてきた科学的探究のアプローチが猛攻撃を浴びているのも特段意外ではない。この大きな欠陥のある科学のパラダイムは、自然の秘密をなんとか解き明かそうとするために、ただ脈絡もなく現れたのでもなければ、偶然生まれたわけでもない。それは四世紀以上も前に、ある一人の人物によって公の場に無理やり導入され、自然を理解するためばかりでなく、人類がほぼ独占的に利用するために自然を収奪する際の、大ざっぱな目安になった。

一五六一年にロンドンで生まれたフランシス・ベーコンは、近代科学の守護聖人と長らく見なされてきた。彼は著書『ノヴム・オルガヌム』で、古代ギリシアの哲学者たちを激しく非難した。プラトン哲学が社会に紹介されて以来の西洋文明史を概観し、その哲学の中心テーマは人類の運命を改善するようなことは何一つしなかった、と結論した。そして、古代ギリシア人はあれほど熟考を重ねたにもかかわらず、「人間の境遇を楽にしたり改善したりするような実験を一つとして提示」しなかった、と主張した。[*1]

ベーコンは、哲学の土台として物事の仕組みの考察を擁護することで新境地を切り拓き、自分の運命を神の啓示ではなく非宗教的な力に託した。人間の主体性の最も基本的な働きは、自分を自然から切り離し、離れた所から公平に観察し、その秘密を解き明かして世界についての「客観的知識」を積み上げ、「あらゆることを可能にするために人間の帝国の版図を拡げる」能力だと、彼は考えていた。[*2]

ベーコンにとって心は非物質的な主体で、その存在意義は物質界を支配することだった。彼は理性を追求する一方、神がアダムとイヴに与えた最初の誓約、すなわち、二人が自然界を支配することになるという誓約の復活を推進しようとした。本人の言葉を借りれば、「世界は人間のためにできているのであり、人間が世界のためにできているのではない」となる。[*3] ベーコンは、やがて科学的方法となるものの基礎の大要を述べ、この新しいアプローチをもってすれば、人間は自然を「征服して服従させる力」を手に入れ、「自然をその根底から揺さぶる」ことができる、と自慢げに語った。[*4] 目標は、「人類の支配力を確立し、宇宙にまで拡張する」ことになる、と彼は予言した。[*5]

近代科学の父というベーコンの評判は高まり続け、一六六〇年にロンドンに王立協会が設立され、やがてヨーロッパ各地に、そしてその後は世界中で同様の科学の学会や協会が発足すると、彼の科学的方法は現実のものとなる。

「進歩の時代」と分かち難く結びついてきた、ベーコンの科学的探究のアプローチは、無邪気なまでに単純化されていて、帰納的で客観的で、超然とし、直線的であり、今振り返ってみれば、自然界への取り組みとしてははなはだ青臭く見える。自然界は、さまざまな系が混ざり合いながら自己組織化し、絶えず進化する散逸的なパターンとプロセスを織り成し、私たちの地球の生命力を形作っていることが、今ようやくわかり始めており、それにもっとふさわしい新たな科学的方法が生まれてきた。

再野生化する地球のための新しい科学

クロフォード・スタンリー・ホリングは、ブリティッシュ・コロンビア大学と、後にはフロリダ大学でも教えたカナダの生態学者だ。彼は一九七三年、「生態系のレジリエンスと安定性」と題する、自然環境の出現と仕組みについての新しい理論を発表した。彼は、生態系理論に「適応的管理」と「レジリエンス」の概念を導入し、他の先駆者たちとともに急進的な新しい科学的方法の基礎を築き、やがてそれが、生態学と社会を融合させ、従来の経済の理論と手法の基本理念に疑問を投げ掛けることになった。[*6] この理論は、「複雑適応的社会・生態系（ＣＡＳＥＳ）理論と呼ばれている。

「ＣＡＳＥＳ」という頭字語（訳注　complex adaptive social/ecological systems の略称）は、複雑適応的社会・生態系の中で用いられる種類の探究の適切な説明になっている。「ｃａｓｅ」は、調査や問題究明が求められる状況であり、来るべき時代にはるかに適応しやすい科学的探究への新しい取り組みを言い表すうえで、「実験」よりも実態に即している[*7]（訳注　英語の「case」には「問題」や「事件」や「事態」という意味があり、それを「ＣＡＳＥＳ」とかけている）。この長たらしい名前の新理論と手法はすんなりと理解するのが難しいものの、社会が時間と空間をどう考えるかや、私たちの種が自然界とどうかかわるかを変え始めている。

「生態系の振る舞いは、レジリエンスと安定性という二つの別個の特性によって定義できるかもしれない」とホリングは述べた。[*8] 彼の論旨はわかりやすく、簡潔で明快でありながら、自然界や、自然界と私たちの種の相互作用を活気づけている、さまざまな関係の複雑さの探究から逃げることもない。彼のレジリエンス理論はその後、心理学や社会学、政治学、人類学、物理学、化学、生物学、工学など、事実上すべての専門分野に拡がった。商業部門と諸産業も、それに倣い始めた――特に、金融と保険、製造、ＩＣＴ（情報通信技術）と電気通信、電気事業、輸送とロジスティクス、建設、都市計画、農業の各分野が。

だが、これが最も重要なのだが、「新しい大転換」の中心地点は、経済と生態系の交差点にある。ホリングは次のように説明する。

> レジリエンスが、系の中の関係の持続性を決め、これらの系が状態変数や駆動変数やさまざまな媒介変数の変化を吸収しつつ、依然として存続する能力の尺度となる。この定義では、レジリエンスは系の属性であり、持続あるいは消滅の確率がその結果だ。（中略）**したがって、選択される主要な戦略は、効率あるいは特定の報いを最大化するものではなく、**

何よりも柔軟性を維持することで持続を可能にするというものだ。個体群は、どのような環境の変化に対しても、心理、行動、生態、遺伝の一連の変化を開始することによって応じ、次の予測不能の環境変化に対応する能力を回復する。（中略）空間と時間において環境が均質であればあるほど、系は変動が少なく、レジリエンスも小さい。（中略）レジリエンスに基づく管理のアプローチは（中略）選択の余地を残す必要性や、局地ではなく地域の視点から事象を眺める必要性や、不均質性を重視する必要性を大切にするだろう。

ここからは、十分な知識があるという思い込みではなく、無知を認める態度が生まれる。未来の出来事は予期されていると決めてかかるのではなく、予期されていないものになると考えるわけだ。レジリエンスの枠組みは、このような見方の変化に対応できる。なぜならその枠組みは、未来を予測する正確な能力など必要とせず、未来の出来事がどれほど意外な形を取ろうと、それを受け容れ、それに対応するシステムを工夫する質的能力さえあればいいからだ。[*9]

ホリングがレジリエンスと適応の研究に手を染めたときの当初の理論は、その後三〇年間に他の人々によって変更され、増強され、修正され、しだいに磨きがかかった。二〇〇四年には、ホリングはレジリエンス周期と適応周期の理論を改訂し、「社会・生態系におけるレジリエンスと適応力と変容可能性」と題する論文を共著で発表した。ホリングと共同研究者たちは、修正を加えた概念的枠組みの中で、自然界のさまざまな系の「変容可能性」に以前よりもしだいに注意を向けるようになった。変容可能性とはつまり、系は自らを維持できないかもしれず、自己組織化する新しい系に変容せざるをえない可能性があるということだ。

このレジリエンスの解釈の改訂は重要だ。というのも、この言葉の当初の考察が、レジリエンスとは複雑で適応的な社会・生態系がどれほどの混乱を許容し、なおかつその混乱から依然として元の状態を回復できるかの尺度であるという印象を、誤って与えてしまったからだ。そのような解釈はたしかに成り立つものの、レジリエンスは、生物群集の持続期間の中で、はるかに広大な時間幅を網羅する。その持続期間は遠い未来まで続き、次々に起こる生態系の変容を含む。生態学者は、生物群集の誕生、成熟、崩壊、変容可能性を説明するときに、「生態遷移」という言葉を使う。

生物群集の最初期の段階は、しばしば「開拓段階」と呼ばれる。その段階では、火山噴火と溶岩流、森林火災、洪水、たとえば氷河期と間氷期の合間の気候の変化といった大規模な異変で不毛になっていた地域に、生命が芽吹き始める。生物群集の新しい開拓段階は、たとえば樹木の伐採と搬出、露天採鉱、地下水への有毒廃棄物の拡散などを通した、人間による環境の搾取の後にも訪れる。生態遷移のこうした初期段階には、土壌、植物、地衣類、コケが出現し、草、低木、陰樹と続くのが見られる。それから草食動物が現れて草木を餌にし、後には肉食動物が登場し、草食動物を食べる。新しい段階が始まるごとに、進化する生物群集の前段階の要素がすべて適応を強いられ、自己組織化する系がしだいに姿を見せてくる。

生物群集のライフサイクルにおける連続的な変化の最終段階は、「成熟段階」あるいは「極相」

と呼ばれる。極相群集では毎年、有機物の蓄積はほとんどない。年間のエネルギーの生産と消費はほぼ均衡しており、気候も一年を通して比較的安定している。複雑な食物連鎖の全般で、多様な種がかかわり合っている。総一次生産量（訳注　植物の光合成による炭素吸収量）と群集全体の呼吸量の比率や、太陽光から取り込まれて利用されるエネルギーと分解によって放出されるエネルギーの比率は、一対一に近い。さらには土壌養分の取得と落葉や落枝の分解による土壌への養分の返還の間の微妙なバランスにも、一対一に近い割合が見られる。時間の経過とともに、あらゆる種が適応の仕方を変え、どの種もその変化に適応している。意図的にではなく、必要に迫られてそうするのだ。

生態学的共同体のレジリエンスは、「運転者の多様性と乗客の数」に基づいている。エモリー大学環境科学学科のランス・H・ガンダーソンは、生態学的共同体のレジリエンスは多数のプロセスによる重複した影響にかかっているという、有力な見解を述べている。それらのプロセスの「それぞれは、単独での働きは非効率的だが、協働することで大きな力を発揮している」[*10]

このように、人間社会のものであれ、生態学的な共同体のものであれ、レジリエンスは、ホリングが自分の最初の理論を書き記して以来おおむね誤解されてきた。系が大規模な混乱に十分な堅牢性をもって応答し、元の平衡状態をすぐに取り戻す能力というふうに。だが、これまでの章で学んだように、自然と社会と宇宙は、主体が相互作用しているときには、過去の状態にはけっして戻らない。なぜなら、系内の相互作用そのものが、どれほどわずかなものであれ、動的な関係を変えるからだ。一つひとつの相互作用が、当事者どうしの相対的な関係を変えるとともに、自らが埋め込まれている多数の系にも影響を与える。新しい状態への相対的な「立ち直り」と言うのがせいぜいだろう。その新しい状態の活動や主体や関係が、以前とほぼ同等ならば、特質やプロセス、動態、個体群が前のものとおおよそ似ている生態学的な共同体と認めうるわけだ。

要するにレジリエンスは、現状を厳密に再確立するという意味はけっして持っていない。時間の経過とさまざまな出来事の発生によって、社会の中と同様に自然界でも、パターンやプロセスや関係性は常に変化している。その痕跡はごくわずかかもしれないが。レジリエンスは、世界における「存在の状態」ではなく、むしろ世界に対する「働き掛けの様式」と考えるべきだ。一方、適応とは、個々の生命体や種全体、あるいはもっと大きな生物群集が時間をかけて行なう行為のことをいう。この惑星は相互作用しており、そこに存在するマイクロバイオーム（微生物叢）と生態系と生物群系を形成するパターンとプロセスも相互作用している。そうしたあらゆるパターンとプロセスの中に自らを定着させる時間的な営為が、適応なのだ。

ここでの混乱の多くは、レジリエンスが社会によって――特に、社会科学の領域で――どう定義されるようになったかに起因する。レジリエントであることを学ぶのは、人の主体性の感覚を損なうトラウマに順応するための治療手段と結びつけられるようになった。そこには、トラウマが起こる以前の状態に近い、本人の個人生活と集団生活を取り戻すという暗黙の希望が伴っていることが多い。だが、この種のトラウマの経験者なら誰もが証言できるとおり、回復とレジリエンスへの道筋は、けっして後戻りではない。人はけっして元には戻れない。情動と認知の学習を通して学んだものに由来する、新しい主体性の感覚に向かって進むのみだ。

さらに厄介なことに、レジリエンスは脆弱性を克服する方法と見られることも多い。だが、脆弱であっても、必ずしも危険にさらされているとはかぎらない。弱点をさらしたり無防備だったりするという意味での脆弱性は、他者に心を開く能力も意味しうる。脆弱であるというのは、危険を冒すことや、居心地の良い場所を離れること、未知のものを経験したり、より多様な関係や生き方のパターンを育んだりして個人としての主体性の感覚を高めることも意味しうる。レジリエンスとは、ただ主導権を取り戻すだけのことでは断じてなく、心を開いて新たな形で系の中に定着する場を確立することなのだ。

メルボルン大学資源管理・地理学科のフィオナ・ミラーは、「レジリエンスの時代」に生きることの難しさを指摘している。「[社会的な] レジリエンスの視点に立ったときの難題は、変化を締め出そうとする代わりに、変化とともに生き、それに対処する能力を育てることの学習だ」[*11]。これは人類が、地球との関係を収奪から再調和の関係へと立て直す時間的手段として、効率を手放し、適応性をしっかり採用する分岐点となる。それは、私たちを「進歩の時代」から「レジリエンスの時代」へと導く境界だ。

経済学の牙城は、内部の専門家はまだ認めてはいないものの、主に二つの要因で崩れ落ちかけている。第一に、気候変動の脅威と増加するパンデミックが手に負えなくなっていること。これらの危機は、経済学の兵器庫に残っているどの物差しでも対処できないほどの規模で起こっている。第二に、人類は当惑し、私たちの種と同胞の生き物たちを環境面での大惨事の真っただ中に放り込んだ数々の誤りを正す気がビジネス界にあるとは思えなくなったことだ。

経済学という学問は、もし生き残ろうというのなら、自然界との関係についてまったく新しい考え方をするものへと変容する必要があるだろう。その転換には、一つには、一般均衡理論や費用便益分析、外部性の狭い定義、生産性とＧＤＰという誤解を招く概念など、この分野で長年守られてきた信条の一部を見直す必要がある。この変革を促すことになるのは、効率への経済学の圧倒的な執着を和らげ、さらにはそれに異を唱えさえする必要性と、この分野を適応性に即したものにするツールとビジネスモデルの開発に着手する必要性だろう。何にもまして、ビジネス界は、自然界を「資源」と捉えてそれに基づいた関係を持つのを完全にやめ、自然を「生命力」として捉え直す必要がある。そして、自然の中では私たちの種は多数の種のほんの一つでしかなく、地球上での他の種の旅路も、私たち自身の旅路と同等の価値を持つことを理解しなければならない。

これに輪をかけて難しそうなのだが、私たちの種は、「自分たちがすべて」ではないことを認める必要も出てくるだろう。じつは人類も、これまでに化石記録でしか存在しなくなった種の長いリストの中に姿を消したほうが、私たちとともにこの惑星で暮らす他のあらゆる種の境遇が良くなることを認めなければならないのだ。たしかに、これは厳しい評価であって、それと向き合うのは大変だが、現状を率直に語っている。屈辱的なのは間違いないものの、私たちの種の未来を描き直すには、それが必要となる。問題は、どうやって一からやり直すか、だ。

経済の理論を立て直すのなら、まずは「レジリエンスの時代」に伴う科学に追随するのに優ることはない。そしてそれは、「進歩の時代」のカギを握っていた従来の科学的探究の停滞状態から、他の学問分野を救い出すことだ。複雑適応的社会・生態系は、科学的探究の新しい理論だけでなく、それよりもはるかに多くのものを提供してくれる。この新しい科学は、存在論における跳躍にも相当する。この認知的転換の重要性を十分理解する最善の道は、この新しい科学的探究の様式を、一般に認められ、人々が何世代にもわたって訓練を受けてきた科学的方法と比較することだ。

これまでも科学的方法の定義は、一筋縄では行かなかったし、曖昧な過程でさえあったものの、広く合意が見られるような共通認識も多くある。『スタンフォード哲学百科事典（*Stanford Encyclopedia of Philosophy*）』は、科学的方法論の本質について、こう説明している。「科学に特徴的とされることの多い活動のうちには、体系的な実験、帰納的推論と演繹的推論、仮説と理論の構築と検証がある」。科学的方法には、「知識、予測、あるいは制御」などの一連の目標と、「客観性、再現性、単純さ、あるいは過去の成功」といった、どんな学生でも知っている重要な価値観や根拠が伴う。[*12]

科学的探究に対する複雑適応的社会・生態系のアプローチは、従来の科学的方法とは根本的に違う。まず、すでに述べたように、科学的方法はしばしば、全体の組み立てを理解するために、単一の現象を分離して、その構成要素や部分の仕組みを観察することに的を絞る。第二に、科学的探究への従来のアプローチは、自然を調査するにあたり、偏見がないことを長らく大げさに宣伝してきたが、じつは、それにはほど遠かった。学生たちは、自然や、人間と自然界との関係の性質について山ほど先入観を抱いて研究室にやって来る。たとえば、どの学生も常に「客観的」であるように、先入観は持ち込まないように、と言われるが、「objective（客観的）」という言葉が「object（物体）」という言葉に由来することに気づいていない。ここに暗黙の偏見がある。本来受動的で、自力で動くことさえできず、主体性はまったく、あるいはほとんど持たない物質の寄せ集めからでき上がっているかのように、この世界を調べる、というのがそれだ。第三に、自然は社会の利益のために利用されるべき「資源」と見られることが多い。

それとは対照的に、複雑適応的社会・生態系のアプローチでは、自然は「情報とエネルギーの交換を通して、構造の構成を自己組織できる開放力学系」として経験される。[*13] 複雑適応系は、新しい状況やパターンや環境に適応することを学ぶし、新しい状態へと自らを変容させるプロセス――「創発」として知られる――も学ぶ。

研究者のリカ・プライサー、レネット・ビッグズ、アルタ・デ・ヴォス、カール・フォルクは、「複雑適応系としての社会・生態系」と題する二〇一八年の科学専門誌への投稿で、多数の専門分野の科学者と研究者による何百もの研究や報告や論文に反映されている、複雑適応的社会・生態系の最先端を要約した。複雑適応系の探究を伝統的な科学的方法と区別する際立った特徴を、いくつか以下に挙げておく。

・各部分の特徴から系の属性へ――これは、各部分の特徴を個別に調べることから、組織の根底にあるパターンにより出現する系の属性を調べることへの転換だ。系の属性は、系がばらばらにされたときには失われてしまう。なぜなら、創発的な属性は、系を構成する各部分の属性に分解できないからだ。

・物体から関係へ――系の属性は相互作用の動的なパターンを通して現れる。したがって、根底にある組織のプロセスや、つながりや、創発的な振る舞いのパターンを理解することが重要だ。

・閉鎖系から開放系へ――複雑な現象はネットワークと階層制の中に埋め込まれており、それらを通して情報とエネルギーと物質の継続的な交換が行なわれる。したがって、社会・生態系には明確な内側と外側がない。なぜなら、異なる空間と時間のスケールでの組織のプロセスを通して、すべての実体がつながっているからだ。

・複雑さの測定から複雑さの把握と評価へ――複雑な現象は、創発的な振る舞いのパターンを形成する動的な相互作用を通して、関係によって構成されている。したがって、物質的原因の観点からは測定できない関係を把握して理解するのを可能にするような、知覚の転換が必要だ。さらに、関係とつながりと多数の複雑な因果経路の動的なマッピングと評価を通して、形態をたどり、ネットワークと周期とクロススケールの相互作用を特徴づけることができる。こうした尽力により、社会・生態系がどのような関係によって構成されているかや、振る舞いのパターンがどのように現れるかを解明することができる。そしてそこから今度は、適応的で斬新な振る舞いや経路を予期する私たちの能力を助長することができる。

・観察から介入へ——CAS［複雑適応系］は関係という枠組で捉えられ、また関係によって構成されており、系の属性と動態についての情報は、系を特徴づけている構成の属性とは切り離せない。社会・生態系の研究とは、観察者次第の系の境界を定める過程であり、客観的な観察によるものとはまったく違う介入を伴う。[*14]

科学的探究への複雑適応的社会・生態系のアプローチは、科学がこれまで求めていたほどの予測可能性を持たない。自己組織化する系の境界を定めようとする試みはみな、自己組織化系はすべて他のパターンの中の一パターンであるという根本的な事実を見落としている。それらのパターンは、時間と空間の中で拡がり、地球で作用している各圏に及び、めったに予知できない微妙で深い形で互いに影響を与え合っている。複雑適応的社会・生態系の考え方を応用するときに得られる最も重要な教訓は、「予測」への執着を部分的に捨て、「見込み」と「適応」で良しとするべきである、ということだ。

気候変動の未来についての発見の多くでさえ、一般に事後のものだ。この分野の科学者が認めているように、地球温暖化によって地球の各圏と生態系にもたらされる変化は、影響が現れるまで、予測するのが難しい。それは、気温が上がっていく惑星上での正のフィードバックループは至る所に影響が及ぶので、あらゆる方向に波紋が拡がり、予測が怪しくなってしまうからだ。

たとえば気候科学者は、地球の北半球にある全陸塊の二四％を覆う永久凍土層に、何十年間もまったく注意を払わなかった。彼らがようやく態度を改めたのは、地球温暖化が氷の融解に影響を与えていることに気づいてからだった。[*15] 彼らは、氷の下に厖大な量の炭素堆積物があることに思いが至った——最後の氷河期が始まる前に北半球で栄えた多数の動植物の残骸だ。なおさら不安になるのは、氷の融解が加速していることだった。それまで太陽のエネルギーを反射して宇宙に戻していた氷の不透明な白い層が解けると、広大な範囲で黒い地面が露出し、温室効果ガスの排出による熱をさらに吸収し、融解のプロセスを速めるからで、これもまた正のフィードバックループだ。

気候科学者たちが、地中から漏れ出てくる二酸化炭素とメタンの排出量を測定し始めると、それが急激に増えており、過去二〇〇年間の産業活動からの二酸化炭素排出量に匹敵しかねないほど、温室効果ガス排出量が急増する恐れがあることがわかった。これは、それまでは予測されていなかった新しい現実——未知の未知——だった。根本から変化している気候の中で、自己組織化する複雑系がどう進化していき、それが社会にどう影響しかねないかを予測することの難しさを、こうして私たちはようやく把握し始めたのだった。

だとすれば、前に進むには、科学的探究の焦点を予測から適応へと、少なくとも「部分的に」転換する必要がある。予測をすることには、依然として重大な役割がある。ただし、地球温暖化の真っただ中にあって、地球が再野生化の連鎖を引き起こしているために、予測が果たせる役割の幅は確実に狭まっている。その一方で、適応の科学は、気候変動に対する社会の応答の方向を変えるうえで役割を果たす段階まで成熟してきた。何と言おうと適応は、果てしなく進化する世界で予測不可能な変化に順応するために、他のあらゆる種が採用している方法なのだ。適応性は、科学では目新しい概念ではない。社会に突きつけられている危険の高まりのせいで、復活してきているだけのことだ。

予測から適応へ

ジョン・デューイは実用主義（プラグマティズム）哲学の創始者の一人で、科学的探究と問題解決の取り組み方として、適応性の利点に光を当てた最初期の人物でもある。彼は、客観性と、対象から距離を置くことを重視する科学の「正統派」には我慢がならなかった。科学的探究の演繹法のアプローチには、なおさら嫌悪を覚えていた。そのアプローチは、所定の仮説から始まり、続いて実験を行ない、その妥当性を検証することが多い。デューイはまた、研究者が傍観者の立場を取ることも嫌っていた。彼にしてみれば、知識を求める人は常に能動的な参加者として問題を間近で経験し、その問題の影響を受けることから探究を始めるのが本筋だった。

チャールズ・サンダーズ・パースやジョージ・ハーバート・ミードら、初期の実用主義者は、問題を解決したり新しい針路を定めたりするのに使うことのできる「実行可能な」知識に関心があった。デューイらの実用主義者は、経験の相互関連性を受け容れやすい傾向があった。つまり、どのような問題も、それに連なる多くの関係から簡単に切り離せる隔絶した出来事ではけっしてなく、したがって、総合的に取り上げる必要があるという見方に傾いていたのだ。

デューイは、理論と実践の二元性という考え方そのものを避け、「知識を、人間という生き物がその環境に能動的に適応することから生じるものと見ていた」[*16]。デューイらの初期の実用主義者は、あらゆる生き物の要となる特質としての適応性の意義に、新たな命を与えた。

適応性は、二〇世紀初頭の「進歩の時代」に多少の勢いを得たものの、まもなく効率の普及活動に蹴散らされた。産業革命の最盛期には、時間の使い方を最適化して未来を管理するという考え方は、未来の結果を管理することに熱狂する人々の心を、適応性よりも強力につかんだからだ。ところが今、化石燃料主導の産業革命が瀕死《ひんし》の状態に陥り、当事者たちさえもがその基本理念に疑問を抱いているなか、適応性は突如、復活を果たしつつある。

一方、最近まであらゆるビジネス会話に浸透していた効率は、社会が次々と危機に見舞われてよろめき、今やさまざまなパンデミックや気候関連の災害が深刻化する見通しに直面するなか、最近は以前ほど人の口に上らなくなった。無限の可能性にまつわる話は、危険の緩和についての議論に道を譲り、再野生化する地球上では、効率化は適応力の後塵を拝し始めた。人々が計画を立て、人生を送るうえで拠り所とする、近代のための包括的な枠組みと物語を何世代にもわたって提供した「進歩の時代」は、鎮魂歌の一つも歌われないまま、世論からひっそりと消えていった。今ではどこでも適応力とレジリエンスの話題でもちきりであり、科学の雑誌や専門誌ではなおさらだ。

世の中が新型コロナのパンデミックのどん底にあったとき、「ナショナルジオグラフィック」誌は時宜を得ているとばかりに、自然界における「適応と生存」という記事を載せた。この記事は、レジリエンスや生殖と生存の可能性を高めるために動植物が見せる各種の適応を列挙した。これらの例は、ビジネス界や社会全般が模倣するのを促すかもしれないような、適応への創造的なアプローチを提示してくれる。

「ナショナルジオグラフィック」誌の編集者たちはコアラから始め、誰にも好かれているこの野生動物が、ユーカリの葉だけを食べるように適応したことを指摘する。ユーカリの葉はたまたま、タンパク質が非常に乏しく、しかも他の多くの種にとっては有害なので、コアラにとって競争相手のいない栄養源となっている。

適応のうちには形態面のものもある。つまり、身体的な特質が変わるのだ。たとえば、サボテンのような多肉植物は、「太く短い茎や葉に水を蓄える」ことで、暑く乾燥した砂漠に適応した。[*17]

行動面の適応もある。コククジラは毎年、北極圏の冷たい海域からメキシコの温かい海域まで何千km も旅して子供を産み、それから北極圏に引き返して、食べ物の豊富な海域で栄養を摂る。

イングランドの蛾《が》のオオシモフリエダシャク(ビストン・ベツラリア)は、環境変化に動物が適応した典型的な例だ。一九世紀の産業革命以前は、ほとんどのオオシモフリエダシャクは黒っぽい斑点の入ったクリーム色で、黒や灰色のものはわずかしかいなかった。ところが、産業活動から出る煤《すす》が木につき始めると、暗い色の蛾が数の上で優位に立った。そのような蛾のほうが、樹木などの黒みがかった表面にうまく溶け込むからだ。鳥たちは暗い色の蛾が見えず、白い蛾ばかり食べた結果、黒い蛾が優勢になったのだった。

　また、同所的種分化というものがある。複数の種類のほぼ同一の種が、それぞれ特定の食べ物に適応し、したがって互いに競合しないため、同じ生息環境を共有する現象だ。タンザニアとマラウイとモザンビークにまたがるマラウイ湖にはさまざまなシクリッドが生息している。この淡水魚には、藻類だけを食べるものもいれば、昆虫だけを食べるものや、魚だけを食べるものもいる。

「ハーバード・ビジネス・レビュー」誌は早くから、今後のビジネスにおける新しい決定的な価値観として、適応力を取り上げた。「適応力――新たな競争優位」と題する挑発的な記事で、執筆者であるボストン・コンサルティング・グループのマーティン・リーヴズとマイク・ダイムラーは、大成功を収めている企業は「基本的に安定した環境に依存する優位性の源泉である、規模と効率を核にして」事業を築いてきたことを指摘する。[*18]ところが、彼らが説明するように、しだいに予測が難しくなるリスクと不安定性に満ちた世界では、有効性が実証済みだった効率化や規模重視の価値観は、頭痛の種となる。そして、企業が生き延びようとするのなら、それに代わって適応力が本質的な価値を持つようになる。つまり、たとえ短期的な収益が抑え込まれても、挑戦して失敗を受け容れる意欲が大切であるということだ。それが、組織を立て直して粘り続ける道なのだ。

「ハーバード・ビジネス・レビュー」誌の記事はまた、適応性は垂直統合型の「規模の経済」とともに中央集権的な官僚制を捨て去ることを奨励する点を指摘する。官僚制はあまりに硬直していて脆《もろ》いため、危機から危機へと突進している世界では生き延びられないからだという。二人の執筆者は、「非中央集権的で、流動的で、競争的ですらある組織構造」に軍配を上げ、そのようなアプローチは、「厳格な階層制の大きな利点を打ち砕く」と述べる。企業は方向転換して、代替のビジネス・プラットフォームを幅広く導入すれば、多様な選択肢を得られ、ハイリスクな環境で急速に変化する状況に適応するのに必要な機敏性を持てる、と彼らは主張する[*19]。

適応力とレジリエンスにもっと沿う形でビジネスモデルを見直そうという熱狂の渦は、これまでのところ、実質的なものというよりは口先だけのものではあるが、この先に待ち受ける大きな変化の前兆となる動きもいくつか見られる。社会・生態系に応用される複雑適応の考え方の重要性を、けっして見誤ってはならない。これは、社会が私たちの種に対する理解の仕方やアプローチを変え、人間をレジリエンスを探し求める適応的な主体として、生きている惑星のリズムの中に再統合する、根本的な変化だ。人間が人新世に、生き延びて繁栄する種の一つとなることが願われる。

従来の経済学と、資本主義システムは、現状のままでは理論と実践の両面で、複雑適応系のモデル化を開始することによってもたらされる変革を生き延びられないだろう。経済学の指針となる前提は、生き生きとした地球の機能の仕方とまったく相容れない。産業資本主義の価値観と、通信やエネルギー、移動性、生息環境の提供方法の一部は、人類が地球に存在する大量の主体や系に再適応するときにも残るだろうが、新古典派経済理論と新自由主義経済理論の砦《とりで》を形作っている残りの大部分は、産業資本主義の現在のモデルや「進歩の時代」の物語とともに姿を消すはずだ。

複雑適応系のモデル化は、私たちが学界と考えるようになったものの再建も必要とするだろう。啓蒙運動の中で現れ、「進歩の時代」とともに成熟した学界や専門職の各分野は、それぞれ物語や言語、基準、規則を持ち、独自の世界を形成していた。そして、それぞれが自らの限られた視点から、ある程度まで、現実の全容を理解しようとしてきたからだ。

教育に関しては、事実上すべての学校制度と高等教育機関が、少なくとも最近までは、学問分野ごとに厳密な縦割りになっていた。学者は、研究論文や著書で自分の専門分野の範囲からはみ出すと罰せられた。「何でも屋」呼ばわりされ、学者として甘い、と嘲られた。

たしかに大学レベルや、進歩的な中等教育レベルにおいてさえも、学際的な学習がカリキュラムの一部になっているが、相変わらず選択講座やゼミとして教えられるのが一般的で、学習経験の核心にはなっておらず、複雑適応系のモデル化の後押しで教員と学者と学生・生徒を結集させる教育改革は、まだ先のことになる。近年、気候変動の現状と、それがもたらした地球上のあらゆる現象の相互関連性についての一般大衆の意識が、互いに影響を与え適応し合う地球の多くの主体についての理解の深まりと相まって、人類全体に歴史的な危機感を抱かせている。この状態を理解するには、複雑適応系のモデル化を採用するしかなく、そのためには、学究の世界とあらゆるカリキュラムに、知識への学際的な取り組みが求められる。

では、適応力を軸とした、レジリエントな経済は、短命に終わる最新の流行にすぎないのか？

その可能性は低い。なぜなら、地球温暖化のリスクと現実は、一時的な現象ではないからだ。気候変動を防ごうとする人類の集団的な努力はすべて、少なくともこれまでのところ、おおむね徒労に終わっている。そして今、地球の死滅はもはやありえないことではない、と科学界は私たちに警告している。人類は、温室効果ガスの排出削減に向けて努力し続ける必要があると同時に、温暖化する気候によってもたらされる実存的変化に絶えず適応する方法を見つけなくてはならない。レジリエントな社会の土台の構築は、人類が自信を持って受け容れ、未来へと持ち込むことができる、唯一の保証なのかもしれない。

これらすべてを踏まえると、良い人生を考えるときにこれまで慣れ親しんできたものとはまったく異なる形で適応し、レジリエントになり、生き延びる術を学び、さらには栄えることさえ学習する最善の方法は何か、という疑問に戻り着く。一般大衆は、適応力とレジリエンスという言葉をようやく意識し始めたが、それを掘り下げ、この種の未来の生活がどのようなものになるかを検討する試みは、ほとんどなされていない。

私たちの祖先の狩猟採集民が、何かしら指針を与えてくれるかもしれない。なにしろ彼らは氷河期や、間氷期の洪水と氾濫といった、現代の人類の最もたくましい者たちでも手を焼くであろうような状況を生き抜くほど、高度の適応力とレジリエンスを持っていたのだから。過去二〇年間の科学研究によって、ホモ・サピエンスが地球上でも有数の適応力を持った種かもしれないという、目を見張るような証拠が現れた。

ホモ・サピエンスの心――適応するようにできたもの

一九九二年に、「人間の心の進化した構造は、更新世の狩猟採集民の暮らし方に適応したものであって、私たちの現代の境遇には必ずしも適応していない」ことを示す新しいデータを、生物学者と認知科学者と人類学者が明らかにした。[*20] 二〇一四年には、ニューヨーク大学と国立自然史博物館の科学者たちが、人間の初期の祖先の進化に関する研究を発表した。それまでの理論を修正する内容だった。ホモ属は「アフリカの乾燥化と開けた草原の拡大の始まり」に出現したというのが、進化生物学者の間では、長年の定説になっていた。[*21] サバンナは、大きな直線状の体や、長い脚、大きな脳、性的二形性の縮小、肉食の増加といった適応形質や、長寿、広範な道具作り、社会的協力の増加などの、独特の生活史形質に有利に働いた。[*22]

新しい化石が発見されると、ホモ属の起源に関する説がさらに修正された。この研究に参加した科学者たちによれば、「ホモ属は、根底にある乾燥傾向に重なった、生息環境の予測不可能性の長い時期を背景として進化したことが、新しい環境のデータセットから窺える」という。「ホモ属の成功と拡大のカギを握る要因は、予測不可能な環境での食習慣の柔軟性にかかっており、その柔軟性と、協力的な繁殖と発育の柔軟性とが相まって、生息範囲の拡大と死亡リスクの減少が実現した」ことが、この研究からわかった。[*23] 研究者たちは、過去の詳細な気候モデルに磨きをかけることでこの結論に至り、それをホモ属の化石記録と比較すると、ホモ属の系統が、以前に考えられていたように、穏やかで涼しくて安定した気候の時期に端を発しているわけではないことがわかった。
この研究者の一人で、スミソニアン協会の「人間の起源プログラム」の責任者リチャード・ポッツは、彼らの成果を要約して、「私たちの祖先が持つ人間の柔軟性の根源の進化に有利に働いたのは」不安定な気候条件だった、と述べ、「ホモ属の起源は、さまざまな形態の適応力によって特徴づけられている」とつけ加える。[*24]「不安定な気候条件」という表現からでは、その時期がどれほど不安定だったかが伝わらない。その時期は地球上での最近の二六〇万年に及ぶ。この間に、私たちの祖先のヒト族（ホミニン）が進化し、最終的にホモ・サピエンスが誕生した。
この期間は、氷河期と間氷期が繰り返されるのが普通だった。「八〇万年前までに、周期的なパターンが生まれていた。氷河期は約一〇万年続き、一万〜一万五〇〇〇年の温暖な間氷期がその後に来る。最後の氷河期は約一万年前に終わった」。私たちの種は、完新世の比較的温暖な気候に入り、農耕生活を始めた。[*25]
極端な気候変動が見られたこの地質時代に、私たちの種が生き延びるためのカギを握っていたのは、人間の創意工夫、すなわち、このような厳しい条件に適応する創造的な方法を考えつく能力だったと、「サイエンティフィック・アメリカン」誌のインタビューでポッツは発言した。「人間の脳の進化は、私たちが適応するためにどのように進化してきたのかを示す最も明確な例」であることをポッツは確信している。[*26]
人間の起源についての研究を要約し、ポッツは次のように主張した。

私たちの脳は、本質的に社会的な脳です。私たちは情報を共有し、知識を生み出して伝えます。そうすることによって人間は、新しい状況に適応することができますし、その点で人間は初期の祖先とは異なり、初期の祖先は霊長類と違うのです。ホモ・サピエンスは、砂漠や熱帯林、草原《ステップ》、氷河といった環境に移り住んでいたのと同じ頃に、ネアンデルタール人さえも耐えられないほど寒冷な環境にも進出しました。（中略）この痩せた、手足のひょろ長いホミニドがこれほど多様な環境で生き延びられたのは、私に言わせれば、適応力を身につけたからにほかなりません。[*27]

人類の適応力が、地球温暖化が地球の水循環を変化させている速度に対応できるかどうかは、私たちの時代の根本的な問題だ。

それでも、激しく変化する気候様式への人間の適応力は、私たちの強みだ。そのおかげで私たちは地球上でも有数のレジリエンスを持つ種となった。これはことによると、今の時代に最も心強い情報かもしれず、「レジリエンスの時代」の幕開けに、喜んでそれを認め、受け容れるべきなのかもしれない——一つ、但し書き付きで。気候が激しく変動するなかで人類が勝ち抜くことを可能にしたのとまさに同じ適応力が、私たちの破滅のもとにもなってきたのだ。

私たちが狩猟採集民だった旧石器時代の長い期間にわたって、激しく変わる気候に適応するのを可能にした認知的特質は、過去一万一七〇〇年間は、完新世の比較的予測しやすい温暖な気候の中で、逆に自然界を私たちの欲望に無理やり適応させるために利用されてきた。これもまた、適応にまつわる話だ。私たちは農業革命を端緒に、最近では産業革命に移行するなかで、自分の適応本能を、移り変わる季節と暮らすことから、余剰を貯蔵することへと改変した。その余剰は、化石燃料を基盤とする工業文明が際立つ過去二〇〇年間、すなわち、私たちが「進歩の時代」と呼ぶ期間に、急激に増えた。

だからといって、産業革命の果実が、多数の人、特に西洋世界の人にとって、恩恵ではなかったというわけではない。非常に高度に発展した国々に住む人の大半は、「工業の時代」が始まる前の祖先よりも、はるかに良い暮らしをしていることは、ほぼ確実だ。それに対して、世界の人口の半分近く（四六％）が、一日当たり五・五ドルという貧困との境界未満の暮らしをしており、良くても祖先よりかろうじてましか、ひょっとするとまったく同程度の水準にしかないというのも確かだろう。[*28] 一方、最富裕層は大成功を収めた。二〇一七年には、世界の金持ち番付の上位八人が積み上げた富は、地球上に暮らす人間の半数――三五億人超――の富の総額に等しかった。[*29] 私たちの目の前にある選択肢を、最も的確に捉えたのがガンディーだ。彼はこう言っている。「地球はあらゆる人の必要を満たすだけのものを与えてくれるが、あらゆる人の強欲を満たすことはできない[*30]」

第四部

「レジリエンスの時代」

――「工業の時代」の終焉

第一〇章　レジリエンス革命のインフラ

文明の夜明け以来、私たちの種と自然界とのかかわり合い方における大転換はどれも、歴史上の画期的なインフラ革命に元をたどることができる。たいていの歴史家はインフラのことを、大勢の人をまとめて集団生活を送らせる足場と考えてきたが、インフラはそれよりもはるかに根本的な役割を担うのだ。世の中を変容させるようなインフラのパラダイムはどれも、集団的な社会生活の維持に不可欠な三つの構成要素をまとめ上げている。その三つとは、伝達の新しい形態、エネルギーと動力の新しい源泉、輸送とロジスティクスの新しい様式だ。これら三つの技術的進歩が起こり、滞りのない動的な関係ができ上がれば、人々が日々の経済生活や社会生活や政治生活で「伝達したり、動力を得たり、移動したりする」方法が根本から変わる。

インフラ変革の社会学的側面

インフラ革命が必要とするものは、あらゆる生き物が地球上で生きていくために維持するべきものに似ている。つまり、伝達手段と、生き続けるためのエネルギー源と、環境の中で位置を変えるための移動性あるいは運動性だ。人間のインフラ革命はどれも、いわば技術的な人工器官《プロテーゼ》を提供してくれる。そのおかげで、大勢の人が集まって大規模な「社会的生き物」と呼ぶのが最適のもの、すなわち、一まとまりになって活動する、自己組織化する系を成し、その中でより複雑な経済と社会と政治の体制を築き、より分化した役割を果たせる。

あらゆる生命体が外界と相互接続してそれに依存し、内部の生命活動と外界との間の動的な関係を調整するための半透膜──たとえば、皮膚や殻──を必要とするのとちょうど同じように、社会にもありとあらゆる種類の建物や囲いがあり、インフラ革命はそれらを変化させる。こうした人工の半透膜は、私たちが雨風を凌ぎ、身体的な健全性を維持するのに必要なエネルギーその他の必需品を貯蔵し、生活の質を高めるモノやサービスの生産と消費の安全で安心な場所を提供し、家族を養ったり社会生活を営んだりする集いの場の役目を果たす。

大きなインフラ革命は、新しい集団的体制がもたらした時空間の志向も、経済活動や社会生活や統治の形態の性質とともに変える。そしてそれらを、新たなインフラによって可能になる、新しい、より分化された生活の集団的パターンに伴う機会や制約に沿うようにする。

一九世紀には、蒸気印刷機と電信、豊富な石炭、国内の鉄道網を走る蒸気機関車が組み合わさって、伝達したり、動力を与えたり、社会を動かしたりするための共通のインフラを形成し、第一次産業革命を引き起こし、都市居住地や資本主義経済、国民国家政府が監督する国内市場を誕生させた。二〇世紀には、中央集中型の送電網、電話、ラジオ、テレビ、安価な石油、国内の道路網での内燃機関を使った輸送、内陸の水路、海路、航空路が合わさって、第二次産業革命と、郊外居住地やグローバル化や国際的な統治機関の実現のためのインフラを生み出した。

今日、私たちは第三次産業革命のただ中にいる。デジタル化されたブロードバンド通信インターネットが、太陽光発電と風力発電の電気が流れる、デジタル化された大陸内エネルギー・インターネットと融合しつつある（訳注　「エネルギー・インターネット」とは、通信のインターネットと似た流通システムを活用して、エネルギー供給を行う仕組みのこと。日本で「スマートグリッド」と呼ばれる次世代電力網もこれに相当する）。膨大な数の住宅所有者、地元企業や全国展開する企業、自治会、農場や牧場、市民社会組織、政府機関が、居住や勤務の現場で太陽光発電や風力発電を行ない、自らの活動に電気を供給している。余った環境に優しい《グリーン》電力は、ますます統合されてシームレスになっていく大陸内電気インターネットに売却される。この電気インターネットでは、現在、通信インターネットでニュースや知識や娯楽が共有されているのとまさに同じように、ビッグデータと解析ツールとアルゴリズムを使って再生可能電力が共有される。

今やこれら二つのデジタル化されたインターネットは、デジタル化された移動・ロジスティクス・インターネットと一体化しつつある。移動・ロジスティクス・インターネットは、電気自動車と燃料電池車などの乗り物から成り、それらの乗り物は、エネルギー・インターネットから供給される太陽光発電と風力発電の電気を動力とする。今後一〇年間にこれらの乗り物は、道路や線路、水路、空路でしだいに自動化が進み、エネルギーや通信のインターネットの場合とまったく同様に、ビッグデータと解析ツールとアルゴリズムに管理されるようになる。

　これら三つのインターネットは、データと解析の継続的な流れをしだいに共有するようになり、通信や、グリーン電力の生成と貯蔵と流通や、地域や大陸や世界の各時間帯を網羅するゼロ・エミッションの自律輸送の動きを同期させる、流動的なアルゴリズムを作り出す（訳注　「ゼロ・エミッション」とは、有害な廃棄物を出さないこと）。また、三つのインターネットはすべて、至る所に埋め込まれたセンサーからのデータを常時与えられる。センサーは、生態系や耕作地、倉庫、道路網、工場の生産ライン、そして特に居住用や商業用の建築物ストックの、あらゆる種類の活動をリアルタイムで監視しており、私たちが働いたり暮らしたりする場所から、日々の経済活動や社会生活を、より適応性の高い形で管理し、動力を供給し、進めることを可能にする。これが「モノのインターネット（ＩｏＴ）」だ。

　来るべき時代には、既存の建物に省エネルギーと気候レジリエンスのための設備やＩｏＴのインフラが導入されるだろう。また、利用者に近い、いわゆる「エッジ・データセンター」も設置され、一般大衆は自分についてのデータがどのように収集・利用・共有されるかを直接制御できるようになる。より分散型のゼロ・エミッション社会では、スマート・ビルディングが環境に優しいマイクロ発電所やエネルギー貯蔵サイトや、電気自動車と燃料電池車などの乗り物のための輸送とロジスティクスのハブの役割も果たす。

　第三次産業革命の建物は、もはや壁で囲まれた受動的な私的空間ではなくなる。自ら生み出した再生可能エネルギーや節約したエネルギー、エネルギー貯蔵設備、電気を動力とする交通手段、その他の多種多様な経済活動や社会活動が、入居者の裁量でみなで共有され、能動的に関与する結節点《ノード》として機能しうる。自立したスマート・ビルディングは、姿を見せ始めているレジリエントな社会にとって、きわめて重要な構成要素なのだ。

この地球規模のデジタル・インフラは、邪悪な勢力に奪われ、その勢力が新しいエリートたちの手に権力を集中させる一方で、人類の大半から主体性を吸い取り、地球を略奪するだけではないかと、もっともな懸念を抱いている人もいるだろうから、より現実味のある進路を示すことにしよう。その背景にある物語は、第二次産業革命が頂点に達してゆっくり衰退に向かうとともに、第三次産業革命を成り立たせることになる革新的な構成要素の多くが登場し始めていた時期に幕を開ける。

資本主義の先に向かう変化

第三次産業革命のデジタル・インフラが欧州連合（ＥＵ）や中国などで普及し始めるなかで、資本主義システムが準備していなかった奇妙な現象が起こった。デジタル・プラットフォームを管理するデータと解析ツールとアルゴリズムが、経済活動と社会生活と統治を構成する斬新な方法を生み出し、第一次産業革命と第二次産業革命のプラットフォームに伴っていた資本主義の理論と実践の重要な要素の多くを損なっていることが、しだいに明らかになったのだ。

アメリカの生化学者ローレンス・ジョセフ・ヘンダーソンのものとされる、よく知られた言葉がある。「科学が蒸気機関に負うところのほうが、蒸気機関が科学に負うところよりも大きい」

というのがそれで、科学者は蒸気エンジンの仕組みと動力の生成の仕方を研究することで、その作動原理を解明し、熱力学の法則を導き出すことができた、ということだ。同じように、資本主義はその理論と実践の両方で産業インフラに負うところのほうが、産業インフラが資本主義に負うところよりも大きい。

最初の二つの産業革命のインフラは、中央集中化するように設計されており、ピラミッド型のトップダウンで運営され、幾層もの知的財産権と物的財産権によって囲い込まれているときに、最もうまく機能した。また、中央集中型のインフラは、高い投資収益率を確保するために十分な「規模の経済」を生み出すように連携している諸産業による、垂直統合型の「規模の経済」に有利だった。そのおかげで、各産業や部門で、一握りの先発企業が、新興市場を掌握して支配することができた。

ビジネスモデルを構築するには、それ以外に方法がなかった。それは、インフラの軸――鉄道、電信・電話網、送電網、石油パイプライン、自動車産業――は開発や展開や稼働に莫大な費用がかかるので、どれほど豊かな一族や政府でさえも、単独では必要な資金を調達できなかったからだ。それらには、近代的な持株会社や金融資本や新興の資本家階級の成長が必要だった。同様に、化石燃料主導の産業革命インフラに連なる他のあらゆる産業も、成功するためには、資本主義の株式保有のビジネスモデルを受け容れ、十分な垂直統合型の「規模の経済」を確立することを強いられた。その結果、二〇二〇年の時点で、「フォーチュン」誌のランキング上位五〇〇社の収入は、世界のＧＤＰの三分の一に当たる三三兆三〇〇〇億ドルにのぼるが、その従業員は、全世界の労働者三五億人のうち六九九〇万人にすぎない。[*1]

また、化石燃料を主な動力源とする第一次と第二次の産業革命のインフラはいずれも、中断することなく稼働するために、地政学的にも軍事的にも広範な関与を必要とした。そして、これら二つの産業革命のインフラはどちらも、企業が株主にしだいに多くの利益を分配するために、効率を最大化するように設計されていた。こうして効率化を進めた結果、果てしない物質的成長が起こったが、事業から発生する負の外部性に対する予防策はほとんど講じられなかった。最後に、第一次産業革命と第二次産業革命のこうした構造上の特徴は、資本主義国で採用されようと、社会主義国で採用されようと関係なく、同じように機能した。

それとは対照的に、第三次産業革命のインフラは、中央集中型ではなく分散型として設計されている。このインフラは、私有化するよりもむしろ、オープンで透明性の高い状態を維持することで最もうまく機能し、ネットワーク効果を最適化できる。ネットワークとプラットフォームを共有する人が多ければ多いほど、参加者全員によって多くの「社会関係資本」（訳注　社会における人々のネットワークや信頼関係）が蓄積される。第一次産業革命と第二次産業革命の場合とは違い、第三次産業革命のインフラは、垂直方向ではなく水平方向に拡張するように設計されている。たとえば、ティム・バーナーズ＝リーは、許可を求めたり中央の管理者に料金を払ったりせずに、誰もが辺縁部から他の誰とでも情報を共有できるように、ワールドワイドウェブを設計した。

さらに、第一次産業革命と第二次産業革命のインフラが、ゼロサム・ゲームの中で多数ではなく少数に報いるようにできていたのに対して、第三次産業革命のインフラは、設計どおりに機能することが許されれば、経済力をより広範に行き渡らせ、経済生活の民主化を促すようにできている。

もちろん、アップルやグーグルやフェイスブックなど、スタートアップの第一世代はたしかに、支配的なグローバル・プラットフォームの創設に成功し、短期的には少なくとも通信インターネットのオペレーティングシステムの支配権を獲得した。それらの企業は、自社のプラットフォームへの自由で開かれたアクセスを許しつつも、何十億ものユーザーを犠牲にし、彼らの個人データを一括して第三者に売ることでそれを成し遂げた。個人データの購入者は、自らのモノやサービスを広告し、販売する目的で消費者へアクセスするために、そのデータを利用するのだった。

だが、長期的に見れば、こうしたグローバルな寡占状態が続く可能性は低い。すでに、EUやその他の国の政府は、こうした新しい巨大デジタル企業と争い、各企業がユーザーの個人データにアクセスする方法に制限を課し始めた。そして、これまた重要なのだが、分散型の開かれた民主的インフラとするべく設計されたものに対するこれらの企業の独占を打破しようと、諸政府は競争法の制定にしだいに力を注ぐようになってきている。

なおさら重要なのは、グローバルな独占が仮に完全に脇に追いやられないにせよ、制限されるであろうことだ。なぜなら、第三次産業革命のインフラは、絶えず新しいバージョンに自己進化しており、プラットフォームの中央集中型の指揮統制が以前と比べてはるかに実現しづらくなっているからだ。進化を続けるＩｏＴには億単位の数のセンサーが導入されており（ほどなくその数は兆の台に乗る）、それがあらゆる地域やコミュニティ、さらには全世界へと急速に拡がりつつあり、すでに厖大な量のデータを生み出している。

そのせいで、データの収集と保存や解析ツールとアルゴリズムの管理は、従来の巨大な垂直統合型のグローバル企業から、地元に立地し、地球全体に水平に拡がる分散型のハイテク中小企業への、空間的な転換を余儀なくされている。

情報通信技術（ＩＣＴ）業界の多くの人が、ＩｏＴデータはあまりに量が多く、まもなく中央集中型のデータ・センターのデータ保存容量とリアルタイムでのデータ利用能力を大幅に上回るだろうと予想している。すでに、小規模な「エッジ・データセンター」がＩｏＴインフラとともに現れてきており、現地でデータを収集し、多数のプラットフォームでそれを共有している。

ＩＣＴの業界リーダーたちも、クラウド・コンピューティング――現地で生成されたデータを遠方の巨大なデータ・センターに送ること――では、あまりに遅過ぎて、現地で展開する出来事にリアルタイムで反応できないことを、理解するようになってきている。このような遅れは、「レイテンシー・ファクター（遅延要因）」と呼ばれている。たとえば、自動運転車が衝突しそうになったとき、最新のデータをクラウドに送って、指示が届くのを現地で待っていたら、時間がかかり過ぎて反応が遅れ、衝突を避けられない。この現実を受けて、ＩＣＴの語彙に新しい用語が加わった。「フォグ・コンピューティング」だ（訳注「フォグ」は英語で「霧」の意。「クラウド」よりも端末近くに存在し、分散した形態であることを象徴している）。

今後数十年間に、家庭やオフィス、地元の企業や店舗、近隣地域、コミュニティ、さらには環境に埋め込まれた、廉価になる一方の無数のエッジ・データセンターは、第一世代のデジタル企業の特徴である垂直統合型・中央集中型のＩＣＴを、しだいに迂回《うかい》することによって、現地のデータの収集と保存を水平化し、局地的に接続したネットワークで人々がリアルタイムで解析とアルゴリズム統治を利用できるようにするだろう。

デジタル化された新しい分散型のインフラは、商業と貿易の大幅な民主化を地球規模でもたらす。多くのグローバル企業がこの移行期を生き延び、栄えるだろうが、それらの新たな役割は、経済的な展開の多くを行なうことになる地元のより機敏な中小企業のための、サプライチェーンの統合や職務の調整、技術的な専門知識と研修の提供などになるだろう。

第一次産業革命と第二次産業革命のインフラは、主に政府が所有し運営していたか、あるいは場合によっては民営化されて大企業の手に移っていたのに対して、第三次産業革命のインフラの構成要素の多くは本来、分散型で、人々が所有している。風力タービンや屋根に設置する太陽光パネル、マイクロ送配電網、ＩｏＴを備えた建物、エッジ・データセンター、蓄電池、水素燃料電池、充電ステーション、電気自動車は、何億もの世帯や、何十万もの地元の企業や店舗や住民組織が所有している分散型のインフラの一部だ。

今後二〇年間に分散型の度合いが非常に高いこのようなインフラが登場するなかで、何十億もの人が自らのコミュニティの流動的なブロックチェーン・プラットフォームで、インフラの各自の構成要素を自由自在に配備したり、統合したり、分離したり、再統合したりし、地域や大陸や海洋を越えてつながる。これは、文字どおりの意味でも、比喩的にも、「人々にパワーを」与えるものだ。

このインフラは、複雑ではあっても高度に分散・統合されているおかげで、どちらかというと、相互に作用する多数の結節点《ノード》と主体から成る生態系のように機能する。スマート・プラットフォームを利用したことがある人なら誰もが知っているとおり、自分の社会関係資本を提供するという考え方は、効率的な収奪よりも適応的貢献の性質を帯びている。社会関係資本の増加分の一つひとつが、プラットフォームが進化して、ますます自己組織的な形でより相互依存的になることを可能にしつつ、貢献者全員の全体的な社会資本を高めるインプットだ。さまざまなウィキのことを考えるといい。

このインフラの重要な構成要素——通信、エネルギー、移動とロジスティクス、ＩｏＴ——が相互に接続されると循環型社会が促進される。直線的だった過去の二つの産業革命とは違い、第三次産業革命は循環的で、極相にある生態系のさまざまなプロセスのように、あらゆる要素とインプットが他のすべてにフィードバックを行ない、負の外部性を減らしながら生産性よりも再生性を優先する経済プロセスを生み出す。

第三次産業革命のインフラは、スマートで非直線的な、自己組織化する生態系の群れと考えるのが有益だ。これらの生態系は、意思を疎通し、自らに動力を供給し、自分の移動を管理し、多くのフィードバックループから常に学び、相互作用しながら果てしなく進化し、自らを変容させていく。今出現しつつあるこのインフラの動態は、第一次産業革命と第二次産業革命のビジネス慣行の特徴だった、静的で中央集中型の、平衡に基づく経済制度とはあまりにもかけ離れているので、比較のしようがない。第三次産業革命のインフラは、まったく異なる作動原理と目的を持った新しい経済システムを生み出している。

アナログのインフラからデジタルのインフラへの変化は、資本主義理論の柱の一つ、すなわち市場交換取引の価値を消し去る。起業家志望者は誰もが、固定費を減らし、こちらのほうがなおさら重要なのだが、モノの製造とサービスの提供の限界費用《マージナル・コスト》を削減できる、ますます安価なテクノロジーと合理的なビジネス手法を探す。それによって、経営者は販売した単位当たりの収益を増やし、投資家に十分な利益を分配することができる。最適な市場は、限界費用で販売を行なう。だが、資本主義が拡大した過去二〇〇年間に、限界費用をゼロの近くまで果てしなく削減できるほど強力なテクノロジー革命など、誰一人夢にも見なかった。限界費用がそこまで下がると、特定のモノやサービスを市場で「交換」して利益を出すのはほぼ不可能だ。ところがデジタル革命は、まさにそのような状況を生み出しつつある。

市場はあまりに時代後れになり、デジタル・インフラに対応できない。考えてほしい。売り手と買い手は、お互いを見つけ、交換価格を取り決めなければならず、その後、離れていく。市場交換の合間の休止時間が命取りなのだ。この休止期間中にも、売り手には依然としてコストがかかっている。在庫、賃貸料、税金、給与、その他の諸経費がある。そのうえ、売り手はマーケティングや宣伝や勧誘に梃入《てこい》れしなければならず、市場交換の合間に、さらに時間と費用がかかる。

市場交換の開始／停止の仕組みは、デジタル化された経済では、文字どおり時代錯誤だ。市場は取引の場だ。一方、ネットワークはデジタル主導で、サイバネティックスによってつながり、交換ではなくフローとして機能している。そのおかげで、商業活動は市場での開始／停止の取引から離れ、ネットワークの継続的なフローへと移ることができる。ネットワークの中では休止時間を発生させなくて済む。この根本的な変化により、経済は所有からアクセスへ、市場における売り手と買い手からネットワーク上のプロバイダーとユーザーへという、歴史的な飛躍を遂げ始めている。

デジタルの相互接続によって限界費用は下がったものの、ネットワーク上で情報が途切れなく流れているので、限界費用の急減を埋め合わせることができている。それは、プロバイダー／ユーザー・ネットワークでのサービスの継続的な提供のおかげだ。プロバイダー／ユーザー・ネットワークの新しい経済の時代には、知識のシェアリングからエネルギーのシェアリングや乗り物のシェアリングまで、あらゆる経済活動は潜在的にサービスとなる。サービスのプロバイダーはたいてい資産を所有しているから、次の二つに強い関心がある。一つは、寿命が長い高品質で高性能の機械を製造すること。もう一つは、予期していない混乱に直面したときに、休止時間のコストを節約して、信頼できる運用を確保するために、システムのレジリエンスを高めるような冗長性を組み込んだサプライチェーンとロジスティクスを展開することだ。

一部の限界費用はゼロに近い水準まで低下し、ほぼ経費がかからなくなっており、新しいデジタル経済は、レジリエントなシェアリング・エコノミーと呼ぶにふさわしい新しい経済制度へと移行しつつある。シェアリング・サービスのなかには、ウーバーやエアビーアンドビーのような資本主義ネットワークを生み出したものもある。そうしたネットワークは、プロバイダーとユーザーをほぼゼロの限界費用で結びつけるが、サービスへのアクセスに料金を徴収する。もっとも、それらは長続きしそうにない。たとえば、車を所有し、ガソリン代と保険料とメンテナンスの費用を払い、労働をすべて提供しているドライバーたちはすでに、地域の――そして、まもなく全国的な――デジタル協同組合プラットフォームを組織して、自分のサービスを提供し、所得のかなりの割合を第三者に渡さなくても済むようにし、生計を立てるのに十分な収益が得られるようになり始めている。ウィキペディアのように無料で利用できる、少額の寄付で資金を調達する非営利プラットフォームとして存在しているシェアリング・サービスもある。世界の一流大学の秀でた教授が教える無料のオンライン大学講座を受講している人もおり、大学の授業単位をもらっていることも多い。厖大な数の人がデジタル・プラットフォームで、ニュースのブログや、音楽、芸術、その他多くのモノやサービスを生み出している。これらの活動は一つとしてGDPには含まれないけれど、みな、社会における生活の質の向上に貢献している。

冷笑家は嘲るかもしれないが、ブロードバンドと再生可能エネルギーと自動運転車のシェアリング・サービスが安価になるにつれて、より分散型の経済はますます拡大し続けるというのが現実だ。シェアリング・エコノミーのなかには、企業モデルとアクセス料金の支払いにこだわり続けるものもあるだろうが、ハイテクの協同組合に向かい、プロバイダーとユーザーをつなげて途切れないサービスを確立するもののほうが多く、両者の活動がほぼ無料になるものも出てくるだろう。

デジタルで相互接続した分散型のシェアリング・エコノミーは、まだ揺籃《ようらん》期にあるとはいえ、一八世紀の資本主義と一九世紀の社会主義以降初めて世界の舞台に登場した新しい経済システムであり、この新しい経済秩序が、産業資本主義の下で私たちが知っていたものとどれほど異なるかを、これまた示している。たとえば、デジタルでつながった経済では、GDPは景気動向の指標としての地位を急速に失いつつある。そもそもGDPは、効果的な指標ではなかった。GDPは大ざっぱなツールで、生活を豊かにするものも社会の健全性を損なうものも区別することなく、ありとあらゆる経済生産を同じように測定してしまう。有害なゴミの廃棄場をきれいにしたり、より致命的な大量破壊兵器のシステムを製造したり、より多くの刑務所を建設したり、化石燃料を燃やして出た二酸化窒素にさらされたせいでかかった肺疾患を治療するために入院期間を延ばしたり、気象関連の災害のせいで近隣地域やコミュニティを再建しなければならなくなったりしても、それがすべてGDPに反映されるのだ。

近年、経済協力開発機構（OECD）や国際連合やEUといった国際的な機関が、経済の健全性を測定するのに「生活の質の指標（QLI）」を採用するようになったので、GDPは権威を失い始めた。QLIという新しい基準は、乳幼児死亡率や平均寿命、教育水準、公共サービスへのアクセス、空気や水の質、余暇、ボランティア活動、共有財資源《コモンズ》の利用可能性、安全なコミュニティでの居住などを測定し、若い世代が良い生活を評価する方法そのものを一変させている。

二〇二〇年には、何十億もの人がスマートフォンを持っており、その端末のそれぞれが、かつて月に宇宙飛行士を送り込んだコンピューターよりも高い演算能力を持っている。[*2] 固定費が急落し、スマートフォンの限界費用がゼロに近くなった今、人類は遊びや仕事や社会生活のために、多数のプラットフォームにつながっている。こうして登場しつつあるグローバルな相互接続性は、政府やグローバル企業などの従来のゲートキーパーを迂回する新しい通信チャンネルを切り拓いている。その結果、新しいデジタル・インフラは、時間的関係や空間的関係を民主化し、商業や貿易、市民生活や社会生活のための新しい協力関係が世界中で盛んになることを可能にしている。これによって社会は、グローバル化からグローカル化に移行する。

コミュニティが自給自足と自らの生物圏の保全・管理にいっそう注意を払い始めるなか、グローカルな経済ほど、生産を——部分的には——国外への移転から国内への移転に転換している。同時に、水平型の「規模の経済」に伴う、モノとサービスの生産・流通の固定費と限界費用の急落のおかげで、中小のハイテク企業は、世界中で互いに——地域から地域へと——取引を行なうことができるようになった。しかも多くの場合、グローバル企業よりも高い敏捷《びんしょう》性と競争性を持って。

グローバルからグローカルへのパラダイム転換には、経済や社会生活や統治に通信と動力と移動手段を提供するインフラの、アナログからデジタルへの移行が伴う。そして、労働力の徹底的な再配置が求められる。一九世紀と二〇世紀の産業労働力が、もっぱら地球の資源の収奪と消費に向けられていたのに対して、二一世紀の労働力は、生物圏の保全・管理へとしだいに重点を移していくだろう。生態系の保全と管理のために、新しい雇用区分と大量の新規雇用が生まれる。ロボットとAIは、生態系の監視と保全・管理には副次的な役割しか果たさない。増える一方のさまざまな気象関連災害に対して、再野生化する予測不可能な地球に適応するための想像力に富んだ新しい方法で取り組むには、人間が大規模に関与して困難な仕事を担う必要がある。

ブルッキングズ研究所は、主要部門で、レジリエントなゼロ・エミッションの経済の展開と運営に特化する三二〇の職種をすでに特定している。[*3] これらの職種は、実務技能職から専門技能職まで幅広い。TIRコンサルティング・グループが発表した詳細な調査は、アメリカだけでも二〇二二〜二〇四二年に一五〇〇万〜二二〇〇万人分の新規雇用が生まれると予想している。アメリカ大陸の第三次産業革命のインフラがしっかり展開し、新しい第三次産業革命のデジタル・プラットフォームに入っていったりそこから派生したりする新しい企業と雇用機会が、それに伴うからだ。[*4]

コミュニティも、地元で太陽光や風力から得た電気を近隣のコミュニティと共有し始めており、今後二〇年以内には、グリーン電力を地域全体や世界中で共有し、人類全体を結びつけるだろう。太陽光や風力から生成した電気の共有によって、化石燃料主導の工業文明の長い悪夢に終止符が打たれる。この文明では、地中に埋蔵されたエネルギー資源をめぐって地域戦争が行なわれ、二〇世紀には世界大戦が二度起こり、何千万もの人が命を落とした。

従来は、石炭と石油と天然ガスの鉱床の指揮統制を中心とし、軍事化された地政学が熱狂的に崇められていた。だが、「レジリエンスの時代」は人類全体をそのような地政学から解放し、「生物圏政治」の新時代へ導く。生物圏政治は、大陸や海洋や時間帯を越えて広がるデジタルの超大陸《パンゲア》で、太陽光と風力からのエネルギーを共有する動機を与える。今日の超大国の一つか二つがグローカルなエネルギー・インターネットを掌握して全人類を意のままにしようとしかねないと心配する人もいるだろうが、そうはなりそうもない。「レジリエンスの時代」には、どの大陸でも大小さまざまな、文字どおり何十億もの家庭や何百万もの企業や何十万ものコミュニティが、人々が働いたり暮らしたりする場所で太陽光と風力を捉え、新しいエネルギーをマイクロ送配電網の中に蓄え、余剰のグリーン電力があれば、出現しつつあるグローカルなエネルギー・インターネット全体で共有する。

ごく一部の場所にしか豊富に存在しない化石燃料とは違い、太陽光と風力は分散型のエネルギーであり、どこにでも存在する。だがその供給は断続的なので、天候や地球の自転、太陽の周りを地球が公転するのに伴う季節の変化と歩調を合わせながら、電力を共有せざるをえない。

そのため、単一の国家あるいは特定の国家群がゲートキーパーとして振る舞おうとしても、おそらく失敗する。どの場所も、グローカルなエネルギー・インターネットからただちに離脱し、コミュニティや地域のマイクロ送配電網に接続し直すことができるからだ。そうした送配電網は、ほどなく大陸全体を網羅し、地元でも地域でも電気を流し続け、照明を持続させられるようになる。グローカルなエネルギー・インターネットは高度に分散型だから、どんな国も、各大陸中の何百万ものローカルなマイクロ送配電網を支配することは事実上不可能なのだ。

第三次産業革命のスマート・デジタル・インフラへの転換がもたらす経済の変化をすべてまとめにかかると、それは途方もない規模のものとなり、私たちが経済生活をどう考えるかに根本的な変革が起こることが想像できる。所有からアクセスへ、売り手と買い手の市場からプロバイダーとユーザーのネットワークへ、アナログの官僚制からデジタルのプラットフォームへ、ゼロサム・ゲームからネットワーク効果へ、成長から繁栄へ、金融資本から自然資本へ、生産性から再生性へ、直線的な過程からサイバネティックな過程へ、負の外部性から循環性へ、垂直統合型の「規模の経済」から水平統合型の「規模の経済」へ、中央集中型のバリューチェーンから分散型のバリューチェーンへ、ＧＤＰからＱＬＩへ、グローバル化からグローカル化へ、グローバルな複合企業から流動的なグローカル・ネットワークの中でブロックチェーン化された機敏なハイテク中小企業へ、地政学から生物圏政治へ、といった変革だ。第三次産業革命のインフラは過渡期の経済パラダイムであり、ある部分は古い工業経済モデルに縛られ、また別の部分は新興のレジリエンス革命の決定的な特徴の多くを示している。

第三次産業革命は過去七〇年間に、最初の業務用コンピューターの販売や、数値制御テクノロジーとロボット工学と自動化の導入から、宇宙空間でのＧＰＳ誘導や大陸や海洋を網羅する形で遍在するＩｏＴセンサーにまで及ぶ、デジタル化により完全に統合されたグローバルな接続へと進化してきた。この過程が展開するなか、この自己組織化システムの内部の動態と、その副産物のいっさいが、当初予想されていたものとはまったく異なるものへと変化した。つまり私たちは、新しい経済パラダイムへの並外れた飛躍を目の当たりにしているのだ。そのパラダイムは二〇四〇年代半ばまでには、厳密に資本主義的な経済モデルで動いている第三次産業革命とはもう思えなくなっていることだろう。私たちのグローバルな社会は、二五〇年にわたる産業革命の期間を抜け出し始め、レジリエンス革命と特徴づけるのが最もふさわしい新時代を見据えている。

中世が信心深さと天の救済の夢を重視し、近代と現代が勤勉さと果てしない物質的進歩の促進を重んじたのに対して、来るべき時代には、あらゆる場面でレジリエンスが強調され、私たちの種を地球のリズムと流れに再び適合させる展望が示される。この変容の主な指標は、レジリエントなインフラの展開によってもたらされる、時間と空間の志向における転換だ。効率化は適応力に道を譲り、自然の分断と商品化は、生気に満ちた地球との深い再関与に取って代わられる。「レジリエンスの時代」は目前に迫っているのだ。

アメリカにおける足掛かり

ＥＵと中国がともに、デジタル技術で統合されたレジリエントなインフラへの移行を進めているのに対して、アメリカは、おおむね傍観を決め込んでいる。例外として、一握りの州と大都市がＥＵや中国と足並みを揃えて前進しているが、残りは第二次産業革命の炭素を中心とするパラダイムに、依然としてどっぷりはまり込んでいる。偶然のことだが、二〇一九年一月、私が非公式に助言をしてきたビジネス界の「気候問題の友」とのミーティング中に、民主党の上院議員チャールズ・シューマー（当時は上院少数党院内総務、現在は多数党院内総務）から電話がかかってきた。電話の後、私がシューマーとの関係について尋ねると、二人は生涯の友だとのことだった。

シューマー上院議員が気候変動への対処を長年提唱していることは、私も知っていた。だが、彼の主張は際立っていた。気候変動対策に関する彼の公の声明は、ＩＣＴ／ブロードバンドや再生可能エネルギーによる発電、電気と燃料電池による輸送を一まとめにしてレジリエントな社会を築くことができる、スマートなグリーン・インフラ革命の推進と一貫して結びついていたからだ。これは、ＥＵと中国ですでに採用されているものに似た取り組み方だった。そこで、シューマーと会う機会を設けてもらえないかと頼むと、友人はお安い御用だと引き受けてくれた。

二〇一九年三月一一日、私は合衆国議会議事堂でシューマー上院議員と会い、私がＥＵと中国で気候関連の第三次産業革命のインフラ変革の構想作りと展開に取り組んでいることを伝えた。彼は、同じ目的の達成のための「アメリカ独自の取り組み」に熱意を示し、私のグローバルなチームが彼自身や彼の立法スタッフと直接提携し、アメリカのためのレジリエンス３・０インフラ・プランを策定しないか、と提案してきた。私は同意し、さっそくいっしょに仕事に取り掛かった。

シューマー上院議員と私は、二〇一九年三月から二〇二〇年三月にかけて一〇回にわたって話し合った。そのうち五回のミーティングは彼のオフィスで開かれ、四回はオンライン会議と電話でのやりとりだった。さらにシューマー上院議員は、私たち二人に加えて、スマートなレジリエンス3・0インフラの運用開始に向けて協力してもらうのが重要になると思われる七人の同輩上院議員との夕食会も催してくれた。その一年間に、シューマーの要請を受けて、私のオフィスは、新しいインフラ案の構想と展開についての戦略覚書の改訂を重ね、三つのバージョンを順に提出した。シューマーはそれぞれの覚書を承認し、私たちはさらに進み続けた。

私は三つ目の覚書が承認された後、もっと肌理《きめ》細かなアプローチを取り、アメリカをゼロ・エミッションの新しいグリーン経済へと導く、二〇年がかりの全国的なインフラ改革を網羅する詳細なインフラ計画を、付随するあらゆる基準とともに策定することを提案した。シューマー上院議員は同意し、私たちのオフィスは仕事に取り掛かった。

現時点では、追加条項を整えている。アメリカでは、グリーンなゼロ・エミッションの未来への移行についての提案が、これまでにも多数なされてきた。だが、事実上そのすべてが、関連のない提案や企画の羅列でしかなく、私がEUと中国で展開するのを助けた類の途切れないレジリエントなインフラの創出とは、よくてもわずかなつながりしかなかった。そして、インフラに触れる少数の企画は主に学界からのもので、私が思い描いていたようなインフラ革命の長期的な建設現場を実際に展開する際の実社会での経験がほとんど、あるいはまったくない人々によるものだった。重要な州の進歩的な知事や、アメリカのいくつかのグリーンな都市の市長でさえも、新しい経済パラダイムと脱炭素時代へとアメリカを進ませることが可能なインフラを示す明確な計画なしに、縦割りのプロジェクトをより重視していた。

私たちは、長年の間に仕事で親密なつき合いがあった世界の各産業の第一人者の一部と、彼らの組織の専門職員たちを集めた。そして、まずこう問い掛けた。二〇四〇年までに、二酸化炭素排出がなく、完全に運用可能なレジリエンス3・0インフラへとアメリカを進ませるには何が必要で、何が可能か？　私たちは、既存の最新技術と、広く受け容れられている業界基準と、二〇二〇年から二〇四〇年までの二〇年間に予想されている未来のコストと節約と収益を踏まえ、技術的にも商業的にも実現可能なことに、しっかりと基づいて課題を設定した。その成果が、アメリカにとって歴史的なインフラ改革をまとめた二三七ページの詳細な計画だった。この報告書は、二一世紀前半の終わりまでに、依然として進化を続けている第三次産業革命インフラから、発生期にあるレジリエンス革命インフラへの体系的な転換を示すものだった。

シューマー上院議員はこの計画を吟味し、それから私たちのパートナーであるグローバルなチームは、二〇二〇年八月二五日にオンライン会議で同議員を交じえ、重要項目や詳細、予想、アメリカのためのこの新しい展望を前に進める最善の方法について話し合った。シューマーは、この計画は「素晴らしい」と思う、民主党幹部会からも、議会や州や地方レベルでは共和党からも、支持を取りつけたいと「強く願って」いると述べ、私のチームが彼のチームと協力し、二〇二一年一月からの次期政権と議会に備え、迅速な法案成立に向けて詳細を肉付けし、主要な上院議員にもブリーフィングを行なうように提案した。

以下にその報告書の重要項目と予想を詳しく紹介しよう。

アメリカのレジリエンス３・０インフラ改革（二〇二〇〜二〇四〇年）

・二一世紀の経済のための、スマートでデジタルのゼロ・エミッション第三次産業革命インフラを拡大し、展開し、管理するための一六兆ドルの投資。
・二〇二二〜二〇四二年に、正味で一五〇〇万〜二二〇〇万人分の新規雇用の創出。
・アメリカ３・０インフラへの投資は、二〇二二〜二〇四二年に一ドル当たりＧＤＰに二・九ドルの増加をもたらすことが予想される。
・ＧＤＰの年間成長率を、通常の一・九％から二・三％に上げ、二〇四二年のＧＤＰを二兆五〇〇〇億ドル増加させる（その年に、二九兆二〇〇〇億ドルから三一兆七〇〇〇億ドルまで引き上げる）。
・全国に最新式の高圧直流の大陸内エネルギー・インターネットを構築して管理するために、三七七〇億ドルをかけ、二万二〇〇〇マイル（訳注　約三万五四〇〇km）の地中ケーブルを敷設し、六五のターミナルを設置する。
・再生可能電力の生成と共有のために、二兆三〇〇〇億ドルをかけ、七四〇〇万の住宅用マイクロ送配電網と、九万の商業用／産業用マイクロ送配電網と、アメリカ全土のコミュニティに一万二〇〇〇の発電所規模のマイクロ送配電網を設置して維持する。
・九七〇億ドルをかけて、アメリカ全土の一億二一〇〇万世帯のすべてにファイバー・ベースのブロードバンドを導入する。

・二〇二〇〜二〇四〇年に市場で販売される多数の電気自動車（ＥＶ）に電力を供給するために、一兆四〇〇〇億ドルをかけて、全国的なＥＶ充電インフラを建設して維持する。
・四兆四〇〇〇億ドルをかけて、国内の商業建築物と工業建築物を改良する。
・四兆三〇〇〇億ドルをかけて、商業建築物あるいはその周辺に太陽光パネルを設置する。
・一兆八〇〇〇億ドルをかけて、住居建築物を改良する。
・一兆六一〇〇億ドルをかけて、住居建築物あるいはその周辺に太陽光パネルを設置する。
・アメリカ経済全般で、総効率——有用なエネルギーと潜在的な仕事（真のＧＤＰの量）の比率——をおおむね倍増させる。
・大気汚染と医療費で三兆二〇〇〇億ドル、気象関連災害の累積コストで六兆二〇〇〇億ドルの節約。
・国内のオポチュニティゾーン——最も貧しくてリスクが高い、不利な条件下にあるコミュニティ——に指定された八七〇〇か所で、アメリカ３・０インフラの構築を優先させる。
・バリューチェーン全体で、所有からアクセスへ、市場からネットワークへ、売り手と買い手からプロバイダーとユーザーへ、生産性から再生性へ、ＧＤＰから生活の質の指標へ、負の外部性から循環性へと、ビジネスモデルを転換する。
この報告書は、二〇年間の導入期間に行なわれる、レジリエントなインフラの構想から段階ごとの展開に至るまで、事実上すべての技術的・商業的側面を掘り下げている。また、さまざまな構成要素の製造と調達と組み立てや、大陸内の建設現場におけるインフラへの統合についても、詳しく述べている。技術的な側面については、インフラの軸にかかるコストの予想と、長期的な投資収益率も添えられている。

現場で求められる何百もの専門的・技術的スキルについても、インフラ構築を管理する、スマートな二一世紀の労働者養成に求められる専門研修と併せて、論じられている。

この報告書は、一九世紀と二〇世紀のアメリカにおける、過去二回のインフラ革命のときに匹敵する規模で、全国的な建設プロジェクトを開始するための雛形《ひながた》を提供するべく書かれているが、その実施については、中央集中的ではなく、より分散的で、五〇の州と州内の地方のそれぞれのニーズや希望や目標に合うように配慮されている。このように州がそれぞれの形で貢献し、大陸規模のデジタル・インターフェースに流れ込んだり、そこから流れ出たりする多様な支流のモザイクを提供する。そのインターフェースは、複雑適応的社会・生態系にふさわしい、途切れはないけれど流動的なものとなる。シューマー上院議員のために準備された、「アメリカ3・0――レジリエントな社会、スマート第三次産業革命インフラ、アメリカ経済の回復」と題する二三七ページの報告書は、オープンソースだ。

第一次産業革命と第二次産業革命の時代には、インフラは、長期的なレジリエンスと安定した確実な投資収益よりも、短期的な効率の向上と手早い利益の確保を優先した。その結果、私たちは今、脆弱きわまりない社会に暮らし、ますます深刻化する気象災害やパンデミックやマルウェアの侵入といった、予想外の大規模な混乱にさらされ、社会のさまざまな部分がまるごと麻痺し、自然環境が破壊され、経済も痛めつけられ、何百万ものアメリカ国民の健康と幸福が損なわれている。

アメリカで崩壊していく第二次産業革命のインフラほど、短期的な効率と長期的なレジリエンスの是非が明らかな分野はないだろう。たとえば私たちは、全国的な電気通信網と電力供給網のインフラを、地中にケーブルを埋設する費用を節約するために地上に設置した。ところが、地球温暖化が引き起こした洪水や旱魃、森林火災、ハリケーンによって電話や電気の回線が切断され、大規模な通信障害や停電が起こり、アメリカの経済と社会に何十億ドルもの損害を与えずに一つの季節を終えられることは、めったにない。

アメリカの既存の住居建築物や商業建築物や工業建築物も同様で、手を抜いても短期的な利益を手早く確保するべく建てられている。そのため、住宅もオフィスも工場も、ますます甚大化しながら次々に容赦なく襲ってくる気象災害や、それに付随する人命や住宅、企業や店舗、財産の損失に対して脆弱化し、レジリエンスも低下している。さらに、地元の電気事業と大半が旧式の電力供給網の継ぎ接《は》ぎから成る、アメリカの大陸規模の電力供給網は、その一部を遮断して全国の地域やコミュニティを大混乱に陥らせることを狙う、サイバーテロの標的として目をつけられるようになっている。

そのうえ、短期的な効率の向上と利益を確保するためのコスト削減の犠牲になって、道路、上下水道、刑務所、学校などの公共インフラが、過去四〇年間に大幅に民営化され、一般大衆が経済活動と社会生活のために通信と動力と移動性を維持するうえで依存している、重要なインフラのレジリエンスが損なわれてきた。

気象災害とサイバー犯罪とサイバーテロが頻繁に発生するようになる未来には、サプライチェーンがたちまち遮断され、各コミュニティや社会全体までもが危機に陥りうる。また、感染症が世界的に流行すれば、ほとんど一夜にしてサプライチェーンが活動を停止しかねない。ロジスティクスのシステムが損なわれれば、食料や水や医薬品などの基本的な生活必需品が届かなくなり、全国民が危険にさらされる。新型コロナのパンデミックが発生したときに、私たちはそれを思い知らされた。このパンデミックはアメリカと世界各国の経済を麻痺させ、生命の維持に不可欠な医療機器や医薬品や食料の供給が止まり、地域経済は打つ手がなく、住民の健康と幸福を維持するのに必要な基本的物資を確保することができなくなった。

地域の製造拠点へ業務を戻し、レアアース・メタル（希土類金属）の国内調達を増やし、ロジスティクスのシステムとサプライチェーンをレジリエントにすることが必要だ。それに加えて、スマート道路システムでの乗用の電動自動運転車の使用と水素を動力源とする燃料電池を使った貨物輸送へと移行するなかで、サプライチェーンとロジスティクスを守るために、システム全体でバックアップの動力源を入手可能にしておくことが、特に重要になる。そのためには、インターステート・ハイウェイ沿いのサービスエリアの補給ステーションやその近隣には、専用の太陽光発電や風力発電の設備を設置しておき、充電ステーションや燃料電池用水素ポンプに電気を供給する必要がある。それによって、電気自動車や水素を燃料とする長距離貨物トラックを走らせ続けることができる。倉庫や流通センターも、照明や冷暖房、機械やロボットを使った作業のための電力を供給するために、現場または近隣で太陽光発電や風力発電を行なわなければならない。基本的な必需品の適切な入庫や保管や配送を確実に実行できるようにするためだ。

アメリカ3・0のインフラは、国内のインフラのあらゆる面にレジリエンスを組み込むことを優先する。たとえば、壊滅的な森林火災か洪水かハリケーンで全国や地方の電力供給網と携帯電話基地局の一部が停止し、何百万もの人がコンピューターもスマートフォンも使えなくなったら何が起こるか、考えてほしい。そういう事態が発生しても、家庭や地元の企業や店舗、近隣地域、地方自治体は、中央の電力供給網から、家庭やオフィスや工場の中か近辺、あるいは近隣地域や近くの野原に設置された文字どおり何百万もの太陽光発電と風力発電のマイクロ送電網に迅速に切り替え、ネットワークとして再び一体化し、電気を流し続け、コンピューターとスマートフォンの電源を確保し、地域あるいは全国の供給網が再稼働するまで、外の世界との途切れない接続を維持できる。

同じように、生存のために、既存の建物を改良して、家庭やオフィスや工場を強靭《きようじん》化し、気象災害に耐えるだけのレジリエンスを持たせる必要性が急速に高まっている。厖大な数の既存の建物を徹底的に改良し、内部の密閉性を高め、エネルギー損失を最小化し、エネルギーの節約を最適化し、気候関連の破壊的な影響に対するレジリエンスを持たせるために構造を補強しなくてはならない。建築物での温室効果ガスの大きな排出源である天然ガスと石油を使った暖房は、既存の住居建築物や商業建築物、工業建築物、公共建築物の全般で、電気暖房に取り換える必要がある。建築物への省エネルギー投資は、比較的少ない年数で元が取れる。その後は、所有者や賃借人は、何十年にもわたってエネルギーのコストを確実に節約することができる。

ＩｏＴセンサーをつないだ水のインターネットも、貯水池や、上水を消費者に届け、汚水を取り除いて再浄化の処理場へと送り返す水道管に配備されつつある。ＩｏＴセンサーは、パイプにかかる圧力や、設備の損耗、漏水の可能性、水の透明度や化学的組成の変化を絶えず監視し、そのデータと解析ツールを使って水道管の問題箇所を予期し、介入し、遠隔修理さえする。スマート・メーターを使って監視すれば、使用量や使用時間など、水流のリアルタイムのデータも得られるので、水資源をより効果的に管理し、清潔な水の確実な供給から、消費者による再利用に向けた廃水のリサイクルや浄化まで行ない、この望ましい循環システムで水を節約できる。アメリカ土木学会によると、水道管からの漏水や計量の不正確さ、その他の不備のせいで毎日六〇億ガロン（訳注　約二二七億Ｌ）近くの浄水が無駄になっているというから、この事実を考えれば、上下水道全体に水のインターネットを埋め込むことは、なおさら適切になる。[*5]

レジリエントなアメリカ３・０インフラのＩｏＴ神経系は、気候変動の影響を監視するために欠かせないテクノロジーにもなりつつある。たとえば、地球の生物圏の至る所にセンサーが埋め込まれ、洪水と旱魃の状況や気流を監視し、気候変動の影響を測定するとともに、状況が急激に悪化して激しい洪水や森林火災が発生しかねない危険な場所があれば、当局に警報を出し、初動対応要員に事前に知らせ、介入して緩和策を講じられるようにする。

ＩｏＴセンサーは他にも、生態系の回廊に沿って配置され、野生生物の動きを追い、群れの縮小など、絶滅危惧種に関するデータを提供する。このデータは解析され、さまざまなエコリージョン（生態地域）の野生生物の保護や生物多様性の維持を目的とする介入方法の評価が行なわれる。ＩｏＴは、大気圏の空気組成を刻々と測定して伝えることで、大気汚染の監視にも役立っている。喘息などの公害関連の疾患に苦しむ人々にとって、大気汚染は深刻な健康問題だ。センサーは、地表のすぐ下にさえ挿入されており、土壌――土壌圏――の状態を監視し、地球上のあらゆる生き物が生存のために依存している「クリティカル・ゾーン」の栄養状態を科学者たちに知らせる。

ある意味でＩｏＴは、地球の重要な臓器――水圏、岩石圏、大気圏、生物圏――の健康を監視し始めている、神経系のようなものであり、地球のこれらの圏のどれか一つにでも起こる変化は他のすべての圏と、私たちを含むあらゆる種に波及し、それに影響を与えることがわかってきている。この意味深長な事実に気づくことで、人類の世界観は根本から変わりそうだ。生物学的なものであれ、化学的なものであれ、物理的なものであれ、地球上のあらゆる現象は、他のすべての現象と緊密に結びついており、地球の各種の複雑な勾配や神経系のどこで起こるどんなことも、私たち自身の種の健全性も含め、他のいっさいに直接影響を及ぼすことを、私たちはそこから学んでいる。この新しい根源的な理解によって、私たちはレジリエントな社会へ、そして人類のための新しい社会契約へと導かれる。

ここまで挙げてきた変化はみな本質的に大きな転機となるものであり、それらが相まって、二五〇年の短い「進歩の時代」の歴史に幕を下ろす。私たちは、時間的・空間的方向転換の時を迎え入れようとしている。その筋書きはどうやらまだ定まっていないが、その転換次第で、来るべき「レジリエンスの時代」に私たちが周りの世界をどう理解し、どう生き抜いていくかが決まる。カギを握っているのは、人新世に待ち受けている「既知の未知」と「未知の未知」を明るみに出し、ここ地球上のさまざまな生命力への深い関与を促す新しい適応的な統治の形態を生み出す能力だ。

それでは、私たちはここからどこに向かうのだろうか?

第一一章

バイオリージョン（生命地域）統治の台頭

代議制民主政治は「工業の時代」の初めには、政治的妥協として有効であり、しばらくは国家と地方の間の、仮に対立を孕んではいないにせよ微妙な均衡を保つことができた。ところが、再野生化する地球では、恐ろしい災害が勝手気ままに抜き打ちでさまざまな地域を襲うので、統治はコミュニティの問題としての度合いが強まり、該当地域の全住民が保護や救助、復旧、次の急な変動や新たな災害への備えに関与することが増える。そこで聞かれる、「乗組員は全員ただちに甲板に集合」という掛け声が、新しい種類のコモンズ方式の統治を反映している。この新しい統治では、各自の直接的な関与が格段に深まる。

意外ではないだろうが、気象災害は各統治区域の範囲を超え、まるごと一つのエコリージョン（生態地域）に影響を及ぼす。気象災害が起こりやすい世界では、旧来の政治的境界はほとんど役に立たず、解決策を探す邪魔にさえなることがよくあるという現実に、私たちは目覚めつつある。アメリカその他の国の地方自治体は、自らの健全性がより根本的な統治区域、すなわち住民が暮らすエコリージョンと密接に結びついていることを、理解し始めている。たとえばアメリカでは、五大湖のエコリージョンを構成する州はみな、以前よりも大規模な洪水を毎年経験している。太平洋岸北西部のカスカディア地域では、旱魃と夏の森林火災が各地を襲い、地域としての対応を余儀なくされている。メキシコ湾岸のエコリージョンでは、毎年六月から一一月にかけて、住民が激しいハリケーンに何度も見舞われる。エコリージョンに住む人全員が影響を受けるのだ。

私たちの政治的なアイデンティティや帰属や忠誠は、自分の住むエコリージョンの環境の健全性にかかっているという新たな認識は、今後何年、何十年、何百年という時間が流れていくなかで、深まり発展する一方だろう。人類は、自然界へ戻っていく道を見つけ始めている。私たちはこれまでずっと、自然界と分かち難く結びついてきたのであり、それを認めようと無視しようと、その事実に変わりはない。自然への政治的な回帰は、すでに始まっている。だが、手遅れにならないうちにそれを成し遂げられるという保証はない。アメリカやその他の国で、安定性を損なう政治的な力が働いて、この回帰の旅が妨げられることもありうるし、逆に促進されることもありうる。

分離熱

分離を求める熱狂的な動きが、世界中に拡がっている。各国で、国内のさまざまな地域が独立を要求し始め、中央政府は内部から攻撃を受けている。いちばん懸念されるのは、世界の中央政府のうちでも最も安定しており、代議制民主政治の典型と長年見なされてきた、アメリカの政治的安定性の土台が、かつては稀だったこのような政治的現象によって揺るがされ始めている点だ。

二〇二〇年の大統領選挙の直前に行なわれた全国的な世論調査では、投票が見込まれる人の四割近くが、もし自分が応援する候補者が敗れたら、州の分離独立を支持するだろう、と答えた。[*1]このような熱烈な意見は、多数のアメリカ人が、自分の投票の価値が認められていないと信じていることに由来するところが大きい。二〇〇〇年と二〇一六年の大統領選挙では、敗者のほうが一般投票で多くの票を獲得したが、選挙人団による投票で敗北している。二〇二〇年の選挙の直後には、共和党支持者の七七%が、大統領選挙で「広範な不正が行なわれたと信じている」と述べ、有権者登録を行なった人のうち、「バイデンの勝利は合法だったと思う」投票者は六〇%しかいなかった。[*2]

アメリカの有権者が募らせている疎外感は政治に起因するが、この危機の核心にある、より根本的な問題は、地理に元をたどれる。他の国々と同じで、アメリカも農村地帯の過疎化を経験し、しだいに都市化や郊外化が進んでおり、農村社会は衰退しているが、政治的影響力は依然として残っている。同様に、学歴や所得、上昇志向性、社会的価値観、世界観などにおいて、都会と農村の有権者の溝は深まっており、アメリカは二極化し、それぞれが別世界に暮らしている。これに似た政治的分断は、世界中の高度に都市化・産業化した国々でも起こっている。そしてこの分断が、小さな町や農村地帯での過激なポピュリズムの動きや、政情不安の高まりにつながり、都市部に狙いを定めた暴力的な抗議行動に発展している。

産業革命と、国際性を称える物語は、農村生活よりも都市への定住を奨励したので、農村社会は貧しく発展の遅れた地域となった。農業は、経済の他の構成要素と同様、しだいに垂直統合され、一握りの巨大企業が、遺伝子組み換え種子の特許から繊維や穀物の貯蔵、最終製品の小売市場への流通まで、生産と流通の事実上あらゆる面を管理している。少なくとも西側の高度に産業化された先進国では、家族経営の農場はますます社会の主流から取り残され、小さな町や村は衰え、農村部の大勢の人が希望を失っている。

逆移住――農村社会への回帰

レジリエンス革命はこの流れを変える。幕を開けつつある人新世には、農村社会は、人口五万〜一〇万の中規模のスマート化された都市や町とともに、復興され、勢いを増す可能性が高い。この歴史上重要な地理的転換の根底には、原因となる要素が多くある。

まず、デジタルで相互接続されてグローカル化した世界では、生産と流通の固定費と限界費用が急速に下がっており、「工業の時代」の特徴である垂直統合型の「規模の経済」は、水平型の「規模の経済」に急速に道を譲りつつあり、二〇世紀に優勢だったグローバル企業よりもハイテクの中小企業が有利になっている。ユニヴァーシティ・カレッジ・ロンドンのバートレット建築スクールの建築理論と建築史の教授マリオ・カルポは、この変容を次のように説明している。

工業世界の技術的論理は、大量生産と規模の経済に基づいている。工業の大量生産の道具の大半は、金型や鋳型やダイス型を使う（中略）同じ形のものを多く作るほど、それぞれの値段が安くなる。デジタル・ファブリケーションは（中略）機械的な抜き型や金型や鋳型は使わない。機械的な抜き型がないので、生産装置のコストを償却するために同じ形を繰り返し使う必要がなく、そのため、デジタルで製造されたとき（たとえば、デジタルで切削加工や3Dプリントしたとき）には、製品は一点ものとなり、同じものをさらに作っても安価にはならない。（中略）生産の限界費用は常に同じだ。規模の経済はデジタル製造には当てはまらない。[*3]

つまり、スマートなハイテクのスタートアップ企業は、不動産がそれほど高価ではなく諸経費も安上がりな農村地帯の小さな都市や町に工場を設置し、それでもグローカルな市場で競争力を持てるということだ。

ロジスティクスのコストさえ、ゼロに近い水準まで急落し始めている。3Dプリンティングでの製造を採用すれば、中小企業は製品のプリンティングのためのプログラムを作って、世界中のどこの製造業者や卸売業者や小売業者へも即時にデジタルで送り、現地で製品をプリントアウトしてエンドユーザーに届けることができる。農村地帯にまで拡がる、従来よりも地理的に分散した商取引は、レジリエントでスマートなデジタル・インフラが各大陸を網羅していくのに足並みを揃えて、成長し続けるだろう。
新型コロナのパンデミックも、農村地帯への人口の逆流入を加速させてきた。若い世代が広々とした空間を求め、子を産み育てたり、事業活動を行なったり、労働したりするために、より魅力的な自然環境に戻ることを望んでいるからだ。さらに、農村地帯の小さな町や村で育ち、普通なら雇用機会を求めて都市に移り住んでいたであろう若いデジタル・ネイティブたちのしだいに多くが、就職の選択肢が増えているおかげで地元にとどまることを選んでいる。二〇一八年にギャラップ社が行なったある調査では、あらゆる年齢層のアメリカ人に、大都市、小都市、大都市の郊外、町、小都市の郊外、農村地帯の六種類の場所のどこに住みたいかを尋ねた。すると、最も多い二七%の人が農村地帯と答え、さらに一二%が町を選んだ。[*4]
自然界から遮断された巨大都市の、人工的な密閉環境に何百万もの人を住まわせておくのは、文明崩壊を引き起こす絶望的な処方箋だという感覚が、おおむね無意識のうちにせよ、募っているのかもしれない。一方、都市や郊外の連なりを取り巻く農村地域は、地球の生態系を回復し、文明を再構築するという二つの面の両方で、しだいに前線の役割を果たすようになるだろう。
気候変動は、都市と郊外と農村のコミュニティを、一つの陣営に結集させる。その陣営では、すべての人の政治的帰属先が上方向に向かい、一九㎞の厚みを持つ生物圏へと移る。この生物圏は、あらゆる生物の生息環境であり、そこに私たち全員が密接なつながりを持ちながら収まっている。これは、人類がしだいに「我が家《ホーム》」と呼ぶようになるであろう広大なコミュニティだ。空間と場所と帰属についてのこの新しい感覚には、経済の主力と見なされるものの優先順位のつけ直しが伴う。「レジリエンスの時代」の暮らしは、モノの生産と消費との結びつきが弱まり、地球のエコリージョンや各圏の再生への関与が深まる。これは、必須の経済的サービスを構成するものが変わる転機となる。生態系関連のビジネスとサービスを中心とする、レジリエントな経済が誕生すれば、高度な教育を受けた生態系志向の労働力が農村地帯に登場し、長年対立してきた地方と都会の人々が和解する可能性が生まれる。

人生は時間に沿って生きるものであるのに対して、地理――場所に対する各自の愛着――が、人の世界観や、それぞれが自分の人生を生きる拠り所となる物語を大方決めていることを、私たちは学ぶに至った。郊外や都市の住民とは対照的に、地方の住民とコミュニティが、環境や自然界とどのようにかかわっているかを理解することが、エコリージョンの共同統治のための団結心を打ち建てるうえで重要だ。二〇二〇年にデューク大学のニコラス環境政策ソリューション研究所が発表した「アメリカの環境と保全に対する農村部の意識を理解する」と題する研究は、都市と地方の分断を解消する可能性についての論点や、アメリカや世界のその他の場所にあるエコリージョンの集団的な保全・管理に向けて団結するための論点を提供してくれて、有益だ。この研究では、農村部のリーダーたちとの対面での面接と、農村が多い州でのフォーカスグループ（訳注　特定の情報収集のために集められた少人数のグループ）を対象とする調査と、全国的な電話調査を実施した。

この研究から明らかになったのだが、アメリカの農村部の人々は、自分たちの生活に干渉しているとして、連邦政府に非常に批判的な傾向があり、環境保護団体を信用せず、地球温暖化関連の予測を疑っている。また、都市や郊外の人々と比べると、農村部の人々は宗教面で保守的であり、社会規範の変化を受け容れにくい。同時に、土地への愛着が強く、環境の保全と管理を重視する。

ある全国調査で、農村部の住民に強力な環境保護政策を採用する動機に優先順位をつけるように言うと、回答者の六二%が最大の関心事として、将来世代のために自然環境を保全・管理する強い道義的責任を挙げた。これは農村社会にエコリージョンの保護で指導的な役割を担ってもらう強力な根拠となる。[*5] 何百万、何千万もの人が都市を離れ、生態系に即して分散し、併せて、生態系を重視する、より柔軟な統治形態を取るという歴史的な過程で働いている文化的なダイナミズムを理解することが、地球上での人類の未来の見通しにとってきわめて重要だ。

アメリカが「レジリエンスの時代」と生態系に優しいサービスの新時代に向けて準備するために、農村社会が最前線となる可能性は、単なる希望ではなく、急速に現実となりつつあり、しかもそれは、意外な形で起こっている。じつは、発電所規模のグリーン電力を生成するためのエネルギー源として、風力と太陽光の面で最も大きな可能性を秘めている地域は、共和党支持者の多い州（南東部や、大平原《グレートプレーンズ》や、南西部の砂漠地帯の諸州）にある。現在、風力発電を行なっている州の上位一〇州のうち六州が、強力な農村部の基盤を誇り、共和党が優勢であり、太陽光発電を行なっている州の上位一〇州のうち五州も同様だ。太陽光エネルギーと風力エネルギーによる電力生成の潜在能力が高い農村地域には、多数の新しい企業と雇用が続々と誕生している。
これに劣らず感心する現象なのだが、第二次産業革命を支えるとともに、商業部門としては最も多くの化石燃料を使って最も多くの二酸化炭素を排出する原因となってきたアメリカの自動車産業は、従来本拠地としてきた北西部と中西部から急速に抜け出し、アメリカの南部中央付近や、南部地域、大草原《プレーリー》地域、西部地域の、共和党色の強い諸州に新たに腰を据えている。フォード・モーター社は、ケンタッキー州とテネシー州の農村部に巨大な工場を建設して、次世代の完全全電動トラックのFシリーズと、それに搭載する蓄電池を製造することを二〇二一年九月に発表して、アメリカと世界に衝撃を与えた。この一一四億ドル規模の二一世紀型トラック工場施設ができれば、正味で一万一〇〇〇人分の新しい雇用が生まれる。このハイテクの新規グリーン製造施設は、フォードの歴史上、単発のものとしては最大の投資となる。[*6]
従来の内燃機関式トラックの代わりに新世代のFシリーズの電動トラックを製造するというフォードの決定は、自動車産業の本質そのものだけではなく、アメリカの社会政治的なダイナミズムも変える。Fシリーズのトラックは、アメリカで最も売れ筋の自動車であり、二〇一九年には四二〇億ドルの収益をもたらした、フォードにとって随一の金のなる木だ——アメリカのブランド製品の収益でも第二位であり、これを上回る製品はｉＰｈｏｎｅしかない。[*7]
だが、この新しい電動トラックの製品ラインは、ほんの手始めにすぎない。フォードは新工場建設の発表をするにあたって、「弊社が全世界で販売する自動車の四〇～五〇%を、二〇三〇年までに完全に電動化する見通し」であると述べた。[*8] その発表で触れられることはなかったものの、明白そのものだったことがある。フォードのトラックは、農村部の運転者が最も好む自動車であり、共和党を支持する有権者と結びつけられるステレオタイプの商品だ。自動車の購入者を対象とする最近の調査によれば、共和党支持者は民主党支持者の八倍の数のピックアップトラックを買っており、その多くがフォードのFシリーズの製品だという。[*9]

こうした変化が最も切実に反映されるのが、政治の場だ。影響はすでに出始めている。ケンタッキー州の議会は、フォードやその他の企業を自州に誘致するために、四億一〇〇〇万ドルの経済的優遇助成措置を可決した。これによってフォードは、二億五〇〇〇万ドルの返済免除条件付き融資を受けられることになる。それに加えて、技能研修のために、三六〇〇万ドルが利用可能になっている。これに負けじと、テネシー州の役人たちは、同州に他の企業や産業を誘致するために、五億ドルを超える同様の優遇助成措置を実施することを発表した。[*10]

グリーンな事業の波は勢い良く押し寄せてきており、風力発電と太陽光発電の潜在能力が非常に高い州は事業に着手する準備を進めている。先行しているのが電力・電気産業と自動車産業だ。グリーンなインフラや製品ラインや生態系に優しいサービスへの移行を進めている他の産業も、これに追随する可能性が高い。先行するこれらの州の農村地帯や、そのすぐ後に続くであろうそれ以外のアメリカの中西部や南部や西部の農村地帯も、今後三〇年間に、ビジネスの風景だけでなく、社会や文化や政治の環境まで変える可能性が高い。いずれ、それが明らかになるだろう。

よりグリーンな方向への農村地域の経済的・政治的再調整に伴って変化する文化のダイナミ

ックな動きは、統治の本質そのものに、最も大きな影響を与えそうだ。州や郡や市町村が、生態系に優しいビジネスとサービスに深く関与するようになるにつれ、自らの地域の生態系をどう統治するのが最善かに、いやおうなく注意が向く。アメリカやその他の国で、統治における転換を私たちはすでに目にし始めている。その転換は、都市と郊外と農村の溝を越え、より包摂的な統治の領域――住民が暮らし、彼らの将来と運命が緊密に結びついている、地元のエコリージョン――を取り込む。気候変動の影響は、エコリージョンごとに違う。だから、旧来の政治的な境界を拡張し、少なくとも部分的には、同じエコリージョンを共有する近隣地域やコミュニティが共同で保全・管理できるようにすることになる。この、まだ始まったばかりの「生物圏政治」という政治的な目覚めから、新しい統治の概念が生まれつつある。それは、アメリカと世界各国のコミュニティにおける「バイオリージョン（生命地域）統治」と緩やかに定義されるものだ。

バイオリージョン統治の到来

科学界は、バイオリージョン統治の文脈と予定を確立し、地球の半分を再自然化するよう呼び掛けている。ハーヴァード大学の著名な生物学者E・O・ウィルソンは、二〇一六年の著書『ハーフ・アース（*Half-Earth*）』で陰鬱な予想を口にしている。生命の本格的な第六の大量絶滅を防ぐためには、今後数十年間に資源や人員を大規模に投入し、地表の半分を自然保護区に指定し直して、残存する生物多様性を維持する必要がある、と彼は主張する。

ウィルソンの嘆願は当初ほとんど注目されず、主に科学界と学究の世界の中にとどまっていた。だが、種や生態系の喪失に関するデータが地球のあらゆる方面から続々と届き始めると、彼の考え方は欧州連合（ＥＵ）や中国やアメリカで脚光を浴びた。二〇一九年には、世界のさまざまな学者が集まって、「自然のためのグローバルな政策――基本理念と一里塚とターゲット（*A Global Deal for Nature: Guiding Principles, Milestones, and Targets*）」と題する研究を発表し、これほどの規模と程度の使命に取り組み、それを達成していく方法についての詳細な説明を提供した。この科学的な報告の執筆者たちはまず、狙いを示した。すなわち、生命の大量絶滅を未然に防ぐことであり、そのためには、温室効果ガスの排出の上限を定め、地球の気温上昇を一・五℃以下に抑えなくてはならない、ということだ。それを超えると、地球の生態系の崩壊と、大規模な種の絶滅がほぼ避けられなくなる。「迫りくるこの危機を回避する最も理に適った道は、地球の陸地の最低半分を、元どおりの自然の生態系に戻して維持し、あわせて、エネルギーの移行措置を取ることだ」と彼らは主張した。[*11]

執筆者たちは、次のように指摘している。「手つかずの森林、特に熱帯林は、単一栽培の農地の二倍の炭素を隔離する」し、「地球上に存在するあらゆる種の三分の二は自然林に生息しており、［そのため］森林の維持は、大量絶滅を防ぐうえで不可欠だ」。そして、「炭素の隔離と貯蔵は、多雨林よりもはるかに広範に及ぶ。泥炭地やツンドラ、マングローブ、昔からの草原も、重要な炭素の貯蔵庫であり、それぞれが独自の動植物の取り合わせを維持している」ので、保護計画に含める必要があることも指摘している。[*12] 彼らは、海洋生態系にも注意を向け、海洋保護区として海洋の特定区域を守ると、「生物多様性を保護したり回復したりするための他の行動よりも格段に効果的であり、隣接する漁場の漁獲高が増え、生態系のレジリエンスを高める」ことを、政策立案者たちに訴えている。[*13]

地球の生態系を維持するという話はけっして今に始まったものではないが、生態科学の分野から突如抜け出して、政治の場の表舞台に飛び乗った。ジョー・バイデンは大統領選挙に勝った直後に、アメリカは二〇三〇年までに自国の領土と領海の三〇%の環境を保護するという目標を発表して国民を驚かせた。現時点では、二〇三〇年までに三〇%という目標に沿う形で、アメリカの沿岸水域の二六%の環境が保護されているが、陸地で保護されている範囲は一二%でしかない。二〇三〇年までにさらにアメリカの陸地の一八%——テキサス州の二倍の面積——を確実に保護下に置くというのは、簡単に達成できることではないが、全力で取り組めばやり遂げられる。この目標に到達するためには、連邦政府は各州と連携して現在の流れを逆転させなくてはならないだろう。[*14]

アメリカでは過去数十年間、自然の生態系の排除が進む一方だった。二〇〇一年から二〇一七年にかけてだけでも、人間の手が入った土地は二四〇〇万エーカー（訳注　約九万七〇〇〇㎢）増えた。これは、アメリカンフットボールのフィールド一面分の自然の生態系が、三〇秒ごとに消滅しているのに等しい。[*15] 開けた土地が人間の開発によって失われていく様子を捉えたグローバルな統計も、これに劣らず惨憺《さんたん》たるもので、百万種を超える動植物が危険にさらされており、私たち自身の種が将来生き延びられるかどうかに、暗い影を落としている。[*16]

二〇三〇年までに三割という方針は、国民からしっかり支持されている。二〇一九年のある調査からは、アメリカ人の八六%がこの計画を支持し、五四%が強く支持していることがわかった。この取り組みに反対の人は、わずか一四%だった。[*17] これはどのような基準に照らそうと、国民の熱烈な支持と言える。とはいえ、細部が肝心だ。連邦政府は目標や狙いや予定を定め、動機や権限を与えるとともに、規則や規制や基準を適切に修正してこの変革を促すべきではあるものの、州やその中のコミュニティが、生態学的現実や文化的現実や政治的現実と、それぞれの土地に最適な意欲的指針に合わせて、二〇三〇年までに三〇%を達成する計画の策定・実施の最前線に立つ必要があるということで、一般的に意見が一致している。また、そうした計画はどのようなものであれ、生態系の資源――二つだけ例を挙げるとすれば、汚染されていない水や清浄な空気――を喪失する危険が最も大きい、不利な条件下にあるコミュニティを優先しなくてはならないという考え方も、広く国民に支持されている。

アメリカの陸地の二八%は連邦政府が所有しているものの、さらに一二%は州や郡や市町村が所有している。そのうえ、二〇〇一年から二〇一七年までのわずか一七年間に、アラスカ州とハワイ州を除く四八州で失われた自然環境の七五%が、私有地だった。[*18] これはなおさら重要なのだが、アメリカの七億五一〇〇万エーカー（訳注　約三〇四万㎢）の森林地帯の五六%は個人が所有しており、それはつまり、二〇三〇年までに三〇%を達成する道を決めるうえで、国民がどのエコリージョンでも深く関与する必要があって、そうしなければ失敗することを意味する。[*19]

最初にはっきりさせるべき問題は、「バイオリージョン統治」が何を意味し、それが各地のエコリージョンとどのような関係にあるか、だ。これら二つの用語は、共通の基盤を持っているものの、それぞれの背景が違う。エコリージョンは、この惑星の主要な生物地理区《エコゾーン》の中にある、おのおのが独自の、生物の小区域だ。チャールズ・ダーウィンと並んで種の進化論を提唱したアルフレッド・ラッセル・ウォレスは、地球の生物地理区を他に先駆けて分類した。その分類過程は、今日に至るまで、さらに洗練され、手直しされている。ウォレスはそのような地域を「おおむね大陸の範囲と重なる、地表の基本的な区分であり、特有の動物種の集団を特徴とする」と説明している。[*20] 今日、生物地理区の、広く受け容れられている定義は、生態系がおおむね類似した生物相を持つ、特定の大陸とほぼ一致する地域、というものだ。地球には、以下の八つの生物地理学的な地域がある。オーストラリア界、アフリカ熱帯界、新北界、オセアニア界、南極界、インドマラヤ界、新熱帯界、旧北界だ。[*21]

世界自然保護基金（WWF）は、理想的なエコリージョンを「特定の主要な生息環境タイプにとっての、生物多様性の最も特徴的な例」と定義している。種の豊富さや、固有種、高度な分類学上の独自性、並外れた生態学的現象あるいは進化的現象、主要な生息環境タイプの地球上での稀少性を持っていなければならない。[*22]

こうした分類のおかげで、科学者や政府や地域コミュニティは、自らの地域の生態系の生物多様性と健全性を、二つの目的のために評価することができる。一つは、社会的領域をもっと大きな自然の領域に適応させるため、もう一つは、改善する必要があるエコリージョンの弱点を、より正確に突き止めるため、だ。
　これに対して、バイオリージョン統治とは、エコリージョンの政府によって保全・管理されている側面を指す。それは帰属や愛着やアイデンティティの感覚と、人類学的なものであれ、心理的なものであれ、社会的なものであれ、経済的なものであれ、政治的なものであれ、関与の感覚を与えてくれる。バイオリージョンへの愛着の感覚はたいてい、勝手な政治的境界を超えて、人間のコミュニティが暮らすエコリージョンを網羅する。この、境界を超えた生態学的な帰属は、近年、ますます当を得たものになっている。気候変動によってもたらされた洪水や旱魃、森林火災、ハリケーンのせいで、州境をまたいで隣接してエコリージョンを共有する行政区どうしが、協同で対応することを迫られているからだ。
　バイオリージョナリズム（生命地域主義）は、ジャーナリストのピーター・バーグと、カリフォルニア大学サンタクルーズ校生態学教授だった、生態学者の故レイモンド・ダズマンが最初に提唱した。二人は、「リビング・イン・プレイス」という考え方を導入することで、バイオリージョンを社会的・心理的・生物的観点から説明した。リビング・イン・プレイスとは、「人間の暮らしと、同胞たる生き物と、その場所自体が明かしてくれる地球のさまざまなプロセス——季節、気象、水循環——とのつながりを通して、支えてくれる地域と釣り合いが取れた」社会を意味する。[*23]
「バイオリージョン」という言葉は比較的新しいが、その概念ははるか昔からある。女性として初めてノーベル経済学賞を受賞した経済学者のエリノア・オストロムは、人類学者でもあった。彼女は人間の歴史を遡り、ほとんどの社会が場所や身近な生態系に深い愛着を持っており、自らが暮らす生態学的な地域である共有のコモンズを共同管理することを中心に、経済と社会生活と統治を共同で構成してきた様子を記録した。[*24] 社会はそうすることで、自分たちの慣行が自らのバイオリージョンの環境収容力を超えないようにし、統治しているコモンズを包み込む一九㎞の厚みを持った生物圏の季節ごとや年ごとの再生の範囲内で生きることで、再生能力を維持してきた。

国家や世界の政治と経済的な策謀による日々の変動の中で見失われてしまいがちだが、少なくとも「工業の時代」が始まって都市コミュニティへの大規模な移住が起こるまでは、自分の地域への根深い帰属感が、アメリカでも他の場所でも影響力を持っていた。トマス・ジェファーソンは、もし選べるのであれば、統治は人々が暮らしている場所に最も近いときに最高の力を発揮するという意見だった。人の第一のアイデンティティとしてのバイオリージョナリズム――リビング・イン・プレイス――の持久力を少しでも疑う向きがあるといけないので述べておくが、大恐慌の真っ最中の一九三四年、国民が自分の帰属をどのように捉えているかを確かめるために、アメリカ政府が天然資源委員会を設置すると、「地域ごとの区別は、国家の意識や国家への忠誠心と比べると、はるかに適切にアメリカの理想やニーズや視点を［反映する］、アメリカの生活や文化の真の表れとなるかもしれない」と、同委員会は結論した。[*25]

アメリカでも、とりわけよく定義されたバイオリージョンがあって、すでに政治や文化の面で積極的な関与が見られる。その例として、中央アパラチアやミシシッピ沖積平野、ミシシッピ川デルタ、南東部の黒人地帯《ブラック・ベルト》、グレートプレーンズ、ローレンシャン／五大湖地域、南カリフォルニア沿岸、ソノラ砂漠、モハーヴェ砂漠、カリフォルニア州セントラルヴァレー、中部カリフォルニア沿岸、シエラネヴァダ、北カリフォルニア沿岸、南カスケード山脈、グレートベースン砂漠地域が挙げられる。[*26]

先行者たち――カスカディアと五大湖のバイオリージョン

アメリカ本土における統治へのバイオリージョナリズムの取り組みのいくつかは、かなり進んでいるので、この新しい政治的革命がどのように展開しているかの参考になる。私たちが人新世に深く足を踏み入れていくなか、北西太平洋岸カスカディア・バイオリージョンとローレンシャン／五大湖バイオリージョンは、アメリカやその他の場所で統治の本質を変えそうな政治的変革を理解するための、価値ある事例を提供してくれる。

カスカディア・バイオリージョンは、世界で最も古く、最もよく知られている。その起源は、一九七〇年代初期の、現代の環境運動の誕生までたどれる。この地域はアメリカとカナダの国境をまたぎ、北はアラスカ州南部のカッパー川から、南はメンドシーノ岬までの二五〇〇マイル（訳注　約四〇〇〇km）、東はイエローストーン・カルデラと大陸分水嶺《ぶんすいれい》にまで至る範囲を網羅する、七五のエコリージョンを含んでいる。[*27] カリフォルニア州以外に範囲を絞っても、カスカディア・バイオリージョンには一六〇〇万人が暮らし、その面積は世界第二〇位の国に相当する。地球上で最大の、手つかずの温帯雨林の連なりを誇り、炭素吸収林の上位一〇のうちの七つを擁している。[28]

ポートランドからシアトルを経てヴァンクーヴァーに至る一帯は、世界第二位のテクノロジーのハブとなっている。アマゾンやマイクロソフト、ボーイング、T－モバイルＵＳＡといった、世界一流の巨大テクノロジー企業の多くが、カスカディア・バイオリージョンに本拠を置いている。カリフォルニア州を除いてもカスカディア・バイオリージョンの経済規模は世界で第九位になる。また、同地域の土地面積のおよそ三割は、農業に使われている。[29]

一九九一年、アメリカとカナダの州や準州が集まり、太平洋北西経済地域（ＰＮＷＥＲ）の後援の下で、カスカディア・バイオリージョン全域の保全と管理のために、大陸内共同体を創設した。ワシントン州、オレゴン州、ブリティッシュ・コロンビア州、アイダホ州、モンタナ州、アルバータ州、サスカチュワン州、ユーコン準州、ノースウェスト準州、アラスカ州が、この組織の統治管轄下に置かれている。それ以後の年月に、ＰＮＷＥＲは非営利部門や民間企業も取り込み、協働の幅を拡げた。統治理事会は、参加しているアメリカとカナダの州と準州の知事や議員から成る。

ＰＮＷＥＲが掲げる主な目的の一つが、「各地域の自然環境を維持しながら経済成長を達成する［こと］」であり、その実現のために、「各州の政策を地域全体に伝える」責務を同組織は担っている。[30] 近年、ＰＮＷＥＲの仕事の多くは、気象災害へのバイオリージョン全体での対応や気候に対するレジリエンス向上を促したり、管轄下の各エコリージョンを保全・管理する共同事業を開始したりして、気候変動に適応することに向けられてきた。

過去数年間、気候の影響と気象災害——特に、カスカディア全域での旱魃、森林火災、海面上昇、害虫の発生、森林の枯死《こし》——によって環境が破壊され、七五のエコリージョンの存続が脅かされている。連邦政府の報告は、ぞっとするような未来の筋書きを描き出し、地球温暖化によってこの地域にもたらされた気候変動に対応する時間が残り少なくなってきていることを告げている。さまざまな懸念があるなか、その報告は、以下のように警告する。

雪解けに関連した、河川流量増加の時期における変化は、すでに観察されており、今後も継続し、多くの競合する需要に対する水の供給が減り、広範囲に及ぶ生態学的影響や社会経済的影響を引き起こすだろう（中略）海面上昇や侵食、浸水、インフラや生息環境への脅威、海洋の酸性度の上昇の影響が相まって、この地域が著しく脅かされる。森林火災や害虫の発生や樹木の病害の増加が重なり合って及ぼす影響は、すでに広域で樹木の枯死の原因になっており（中略）森林景観の長期的な変容が起こっている。（中略）農業では、適応のためのコストや、気候耐性の高いテクノロジーと管理方法の開発や、利用可能な水の量と時期に関する深刻な懸念が解消されずに残っている。[*31]

カスカディア地域では、きちんと形式化されたバイオリージョン統治へのアプローチの確立が著しく進んでいるが、ローレンシャン／五大湖バイオリージョンを共有するアメリカとカナダの統治区域にしても、それは同じだ。アメリカとカナダにまたがる五大湖は、地球上で最大の淡水域であり、この惑星の地表淡水全体の二割をたたえている。[*32]
ローレンシャン／五大湖のエコリージョンが持つ巨大な経済的潜在能力は、フランスの探検家サミュエル・ド・シャンプランが一六一五年に初めてこの広大な内海を見つけたときから明らかだった。アメリカの八つの州とカナダの二つの州が、五大湖に隣接している。ミネソタ州、ウィスコンシン州、イリノイ州、インディアナ州、ミシガン州、ニューヨーク州、オハイオ州、ペンシルヴェニア州、オンタリオ州、ケベック州だ。
五大湖地域は、アメリカ大陸における第一次と第二次の両産業革命の発祥の地だ。インターナショナル・ハーベスター、USスチール、スタンダード・オイル、フォード、ゼネラルモーターズ、クライスラー、グッドイヤーなど、アメリカの産業界を代表する巨大企業の多くが、五大湖地方で次々に誕生した。パルプ産業や製紙業や化学工業も五大湖地域の各地に工場を建てた。今日この地域は、一億七〇〇〇万の人口を抱え、五一〇〇万人に仕事を提供し、六兆ドルのGDPを誇る。[*33]
だが、五大湖地域を「工業の時代」のハブとして使った結果、エントロピーのつけが発生した。そして、その支払い期限が来たのが一九六九年六月二二日だった。正午頃にクリーヴランドのカヤホガ川に架かった橋を渡っている列車から飛んだ、たった一つの火花が川に落ち、水面を漂っていた産業廃棄物が燃え上がった。炎はたちまち川面に拡がり、場所によっては五階建てのビルよりも高くまで達した。[*34] もっとも、カヤホガ川が燃え上がったのは、一九六九年の火災が最初ではなかった。一八六八年から一九五二年にかけて、九回の河川火災が発生している。[*35] 汚染された水をエリー湖へと流し込むカヤホガ川は、例外でもない。やはり、どれも五大湖に流れ込むイリノイ州のシカゴ川やニューヨーク州のバッファロー川やミシガン州のルージュ川も、「工業の時代」の最盛期に炎上している。

流れ込む川を通して、油や溶剤、工業化学物質、糞便《ふんべん》を五大湖に投棄するのは、長年、日常的なことと見なされていた。一九世紀と二〇世紀に五大湖の周辺に暮らしていたアメリカ人の大半は、工業汚染物質が五大湖に吐き出されることを、経済の進歩の単なる代償として、軽く受け流していた。著書『燃える川（*Burning Rivers*）』で五大湖の河川火災の歴史を年代順に詳述したジョン・ハーティグは、当時の一般的な考え方を要約し、次のように指摘している。「工業が王で、汚れた川は繁栄のしるしと考えられていた[*36]」

それでも一九六九年までには、環境に対する世間の態度は変わりつつあった。DDTなどの殺虫剤のせいで鳥やその他の野生動物が死んでいくさまを記録した、レイチェル・カーソンの『沈黙の春』は、一九六〇年代初めに人々を動揺させ、工業汚染の望ましくない影響に大衆の注意を喚起した。[*37] とはいえ、工業が発展を続けた一五〇年間にたまった負の外部性——エントロピーのつけ——に本格的に目覚めるきっかけとなったのが、カヤホガ川の火災だった。この河川火災から一〇か月が過ぎた一九七〇年四月、二〇〇〇万のアメリカ国民が、国内各地の都市で穏やかに集まって通りに繰り出し、初のアースデイを祝い、抜本的な環境改善を求めた。そしてその年の一二月には、環境問題と環境改善に当たらせるために、連邦議会が環境保護庁の設置を承認した。

イリノイ州、インディアナ州、ミシガン州、ミネソタ州、オハイオ州、ウィスコンシン州の知事が、ようやく五大湖沿岸州知事評議会を結成したのは、一九八三年だった。一九八九年にはニューヨーク州とペンシルヴェニア州の知事も、この評議会に加わった。数年後、カナダのオンタリオ州とケベック州も準会員として加入し、二〇一五年には両州の知事も正会員となり、組織は五大湖及びセント・ローレンス地域州知事協議会として再発足した。知事たちは、五大湖地域の環境の保全と管理は、湖周辺に住まう人々の経済的・社会的健全性にとってきわめて重要であることを認めている。

五大湖のバイオリージョン統治には、五大湖委員会もかかわっている。同委員会の理事会は、加盟州の役人から成り、環境保護と環境目標を、「強い経済を支える資産としての水資源」を強化するという課題と整合させるために、具体的な立法に向けて案の策定に取り組む。目的は、「水資源が汚染や気候変動の影響から守られる」ようにすることだ。[*38]

統治区域――エコリージョンと経済と社会――をこのように整合させるのは、難しい注文であり、この新しい形態のバイオリージョン統治の試金石と言える。第一次と第二次の産業革命の特徴だった経済的成功の従来の基準から、新たに始まった第三次産業革命と、第三次産業革命からレジリエンス革命への変容を際立たせる新しい基準への移行に着手するにあたって、新しいバイオリージョン統治は試されることになるのだ。効率から適応力へ、進歩からレジリエンスへ、生産性から再生性へ、外部性から循環性へ、所有からアクセスへ、GDPから「生活の質の指標（QLI）」へと、経済の業績を再調整するのは、負担が大きい。うまく釣り合いを取りながらこの移行を達成することが、カスカディアや五大湖をはじめ、アメリカとカナダと世界における、バイオリージョン統治にとって、最も重要な課題となるだろう。

五大湖では、モデルや試行段階からインフラの徹底的な移行への転換を行なうための時間が、残り少なくなっている。環境法・政策センターとシカゴ・グローバル評議会の依頼を受けて、五大湖諸州とオンタリオ州の大学の一八人の科学者と研究者が包括的な調査を行なった。彼らがまとめた報告書からは、五大湖のバイオリージョンが、気候変動の激しい影響に見舞われるなか、今後数十年間にどうなるかが明らかになる。

「五大湖に対する気候変動の影響評価」と題されたその報告書の所見のいくつかを以下に挙げる。過去二〇〇年間に人間が与えた影響が、生息環境の深刻な喪失や、外来種の拡散、大気や水の汚染を招いた。石油化学製品を大量に使う農業が、土壌侵蝕と養分の枯渇につながった。工業規模の家畜の肥育場運営のせいで、在来の野生動物が大打撃を受け、水質が悪化している。さらに強く懸念されるのだが、五大湖盆地では年間気温が〇・八九℃弱上がった（アメリカ本土のそれ以外の場所での上昇は〇・六七℃弱だ）。そして、気温上昇のせいで、降雨と降雪の頻度と激しさの両方が増している。アメリカ全体では一九〇一年から二〇一五年にかけて、降水量が四％増えたのに対して、五大湖地域は一〇％近い上昇を経験した。この評価報告書は、次のように警告している。「降雨量のこうした増大は、五大湖地域全体で洪水の増加につながる可能性が高く」、そのせいで水処理インフラが使えなくなり、下水があふれ、水が媒介する病原体が地域の小川や河川、さらには五大湖へ流れ込むことが多くなる。[*39]

この報告書に示された未来は、すでに現実になっている。今よりもはるかに精力的に適応のための取り組みを行なわなければ、レジリエンスを強化することはできないだろう。気候変動に対するバイオリージョンの取り組みを確立し、いっそうレジリエントな経済と社会を生み出すことに関して、五大湖地域は他の統治区域のずっと先を行っているものの、目的達成にはほど遠い。二〇一九年、ミシガン州デトロイトはエリー湖に由来する集中豪雨に見舞われて水浸しになり、住宅が浸水して下水道があふれ、住民の健康と安全が脅かされたため、非常事態を宣言した。ミネソタ州ダルースでは、スペリオル湖でいつになく激しい暴風雨が発生し、湖岸の建物やインフラに広範な被害が出た。ニューヨーク州バッファローも二〇一九年に、エリー湖の水位が上がったせいで記録的な洪水に襲われた。そしてイリノイ州シカゴも、ミシガン湖の水位が記録的な上昇を見せており、毎年春と夏に沿岸の洪水が増えている。二〇一九年の五大湖の水深は、一年を通して、平均よりも約三六cmから九一cm近く高かった。[*40]

気候変動はもう、計画を立てておくための未来ではなくなり、取り組んだり適応したりするべき現在の緊急事態や危機であり、従来のようなバイオリージョンの生態系の保全と管理だけではなく、それに加えて、五大湖のエコリージョンの共同統治全般で、災害管理や、気候に対するレジリエントなインフラの導入を必要としている。

五大湖とカスカディアのバイオリージョン統治や、進行中のバイオリージョン統治の初期の試みが直面しており、また今後行なわれる試みのすべてが直面するであろう、固有のジレンマがある。それは、あるバイオリージョンを共同統治することを決めた瞬間に、統治区域が二つの競合する世界観の板挟みになってしまうことだ。その統治区域は、「工業の時代」全体を通して受け継がれ、「効率化という福音」に埋め込まれた世間の通念に従い、環境保全を厳密に商業的な観点から捉えるのか？　つまり、先々まで商業的に利用する目的で、五大湖のバイオリージョンの資源を効率的に管理することを統治区域の最大の使命と見なすのか？　もしこの従来の考え方が優勢になれば、バイオリージョン統治は、五大湖の生態系との、より視野の狭い人間中心の関係にとどまることになるだろう。そして、生態系が必要とするものにどのように社会が適応できるかではなく、社会の実利的なニーズにどのように生態系を適応させられるかに着目し続けることになってしまう。

これは重要な区別であり、緊急に検討する必要のある問題だ。どちらがどちらに適応する必要があるかによって、今後、五大湖の保全あるいは管理が標準となるかどうかがおおむね決まるからだ。それは、渡るのが難しい橋であり、これまであまり通る人もいなかった道だが、もし人類が生き残って繁栄したければ、この先にたどるべき道筋なのだ。

第一二章

代議制民主政治が分散型ピア政治に道を譲る

災害が発生すると、それが気候関連のものであれ、パンデミック関連のものであれ、政府の対応だけでは手薄で、人員が不足し、備えが足りないので統治できず、緊急事態を監督できない。そこで必然的に、国民に呼び掛け、支援を求めることになる。若い世代はそれを念頭に置き、代議制民主政治を、その成功やかなわなかった希望や短所のいっさいもろとも調整し、より幅広く、包摂的で、水平型の政治的関与を取り入れ始めている。その政治的関与とは、私たちが緊密に絡み合っている生態系と生物群系と地球の諸圏の中にコミュニティを埋め込むものだ。新たに出現したこの政治的アイデンティティは、統治へのより直接的で積極行動主義的な関与を伴い、仲間の少数の人々に投票して統治してもらうだけにとどまらず、国民の一人ひとりが統治の過程そのものの一部となり、その過程と密接な関連を持つ、というものだ。

市民は、一生のうちにときおり陪審員として招集されて能動的な行動者《プレイヤー》となり、法律を適用して人を裁く。それとちょうど同じで、地方自治体は市民に協力を求め、「対等者《ピア》議会」（ピア主導の能動的な市民議会）に参加して自治体とともに働き、自分たちの生物圏の統治について助言や忠告や提言をしてもらい始めている。こうした市民の議会は、フォーカスグループや利害関係者団体ではなく、陪審員団のように、より正式で市民社会に深く組み込まれた統治の拡張部分であり、意思決定を水平化し、市民が統治に能動的に関与することを確実にする。この統治の水平化は厖大な数の地域で起こっており、市民関与の根が深まっている。地方自治体がバイオリージョン統治に道を譲っているのとちょうど同じで、代議制民主政治は分散型の「ピア政治《ピアオクラシー》」に道を譲りつつあり、市民は自らを再編成して、自分たちのバイオリージョンを守るのに伴う難題と機会の両方に向き合っている（訳注　「ピア政治」の原語は「peerocracy」。「民衆による統治・支配」というギリシア語に由来する「民主政治（democracy）」を踏まえた造語。市民の関与を深め、参加者の対等性や合意形成を重んじる）。

自由を再フォーマットする――自律性 vs. 包摂性

ピア政治は、ただ市民をテーブルの周りに集めて、統治のための法律制定や政策や手続きについて話し合ったり、議論したり、協議したりさせることではない。啓蒙運動と「進歩の時代」の黎明期以来ずっと、政治に関する会話を導き、統治へのさまざまな取り組みを支えてきた、自由の概念そのものの根本的な再考を意味する。

自由というモットーは、産業革命や資本主義の台頭と密接に結びついていた。ローマ帝国の滅亡から、一三世紀に農村部でのプロト産業革命の最初の徴候が現れるまでは、ヨーロッパはカトリック教会とその聖職者に緩やかに支配されていた。そして、階層制の上から順に、地域の王とその一族、その地域内の公国を治める大公、さらにその下に、荘園に住む領主とその土地に付随する農奴たちがいた。

このがっちりと構成された封建社会では、農奴は文字どおり土地に属しており、逃げ出すことができなかった。彼らは住む場所を定められ、隷属的に暮らした。自分が所属する荘園の領主に、絶対的な忠誠を尽くす義務があり、完全にその庇護《ひご》の下にあった。彼らの忠誠は主従関係に基づくもの、つまり、荘園領主の命令に厳密に服従して奉仕するというものだった。

一五世紀にイングランドで本格的に始まった大規模な囲い込み運動は、人々と土地との関係が根本的に変化する前兆だった。イングランドと、後にはヨーロッパ大陸各地で、議会制定法によって、地域の領主は所有する土地の一部を売却することが可能になったので、所有地は不動産に一変し、土地は売却可能な商品と化し、多数の農奴が居住地から追い出された。人々と土地との関係におけるこの唐突な変化には多くの理由があったが、その筆頭は、出現しつつあった毛織物市場と羊毛市場向けの羊の放牧という、より儲《もう》けの多い仕事に土地を使う、商業的な見通しだった。毛織物産業と羊毛産業は、他に先駆けて農村部の産業革命につながり、そのすぐ後には、繊維製品の工場生産へと進み、近代の産業革命の始まりとなった。

厖大な数の農奴が土地を追われ、自由に自分の労働を提供して報酬をもらってかまわないと言われ、プロト工業労働力の誕生につながった。封建制度の主従関係は崩壊し、個人の自由に取って代わられた。どれほど惨めな境遇だったかはともかく、家族の安全が何世紀にもわたって、自分が付随する土地との結びつきによって守られてきた多数の農奴にとって、この唐突な変化――この分離――は、衝撃的だったと思っていいだろう。自由になり、交渉をして自分の労働力を、発展中の市場で提供して報酬を得る方法を学ぶとは、どのようなことだったのか？

自由には、自律性（以前なら皇帝や王たちに、そして彼らほどではないにしても、大公や領主にだけしか当てはまらない概念）が伴っていた。そのため、自由と自律性は手を携えて近代へと進んでいくことになる。自律的であるとは、すなわち自由であることで、自由であるとは、すなわち自律的であることだった。だが、これは独特の種類の自由だった。「進歩の時代」を通して揺らぐことのなかったこの種類の自由は、消極的な自由――他者を排除する権利、自給自足の権利、他者の世話にならないでいる権利、自分だけの島である権利――であり、最近までそのようなものであり続けることになる。

ベビーブーム世代に続くX世代や、その次のミレニアル世代とZ世代の間では、この従来の自由の考え方は、しだいに馴染みのない概念と見なされるようになった。彼らが育ったのは、所有からアクセスへ、交換価値から共有価値へ、市場からネットワークへ、排他性への執着から包摂性への情熱へと変化していく世界だった。スマート・テクノロジーでつながったデジタル・ネイティブのグローバルな世代にとって、自律性と排他性――世の中から隔絶されること――は、死刑宣告に等しいだろう。スマートフォンとインターネット接続がなければ、デジタル・ネイティブたちはお手上げだ。

デジタルでつながっている人は、まだ数十億に達していないにしても、数億はおり、彼らは自由とは自律性と排他性ではなくアクセスと包摂性にかかわるものだと、当然のように思っていて、自らの自由を、全世界で急増しているプラットフォームに参加するために自分が持っているアクセスの度合いで判断している。そして、彼らが考えている包摂性は、水平方向に拡がっており、ジェンダーや人種、性的指向、さらには命を帯びた地球の上の同胞たる生き物たちへの帰属さえも網羅することが多い。デジタル世代にとって自由とは、自分の生命と健全性を支えてくれている地球上の豊かで多様な主体のすべてとつながれることだ。

これが、新しい世界で出現しつつある自由の考え方だ。その世界はますます、相互接続したものとして経験され、そこではあらゆる人の幸福――自由、と言ってもいい――は、グローバルなデジタル・コモンズで蓄えられる社会関係資本と直結している。アクセスと包摂性としての自由が、ピア政治の政治的基盤となる。

「願い事をするときには要注意」という警句がある。たしかに世界中の政府は、助言や忠告を提供してもらうために市民議会を導入する方向に、試験的に足を踏み出し始めている。だが、こうした初期段階の政治的な試みは、せいぜい善意の表れにとどまり、悪くすると統治構造の隠れ蓑《みの》として使われる――有権者のニーズや願望からの乖離《かいり》がしだいに認識されるようになっている統治構造や、私利私欲のために公的立場を利用している、自己宣伝に余念のないエリート層と思われがちな人々の隠れ蓑として。それでも歴史は、以下のことを示している。すなわち私たちは、統治に関して分散型のピア政治がより大きな役割を担う方向への、この政治の根本的な変化へと進んでいること。あるいはそうした統治制が不在の場合には、しだいに残忍さを増す強権主義支配の時代へと進むこと。もっとも、ピア議会は、代議制民主政治のその場限りの付加物ではなく、それよりもはるかに変革的なものとなってしかるべきだ。分散型のピア政治は、代議制民主政治こそが唯一の統治手法であるという考え方そのものと、それに付随する、自由についての特定の考え方の両方に疑問を突きつけるからだ。この統治の最新の拡張形態が開花を許されれば、レジリエントな社会では、自由で能動的な市民であることの意味が必然的に変わるだろう。

アメリカの独立宣言も憲法も権利章典も、「民主主義」という言葉にはいっさい触れていないと知ったら、たいていのアメリカ人は驚くだろう。これは、手落ちか？ 断じて違う！「民主主義」はアメリカの建国者たちに忌み嫌われていた。「フェデラリスト・ペーパーズ」の主要な執筆者の一人で、アメリカ合衆国第四代大統領のジェイムズ・マディソンは、民主主義についての同時代人の考え方を反映して、「民主政体はきまって、騒乱と闘争の悲惨な光景を呈してきたし（中略）一般に、短命であり、また、無残な最期を迎えるのだった」[*1]と断言した。アメリカの第二代大統領のジョン・アダムズも、マディソンと同じぐらい民主主義を見下しており、「民主主義はけっして長続きしない。ほどなく衰え、疲弊し、自らを葬り去る。自殺を遂げなかった民主政体は、これまで一つとしてなかった」と主張した。[*2]

大衆民主主義では派閥や利益団体どうしの争いが必ず起こることや、大衆による統治はあっさり衆愚政治につながって、少数派が黙らせられたり社会の周辺に追いやられたりしうることを、建国の父たちは心配していたのだ。彼らはこうした理由から、大衆の感情の過熱を冷ましつつ、選出された代議士が国政を管理できるようにする、選挙人団や権利章典のような安全装置を組み込んだ共和制国家を選んだ。

それから二世紀後、ロバート・レッドフォード主演の映画『候補者ビル・マッケイ』が劇場公開された（アカデミー賞脚本賞受賞）。主人公はリベラルな公民権と環境保護の若手活動家で、カリフォルニア州選出の上院議員選挙に立候補する。彼は政治集会で演説しているときに一息ついて、次のように声に出しながら考える。「二人の人間［カリフォルニア州選出の二人の上院議員］が二〇〇〇万人に代わって決定を下すというのは、なんともおかしなことだ」。これは明らかに、権力者に不都合な真実を口にするという、珍しい瞬間だった。[*3] 映画を見ていた人は全員、間違いなくそれを理解したはずだが、彼の思いをたちまち頭の奥へしまい込んだことだろう。代議制民主政治に対する自分の信奉や、共和制国家への忠誠心がこれ以上蝕《むしば》まれないようにするために。

ピア政治の精神構造の中身

ピア政治は、代議制民主政治の延長であると同時に、代議制民主政治の欠点への対処手段でもある。ピア議会は、統治を新たな次元へと導く。中央政府や州政府や他の地方自治体は、消えてなくなりそうにはないものの、おそらく今後数十年、数百年の間に、トップダウンのピラミッド構造から、もっと水平型で分散型のパターンへと転換し、意思決定はしだいに、人々が各自の生活を営んでいるバイオリージョンの最も身近なレベルで行なわれるようになるだろう。

そこから意思決定は、統治の他の層へと波紋のように拡がり、多数のバイオリージョンと大陸全体に及ぶ相互接続性の、いっそう深いパターンを生み出す。

これはもう一度言っておく価値があるのだが、バイオリージョン統治は、まさにその本質と使命からして、市場ではなくコモンズ（共有地）であり、そこでは人間の営為は、それが埋め込まれているエコリージョンを構成する他の多くの主体に、絶えず適応している。自由とは排他性ではなく包摂性――私たちの種を超えて拡がり、同胞の生き物たちと地球の他のあらゆる主体を含むつながり――であるという新しい考え方が、バイオリージョンによって統治される未来を特徴づける原動力だ。また、このような、しっかりと埋め込まれた体制は、今後の年月に統治ばかりでなく経済活動や社会生活も変える可能性が高く、うまくすると、「あらゆる政治がバイオリージョンのもの」であるレジリエントな社会で、場所と帰属と政治的代表の新しい感覚を提供してくれるだろう。

現時点では、初期段階にあるバイオリージョン統治の取り組みは、わずかな例外を除けば、周辺部で実験を行なっているだけであり、その間にも、統治にはほころびが出始めている。アメリカでは政治的な疎外感が募り、ドナルド・トランプ大統領の二度目の弾劾裁判や合衆国議会議事堂の襲撃・占拠につながったわけだが、それが実情を如実に物語っている。

拡大する経済格差と、さまざまな集団の排除は、政治的疎外感を深めてきており、中央政府の存在そのものを脅かしている。経済協力開発機構（ＯＥＣＤ）加盟国を対象として二〇一八年にギャラップ社が行った調査では、「国民の四五％しか自国の政府を信頼していない」ことがわかった。[*4] エデルマン社によるトラストバロメーターという信頼度調査の結果は、それに輪をかけて心配だ。同社が二〇一九年に二八か国で実施した調査は、国民の六六％が自国の現在の政府を信頼していないという結果になった。[*5] アメリカは、とりわけ厄介な状況にある。第二次産業革命が頂点に達していた一九五八年には、国政選挙の調査でアメリカ人の七三％が政府は信用できると回答した。[*6] ところが、二〇〇一年に政府が信用できると答えたアメリカ人は、たった三一％だった。[*7]

これらやその他の調査が示しているように、どの大陸の国々でも社会的結束が弱まる一方、陰謀論にまつわるカルトや運動は勢いを増しており、それをおおいに助けているのが、偽情報を拡散する、監視も規制も受けていないソーシャルメディアだ。社会学者で政治経済学者のウィリアム・デイヴィズは、「ガーディアン」紙でこの危機を以下のように要約している。

エリート層の人間を信頼し、私たちの代わりに物事を知って、報告して、判断してもらうという、三世紀以上前に開始されたプロジェクトは、少なくとも現在の形態では、長期的には存続不可能かもしれない。そのプロジェクトを損なってしまった力を逆転させられる、あるいは、いっそう豊富な事実という武器でそれらの力を打ちのめして退却に追い込むことができるという幻想に耽りたくはなる。だがそうすれば、信頼の本質がどのように変化しているかという、なおさら根本的な点を無視することになる。[*8]

何度調べても、どの国で調べても、繰り返し聞かれる言葉があるとすれば、それは、「私の意見を聞いてもらえていない」だろう。統治形態としての代議制民主政治の失敗について、二〇二〇年にOECDが出した報告書は、単刀直入に、こう結論している。「目下の民主主義の構造と統治の構造は、約束どおりの成果をあげていない」[*9]

参加型予算編成——統治の進化

一般大衆は統治に能動的な役割を果たすことに関心がなく、選挙で選ばれた代議士や専門家に適切なプログラムやサービスを提供してもらって当然と考えていると、統治を行なうエリート層は長年信じてきたが、それは間違っている。発端は、一九八九年にブラジルのリオグランデ・ド・スル州の州都ポルト・アレグレで起こった出来事だった。[*10]比較的新しいブラジルの労働者党が、この都市の政権を握った。そして早々に行なったことの一つが、統治過程の最も本質的な構成要素——政府のプログラムとサービスを選び、資金を調達するための意思決定手順——の逆転だった。彼らはこの政治の革新を「参加型予算編成」と呼んだ。

この新しい予算編成は、政府とコミュニティ組織の代表者によって、一年近い政治的過程を通じて共同で処理される。その間には、地域内の市民やコミュニティ組織から提案を募ったり、代表者を選んだり、ピア議会を開催して、それぞれの提案の長所について話し合って合意事項をまとめ上げたりする。審査過程の詳細は入念に定められているが、結局は、参加型予算編成の提案は、政府の行政部門と立法部門に戻され、両部門が、ピア議会に推薦された項目を立法化する。国や地域の法律上、最終的な予算は政府の行政責任だが、推薦された予算はたいてい政府に承認される。そうしなければ、この過程の正当性は台無しで、与党は市民を敵に回すことになるだろう。

参加型予算編成の背後にある意図は、人々、それも特に、不利な条件下にある地域やコミュニティに暮らしている人に、発言権を与えることだ。ポルト・アレグレの参加型予算編成は、これまでのところそれなりの成功を収めている。一九九七年までに、上下水道の普及率が七五％から九八％に上がり、医療と教育に回される予算の割合が一三％から四〇％へと増大し、学校の数が四倍になり、市の最貧地域を中心に、道路建設が五倍に増えた。それに劣らず素晴らしいのだが、一九九〇年にはわずか一〇〇〇人だったピア議会の市民参加数が急激に拡大し、一九九九年には四万人近くに達した。[*11]

今日、世界中の地方自治体で、参加型予算編成が積極的に行なわれている例は一万一〇〇〇以上あり、ニューヨークやパリといった世界一流の都市もそれに含まれている。[*12] ニューヨーク市の参加型予算編成は、興味深い。住民が多様だし、市が五つの別個の区から成り立っており、そのそれぞれに独特の歴史と人々の歩みがあるからだ。ベルリン経済法科大学とニューヨーク大学の調査チームが、市の参加型予算編成の過程が二〇〇九年から二〇一八年にかけて及ぼした影響を評価した。すると、ニューヨーク市議会の議員が参加型予算編成を採用したときには、「裁量資本予算のうち、学校、街路と交通の改善、公営住宅に当てられる割合が大きくなった」ことがわかった。[*13] ニューヨーク大学スタインハート文化・教育・人間開発学部の応用心理学准教授エリン・ゴドフリーは、この調査の結果を要約し、こう述べている。「この研究で胸が躍るのは、コミュニティのメンバーの差し迫ったニーズや懸念をより的確に反映する形で、PB［参加型予算編成］がニューヨーク市の支出の優先順位を変えられることを初めて教えてくれている点だ[*14]」

参加型予算編成はどの大陸でも人気が高まり続けているが、それが新しい形態のピア政治としていっそう深く統合されるのを妨げうるような欠陥がないわけではない。たとえば、参加型予算編成の過程で使われているモデルは、ポルト・アレグレでは元のままだが、市では二〇〇四年に労働者党が権力の座から陥落し、中道と右派の政党に取って代わられると、大局的なインフラ・プロジェクトのために調達できる資金が減り、市民の包摂的な関与が弱まった。その後二〇一七年に中道右派のブラジル社会民主党が政権を掌握し、資金の不足と、このプロセスそのものを改革する必要性を挙げ、参加型予算編成のピア議会や集会を二年間停止した。

参加型予算編成のプロセスと範囲を、既存の政府が法律として正式なものにし、政党が入れ替わって後継政権が成立しても、この未熟な制度が損なわれないようにする必要がある。さもないと、市民がさらに疎外され、大衆の信頼が急落するだろう。

ピア議会は、統治の他の分野にも拡がっており、ほんの一部を挙げれば、教育、公衆衛生、警察活動に対するコミュニティの監視、インフラ計画、気候適応、市民科学（訳注　職業科学者ではない一般市民が行なう科学的活動）といった、抜本的な改革が行なわれている領域がそれに含まれる。この新しい統治のモデルは、「市民議会」や「熟議型統治」や「参加型統治」など、さまざまな呼ばれ方をするが、若いデジタル・ネイティブの世代のネットワーク化された志向を反映して、「ピア政治」と呼ぶのがおそらくもっとふさわしい。デジタル・ネイティブたちはプラットフォームの観点から参加を考え、自らを分散型の政治プロセスに関与しているピアと捉える可能性が高いからだ。

ピア政治は、天啓のようにポルト・アレグレにただ降って湧いたわけではない。それが登場することにつながる、社会全体の歴史がある。このような、市民を包摂する形の統治の拡張の現代的なルーツは、ベビーブーム世代が成人した一九六〇年代まで遡る。公民権運動や平和運動、フェミニスト運動、環境運動、男性同性愛者の権利運動、ニューエイジ運動、カウンターカルチャー運動には共通点があった。教養があって都会に住む白人男性を主体とする中間層の利益を主に優先し、「それ以外の人々」を排除する、既存の統治秩序からの深い疎外感だ。「それ以外の人々」は、自らの支持者を動員し、統治の「包摂性」を高めるようにという要求を聞き入れさせた。実際、若い世代は自由を包摂性と捉えるようになった。こうして生まれたさまざまな運動は、世界各地のコミュニティで厖大な数の市民社会組織を誕生させた。また、既存の資本主義のビジネスモデルへの対抗勢力と、従来の統治権限と併存する非公式な統治の両方を提供した。食糧供給所や不法占拠《スクオッター》運動、公衆衛生クリニック、環境運動、オープン大学などが、各地で誕生したり展開されたりし、エリートに厳重に管理された正式な政府に立ち向かう政治運動も起こった。

ピア政治の誕生は、進化であり、また革命でもある。それは、さまざまな旗印の下で花開いた市民社会組織の時代の到来を告げている。それでも今日でさえ市民社会は、従来のメディアや政府と実業界の中で言及される場合、非政府組織（ＮＧＯ）あるいは非営利団体（ＮＰＯ）と軽蔑的に呼ばれ、何でないかで定義される。つまり、市民社会組織は重要性が低い、と暗に言っているようなものだ。このように政府と実業界の両方がいわれもなく市民社会組織を見くびる態度は、数字に目をやるとなおさらはっきりする。二〇一七年には、いわゆる非営利団体はアメリカで三番目に大きい雇用部門となっており、それを上回るのは小売業と飲食サービス業だけで、製造業とは肩を並べる規模だ。[*15] 非営利団体の労働は低賃金だと広く信じられているが、それは違う。非営利団体の賃金は、小売業で支払われる賃金よりも平均で三割多く、建設業の賃金を六割上回る。[*16]

市民社会組織に関する誤認には、この種の組織は市場と政府、民間の慈善団体の善意でのみ存在しており、単独ではやっていけない、というものがある。これまた事実に反する。アメリカの非営利団体の収入に、民間からの寄付と政府の補助金が占める割合は、それぞれ一三％と九％にすぎない。一方、非営利団体の収入の五〇％は民間部門でのサービスの料金であり、二三％は政府サービスのための料金だ。[*17] 二〇一六年には、アメリカの内国歳入庁に登録している非営利団体はおよそ一五〇万を数え、この部門はアメリカ経済に一兆ドル以上貢献した。これはアメリカのＧＤＰの五・六％に相当する。[*18] 有給雇用に加えて、二〇一七年には、推定でアメリカの成人の二五％がボランティア活動を行ない、合計八八億時間以上を費やし、その価値はおよそ一九五〇億ドルに相当した。[*19]

アメリカの市民社会部門の規模と範囲はたいしたもので、他の多くの先進国と比べても見劣りしないが、国内外のビジネススクールで、社会の経済生活で市民社会組織が果たす役割について一回でも講義を割く所は一つとしてない。

これらの市民社会組織は社会運動であり、経済的な事業であり、市民を政治の場に参加させる新しい形態のプロト統治だ。市民社会組織は、ピア政治という新しい統治の層の先駆けであり、統治への参加を、人々が所属している最も親密な空間、すなわち彼らが働き、遊び、栄える近隣地域で、より水平に、より深く行き渡らせる。

コミュニティによる学校の管理

参加型予算編成がブラジルのポルト・アレグレで軌道に乗り始めていたちょうどその頃、同じようなピア政治の実験が、アメリカで三番目に大きい学区を持つシカゴの学校制度で行なわれていた。一九八八年、市がシカゴ学校改革法を制定した。その前年、ロナルド・レーガン政権の教育長官ウィリアム・ベネットが、シカゴの公立校を国内最低として槍玉に挙げていた。[*20] 各校学校改革法によって、シカゴのすべての公立校のために地元に学校評議会が設立された。各校の評議会は親六人、コミュニティ住民二人、教員二人、校長から成り、高校の場合には、それに生徒代表一人と、教員以外の学校職員一人が加わる。教職員を除けば、学校評議会の全員がコミュニティ住民によって選出される。教員二人と職員一人は教員が投票で選ぶが、その投票に拘束力はない。評議員は教育委員会に任命される。評議員はみな、責任を全うするための準備として、研修プログラムを修了しなければならない。

この改革法は、校長に終身在職権を与えるという旧来の慣習に終止符を打った。地元統治の新体制の下では、校長は地元の評議会によって選ばれて、四年の契約を結び、その後は、再応募しなければならない。地元の学校評議会は、担当する学校の予算を決めたり承認したりして、学校資金の使途に対して強い権限を振るう。さらに、カリキュラムの変更も、地元の学校評議会が決める。[*21]

公教育に対するシカゴの学校制度のアプローチがこうして根本から変わり、学校運営に対する地元コミュニティの管理権限が増してからまる二九年後の二〇一七年一一月、スタンフォード大学が調査を行ない、生徒たちは平均すると、「第三学年から第八学年の間に、国内の他の中規模の学区と大規模な学区のどこよりも多く学ぶ」と報告した。[*22] シカゴの公立学校が、アメリカの他のどの都市と比べても、最も貧しく、最も暴力に満ちた類の地域にあることを踏まえると、この教育成果の劇的な改善は意義深い。コミュニティ中心のピア政治のこの新しいアプローチが、シカゴやアメリカ中の他の都市を何世代にもわたって揺るがしてきた貧困と暴力の連鎖を、いずれは断ち切ってくれるかもしれないという希望を与えてくれる。

シカゴで統治の権限の一部を地元の学校評議会に譲った件で特別に注目するべきなのは、校長の採用と解任の権限や、予算の優先順位を決める権限、学校改善の方針を策定する権限を、市が実際に地元の学校評議会に譲った点だ。これは統治権限の相当な移譲だ。他のピア議会の大半が政治的な影響力は持っているものの、事実上は依然として主に諮問機関であるのとは違う。

ピア政治の実現は重要な成果ではあるとはいえ、この仕組みは、問題点を抱えていることが多い。たとえば、市民の当初の熱意と関与を維持することの難しさだ。シカゴの場合には、制度が導入されたときには地元の学校評議会の評議員を選ぶに当たって、三〇万人以上の市民が票を投じた。だがその後の二五年間に、学校評議会の選挙への市民の参加はしだいに減っていった。それはおそらく、当然見込まれることであり、実施された改革全般と、そのおかげで生徒の成績が改善された事実に市民や学区が満足したからかもしれない。[*23]

ピア政治と、警察活動のコミュニティによる監督

統治をコミュニティに近づけるために権力を分散させる段になると、水平型の統治形態のなかには、論争になりやすいものがある。警察活動のコミュニティによる監督についてアメリカで現在全国的に湧き起こっている議論が、まさにその好例だ。思い出してほしいのだが、アメリカという合衆国は、警察活動の権限の分散を長らく支持してきた。連邦政府、州、郡、市町村がみな、それぞれの規模にふさわしい独自の警察を持っているが、みな管轄区域を超えて協力し合う。警察活動の権限は、分散していると同時に共有されている。警察活動のコミュニティ統治をめぐって現在アメリカ中で議論が起こっている。私たちは、警察活動の分散型統治の次の段階が間近に迫っていることに衝撃を受けるべきではなく、むしろそれを、制度全体を安定させるための、分散型統治の次の一歩と見なすべきだ。

それでも、警察活動のコミュニティによる監督という点に話が及ぶと、抵抗が起こる。過去数年間に、武器を所持していないアフリカ系アメリカ人が警察官によって何人も殺害され、国民は警察の蛮行に気づき、アメリカの人種差別の長く醜い歴史についての議論が再開された。エリック・ガーナーとブリオナ・テイラーとジョージ・フロイドの殺害をきっかけに、「ブラック・ライヴズ・マター」の旗印の下、新しい大規模な公民権運動が起こった。最近の世間の激しい抗議は、警察がいっそう専門化し、最新の兵器や装備で重武装し、最先端の監視装置や分析ツールを使い、犯罪が起こる前に、犯罪の可能性を予測して未然に防ぐことを重視する新しい形態の警察活動を行なうようになるなかで生じた。

アメリカが武装要塞化しつつあることを、大都市の警察予算が物語っている。ロサンジェルス市の二〇二一年の警察予算は一八億ドルを超えた。[*24] 二〇二〇年、アメリカ最大の都市ニューヨークでは、教育その他のプログラムやサービスの予算を大幅に削減することが検討されていたにもかかわらず、市警察の予算案は六〇億ドルだった。[*25] フィラデルフィアでは、二〇二〇年の警察と刑務所の予算案は、一般会計の二割に相当する九億七〇〇〇万ドルを上回った。[*26] 一方、アメリカの収監率は、世界でも群を抜いている。囚人の大多数は有色人種で、最貧の人々だ。彼らの多くは軽犯罪で長い刑期を務めているのに対して、ホワイトカラー犯罪で起訴された人はたいてい無罪になるか、短期間収監されるだけで早々に仮釈放される。

主に有色人種を、人種や肌の色などに基づいて捜査の対象にしたり、逮捕したり、有罪にしたりする行為は、人種の問題と見られることが多いし、たしかに人種の問題だ。とはいえ、より深い次元では、それに劣らぬほど、経済的な問題でもある。アメリカは、移民を歓迎してアメリカンドリームを実現する機会を提供することに大成功を収める一方で、先住民や黒人、ラテンアメリカ系やアジア系の人々を奴隷化したり、年季奉公させたり、搾取したりするという汚点を歴史に残してきた。アメリカという国家の実験の最初から、この厳しい現実が成功物語と並んで存在してきたのだった。

だから、警察官の手によるアフリカ系アメリカ人の殺害の後、「ブラック・ライヴズ・マター」がスローガンとなったとき、この公民権運動の最新のバージョンは、警察予算の削減を要求した。ほとんどのアメリカ人は「ブラック・ライヴズ・マター」に共感したものの、警察予算の削減にはおおむね反対だった。ジョージ・フロイド殺害からほどない二〇二〇年六月にピュー・リサーチ・センターが行なった調査では、警察予算を減らすべきだと考えているアメリカ人は二五％しかおらず、四二％が現状を維持するべきだと回答した。そして、少し増額するべきだと答えた人が二〇％、大幅に増額するべきだと言う人も一一％いた。

ところが、警察は民事訴訟を免れるべきかどうかを問われると、過半数のアメリカ人は、「過剰な力の行使や職権濫用の責任を負わせるために、一般市民は警察官を告訴する権限を持つ必要がある」ことに同意した。[*27] 地域の警察活動を監督するために、コミュニティの正式なピア政治の議会が強力な潜在的支持を集めているのを、この回答が示していることは明らかだ。

警察予算を削減するようにという黒人コミュニティの呼びかけをめぐるこの二極化の中で見失われてしまったが、「ブラック・ライヴズ・マター」運動で打ち出された議論は、「部分的な削減」に加えて、待望される公教育の改善に必要不可欠な資金の再拠出や、手頃な価格の住宅の提供、公衆衛生サービスの改善、職業訓練、道路や街灯などの公共サービスの向上、地域の商業地区へ資金提供するインセンティブ付与なども含んでいた。主要な都市コミュニティでは公的資金が不釣り合いなまで多く警察の武装に回され、それが市内のとりわけ不利な条件下にあるコミュニティを締めつけるだけであることを考えると、警察予算を部分的に削減してコミュニティの各種サービスに資金を向け直し、危機に瀕している地域で経済的な機会を創出することには、少しも不合理な点はなかった。そうしなければ、都市の低所得層地域で手に負えないほど深まる貧困と、増大する犯罪活動と、強化される警察の監視と取り締まりの悪循環を逆転させることが、どうしてできるだろうか?

またしてもシカゴが、コミュニティ統治へのピア・アプローチの導入――この場合には警察活動と公衆の安全のためのもの――の事例を提供してくれる。ただし、地元の学校評議会を実現させたときには、それなりの成功を収めたのに対して、どちらかといえば落胆するような結果しか出せなかったが。シカゴのサウスサイドは、街路で通行人を襲うストリートギャングや、暴力、殺人、警察による監視で世界に悪名を轟《とどろ》かせるまでになっているため、コミュニティを基盤とするピア体制での警察活動の監督を思い描くことさえ心もとない。それでも、現にその試みがなされた。

一九八〇年代後半に、シカゴの警察は、他の都市の警察と同様、警察活動と公衆の安全の未来に疑いを抱いていた。一目で警察とわかる自動車で防犯パトロールをし、緊急電話を受けて対応するのは、市内――特にサウスサイド――で高まる犯罪率に取り組むにはふさわしい方法なのかどうか、内部でしきりに問われていた。公衆の安全を改善するために、より組織立った提携関係を結んで、コミュニティ型警察活動や、地域組織や市民との協働を行なうという考え方を警察が導入したのは、その頃だった。

シカゴ市長のリチャード・M・デイリーは、この提案に乗り気になった。その結果、一九九三年に市内の警察管轄区のうち五つでコミュニティ警察活動議会が設置され、一九九四年にはそれが、二五ある警察管轄区のすべてに拡がった。コミュニティに溶け込ませるべく、警察の各巡邏《じゅんら》チームが特定の地域に割り振られた。各地域でコミュニティ巡邏チーム集会が開かれ、そこでは警察官と市民が自分の地域の安全を評価し、新しい問題を議論し、公衆の安全を高めるための提案をすることができた。だが、各地域には、選出された市民代表から成る正式な統治評議会もなければ、コミュニティから出てくる提案が警察の指揮系統の上層へどのように伝えられ、適切に処理されるかを定める具体的な手順もなかった。それでも、この警察活動のコミュニティによる監督の原初形態では、ピア協議会は地元の学校評議会と同じような路線を取り、ブレーンストーミングのセッションを開いて分析を行ない、特定の提案を採用したり戦略を実行したりするという合意を形成するようになった。

ピア議会が出した提案を確実に実行に移すような、正式な拘束力を持つ手順はなかったものの、市は資金を確保して、「地域安全のためのシカゴ同盟」という、コミュニティを基盤とする非営利団体と契約し、首尾良く協力できるようにするために、市民と警察官にそれぞれの責任と権限を教えたり、教育用のツールを提供したりしてもらった。それ以後、一万二〇〇〇人以上の市民と数百人の警察官が、ピア体制での熟議型統治の手順と慣行の研修を受けた。[*28]「シカゴ代替警察活動戦略（ＣＡＰＳ）」と呼ばれた当初のプログラムは、特に初期段階にはある程度の成功を収めた。最初、犯罪の発生率が高い少数派のコミュニティでの市民の参加はかなり多く、原初的なピア議会が発足したときには、ＣＡＰＳが実施された地域で犯罪の発生件数が減ったことを、ある報告書が指摘している。[*29]

最貧層の地域の市民は、自分の地域やコミュニティでの警察活動に発言権があると、初めて感じ始めた。あいにく、熟議型統治やピア議会ではありがちなことだが、上層部の人事異動――この場合には、その後シカゴ警察の警視が三度替わった――でＣＡＰＳプログラムの優先順位が下がり、予算と人員が減ってしまった。やがて、このプログラムははなはだしく縮小し、ウェスリー・Ｇ・スコーガンによると、「見る影もなくなった」という。[*30]他の多くのピア政治の場合と同じで、市民議会は、持続するピア政治の分散型の形態として発展し、安定し、成熟するためには、法律によって自らの存在を正式なものとし、十分な期間にわたって資金の拠出を制度化する必要があるというのが、ここでの教訓だ。

その後の歴史が物語ることになるのだが、警察活動を監督するコミュニティのピア議会は幸いにも、シカゴで再生の機会を与えられた。このときの組織は、法律によって確立された。二〇二一年七月、シカゴ市長のロリ・Ｅ・ライトフットとシカゴ市議会は歴史的な法律を制定して、「シカゴ警察と警察説明責任文民事務所（ＣＯＰＡ）と警察委員会を監督する、この種のものとしては最初の独立した文民監視機関」を設置した。この「公衆の安全と説明責任のためのコミュニティ委員会」は、市に任命された七人のシカゴ市民から成る。同委員会は、「公衆安全監察総監に、特定のテーマや問題の調査あるいは監査を実施するよう勧告したり(中略)、市議会の助言と同意を受けて管理責任者を任命したり(中略)、警察予算申請案への変更を勧告したり」するなどの権限を持つことになる。[*31]

この法律によって、すべての警察管轄区に地域評議会も置かれ、市民が選出したコミュニティ住民がその評議会を構成する。以前のコミュニティのピア議会とは違い、選挙で選ばれたこれらの地域評議会は、「シカゴ警察のための方針を立案し承認する権限」を持つことになる。[*32]

コミュニティの警察活動に対するピア政治による監督は、多くの国で緊迫した問題となっており、当面はその状態が続きそうだ。だが、ピア政治が他の公共政策の領域でも根づくなか、いずれは分散型の統治が実現し、警察活動と公衆の安全の監督がコミュニティとともに行なわれるようになるのはほぼ避け難く、統治の舞台はますますコミュニティに近づくだろう。

分散型の統治と非中央集権的な統治とを区別する

ここでぜひとも強調しておきたいのだが、分散型のピア政治は代議制民主政治の代替ではなく統治の深化であり、より多くの市民により親密かつ強力に関与してもらうものだ。初期の市民議会の試みの大半は、学術文献や公の議論では「非中央集権的な統治形態」と描写されるが、これは実際に起こっていることを読み違えている。「非中央集権的」という言葉は、従来の代議制統治を断つことを示唆するが、それは現実に反している。むしろ、ピア議会の形を取る地元の熟議型統治は、「分散型」の現象だ。たとえば、参加型予算編成や地元の学校評議会や警察活動のコミュニティによる監督の場合には、代議制政体の管理下にある従来の統治の一部が、ピア・ネットワークへと分散される一方で、他の統治権限は中央集権的な統治管轄体の掌中にとどまる。

これは珍しいことではない。アメリカは連邦共和国として存在しており、国は権限を連邦政府や州、郡、市町村に分散している。どの統治管轄体も独立してはおらず、持ちつ持たれつの関係にある。欧州連合（EU）では、欧州連合条約の要は補完性の原理であり、この原理によって統治権限が地域と加盟国とEUに分散しており、社会全体の存続可能性を確保するのに必要な規模に応じて、それぞれが貢献し合っている。

ハーヴァード大学ケネディスクールのアルコン・フォンと、ウィスコンシン大学の社会学教授エリック・オーリン・ライトは、新しいピア政治のモデルを位置づける最善の方法について書いた文章で、市民の手によるピア政治は統治の移譲ではなく、統治の拡張における進化であり、あらゆる市民に、その存命中、自分の生活とコミュニティの統治に能動的に関与してもらうためのものであることを指摘している。フォンはこう書いている。

第一に、現在の制度の構造は、中央集権的でも非中央集権的でもない。地方公務員と一般の市民は、従来のトップダウンの制度の下でよりもはるかに大きな権限と発言力を享受しているものの、彼らはさまざまな種類の支援を受けるために中央官庁に依存したままであり、プロセスの整合性とパフォーマンスの成果の両方で、依然としてそれらの官庁に説明責任を負っている。第二に、中央の権力の役割は、地方ユニットの管理（以前の、階層制のシステム）から、地方ユニットが独自に行なう問題解決努力を支援することや、厳しいとはいえ実行可能な公の成果の熟議と達成の規範に対して説明責任を果たさせることへと、根本的に転換する。第三に、中央からの支援と説明責任は、三つの民主的なゴール、すなわち、参加と熟議と権限委議という目標の達成を促進する。[*33]

分散型の民主主義は新しい形態の民主主義で、社会統治への市民の参加を深め、拡大するものであると同時に、意思決定の新しい教育も導入する。協働型の統治はピア議会で使われるプロセスであり、時宜にかなった問題を検討したり、非公式に実行できるか、あるいは法に制定できるような決定や提案をしたりするためのものだ。ピア政治は政策立案の面で代議制統治で重視される慣行と基盤を共有するが、違いもある。その最たるものが、合意形成を重んじる点だ。従来の立法上の意思決定も、一般に、合意形成を念頭に行なわれる。とはいえ決定は、さまざまな利害関係や立場に配慮するために、交渉や取引によって便宜を図る形で下されることが多い。熟議型統治は、少なくとも理屈の上では、合意に至る過程を確立することによって、いっそうの高みを目指す。

熟議民主主義の提唱者なら、真に民主的な決定が正当と見なされるためには、「民意」に最もよく沿い、合意を反映している法律を支持するような共通点を、政治の過程は目指すべきだ、と主張するだろう。多数決が基本姿勢であることが多いものの、それは成功よりも失敗と見られてしまう。この意味では、ピア熟議のプロセスはしばしば、成果と同じぐらい重要だと見なされる。そのプロセスでは、熟議の席に着くピア全員が自由に意見や見解を述べ合えるだけでなく、心を開いて他者の視点に注意深く耳を傾け、共通点を見つける努力をする必要がある。あるいは、もしそれが可能でなければ、検討中の問題を扱う、まったく新しいアプローチを探り、それからそれらのアプローチの意図を、問題に対する当初のアプローチを凌ぐような形で取り込む必要がある。

これは、現実の場——特にこれほど多くの賛否の声にあふれる世界——で実行するのが難しいことが多いとはいえ、常識のように聞こえるかもしれない。そのような行動は、陪審員団が取って当然と思われていることだからだ。証言や、検察側と被告側の相反する視点に立った陳述に注意深く耳を傾け、それから別室で熟議し、判断をし、願わくは全員の合意を反映した評決を下すように裁判官が求めたときに、陪審員団はそうするものだ。

だが、何百万もの人がソーシャルメディアのサイトで、多数のバーチャルな「エコーチェンバー」（訳注　特定の主張ばかりが増幅・強化される場）にはまり込んで、他の何百万もの人に支持され強化された単一の物語に耳を傾け、現実についての他の見方にはいっさい耳を傾けずにいる世界で合意を見つけ出すという、より困難な過程に、私たちはどう取り組むのか？　このような状況から脱する唯一の道は、人々が、働き、遊び、生き、交わる地元地域で集まり、現実の世界の、自分の身の回りで起こっている事柄の日常体験を分かち合うことのようだ。ピア議会は、現実の日々の共有体験を理解し、自らのコミュニティの状態をどのように改善するかについて合意による決定を下すという課題を負う、近隣の人どうしの、とても身体的で、直接的で、面と向かった人間的なかかわり合いだ。

少なくとも理屈の上では、代議制統治と並んで機能するピア議会を確立することに反対する人を見つけるのは難しいだろう。だが現実には、話はもっと複雑だ。ピア政治には、深いものから軽いものまで、さまざまな色合いや程度のものがある。だが、生物圏の保全・管理者としての新しい役割を中心にどうやって政体をまとめるかに私たちの生存そのものがかかっている、今という歴史上の時点に、ピア政治のプロセスを定義するのは、統治のこの新しい拡張部分の効果を定めるうえで決定的に重要になるだろう。私たちの生命の前途が、それ次第で決まるのだから。

ピア政治への二つのアプローチ——気候変動をめぐるイギリスとフランスの対照的な例

二〇一九年、国家レベルでの政府の措置の指針となりうるような、気候変動に対処するための取り組みやプログラムの熟議と提案をしてもらうために、イギリスとフランスが共にピア議会を設立した。両国のアプローチとその結果は非常に異なるので、世界中のさまざまな地域が自らのピア議会を設立してバイオリージョンを保全・管理するにあたって、何を採用し、何を排除するかの参考になる。カーディフ大学気候変動・社会変革センターのクレア・メリアーとオスカ・エージェンシーのリッチ・ウィルソンという二人の研究者が、イギリスとフランスの二つのピア議会のアプローチを詳細に分析し、その結果を「気候市民議会を正しく理解する」と題する論文で「カーネギー・ヨーロッパ」誌に発表した。[*34] 以下がその要旨だ。

どちらのピア議会も、気候変動をめぐる大衆の抗議行動の高まりを受けて設けられた。フランスのピア議会は、温室効果ガスの排出を削減するための燃料税引き上げに対して国中で起こった、いわゆる「黄色いベスト」抗議運動に応じて誕生した。トラック運転手が主導したこの抗議運動は、国内の主要な道路の交通を麻痺させ、エマニュエル・マクロン大統領の政府を揺るがした。イギリスのピア議会は、気候変動問題の提起に力を入れる「エクスティンクション・レベリオン」(訳注 「絶滅への反逆」の意)という組織が街頭で抗議活動を行ない、やはり国内の主要道路を封鎖した後、登場した。この抗議活動は、議会による二〇一九年春の気候緊急事態宣言につながった。

どちらのピア議会の議員も、国民をあまねく代表させるために、無作為抽出と抽選によって選ばれた。イギリスのピア議会の参加者は一〇八人で、フランスのピア議会は一五〇人のピアから構成された。どちらの議会も、作業のためにサブグループに分けられた。イギリスのピア議会の論題は、旅行、家庭、人々が購入するもの、食料、農業、土地利用だった。フランスのサブグループは、住宅供給、旅行、食事、消費、労働と製造を取り上げた。どちらのピア議会の最終報告と提言も、選挙で選ばれた役人が気候危機を緩和するためにそれまで導入したものよりも、その範囲の点ではるかに意欲的だった。だが、両国のピア議会の共通点はそこまでだった。

フランスのピア議会に与えられた予算は格段に気前の良いもので、イギリスのピア議会の予算の一〇倍近くにのぼった。さらに重要なのだが、フランスのピア議会の提言は当初から、国民投票か議会の投票かマクロン大統領の政府の直接的な執行命令によって立法化されることになっていた。一方、イギリスのピア議会の取り組みは、イギリス議会の六つの委員会から資金提供を受けていたものの、その提言は、本来、助言という位置付けだった。

これに劣らず違いがはっきり表れているのが、それぞれのピア議会の議題の定め方だった。フランスは、討議の行方を左右することになる問題の組み立てを、議会を構成する市民の決定に委ねたのに対して、イギリスではピア議会から意見を聞くことをまったくせずに、議会が議題の組み立てを監督した。さらに、フランスのピア議会は、メディアに接触して、さまざまな考え方について話し合い、専門家に意見を出してもらうことを奨励された。それに対してイギリスのピア議会は、合議内容を語ることも、外部の助言を仰ぐこともしないように指示された。

市民による熟議に対するこの二つの対照的なアプローチの結果は明白だった。フランスのピア議会は、一四九の異なる気候変動対策を提案した。これはイギリスのピア議会の提案を、規模と深さの両方で、はるかに上回っていた。好意的に見れば、ピア議会に対するイギリス政府の監督は、手順がより厳密であり、各分野の専門家の意見を取り込み、専門の進行役たちが参加して討議を管理した。一方、フランスの討議には制約が少なく、市民のピアたちに討議の進行を委ね、合意のうえで提言を出してもらう形を取った。

このように、著しく異なる管理の下で開かれたピア議会は、それぞれ、ピア政治への「強いアプローチ」と「弱いアプローチ」を取り入れた。フランスのアプローチは、ピア議会により多くの主体性を与え、分散型のピア政治を、統治の準公式の拡張部分として確立するという点で、より当を得ている。一方、専門家を活用し、技術的な意見を出したり、専門知識を提供したりしてもらうというイギリスのアプローチは、より徹底したピア経験に役立つものだった。両者の長所を組み合わせれば、ピア議会は正式な民主的統治の水平型の拡張部分として持ちこたえるだけの重みを獲得できるだろう。

政治革命を後押しする

予算と公教育と警察活動は、政府の役割の根幹を成す。代議制民主政治が始まってから二世紀になる今、世界中の人々が、自分の利益や関心や願望が無視されている、あるいは少なくとも制限されていると確信し、うんざりしている。政治面での疎外感と、代議制民主政治に対する信頼の喪失が起こっている——再野生化する惑星でどうやって生き延び、栄えるかという、人類史上最大の難題に私たちの種が直面している、まさにそのときに。

地球温暖化と気候変動という枠組みの中で捉えると、統治のあらゆる面が、より大きな政治的使命と統治の権限の中に織り込まれる。それぞれの地元の統治管轄体は、公的な方針を打ち出すための準備をし、その方針を実行可能にする必要が出てくる。その公的な方針は、破壊的な気象現象に適応するための複数の取り組み方を立案し、地元のバイオリージョンを徹底的に保全・管理することに捧げられたものだ。人新世には、統治のあらゆる部門を、進化するレジリエントな社会という、より大きな枠組みの中で再構想する必要がある。

この規模で統治を再考するには、全国民の能動的な参加が求められるだろう。代議制民主政治の伝統の下で機能する従来の中央集権的な統治も、タコ壺状態で単独で機能している地元の非中央集権型の統治も、私たちが目前にしている事態の重大さには対処できない。地域とバイオリージョンの仲介者、市民社会と代議制政体の仲介者として働く分散型のピア政治だけが、地球の再野生化に対応して、確実にコミュニティの重みをそっくり担うことができる。

最近まで、気候変動による非常事態は、自警団やメーリングリスト、無料食料配給所、コミュニティ保健所など、主に市民社会組織による自然発生的な支援につながってきた。その場に居合わせた人がすべて初動対応要員となり、危機に陥った人の救助に駆けつける。近頃では、気候に起因する大惨事の程度と頻度が上がっているので、こうした主に自発的な市民の対応が組織化され始めており、町内会がピア議会を設置して地方自治体と協働し、過去の災害経験から共に学び、将来の緊急事態にどう備えるのが最善かを検討している。こうしたピア議会は今後何年も、何十年も進化を続け、地元の各地域で発生して共通のバイオリージョン全体に拡がる統治の水平化を安定させるだろう。

気候変動に適応するための努力は、地球に新しい命を吹き込み、私たちの適切なニッチ（生態的地位）を見つける第二の機会を与えてくれるようなレジリエントなインフラを、あらゆる地域やコミュニティが、動員したり展開したりできるかどうかで、成否が決まる可能性が高い。

スマートな第三次産業革命のゼロ・エミッションのインフラは、私たちの種が統治をバイオリージョンや大陸全体に拡張することで、統治の優先順位を考え直す手段となるハードウェアでありソフトウェアだ。そして、ピア議会統治はコミュニティ全体に、そのコモンズに対する共同責任を負わせ、市民の一人ひとりが自分の暮らすバイオリージョンの保全・管理者となるように権限を与える。分散型のレジリエントなインフラがなければ、バイオリージョン統治は実現できない。そして、分散型のピア政治がなければ、エコリージョンは適切に保全・管理できない。

私たちの種は、レジリエンスが際立って高く、氷河期から温暖期へ、そしてまた氷河期へという極端な気候変動の歴史に耐え、適応する能力があることを示してきた。私たちの遺伝子構成は変わっていないが、認知的な欲求や世知は時とともに進化しており、適応する必要のある地球のさまざまな力の理解という点で、私たちは古代の祖先よりも優位に立っている。

自分たちが立ち、同胞の生き物たちとともに暮らす大地のレベルまで統治を引きずり降ろし、鋭い目と敏感な耳を持って、自分の地元のバイオリージョンの保全・管理を行なうことが、私たちの種としての将来を確保しつつ、これまで地球に加えてきた暴力の償いをする唯一の実行可能な方法だ。これは、ただ狩猟採集民の生活様式へ戻れ、ということではない。そうではなく、生命のコミュニティに再び加わるという意識的な選択をし、複雑適応的社会・生態系のモデル化を使って、以前より高度な新しい水準で地球という住みかに適応することを意味する。レジリエンスがあるとは、まさにそういうことなのだ。そうして初めて、完全に新しい形で繋栄するのに必要な手段が手に入る。

そのための第一歩は、私たちの種全体が、同胞の生き物たちと共生する生態学的コモンズを育み、癒やすという使命を持って、各自のバイオリージョンで強力なピア政治に揃って参加すると約束することだ。この過程は、人類の生物学的側面に組み込まれている、最も決定的な特質、すなわち同胞の生き物たちへの深い共感的な愛着を覚えたり経験したりする能力を解放するところから始まる。共感的な欲求を同胞の生き物たちに対してまで拡げることで、新たなページが開かれ、私たちは自然界全体で仲間たちの懐に再び迎え入れてもらえるのだ。

第一三章　生命愛（バイオフィリア）意識の高まり

ローレッタ・ベンダーはニューヨーク市のベルヴュー病院の児童精神科病棟の責任者だった一九四一年、深刻な問題に気づいた。この病棟の子供たちが、極端なまでに人間嫌いであることがわかってきたのだ。彼女は自分の思いを、「アメリカ精神医学ジャーナル（*American Journal of Psychiatry*）」誌に発表し、子供たちについて以下のように書いた。

「遊びのパターンをまったく持たず、仲間との遊びを行なえず、他の子供たちを虐待し、大人たちにしがみつき、協力が求められているときには癇癪《かんしゃく》を起こす。彼らは多動性で、注意散漫だ。人間関係について完全に混乱しており（中略）世の中と自らの両方に敵対する形で向けられた破壊的な幻想の世界に現《うつつ》を抜かしている」[*1]

彼女はこう考えた。彼らの行動は、親に養育してもらえていない結果だということが、ありうるだろうか？

赤ん坊をあやす――ほど良い育児

当時は、赤ん坊は自律的になりたいという欲求を生まれつき持っているというのが科学界の見方であり、それは、自律性と自由は表裏一体であるという信念を助長する世界観にふさわしいものだった。どこの児童病棟や児童養護施設でも採用されていた衛生上の慣行によって、赤ん坊は可能な限り早く離乳させて自立させるほど順応性が高まるという考え方が強まった。その考え方に基づき、世話係が身体的接触を持たずに済むように、哺乳瓶を用具で支えて赤ん坊に授乳した。赤ん坊を抱え上げ、優しく抱き締めることは禁じられた。それは、生涯にわたって幼児化したままになる危険を避けるためだった。

心理学の先駆者の一人であるジョン・B・ワトソンは一九二〇年代に、赤ん坊を甘やかすと自律や自立への欲求を損なう、と主張した。彼は若い母親たちに次のように助言した。

［乳幼児は］小さな大人のように扱うといい。着替えも入浴も、注意して慎重に行なう。常に客観的に、優しくも毅然と振る舞う。けっしてハグしたりキスしたりしてはいけない。けっして膝に座らせてはならない。どうしてもキスしなければならないのなら、おやすみなさい、と子供が言うときに額に一度だけする。朝は握手する。難しい課題を並外れてうまくこなしたら、頭を一度軽く撫《な》でてやる。[*2]

ベルヴュー病院でも他の場所、特に児童養護施設でも、幼児はしっかりと世話を受けていたにもかかわらず、大勢亡くなっており、生後二年間の死亡率が突出していた。医師たちは説明に困り、「ホスピタリズム（施設病）」と大ざっぱに呼ばれる「既知の未知」のせいにするしかなかった。[*3]そのようななかで、ベルヴュー病院の小児科の責任者になったのがハリー・バクウィンだった。彼は職員たちが、「吸気弁と呼気弁、担当者が外から腕を差し込める袖・手袋」を備えた箱さえ考案し、中に乳児を入れ、「人間の手でほとんど触れずに世話が」できるようにしているのに気づいた。[*4]

バクウィンは、乳児が触れられたり愛撫されたりする機会を奪われていると推測した。人間的な愛情が不在だったのだ。彼は小児科の至る所に、次のような表示を掲げさせた。「育児室に入ったときには、必ず赤ん坊を抱き上げること」。[*5]するとたちまち、感染率と死亡数が下がり、乳児たちは元気に育った。

その慣行がようやく理論化されたのは、一九五〇年代後半にイギリスの心理学者ジョン・ボウルビィが専門誌に三つの論文を発表し、子供の発達の新理論を説明したときだった。彼はそれを「愛着理論」と呼んだ。そして、乳児の第一の衝動は、自己の欲求の充足や自律を求めることではなく、愛情と愛着を求めることである、と論じた。

ボウルビィは次のように書いている。乳児は早い時期に「たちまち馴染みのある人とない人を区別するようになるが、馴染みのある人のなかでは、お気に入りの人を一人か数人選ぶ。それらの人には嬉しそうに接し、彼らが去っていくときには追い掛け、不在のときには捜す。彼らがいないと不安と苦悩が引き起こされ、戻ってくるとほっとして安心できる。以後の子供の人生における情緒的な面は、この基礎の上に築かれるようであり、もしこの土台がなければ、将来の幸福と健康が危険にさらされる」[*6]

だが、そこには思わぬ障害がある。乳幼児は大人への情緒的な愛着を求める一方、それと同時に世界を探索することにも関心がある――主たる養育者が提供してくれる安全な避難場所にいつでも戻ることができると知っていれば。ボウルビィは次のように書いている。「人間の子供も動物の子供も、やたらに好奇心が強く、探索好きであることが知られており、そのせいでたいてい、愛着のある相手から離れる。この意味では、探索行動は愛着行動の対極にある。健全な個体では、これら二種の行動が通常は交互に現れる」[*7]

ボウルビィはこうした事実を考え合わせ、親は「ほど良く」なければならない、と結論する。

子供の愛着行動を直観的に、かつ思いやりを持って理解し、進んでそれに向き合い、そうすることでその愛着行動を終わらせる必要がある。また、子供の怒りのごくありふれた起源の一つが、愛と世話に対する欲求不満であることや、子供の不安がたいてい、親がこれからもずっと適い続けてくれるかどうかの不確かさを反映していることに気づかなくてはならない。親は子供の愛着欲求を尊重することは重要だが、子供の探索欲求も尊重し、子供が仲間や他の成人との関係を徐々に拡げるのを許すことも、同じぐらい重要だ。[*8]

親がしっかりした愛着を維持しながら、同時に、子供が探索して自立するのを許せば、子供は情緒的な安定を得て、さまざまな人間関係を結ぶことができる。逆に、親があまりに抑圧的だったり、あまりにわずかしか関与しなかったりすると、子供は自我の感覚が阻害されて育ち、他者と成熟した情緒的関係を築くことができなくなる。

なお悪いことに、もし親が子供をはねつけたり、身体的に虐待したりすると、乳幼児は絶えず不安な状態で暮らしながら成長し、攻撃的になって、神経症や恐怖症の傾向を見せ、精神病質的行動や社会病質的行動さえ取る。あるいは、成人期が近づくと、完全に自律的になろうとして、自分をどんな情緒的愛着からもすっかり切り離す。

共感と愛着――私たちを人間たらしめているもの

子供の発達で愛着行動が果たす役割についてボウルビィが独創的な見識を発表して以来、認知科学者や心理学者や社会学者らは、人間の神経回路に深く織り込まれた共感的衝動の働きの理解にとりわけ注意を払いながら、人類の生物学的特性を詳しく調べてきた。そして、私たちの存在の根底には、「他者」に共感しようとする、生まれながらの生物学的欲求があり、それが人類を特別なものにしていることを発見した。

たとえば、育児室で乳児の一人が泣くと、他の乳児も全員泣き始めることがわかっている。なぜ自分がそうするのかまったく気づいてもいないのに。それでも彼らは、他者の苦しみを、まるで自分自身の苦しみのように感じている。共感的な衝動は私たちの神経回路の中に存在しているものの、それが進化するか抑え込まれるかは、乳幼児が愛着を抱いた主たる養育者や、後には接触を持って同じように愛着を抱いた兄弟姉妹、親族、教師、その他の人々が提供してくれる養育環境の質にかかっている。

養育者に赤ん坊が愛着を抱くのは、新生児の人生のドラマにおける第一幕だ。もし養育者が赤ん坊の苦しみに共感したり、彼らの喜びを感じたり、思いやりを表現したりしながら、彼らを養育し、人間らしく――つまり、共感を持つ、社会的に発達した人間へと――成長するのを積極的に支援できなければ、子供の発達はその後の人生で阻害されてしまう可能性が高い。そのような子供は、他の人間や同胞の生き物たちと連帯して社会的な動物として十分に栄えることができなくなる。

共感的な応答の成熟は、死を免れられないことや死に対する子供の意識の高まりと深く結びついている。ほとんどの子供は、五歳から七歳までの間に死の概念を完全に理解する。自分が愛し、大切に思っている人々がいつか亡くなり、自分にもやがて同じ運命が訪れることに、彼らは気づく。子供たちは発達のこの時点で、生きていることの最も重要な面、すなわち、それが一時的で儚いものである点を、情緒的にも認知的にも理解するようになる。それに気づくからこそ、共感が豊かになる。

私たちが他者の痛みや苦しみ、さらには喜びさえも、我が事のように経験したとき、神経回路の奥深くから湧き起こってくる共感的な衝動は、他者の脆弱性と、ただ一度の人生で栄えようとする彼らの奮闘に、情緒的・認知的に気づいた結果だ。私たちの情動的な連帯は、自分が存在する間、死すべき運命の究極的な重荷と恵みを片時も休むことなく担っている同胞としての私たちの支援の、最も深い表れだ。私たちは、手を差し伸べ、次のように述べることで、自分なりに思いやりを示す。私たちはみな道連れだ、生存と呼ばれる筆舌に尽くし難い旅で、それぞれが束の間、互いのためにこの場にいる道連れなのだ、と表明することで。

興味深いことに、天国や楽園、想像上のユートピアには共感はないだろう。なぜなら、そこには避けられない死も、苦しみも、生き延びて栄えるための苦闘もないからだ。こうした天国などでは、すべてが完璧で、欠点も苦難もないし、一瞬の喜びや悲しみさえない。不死は共感には何の役割も許さない。

ボウルビィは、「ほど良い」養育と、乳幼児や子供に共感的な欲求を育むこととのつながりや、その後の人生にそれが及ぼす影響を理解していた。やがてなされた多くの研究が、ボウルビィの直観の正しさを裏づけてきた。「人格と社会心理学ジャーナル（*Journal of Personality and Social Psychology*）」誌に発表した「愛着理論と他者のニーズへの反応」と題する論文で、研究者たちは「愛着から得られる安心感の活性化が共感的な応答を促す」ことがわかった、と書いている。[*9] この論文は、長年の間に行なわれた多数の研究を吟味するものだった。そうした研究の結果は、以下のようなことを示していた。適切な養育をしてもらえず、他者に親密に接してもそれが報いられないことを恐れて愛着を避ける傾向を示しながら育った子供たちや、拒絶されたり見捨てられたりする恐れから愛着を抱くことへの不安に苦しむ子供たちはどちらも、拒絶されたり見捨てられたりしたという自らの感覚にがんじがらめになっているために、他者に共感するだけの情緒的な余裕を欠くようになる。

ボウルビィが、子供の最初期の決定的に重要な養育者として主に母親に的を絞ったのに対して、その後、世界のさまざまな文化と、変わりゆく人口統計学的特性を調べた研究は、主な養育者には父親や兄、姉、近親者が含まれる場合が多いことを示している。子供を養育して周囲の自然界への適応力とレジリエンスを持たせる行為の原形と言えるものが見られる狩猟採集民社会の研究によると、乳幼児の養育は、拡大家族の共同責任であることが多いという。現代のイスラエルのキブツは、乳幼児の養育を親や家族が分担する習慣が今なお妥当であることを裏づけている。

成人が乳幼児をほど良く養育することが、今後の各世代を逆境に適応できる「レジリエンスの時代」の指導者となるように育てるうえでカギを握っているとすれば、厄介な現実が浮かび上がってくる。ロンドンに本拠を置く教育慈善団体サットン・トラストと、プリンストン大学、コロンビア大学、ロンドン・スクール・オブ・エコノミクス、ブリストル大学の研究者のチームが、アメリカの乳幼児の親に対する愛着について行なった研究の結果は、けっして好ましいものではない。不安定な愛着しかない子供は、問題行動を起こしたり、識字能力が低かったり、低年齢で学校を中退したりする恐れが最も大きかった。また、親への愛着の強い絆なしに育った子供たちは、攻撃的で反抗的で多動性の成人になる可能性が高いこともわかった。[*10]

一家がこの先に食べるものや住む場所があるのかどうかさえわからず、親が絶えず無力感や絶望感を抱えながらその日暮らしをしているような、貧困に苦しむ環境で育つことと、愛着行動が乏しいこととの間にも、強い相関関係がある。そのような厳しい状況で、親がどうやったら幼い我が子の面倒見の良い養育者になる情緒的余裕を持てるか、想像するのも難しい。ピッツバーグ大学の心理学教授のスーザン・キャンベルは、親による養育と子供の愛着に貧困が与える影響が現実のものであることを要約し、次のように説明している。「養育者自身が、自分の抱える問題に圧倒されているときには、乳児は、世の中は安全な場所ではないと思うようになる可能性が高まり、彼らは困窮したり、挫折したり、内にこもったり、混乱したりすることになる」[*11]

二〇〇一年にアメリカで生まれた子供一万四〇〇〇人を対象とする調査では、六割の子供が「親への強い愛着を持つようになった」ことがわかった。だが、本当に悩ましいのは、調査を受けた子供全員のうち四割が、親への愛着が乏しい家庭で育ち、そこで被った心理的影響に一生つきまとわれることになるであろう点だ。[*12]

ボウルビィと彼の研究仲間のメアリー・エインズワース（彼女はボウルビィの見識を受け容れ、引き続き厳密な科学的アプローチで個人と家族の行動を彼らの生涯にわたって調べた）は主に、安定した愛着あるいはその欠如が最初の影響を及ぼす幼少期に的を絞った。さまざまな学問分野の他の研究者たちは、人生の異なる段階で他の愛着の対象が果たす役割を探究し始めた。配偶者、親友、教師、メンター（助言者）、セラピスト、雇用主などが、愛着の対象としての役割を担うことが多く、そうした対象がそれまでの愛着のパターンを強化したり、あるいは修正したりして、本人の安定した愛着の感覚と共感的な欲求に影響を与える。

ところが共感的な衝動は、育児法や、人の生涯にわたる愛着の一連の対象とだけ関連しているわけではない。共感は歴史の流れの中でも進化し、社会の進化や文明の興亡とも緊密に絡み合っている。これは、社会科学者がほとんど探究しない社会の領域だ。

新しいインフラが構築され、社会全体に展開されたときに、共感は進化し、拡張する。どの文明のインフラも、独自の経済パラダイムや新しい社会秩序、新しい統治形態、エコロジカル・フットプリント（環境に与える負荷）をもたらす。それに伴って、人々が忠誠を尽くすことのできる物語的世界観ももたらされる。どの場合にも新しいインフラが、その下で暮らし、働き、その維持管理に当たっている多様な人々を網羅して情緒的に団結させることのできる、より広大な共感の絆を可能にする。血のつながりのない人々が自らを、架空の家族として振る舞う社会的な有機体と定義するようになる。その有機体の中では、構成員が互いに親族のように共感する。

思い出してほしい。狩猟採集民は二〇人から一〇〇人ほどの孤立した小さな生活集団を作って暮らし、ときおりそれよりわずかに大きい親族集団の中で交わった。彼らの信仰や儀式には、神はおおむね不在だった。彼らは主に、あの世にいる祖先を崇拝し、彼らの世界観はアニミズムの意識に染まっていた。彼らの愛着と共感の衝動は強かったが、血のつながった家族の小さな生活集団と、それよりわずかに大きい親族集団の生活圏内に限定されていた。

およそ一万年前に農耕・定住生活への転換が起こると、山や土壌、大小の川に住まう地元の神々への安定した愛着が生まれ、それらの神々による庇護や懲罰が、絶え間ない関心事となった。それでも、共感的な欲求が、河川流域の小さな農業コミュニティや、海岸沿いの漁業コミュニティの外まで拡がることは稀だった。

共感の及ぶ範囲が一気に拡大したのは、紀元前四〇〇〇～一七〇〇年にかけて、中東のチグリス川やユーフラテス川やナイル川沿いと、現在はパキスタンになっているインダス川流域と、中国の黄河と揚子江の流域で、巨大な灌漑農業文明が興ったときだった。広大な地理的領域から人々が掻き集められ、大規模な農業生産を維持するための大型灌漑インフラの設計や建設や運用に当たらされた。

灌漑テクノロジーは、特定の季節に起こる大洪水の被害を抑え、水を取り込んで貯め、種蒔きや植え付けの時期に給水し、当面の消費を十分賄うだけの食料と、貯蔵して後に分配するための大量の余剰を生み出すために発明され、採用された。これらの灌漑文明は、運河や堤防、灌漑システム、堂々たる穀倉や道路から成る工学の偉業であり、駆り集められた巨大な労働力の管理に当たる熟練の専門技術者から成る中央集権的な官僚制が監督していた。

紀元前に、ユダヤ教、仏教、ヒンドゥー教、道教という主要な宗教が成熟し、その後、キリスト教とイスラム教が現れ、これらの宗教のそれぞれが、新しい愛着の対象となった。これは、アニミズムの意識から宗教的な意識へという、支配的な物語の転換点だった。これらの主要な宗教は、血縁のない厖大な数の人を、新しい共通の愛着の対象へと転向させることに成功し、人々は自分を架空の拡大家族の一員と見なして、その家族に忠誠を尽くして献身する義務を負い、共感を覚えるようになった。

孤立した辺鄙《へんぴ》な農村の何万もの人が、乏しい所持品をまとめてローマ街道を何百㎞も旅して、首都ローマやその周辺に移り住むという経験が、どのようなものだったか想像してほしい。先祖代々の土地や地元の神々から引き離され、徒歩で旅してきたこれらの移民は、数百万の人が暮らす、寄る辺もない都市で、イエス・キリストとキリスト教に、新たな愛着の対象を見出した——三一三年に皇帝コンスタンティヌス一世の勅令《ちょくれい》によってローマ帝国の公認の宗教となるカルトに。

一世紀に早々とキリスト教に改宗した人々にとって、キリストは自分の信奉者たちを家族として天から見守り、真の信者の一人ひとりを養育し、愛する、父親のような存在になった。キリスト教徒は互いに挨拶するときに、相手の頬にキスし、「ブラザー」あるいは「シスター」と呼び合うのだった。そして、彼らの慈愛に満ちた親が、イエス・キリストなのだった。こうして共感は、この最新の架空の家族を網羅するまでに拡張した。

狩猟採集社会を特徴とする旧石器時代にアニミズムの意識が生まれ、巨大な灌漑農業帝国の勃興が宗教的な意識につながったのに対して、産業革命の発生はイデオロギーの意識を誕生させた。この新しい時代は、科学やテクノロジー、産業革命、資本主義経済が、物質主義的なユートピアと、地上での人間の不死に相当するものをもたらすという信念に根差していた。このような物質主義的なユートピアは、代議制民主政治や社会主義、ファシズム、共産主義といった旗印の下、さまざまなイデオロギーのバージョンに愛着を抱くようになる。

だが、イデオロギーの意識が根づくのにも、多様で大勢の人を社会有機体として束ねることができる、統治の物語が必要とされた。すでに述べたように、一八世紀後半にヨーロッパとアメリカで化石燃料を基盤とする産業インフラが導入され、地方市場から全国市場への転換がなされると、国民国家による統治が生まれた。ところが、これらの国家はたいてい、単一の民族集団からは成っておらず、それぞれ独自の言語や方言、文化遺産、支配的な神話、愛着の対象を持った民族や人種の寄せ集めだった。新生の国民国家はみなこれを念頭に置き、本質的に異なる多くの民族を国民にし、イデオロギーの意識を持たせ、国家を擁護する存在に変えるよう、大掛かりな社会教化プログラムに乗り出した。

第四章で指摘したとおり、それぞれの国が自国語を確立した。それから、国家を礼賛するカリキュラムを持つ公立学校制度を導入し、過去の歴史的出来事——そのなかには、事実に基づいていない、作り事もあった——を記念する祝日を設け、共通の兄弟の絆を生み出した。わずか数世代のうちに、イタリアやドイツ、スペイン、フランスなどの文化が誕生し、その文化の下では、国家が主要な愛着の対象となった。「母国」や「父祖の地」といった名において、愛国的な儀式を行なって一般大衆を教練し、国家への忠誠を求めた。

こうした行為を通して、確実で頼りになる母親あるいは父親のような存在としての国家にそれぞれ愛着を持つ国民が、その後何世代にもわたって登場した。どの国民も、同じ国の者を拡大家族と見なして共感を抱き、同胞のためなら戦って死ぬという、究極の犠牲を払うことさえ厭《いと》わないほどだった。その後の二世紀間に、ヨーロッパ全土で戦争が行なわれ、血が流れ、数千万もの人が亡くなった。自分の架空の拡大家族を守り、国民全員を網羅する愛着の対象である母国や父祖の地への忠誠を示すためだった。

ブルネル大学の心理学上級講師ネッリ・フェレンツィとマクマスター大学の社会科学准教授タラ・マーシャルは、自国への愛着の研究の先駆者だ。『「故国」への愛着および、その愛着と伝統文化への帰属意識との関連を探究する』と題する二人の研究では、半世紀前に主たる養育者への愛着についてボウルビィやエインズワースが書いた事柄に似た結果が得られた。フェレンツィとマーシャルは、一六歳から六五歳までの、女性一二六人、男性一〇五人、性別が明かされていない人一人の、計二三二人の参加者を集めた。彼らの三五%は生まれた国とは違う国に、六五%は生まれた国に暮らしていると回答した。[*13] そして、国家への愛着は、乳幼児が主たる養育者に対して抱く愛着と同じような、三種類の心理的傾向性を持っていることがわかった。

この研究の参加者は、三つの傾向に分かれた。出身国であろうが、移民先の国であろうが、社会にうまく溶け込んだ人は、その国の物語と一体化し、守られ、大切にされていると感じていた。彼らは自分を、共通のアイデンティティを持つ架空の拡大家族の一員と見なし、愛着の特徴をすべて示した。一方、愛着の対象——すなわち、国家——が自分の人生には存在しない、あるいはその対象に拒絶されている、と感じている人もいた。彼らはボウルビィとエインズワースの研究に標準的に見られた反応を示し、恐れや不安な気持ちを抱くか、見捨てられ、切り捨てられ、自力でやっていくしかないと感じるかのどちらかだった。これら二種類の人々の典型的な応答は、「自分の国に見捨てられるのが心配だ」と、「自分にとって、国から自立していると感じることが非常に重要だ」だった。[*14]

アニミズムの意識と宗教的な意識とイデオロギーの意識はそれぞれ、人類が自らの存在の意味、すなわち、誕生や人生、死、来世、精神と欲求、義務と人間関係を理解するための、大きな物語の枠組みを体現しており、その出現は歴史上の重大な転機となってきた。そして、それらの意識の一つひとつが、人類が経済生活と統治と自然界との関係をどのように構成するかへの、新しい異なるアプローチを表していた。

歴史家と人類学者は、地球の天然資源をより広大な範囲から収奪するために、単なる血縁を超えて、多様な役割と責任から成る複雑な関係へと大勢の人間をまとめ上げた主要なテクノロジーのインフラに目を奪われがちだ。それに比べるとあまり知られていないが、灌漑文明やプロト農業・産業革命や十分に発展した産業革命をもたらしたインフラ革命はそれぞれ、人類の共感の及ぶ範囲を、血縁から宗教の信仰へ、さらにイデオロギー上の帰属へと拡張した。不幸にも、新しいインフラとそれに伴う共感的愛着には、新たな境界が伴っており、それが真の信者とその他の人——異教徒や無政府主義者——を分断し、戦争と流血、新種の差別という、おぞましく恐ろしい結果をもたらすことが多かった。

それでも、これらの共感の拡張がそれぞれ、人類の共感革命を促進することにつながったのは確かで、宗教はより寛容になり、奴隷制と強制労働は廃止され、拷問は禁じられ、ジェノサイド（集団殺害）は犯罪とされ、民主的統治と人権が促進され、最近ではジェンダーや性的指向にかかわらない平等の正当性が認識された。こうした飛躍的な進歩が実現したのは、人類が時間と空間を超える相互接続性を高めたからであり、それは、人類をかつてないほど互いに近づける新しい、より統合的なインフラと、それに伴う、「架空の」拡大家族として、より多様な人々をまとめる共感的な愛着が相まってのことだった。

だからといって、これまでの時代の過失や退歩に人類が悩まされなくなるというわけではない。新たにインフラが飛躍的に前進するたびに、より広大な架空の家族と共感的帰属の名の下に、より多くの人がまとまるのだが、それは同時に、部族のものであれ、宗教的なものであれ、現在ならイデオロギー上のものであれ、衰えつつある集団には脅威となる。以前の集団は、完全に消えてなくなることはなく、ますます狭まっていく時間領域の中ではあっても、存在し続ける。もしそこに落とし穴があるとすれば、それは、こうした過去の文化の愛着が、一見すると歴史の中に退いたように見えながら、名残として生き続け、何かあれば即座に復活し、一戦交える用意がある点だ。

というわけで、人類の愛着の対象と共感的な性質は飛躍的な進化を遂げるとともに、ときおり完全に崩壊し、人類を長期に及ぶ暗闇に陥れてきた。それでも、私たちの神経回路の基本的な配線は共感の精神を生かし続けており、そのおかげで今や人類が共感進化の次の段階に進みつつあることに疑いの余地はない。今回の飛躍が、人類と同胞の生き物たちを救うのに間に合うことを願うばかりだ。

若い世代は、宗教的な愛着やイデオロギー上の愛着と袂《たもと》を分かち始めており、新しい、より包摂的な生物学的家族の中へと足を進めている。生命愛（バイオフィリア）の意識が今まさに現れつつあり、人類が同胞の生き物たちに共感し始めるなかで、生命愛が「レジリエンスの時代」を特徴づける物語となりそうだ。

再び自然に帰属する

まず、大枠を説明しよう。生命愛の意識、つまり同胞の生き物たちを共感的に受け容れることは、単なる勧めでも願いでもない。この、共感の次なる拡張――今回は、この惑星で私たちと共生し、共にここで束の間過ごしている縁者から成る私たちの「真の」拡大家族にまで及ぶ拡張――が起こらなければ、彼らと私たちの両方が気候変動によって地球上で複雑な末路をたどる羽目になることは確実だ。私たちは、同胞の生き物たちに自分を重ね合わせ、彼らが繁栄するために行なっている苦闘に深く共感して初めて、自分自身の未来を確実なものにすることが望める。

生命愛は単独で成立するわけではない。生命愛は、いわばパッケージの一部にすぎない。レジリエントな新しいデジタル・インフラと、それに伴う相互接続性は、人類に分散した接触手段を提供してくれる。それは、バイオリージョンと生態系全体に及ぶ、より直接的な関与を通した適応型の統治を促進するのに必要なものだ。政府がバイオリージョン統治まで手を拡げれば、市民は、人々が同胞の生き物たちとともに生涯を過ごす一九㎞の厚みを持った生物圏と、より緊密な関係を結ぶことになる。これはきわめて重要だ。なぜなら、共感的な受容の力は、そうした関係の経験がどれほど親密なものなのかに部分的にはかかっているからだ。バイオリージョン統治は、ピア政治による地元の生態系のより親密な保全・管理と組み合わされば、私たちの種を同胞の生き物たちと、身をもって直接接触させ、共感の力を開花させることができる。

市民と彼らが暮らす生態系とのより親密な関係は、実現しそうにない戯言《たわごと》だ、あるいは空想的な戯言だとさえ思う人がいるといけないので言っておくが、そのような親密さは、すでに至る所で全人類に強制されている。気象災害と地球の再野生化が人々の日常生活に与えている壊滅的な打撃は、親密なものではないにしても、直接的で身近なものだと、誰もが肌で感じていることに疑いの余地はない。そしてその打撃は常時存在して、私たちのすることのいっさい――どのように働き、遊び、人生を送り、未来を思い描くか――を左右する力に、急速になりつつある。それならば私たちは、子供たちにどんな準備をさせ、再野生化するこの惑星で適応力とレジリエンスを発揮できるようになってもらえばいいのか?

二〇一九年、ヨーロッパで心理学の分野の研究者たちが、子供時代の愛着と、適応力やレジリエンスとの間の関係について行なわれてきた実験や調査を概観する報告書を発表した。それによると、混乱や疾病、災害、戦争が渦巻く世界に首尾良く適応し、レジリエンスを発揮する能力を持つように子供が成長するかどうかは主に、幼少期と子供時代に親やその他の家族が行なう養育によって決まるという。研究者たちは、「レジリエンスが、逆境と積極的な適応という二つの中核的な概念を前提としていることを示唆する一貫性を文献に」発見し、「安定した愛着はその後、積極的な適応の前提条件となるかもしれない」と結論した。[*15]

気候変動という実存的な脅威を恐怖の対象から適応の機会へと変えることができれば、私たちの未来への扉が開かれる。同胞の生き物たちへと共感――生命愛のつながり――を拡張することが、「レジリエンスの時代」を活気づける、まさに最強の力だ。以上をすべて踏まえると、結局、愛着に戻ってくるのだが、この場合の愛着は、「場所」に対するものだ。

愛着理論は宗教やイデオロギーへの帰属を含む、多様な社会現象で研究されてきたものの、「場所への愛着」には、それほど注意が向けられてこなかった。場所は、親による養育を超えた、探索と愛着の最初の次元であり、赤ん坊が初期に抱く愛着の感覚は、自分の環境に対するものであるにもかかわらず、だ。赤ん坊は世界――その物性や存在や出来事――を探索することで、身をもって環境との関係を結ぶものだ。

子供の発達と帰属意識にとって、自然界ほど場所への愛着が重要な所はなく、それは、這ったり、歩いたり、飛んだり、泳いだりするありとあらゆる生き物に赤ん坊が魅了されることから見て取れる。子供が自然環境を探索するよう奨励されるか、それとも、養育者に危険を警告され抑制されるかは、場所に対するその子供の愛着の感覚、あるいはその欠如に、一生にわたって影響しうる。とはいえ、しだいに都市化が進み、ほとんどの時間を屋内で過ごす文化、しかも最近ではバーチャルな世界で過ごす文化では、自然環境は異質なもの、脅威を与えるもの、さらに悪くすれば、まったく関心を惹かれないものとして経験されうる。『あなたの子どもには自然が足りない』（春日井晶子訳、早川書房、二〇〇六年）の著者リチャード・ルーブは、今日の多くのティーンエイジャーの気持ちを代弁する小学四年生との会話を再現している。なぜ外で遊ばないのかと訊かれたその子は、こう答えた。「中で遊ぶのがいいんだ。コンセントがあるから」

場所への愛着を持っているのは当然だと私たちが考えがちだとしたら、それはおそらく、時間と空間の中で自分の存在を定義するときに場所はあまりに馴染み深くてありふれているので、世界の中での自分の存在の仕方を場所がどのように決めてきたかを忘れてしまうからだ。言語の発達さえもが、私たちがごく幼いときに行なう場所の探索にかかっている。私たちが気づいたり経験したりする活動や双方向的な活動は、言語を構築し、関係性を理解し、アイデンティティを確立する拠り所となる、空間的メタファーや時間的メタファーの宝庫を提供してくれる。

赤ん坊や子供が屋外環境や人生のさまざまな活動の経験の大部分を奪われて育つと、その子の場所の経験は大幅に狭まり、その後の人生でより広範な環境の中で対処する必要が出てくるにもかかわらず、そうした環境への安定した愛着が不十分なままになってしまう。不幸にも、「工業の時代」の急速な都市化のさなかには、自然界への愛着の確立にきわめて重要な環境とのつながりの喪失に、ほとんど注意が払われなかった。乳幼児の養育や、その後の学校教育には、自然界を体験する余地がないに等しい。子供たちが屋外で自由に過ごせる学校の休憩時間でさえ、大幅に短縮されたり廃止されたりして、バーチャルな世界に取って代わられ、そこでは子供たちは平たい画面上のピクセルを操作するだけの、受動的な覗き魔と化している。

場所への愛着の程度は、養育者への愛着の場合と似て、どのような環境でどのような経験をするかによって決まる。自然体験が安心できるもの、つまり、安定していて、魅力的で、肯定的で、安らぎを与えてくれるものだったら、その好ましい愛着はたいてい、一生失われない。場所への愛着の研究結果は、親による養育に伴う愛着や、宗教的な愛着、祖国への愛着の場合とおおよそ重なる。自分が厳しく冷淡な目に遭わされているように感じられたり、あるいは、そもそも何の経験もさせてもらえていないように思えたりすると、子供の行動は、不安に満ちたものから対人接触の回避まで、さまざまな形を取る可能性がある。ところが、もしさらされた境遇や経験が人を大切に育むものであれば、場所への愛着は、世の中での本人のアイデンティティにとって有意義な部分となる。

自分の自然環境への安定した愛着は、その環境が求めるものに適応したり、環境の再生性を保全・管理したりすることに、必ずしもつながるとはかぎらない。たとえば、自分の自然環境に強い愛着を持っている人は、気象災害に繰り返し見舞われた後でも、地球温暖化のせいでその地域はこれからもいっそう危険な気象災害に遭うだけだという、科学者による裏付けのある主張に耳を貸さないことがよくある。また、別の場所に移り、適切な環境保全・管理の下でその地域が再野生化するのを許したほうがいいかもしれないという話も聞きたがらない。逆に彼らは抵抗し、同じ場所で前と同じやり方で再建を繰り返すことにこだわり続ける。なぜなら、それが彼らにとって昔から馴染み深いことだからだ。それはたしかに、場所に対する彼らの深い愛着の揺るぎない感覚を反映しているが、彼らの将来の幸福や、彼らが暮らす生態系にとっては、有害なものになりかねない。

場所や環境への愛着を捨て去れないと、たとえその自然環境が枯渇し、もう生計を立てる手段がなくなったとしても、あるいは、従事している仕事が環境を破壊する類のもの、たとえば石炭の露天掘りや樹木の伐採などだったとしても、新しい技能を習得したり、別の場所で仕事を見つけたりする気になれない。

それに輪をかけて複雑な状況もある。環境に対して同じような安定した緊密な愛着を抱き、ともに自然を愛する気持ちを持っている人々でさえ、風力発電用のタービンを沖に設置したり、大規模な太陽光発電所を近隣に建設したりすることに関して、意見が分かれるかもしれない。反対者たちは、そのようなものの設置や建設は、地域の自然の美しさを台無しにし、環境を損なうという懸念を口にする。賛成する人々は、化石燃料から再生可能エネルギーへの転換は、地球温暖化と気候変動を遅らせ、より強力なレジリエンスを備えた生態系を再生させる唯一の道だ、と主張する。このように、両者が自然環境に対する安定した愛着を示すものの、その環境をどうやって守るのが最善かについて意見が食い違うことがある。ただ、こうした場合には、それでも共通認識を見出せることが多い。[*16]

場所に対する愛着を調べた多くの研究で明らかになったのだが、環境を保全・管理しようという共同の決意が市民活動や関与の動機となり、家族や子孫によりレジリエントな未来を残すため、近隣の人々が団結して、許容できる適応のアプローチについて合意に達することがよくある。これは、分散型のピア政治や市民議会を拡大して、従来の統治の仕方と並行して機能させ、地元のバイオリージョンを保全・管理していくに際して好都合だ。

場所、それも特に自然環境に対する安定した愛着は、人が自らの身を置く安全な避難所や生活世界を提供してくれるが、それに加えて、他にも二つ、同じぐらい重要な機能を果たしてくれることもわかっている。自然環境への安定した愛着は、個人の幸福を達成する方法であるとともに、共感の対象を自然全体にまで拡げる道でもあるのだ。

幸福を考え直す

何が幸福を形作るかについてのジェレミー・ベンサムの考え方は、「工業の時代」の大半を通して、ほとんど疑問視されることがなかった。ベンサムは一八世紀から一九世紀にかけての哲学者であり、人間のあらゆる行動は、快楽を味わいたい、苦痛を避けたいという欲求を原動力としているという功利主義の理論で最も有名だ。私たちの誰もが、生まれつき快楽主義者・功利主義者であり、飽くことのない欲望を満たそうとして一生を過ごす、と彼は主張した。広告業界はベンサムの見解を額面どおりに受け取り、私たちの種を何世代にもわたって誘惑して地球のさまざまな恵みを、果てしなく現れる新製品と新サービスの形で消費させてきた。消費文化の恩恵について、経済学者のヴィクター・リバウが早くも一九五〇年代に「小売りジャーナル（*Journal of Retailing*）」誌に記事を執筆し、次のように述べている。

私たちの著しく生産的な経済は、人々が消費を自分の生活様式にし、モノの購入と使用を儀式に変え、精神的な満足と自我の満足を消費に求めることを要求する。私たちはますます速いペースで消費し、焼き尽くし、着古し、取り替えて捨てるものを必要とする。[*17]

困窮すれば幸福になれるなどと言う人は一人もいないだろうが、逆に、過剰な消費主義は悪いことなのだろうか？

消費文化が頂点に達し、多くの人を二度と立ち直れないような負債の泥沼に陥れていたまさにその頃、消費主義と不幸の一対一の相関関係に関する研究が次々に現れ始めた。心理学者や社会学者や人類学者が研究を行なって数字を出してみると、消費主義は薬物のような中毒であり、それに染まれば染まるほど惨めになるというのが、ほぼ全員の結論だった。同様に、私たちは多くを所有すればするほど、所有することの虜になる。

これまた当然かもしれないが、私たちは多くの所有物に囲まれれば囲まれるほど、人工的な世界に閉じ込められ、自然界から切り離される。自然に触れるのは単なる美的経験や余暇活動ではなく、それよりもはるかに重要なことであると、科学者たちが近年、結論した点を踏まえれば、この現実にはいっそう気落ちさせられる。一つひとつの細胞の働きに至るまで、私たちの最も個人的な身体機能はみな、認知の各機能とともに、自然界のリズムや流れに合わせられている。私たちは自然界から進化したのであり、自然界とは依然としてしっかりと絡み合っているからだ。これに気づけば、生命愛の話へとまっすぐ戻ることになる。私たちの存在の本質そのものが、自然の助けと危険の両方に注意を傾けており、生命愛の本能と生命嫌悪（バイオフォビア）を特徴としているのだ。

都会で暮らしている人々は、自分の気分や行動や身体機能、特に心身の健康が環境との生理学的関係によって無意識のうちに影響されているのを知らないことが多い。たとえば、森を散歩するのと、都市を散歩するのとを比べてほしい。森林環境では、ストレスの尺度となる唾液中のコルチゾールの値が、森を眺めているときには平均で一三・四％、散歩の後には一五・八％

下がり、心拍数も森を眺めていると六％、散歩の後には三・九％下がるし、収縮期血圧も下がる。散歩の後、副交感神経の活動――リラックスした感じ――は一〇二％増える一方、交感神経の活動――ストレス感――は一九・四％減る。体の中で起こるこうした変化はみな、ただ森の中を散歩しただけで生じる結果なのだ。[*18]

自然と健康のつながりは、一九八〇年代に日本で国全体を巻き込む議論になった。日本の労働者は、非常にストレスの高い混雑した都会で仕事に追われ、燃え尽き症候群を経験していた。日本は、世界に先駆けて二四時間年中無休の社会になったという、不名誉な地位を獲得した。日本の一般大衆の快楽主義的な欲望は十分に満たされていたものの、心身の回復の必要性は満たされずじまいになっていた。その頃、「森林浴」と呼ばれる新しい文化現象が日本中で流行した。森を散歩して、身体的な健全性を回復させる、一種の運動療法だ。その効果を裏づける証言が、どっと寄せられた。人々は生き返ったように感じ、科学者たちは「リストラティブ・ヘルス（健康回復）」という言葉を造った。

ありもしない効果を単に想像しているだけではないことを確かめるために、人々が森の中を三〜六㎞、のんびりと散歩しているときの血糖値を研究者たちが調べると、三九・七％も下がっていた。それに対して、プールでの同じような運動では、二一・二％しか下がらなかった。[*19]環境の違いが影響していることは明らかだった。生態学者なら、この違いは生命愛と関連がある、と言うだろう。

数年前に「環境・資源年次評価（*Annual Review of Environment and Resources*）」誌に載った、

「人間と自然——自然を知り、経験することがどのように健康に影響するか」と題する報告は、健康のさまざまな面を網羅する一〇のカテゴリーでの研究を評価し、それらのカテゴリーが全体として、自然の中での経験とどう相関しているかを調べた。そして研究者たちは、次のように報告している。「自然を知り、経験すると、人は一般に、より幸福で健康になることを、大半の証拠が疑いの余地なく示している」[*20]。彼らがさらに掘り下げ、自然が人間の健康にかかわる一〇の面のそれぞれに与える影響を見てみると、そこには強い相関があることが明らかになった。自然にしっかり浸ると、身体的な健康が増進し、ストレスが減り、自制力が増し、精神衛生が回復し、精神性が育まれ、注意が持続する時間が長くなり、学習能力が向上し、想像力が掻き立てられ、アイデンティティの感覚が深まり、つながりと帰属感が強まることも、これらの研究からわかった[*21]。

人道主義の心理学者エーリッヒ・フロムは、命に満ちたあらゆる現象へ惹かれる気持ちを指す、「バイオフィリア（生命愛）」という言葉を造った。だが、人間というもののいっさいを構成する生物学的組織に深々とその概念を根づかせたのは、Ｅ・Ｏ・ウィルソンだった。生命愛は私たちのＤＮＡに深く織り込まれた生まれつきの特質だ、と彼は主張した。私たちは生命の家族の一員であり、個人としての幸福と集団としての幸福は、生きているもののいっさいとの深い関係に依存しているという、根本的な感覚が生命愛なのだそうだ。そしてその依存は、何らかの形で感じることができる。私たちを結びつける共通の絆は、自分という存在を最大限まで栄えさせたいという、私たちが同胞の生き物たちすべてと共有している欲求だ。

だからといって、生きている現実の暗く不吉な面が消し去られるわけではない。私たちは非常に生物的な存在である自分の中に生命との親近感を覚える一方で、私たちの遺伝子構造の中には、特定の種に対する恐れも書き込まれている。そうした種が持つ栄えたいという欲求が、私たち自身の欲求を脅かしかねないからだ。私たちのほとんどは、他の哺乳類と同じで、ヘビやクモなどの生き物がいると身をすくめたり、後ずさりしたりする。私たちの遺伝子構造には、そうした生き物が引き起こしかねない害についての明確な記憶が含まれている。だから、私たちの生理学的な自分や認知的な自分は、生命愛に突き動かされているものの、生命嫌悪に由来する用心深さも持ち合わせている。生命愛と生命嫌悪の両方が、私たちの人生の始まりから終わりまで、常につきまとっているのだ。

E・O・ウィルソンは平明な言葉を使い、生命愛を「生命と、生命に似たプロセスに的を絞る生まれつきの傾向」と定義している。[*22] ウィルソンにしてみれば、生命愛のつながりが、種の観点から人類の物語を部分的に書き換えることになる。イギリスの哲学者ハーバート・スペンサーの造語で、ダーウィンがそれに目を止めて、一八六九年に『種の起源』の第五版に書き加えた「適者生存」という考え方は、それ以後ダーウィンの主張を部分的に傷つけてきた。「適者生存」という言葉は、自然は強者を弱者と競わせる闘争であることを示唆した。そしてその理論が、自然は「歯と爪が朱《あけ》に染まって」いるという主張を正当化するのに使われた。ダーウィンが、そのような意味合いが幅を利かせることを、けっして意図していなかったことは、特筆しておくべきだろう。

E・O・ウィルソンは、生命の進化を真っ当な地位へと格上げし、他のあらゆる種と同様、私たちの種が生まれつき持っている欲求は、支配することではなく栄えることであり、生命愛は、同胞の生き物たちや自然界に共感する本来の傾向を反映している、と主張した。彼は、自然を支配しようとする闘争から人類を引き離して、自然と親和する生まれながらの遺伝的素因へと一気に導いた。私たちは、自然と親和することで栄えるのだ。

自然の教室

生命愛の涵養《かんよう》は、幼い頃から始まる。イタリアの研究者ジュゼッペ・バルビエロとキアラ・マルコナートは、乳幼児を自然に触れさせるにあたっては、社会の中で効果的な愛着関係を築くときと同じ関与の原理に従うべきだ、と主張する。生命愛とは自然との情緒的なつながりのことなので、親や兄・姉や教師は、子供が短時間歩き回り、自然を体験できるように安全な場所を提供する必要がある。その際、子供が世話してくれている人のもとへ駆け戻れることを知っていることも欠かせない。やがて、もっと長時間かけて探索し、安全に戻ってくることを繰り返しているうちに、子供にとって安全な場所が拡がり、自分の居場所という感覚も拡大して、自然環境そのものもそれに含まれるようになる。

このような気遣いに満ちた時間的／空間的動態は、子供が自分との関係を主たる養育者から、世の中に満ち満ちている他の生命へと拡張するのを助ける。それによって、子供を「社会化」するだけではなく「自然化」するところまで進み、人類と進化上の他の親族との間に文明が確立した人工的な境界を消し去ることができる。こうして、生命愛のつながりは、人間の意識を抜本的に変革し、「他者」を事実上すべて消し去る。つまり、私たちは同胞の生き物たち――私たちの進化上の家族――を、自分の生きた親族として、また、自然を自分の拡張された場所と我が家として、経験するようになる。[*23]

　これは単なる希望的観測ではない。新しい教育が――メディアや世間での議論ではおおむね気づかれないままに――世界を席巻しつつあり、世界観を社会化から自然化へと転換している。「フォレスト・スクール（森の学校）」、「エンヴィロン・スクール（環境学校）」、「ブッシュ・キンダーガーテン（森の幼稚園）」、「ネイチャー・ヘヴン（自然の安息地）」など、呼び名はさまざまで、ドイツ、イタリア、デンマーク、スウェーデン、イギリス、アメリカ、カナダ、オーストラリア、ニュージーランド、中国、日本で続々と誕生している。それらは次世代の幼児や子供を、生命愛の意識へと続く道に沿って進ませ、人類と、進化上の家族である人類以外の生き物との関係を修復することを願っている。

　こうしたネイチャー・スクール（自然学校）は社会の外れで行なわれている実験だと、懐疑的な人が思うといけないので言っておくが、ドイツではすでに、二〇〇〇以上の森の学校が運営されている。アメリカでは二〇二〇年には、自然に根差した保育園が六〇〇近くあった。[*24]

　生命愛の教授法の専門研修を受けた大人たちの指導の下、四～六歳の子供が少人数に分かれて自然の中へ連れ出される。教師と子供は、クラスというよりも群れに似てくる。晴雨に関係なく、暑かろうが寒かろうが、野外教室は一年中開かれ、「群れ」は毎日集まることになっている。多くの場合、建物といえば、食料を貯蔵しておくための小さな小屋だけだ。トイレはなく、子供たちは束の間、群れを離れ、ただし教師の視野の範囲内で、用を足すことを教わる。大人の指導者の目の届かない所にはさまよい出ないという規則の下で、子供たちは自然の開かれた教室を気の向くままに探索し、自由に動植物を経験し、自然環境と交わり、自分の体験を語り、指導者に質問を投げ掛け、考えを述べ合う。

二〇二〇年に新型コロナウイルスのパンデミックが起こり、世界中で学校や保育園が閉鎖されて良かったことが一つでもあるとすれば、それは森の学校や自然学校への関心が急に高まったことだろう。教育者や親は、遠隔《リモート》学習とウイルスへの曝露《ばくろ》の両方を回避する可能性に注目した。保育園から高校まで、児童・生徒が友人との対面での交わりを断たれてしまい、仲間から切り離されて苛立つ子供たちのいる家庭が一触即発状態に陥るなか、多くの家族が森の学校を実際的な救済策と見るようになった。小児科作業療法士のアンジェラ・ハンスコムは同業者たちと同様、「しだいに多くの人が、コロナ禍がもたらすさまざまな難題に取り組む方法として、アウトドアに目を向けている」ことに気づいた。彼女は、「屋外にいるほうがはるかに安全だ。なぜなら、感染率は外のほうが格段に低いからだ」と、当然の事実を挙げ、「子供は一日の大半を「画面の前で」じっと座って過ごすようには生まれついていない。それは神経科学の基本だ。彼らは動く必要がある」とつけ加える。[*25]

五歳と一〇歳の二人の息子の母親で、カリフォルニア州バークリー在住のトレーシー・モレンは、次のように述べている。「森の学校のおかげで、状況がガラッと変わりました。(中略)

森の学校なしでは、我が家はこんな状態を切り抜けるのは無理でしょう（中略）今では息子たちは外の自然の中にいることで喜びを得て、落ち着いていますし、学習は動き回っているときに起こるものです。（中略）すっかり満足して帰宅します」。サンフランシスコ湾を見晴らす、眺めの良いセザール・チャベス公園で運営されているバークリー・フォレスト・スクールの創立者ライアナ・チャヴァリンは、自然の中での学習の恩恵は、「レジリエンスを築く助けになる」ことであり、「子供たちはこの地が自分のものであると感じています」と語る。[*26]

自然という教室での学習体験のおかげで、子供たちは自然界の複雑な関係に接することができる、と森の学校の教師たちは言う。特に、どの瞬間にも新奇な経験で脈動している生きた自然の中で起こる、絶えず進化し適応する相互活動に馴染むことができる、と。サンフランシスコのイーストベイのさまざまな公園で活動する、オークランドのアーリー・エコロジー・プリスクール（早期生態学保育園）の創立者ジョアンナ・フェラーロは、「自然はいっしょに教育に当たってくれる教師です。私たちが計画を立てておいたとしても、テントウムシの群れがあたりを飛び回り始めたら、それがたちまち新しいカリキュラムになります」と述べる。あるいは、もし興味を掻き立てられれば、計画を変えて「立ち止まり、好きなだけクモを眺めたりします」[*27]

自然環境を教室とする体験は、無味乾燥な画面の前に独りで座って、バーチャルな世界でやりとりをしているのとはまったく違う。自然という教室は、至る所でそれまでにない形で展開するインタラクティブな生命のドラマに満ちあふれた経験の宝庫であり、どの経験もじっくり探究するだけの価値がある、とチャヴァリンは言う。そして、「自然の中で子供が出くわすものはどれもみな、学習の出発点になります。死んだ鳥は、生命の環《わ》についての話し合いのきっかけになるかもしれません。霧のキスを頬で感じれば、水の循環についてのレッスンが始まることもありえます。小川の水が濁っていれば、それが粘土を使ったアート・プロジェクトの発端になることもあります。その小川の岸から土を採取して、それで焼き物を作るわけです。形を整えたら、今度はそれの焼き方を学びます」と語る。[*28]

生命愛の本能は、乳児や未就学児のときにいちばん強く、従来の教育制度を経るうちに薄れていく。オーストラリアでは、チャールズ・スタート大学のトニー・ログランドが同僚たちとともに、「環境についての子供たちの概念に影響を与える要因」を調べた。七〇の学校の九〜一七歳の児童・生徒合計二二四九人に、「環境という言葉は何を意味すると思うか」じっくり考えるように頼んだ。手短に言えば、ログランドらによると、この言葉を狭い意味で捉える子供は、環境を一種のモノと考えがちだったのに対して、より総合的な概念を持つ子供は、人間と環境との間には何らかの関係があるという考え方を示したという。[*29]

いちばん興味深かったのは、年齢の低い児童のほうが関係性を重視する率が高かったのに対して、年長の生徒は環境をモノと考える傾向があった点だ。そこからは、子供は生まれつき生命愛の志向が遺伝子構造に組み込まれているものの、環境についてどう考え、環境にどう働きかけるかを従来の学習過程で教えられることによって、その志向性が育まれるのではなく消し去られることが窺える。乳幼児は本能的に他の動物と絆を結び、会話を交わし、彼らを拡大家族と見なして情緒的に一体感を覚える。これもまた、私たちの生物学的な本質に織り込まれているのだ。
六歳未満の子供が夢を見るとき、その八割以上が動物についての夢であることを、さまざまな調査が示している。[*30] 幼い子供たちが、動物に並外れた好奇心を抱いており、その好奇心を、とりわけ動物の赤ん坊に対して、あからさまに表すことを示す調査もある。[*31] 生命愛のつながりは、二歳未満の子供たちにさえ観察されている。[*32]
自然を教室とし、自然と触れ合う機会の多い子供たちが、そうでない子供たちよりも学業が遅れてしまうかどうかという点については、過去四〇年間に行なわれた研究が、その正反対であることを示している。言語能力、注意の持続時間、マインドフルネス、批判的思考能力、情動の成熟は、同年代の子供たちにたいてい優ることがわかったのだ。
子供たちは自然に対して生まれつき愛着を持っているにもかかわらず、その本能的な生命愛の感覚は消し去られるか、少なくとも抑え込まれるかしてしまう。自然とは、消費したいという自分の快楽主義的な衝動を満たすために収奪して利用するべき資源にすぎないと、学校での経験によってしだいに教え込まれるからだ。それならばなぜ、幼い子供たちがその自然を自分の根源的コミュニティや自分を育んでくれる場と認識することについて、長々と語るのか？ここでもやはり、話は自由の二つの異なる捉え方に戻り着く。ごく幼い子供たちは、自然と接した経験を説明するときに、自由を感じていることに繰り返し触れる。そして、その自由はきまって、包摂性の観点から表現される――家族的な生活世界への親密な帰属感の観点から。ところが、彼らが成長するにつれて受ける学校教育は、世界を客観的な観点から説明することに、しだいに重点を置くようになる。同時に自由を、自律的な主体や自己完結型の自分だけの島であることとして考えるように、子供たちを仕向ける。すなわち、自由を排他性として捉えるように仕込むのだ。自由を自律性と排他性とする考え方は、「進歩の時代」にはうってつけだった。誰もが生命と自由と財産（財産は幸福と同義語だった）に対して、神から与えられた不可侵の権利を持っているという、「進歩の時代」の根底にあるテーマと一致していたからだ。この物語は当然の経過をたどり、今や、再野生化する地球上で致命的になった。ここに至っては、進歩ではなくレジリエンスこそが、自然界という私たちのコミュニティとのつながりを取り戻す唯一の明確な道なのだ。

人間の物語を「レジリエンスの時代」に合うように再調整するためには、子供たちを教育する方法を考え直す必要があるだろう。子供の遺伝子構造に埋め込まれている、生まれつきの生命愛の衝動が就学前に表現され、存分に発揮され、学校教育を通して、さらにはその後のキャリアや職業で、成熟し続けられるようにするのだ。一つ、希望が持てることがある。アメリカ全土で幼稚園から高校までの公立学校制度のカリキュラム全般で、持続可能性に的を絞った環境関連の講座を公認する例が増えているのだ。児童・生徒を自然界に触れさせ、その過程で彼らの生命愛の感受性を調整するためだ。二〇一六年には、アメリカでも最大規模の一二の学区のうち八学区まで（学校総数は五七二六、就学する子供は三六〇万人）もが、生態系関連の科学の講座をカリキュラムに組み込んでいた。児童・生徒は気候変動について学び、多くの場合には奉仕学習《サービス・ラーニング》の一環として実地作業に従事し、野生生物の追跡調査をしたり、雨量の変化や旱魃や土壌の状態を観察したり、河川の流域をきれいにしたり、カーボン・フットプリントを測定したり、地元の生態系を復活させたりしている。[*33]

スタンフォード大学の研究者たちは、幼稚園から高校までのカリキュラムに環境研究を導入した影響について、過去二〇年間に行なわれ、専門家の査読を受けて発表された一〇〇以上の研究結果を分析した。すると、児童・生徒は、教室で環境について学んだり、コミュニティで環境の現場調査や保全・管理に自ら取り組んだりするだけでなく、好ましい影響も受けることがわかった。たとえば、「個人としての成長につながる批判的思考能力」や、「自信やリーダーシップ」などの「生活を築き上げる技能の向上」だ。[*34] 教室と地域社会の両方における環境教育が、児童・生徒による市民活動への参加や、環境に優しい個人行動も増加させたことがわかった。[*35]

また、環境関連のカリキュラムは、幼稚園から高校までの教育で終わるわけではない。アメリカの何百もの大学が、環境にかかわる講座を提供しており、そうした講座は学問分野を超えて教えられることが多く、学生たちに、自然界の研究や理解に対する、複雑適応的社会・生態系に即したアプローチの手ほどきをする。

ここが肝心なのだが、五〇年前には生態系の学習は、せいぜい、標準的な生物学の講座への微々たるおまけのようなもので、教室で一回講義する程度の価値しかなかった。ところが今日、アメリカをはじめとする国々では、生物学も、その他の学問領域も、それらに付随するカリキュラムも、生態学の視点から見直され、教え直されることがしだいに増えている。

学校制度と大学は、若い世代が個人ではなく種として考え、行動できるようにするために、教育法のパラダイムシフトを進めている。それによって捉え直されたアイデンティティは、職業生活と市民生活の両方で活かすことができる。若い世代の職業生活は、生物圏の保全・管理を中心に展開されることがしだいに増えていくだろうし、市民生活では、彼らはピア議会に参加して地元のバイオリージョンの統治の方向性を決めるのを助けることを求められるだろう。

科学の新たな拡張分野が花開いている。それは、「市民科学」と呼ばれるものだ。世界中で何百万もの人が市民科学者として、市民社会の五〇万を超える地域団体でボランティア活動を行なっている。野生生物のモニタリング、生物多様性の調査、大気汚染やカーボン・フットプリントの測定、地下水面の確認、地元の河川流域の復元、森林の再生、傷ついた野生生物のリハビリ、地元の土壌栄養状態の調査、気象災害復旧計画の作成など、さまざまな取り組みがある。[*36]

市民科学で結集した人々は、生態学の実践で実地経験を深めており、それがバイオリージョン全体で科学知識や専門知識の民主化につながる。現在の世代と将来の世代は、こうした実地作業を通して、自らが所属する市民のピア議会で助言をしたり法的措置や行政不服審査の勧告を行なったりするのに必要な技術的な専門知識や実践的な専門知識が身につき、自分の地域の生態系の保全・管理と統治にいっそう濃密に関与できるようになる。

自己という存在や、私たちの種が自然界に埋め込まれていることを、生態学的に理解する方向へと、教育法が劇的に転換したおかげで、若い世代は生命愛の意識に触れるようになった。

この現象は意外にも、新型コロナウイルス感染症のパンデミックのさなかに急速な拡がりを見せた。パンデミックが長引くと、屋内の人工的な環境に閉じこもっている人々は、しだいに絶望感を抱くようになった。バーチャル世界ももう娯楽や慰めを与えてくれず、嫌悪され始めさえした。それまでもバーチャル世界が現実の大半を占めてきたミレニアル世代とZ世代にとっても、現実のシミュレーションしか提供してくれないサイバースペースに閉じ込められたという感覚が忍び寄ってくると、それはあまりに満ち足りない暮らしに思えた。意外にも、そして自発的に、しだいに多くのミレニアル世代とZ世代がアルゴリズム主導の生活の一部を手放し、外に飛び出し、肌で風を感じ、太陽をよぎる雲を眺め、自然の音に耳を傾け、大地の生命力を吸い込み、ある種の解放感を経験した。すべて、驚きであり、歓迎すべき元気のもとだった。

新型コロナのパンデミックの初年である二〇二〇年には、例年を七一〇万人も上回るアメリカ人（主に若者）が野外活動を行なった。「ニューヨーク・タイムズ」紙のオピニオン欄のコラムニスト、ティモシー・イーガンは、このような自然の予期せぬ再発見に気づき、「屋外は息苦しい屋内からの避難民でごった返している」と述べた。彼はこの方向転換について思いを巡らせ、「地球のための侮り難い運動が組織される過程は、突然熱烈な思いに突き動かされるところから始まることがよくある――人工の環境のモノクロが、私たちの手によるものではない世界のフルカラーに道を譲るあの瞬間から（中略）それは、恋に落ちるのに似ていなくもない」という見解を示している。[*37]

イーガンは、ことによるとこの新しい「恋愛」は、人類が自らの原初の住みか、すなわち自然界に再び目覚める、「移行の瞬間」の表れなのだろうか、と考えている。
テイラー・スウィフトは、新型コロナのパンデミックによるロックダウンの間に作曲した歌を収めた、「フォークロア」と「エヴァーモア」という二枚のアルバムを、意表を衝く形で発表して、自分と自分の世代の内部で湧き上がってくる新しい渇望を訴えた。この二枚のアルバムは、子供時代の彼女の自然との結びつきに焦点を当てている。そして今、彼女が子供の頃に抱いていた生命愛の意識が、コロナ危機のさなかに再び呼び覚まされたのだった。「フォークロア」は二〇二一年にグラミー賞の年間最優秀アルバムに選ばれた。だが、それよりもはるかに重大なのは、彼女が若い世代を代弁していた点だ。その世代は、自然の懐の深さを突如、再発見したり、あるいは初めて発見したりしていた。それは、バーチャル世界が提供するものの貧弱さへの幻滅と自然への覚醒への始まりを告げていたのかもしれない。[*38]
自然を大切に受け容れるテイラー・スウィフトの二枚のアルバムは、だしぬけに現れたように見えた。二〇一七年に「心理科学に関する視点（*Perspectives on Psychological Sciences*）」誌に発表された科学論文は、一九五〇年代から現在にかけて、各世代がしだいにバーチャルな環境――最初はテレビの画面の前、やがてコンピューターの画面の前――で育つようになるにつれて、書籍や映画の台本、そして何より歌から、自然への言及が消えていったことを記録している。執筆した研究者たちが、「[一九五〇年以降の]六〇〇〇曲の歌詞を詳しく調べると、自然をテーマとする単語の使用頻度が六三%も下がったことがわかった」。[*39]各世代が屋内に引きこもり、しだいにバーチャルな現実の中で交流するようになるにつれ、自然は彼らの日常体験から遠ざかり、不在になりさえした、と研究者たちは結論した。
スウィフトの歌詞は、追い風を感じて、自然の生命力に関与することを選び、その甘美さを経験するようにという、自分の世代に対する静かな呼び掛けだ。彼女の歌は、生気に満ちた地球の懐深くに戻る道を自分の世代が見つけることへの、優しい賛歌なのだ。

共感のパラドックスを解消する

「アトランティック」誌に「道徳の生物学的基盤」というテーマで執筆していたE・O・ウィルソンは、「共感」と「愛着」という用語にことさらに触れている。彼は、生命愛は私たちの遺伝子構造に刻みつけられているのかどうか、じっくり考えた。そして、「遺伝しうることが確認されている形質のうち、道徳の能力に最も近いのは、他者の苦悩に対する『共感』と、乳幼児と養育者の間に見られる特定の『愛着』の過程だ」と主張している。[*40] だがウィルソンは、それ以上踏み込むことはなかった。

とはいえ、他の科学者たちが、共感と愛着行動との緊密な関係を探究し始めている。彼らは、人間が自然全体とは言わないまでも、他の動物と結ぶ生命愛のつながりを説明するにあたってそうしているのだが、それは但し書き付きだ。この場合の人間の共感は不完全なもので、「非対称の共感」となる。なぜなら、人間どうしの共感が共有される感情であるのとは違い、別の生き物に対する共感は非対称であり、たとえその生き物が人間の感情の状態を察することができたとしても、共有体験にはなりえないからだ。[*41] 他の動物、特に犬が、人間の感情を認識できるときにさえも、その認識体験は人間の場合とは異なる。それでもなお、人類の共感能力が取り去られるわけではなく、私たちは、同胞の生き物たちが苦しんだり、栄えようと苦闘したりしているのを自分の苦闘のように感じ、気遣いに満ちた行為を通して思いやりを見せることができる。

気候変動の犠牲になり、北極海の小さな氷片の上で立ち往生しているホッキョクグマの母子を捉えた動画は、世界中の厖大な数の人の胸を打った。彼らはクマたちの苦境を我が事のように感じた。その後、気候変動によるオーストラリアの森林火災でやけどを負ったコアラの赤ん坊の劇的な救出が動画に収められ、何百万もの人の心を揺り動かした。虐待された犬に同情したり、傷ついた鳥をいたわったりなど、何であろうと、ほとんど誰もが同じような経験を語ることができるだろう。生命愛は、共感的な意識の、次の進化の段階なのだ。

共感の拡張は生命愛の意識の核心を占めるものの、共感の進化には深く埋め込まれたパラドックスがあり、私の知るかぎりでは、それは長年、歴史家にも人類学者にも哲学者にも探究されないままになってきた。私が最初にこのパラドックスに出くわしたのは、人類の歴史的な発展に共感が果たした役割に注意を向けていた、二〇〇三年から二〇一〇年までの七年間だった。それ以前の三〇年間にも、刊行した本の数冊で、共感については書いていたが、このテーマを掘り下げることはなかった。だが今回は、共感の進化——共感の人類学的特性や歴史、そして家庭生活や社会生活、経済、統治の様式、世界観といった社会の最も顕著な面への影響——をもっと詳しく探究することにした。この探究をかなり進めた段階で、そのパラドックスに気づき、正直に言うと動揺した。その発見について、拙著『共感的な文明（*The Empathic Civilization*）』に、以下のように書いた。

人類の物語のまさに核心には、共感とエントロピーとのパラドックスを孕んだ関係がある。歴史を通して、より高度なインフラ革命が、より広範に及ぶ通信の形態と、より集約的なエネルギー源と、より迅速な移動性とロジスティクスの様式を一つにし、より複雑な社会を生み出してきた。そして文明は、テクノロジーが進歩するにつれ、多様な人々を結びつけ、共感の感度を高め、人間の意識を拡張してきた。だがこのような複雑性を増す一方の社会的な環境は、自然の恵みのますます多くを収奪する必要性を生み、地球の資源をいっそう枯渇させた。皮肉にも、私たちの共感的な認識の深まりを可能にしてきたのは、地球のエネルギーその他の資源の、果てしなく増加する消費であり、それがこの惑星の健全性を劇的に損なう結果につながった。今や私たちは、厄介な見通しに直面している。高度にエネルギー集約型の、相互接続した世界で、グローバルな共感の達成に取り組まなければならないのだが、そこでは、エントロピーのつけはどんどん膨らみ、今では壊滅的な気候変動が起こりかねず、私たちの存続そのものが脅かされている。共感とエントロピーのパラドックスの解消は、人類が将来も地球で生き延びて栄える能力の限界を問う試金石となる可能性が高い。そこで、私たちの哲学モデルと経済モデルと社会モデルの抜本的な再考が必要となるだろう。[*42]

とはいえ、絶望する必要はない。「進歩の時代」や化石燃料を基盤とする産業インフラと足並みを揃えてきたイデオロギーの意識は、かつて支配的だったその魅力を使い果たしてしまった。共感的な欲求を拡げて自然界全体を受け容れることを約束する生命愛の意識は、特に若い世代の間では、勢いを増している。だが、これほど大規模な意識の転換は、どうしても反発を免れない。人類の物語に対して依然としてわずかに残っている影響力が脅かされるのを察して、古い形態の意識の名残がすでに湧き上がってきている。生命愛の意識の誕生と、同胞の生き物たちに対する共感の衝動の拡張は、経済的な配慮や政治的な配慮を超えて、人類が自らの本質をどのように認識するかの、まさに核心にまでかかわっているのだ。

我参加す、故に我あり

アニミズムの意識が血縁と祖先崇拝と永遠の回帰を基盤とし、宗教的な意識が天国での救済を核とし、イデオロギーの意識が物質的な進歩とテクノロジーによる地上での不死を軸としているのなら、生命愛の意識の土台は何か？　生命愛の普遍化は、人類の物語を自律性への執着から、関係性への愛着へと進める。ルネ・デカルトの「我思う、故に我あり」という有名な言葉は、すでに時代後れだ。バーチャルな世界と物理的な世界で育ち、水平に埋め込まれた何層もの相互接続性に慣れた若い世代は、むしろ「我参加す、故に我あり」を座右の銘として好むようになっているからだ。相互作用する多数の主体が互いに絶え間なく適応し合う新時代には、自律性の概念は関係性の原理に道を譲る。私たちの暮らす地球が、ぶつかり合う激しい力ではなく、相互に重なり合うパターンから成るのだとすれば、私たちの一人ひとりが、競合する主体ばかりの世界で自分の自律性を守るための確固たる地盤を探し求める、自律的な主体であるという考え方そのものが廃れたに等しい。「進歩の時代」に形成され、私たちが長年堅持してきた、平等の本質についての考え方にしても同様だ。

「進歩の時代」には、平等は自律性の派生物としてのみ重要性があった。まず自律性の価値を信じずに、平等を擁護することはできない。自分が自律的な主体であると信じていて初めて、平等を要求することになる。それが当然だ。自律性を求めるのがあらゆる人の基本的な性質ならば、平等な存在として扱ってもらいたいという欲求は、油断のない影の相棒として必然的にそれについて回り、常に当人の自律性が確実に維持されるように用心するだろう。

イデオロギーの意識は自律性にきつく縛りつけられているので、両者は分離することができない。「進歩の時代」全体が、この基盤の上に載っている。だから「人権」は、自律性が求められ、確保されるときの指標となる。あらゆる人が、体と心と精神の面での自律という、侵すことのできない権利を主張する。というわけで、人権が大々的に展開されれば、八〇億を超える主体的な人間が、他者の自律の権利を害さないかぎり、適切だと思う形で自分の生き方を、何の束縛もなく自由に追求するところが想定されるだろう。

だが、政治的な意味で、あるいはさらに深い、生物学的存在としての真髄において、私たちの誰一人として自律的な主体ではないとすれば、どうなのだろう？　これまでの章で見てきたとおり、私たちの一人ひとりや個々の生き物が唯一無二である一方、少なくとも生物学的な見地からは、私たちのなかに自律的な人間はただの一人もいない。私たちは一人残らず、胚の誕生から死までの一生で、さらにはその先まで、深く巻き込まれることになる関係すべての統合体なのだ。

自然の本質と人間の本質を理解するために双方向型の取り組みをしようとすれば、「進歩の時代」を動かしていた哲学的・政治的物語を根本から考え直さざるをえなくなる。もし現実が、一生にわたってそれぞれの瞬間に深く参加する体験だとすれば、私たちの自己の体験は他者との関係性の中にしかありえない。したがって、そうした関係が豊かで多様で没入型になればなるほど、私たちが「存在」と呼ぶものの中にいっそう深く埋め込まれるのは、自然の道理だ。

生命愛の意識は、平等の最も深い表現だ――自律性から生まれた平等ではなく、包摂性から生まれた平等の。平等のいちばん純粋な表現は、法的な憲章や宣言に認められている事柄ではなく、ごく単純な共感の行為によってもたらされる。他者が栄えようと苦闘しているのを、まるで我が事のように深く感じると、この上なく緊密な絆――人生の旅路での一体感――が生まれる。哲学者のマルティン・ブーバーが、それを見事に言い表している。そのような絆が生まれたときには、「我のものと汝《なんじ》のもの」はなくなり、「我と汝」だけになる。[*43] 共感的な受容は、究極の政治的平等主義だ。あらゆる区別を放棄し、絆で結ばれた仲間だけが後に残る。

歴史を通しての共感の進化の特徴は、「他者」をしだいに減らし、「一人は全員のため、全員は一人のため」だけになることだ。この枠組みでは、共感の進化と平等の進化は、分かち難く結びついている。私たち国民は、政治の最も基本的なレベルで互いの人生——私たちが愛着を持っているコミュニティ——に没入するようになる。私たちの共感的な関与、すなわち私たちの生命愛の意識は、私たちが人生を送る地球の生物圏のごく一部の生命力を単に有効利用するのではなく、環境を保全・管理するにあたって拠り所とする感受性になる。

「進歩の時代」には、私たちは個人の自律性を民主主義の基盤と見なすようになった。両者はすんなり適合するとは言えないのだが。もし誰もが真の意味で自律性を持ち、自分だけの島で、他者の世話になっていないのなら、民主主義をどう見るだろう？　どうして他の自律者の意に屈することがあるだろう？　民主主義に命を吹き込んでいるのは、他者の中に自分を見つける能力だ。共感は、民主主義で人々をまとめる要素だ。もし共感が平等の最も深い表現ならば、当然それは、民主主義の情緒的起爆剤となる。

共感が届く範囲は、民主主義の進化の各段階で拡がってきた。文化が共感的であればあるほど、その文化の価値観や統治の手順は民主的だ。文化が共感的でなければないほど、その文化の価値観や統治機関は全体主義的になる。これはみな、当然に思える。だからこそ、社会の統治における共感と民主主義の過程との関係にほとんど注意が向けられていないのが、なおさら不可解だ。代議制民主政治から分散型のピア政治への拡張と、主権統治からより広範囲なバイオリージョン統治への拡張は、国民が共感的な生命愛の意識を受け容れるほど、成功する可能性が高まる。

共感の観点に立つと、レジリエンスという考え方は、過去に慣れ親しんできたこの用語の捉え方とも、かなり違う。これは強調しておく価値があるのだが、レジリエントであるというのは、従来、不運や個人的な悲劇からすぐに立ち直って自律性を取り戻すだけの人格を備えていることを意味していた。言い換えれば、他者の世話になったり、生活環境の恩恵を受けたり、単に成り行きに身を任せたりする代わりに、自らの自己性を回復するだけの、身体的・精神的・情緒的耐性を持っているということだ。レジリエンスは、何に由来するものであれ、安定性を損なうような外的状況に対して、脆弱ではなく強靭であることを意味する。

だが、他者との関係性で成立する自己にとって、レジリエンスは、自己完結型で自律的であることではなく、「他者」に対して心を開き、あえて自らをさらけ出すことから得られる。心を開いて、生命を肯定するような経験を共有してこそ、自分のレジリエンスを強めてくれる豊かな関係のネットワークが生み出される。生命愛の意識によって、人はますます自然全体に深く関与するようになり、生命を肯定する自然の力に支えられ、人生の流れに沿って進ませてもらえる。

レジリエンスのこの考え方は最近出てきたものではない。E・O・ウィルソンが生命愛の意識という概念を紹介する二世紀も前に、ドイツの偉大な哲学者で科学者のヨハン・ヴォルフガング・フォン・ゲーテは、生命のない合理的で機械的な宇宙というニュートンの世界観に対抗する物語として生命愛の意識を提示した。ゲーテは、人の自己性とレジリエンスは、当人が経験するさまざまな関係の合成物であり、そうした関係がその人を生命という織物の中に織り込むのだと考えていた。彼は、こう書いている。「私たちはそれ［自然］に囲まれ、抱かれ、そこから抜け出すことはできず、さらに深くその中に入り込むこともできない」[*44]
ゲーテは、あらゆる生き物が唯一無二でありながらつながり合って一つにまとまっている事実に畏敬の念を抱き、「それ〔自然〕の創造物の一つひとつが独自の特質を持っており（中略）それがすべて合わさって一つになっている」と述べている。彼は、常に変化し、絶えず移ろい、いつも発展し、新しい現実を果てしなく生み出しているものとして自然を経験した。当時の合理的な科学者たちが考えていたものとは違い、ゲーテの自然は一定不変ではなく、斬新さで脈打ち、思いがけないことや相乗作用であふれていた。要するに、活気に満ちていた。彼はこう言っている。「それ〔自然〕は永遠性を必要とせず、じっとしているもののいっさいに呪いをかける。（中略）無から生き物を吐き出し、彼らがどこから来てどこへ行くかは教えない。好きにさせる。どのような道筋をたどるか、知っているからだ」[*45]
ゲーテは、共感という呼び名がつく何世紀も前に、その感覚を経験していた。「他者の状況の中に入り込み、どんな人間存在であれその特有の様式を感知し、喜んでそれを分かち合う」ことが、生命の一体性を肯定することになる、と彼は書いている。[*46] 彼は自分自身の人生と時代を振り返り、「人類がいっしょになったものだけが真の人間であり、一個人は自分が一つのものの一部だと感じる勇気を持っているときにだけ喜びに満ちあふれて幸せでいられるという、美しい感覚」と結論している。[*47]
ゲーテにとって、「一つになること」は、私たちの種の範囲内にとどまらず、自然全体に及ぶものだった。ゲーテは、私たちが今日生命愛と呼ぶもの——生きとし生けるものすべてに共感すること——を、誰よりも早く示してくれた。私たち一人ひとりのレジリエンスは、生命愛によって生物圏と一体化していることから生じる。襲い掛かってくる災難に対してレジリエンスを持たせてくれるのは、その不滅の絆の実現なのだ。

心に留めておいてほしいのだが、共感は単なる感情的な感覚だけではなく、存在の本質そのものについてと、その本質と自分との関係についての考えをまとめる認知的な経験でもある。私たちはそれぞれ、他者を経験することで自分の存在について知るようになる。もし他者がいなかったなら、比較する基準や、自分が生きていて真に存在していることを理解する基準さえもなくなってしまうだろう。私たちの存在そのものは、他者によってのみ確証される。

私たちの共感の神経回路は、自己を超越し、人生を経験し、その経験を活かしてつながりを作り、周りの世界に適応するように、絶えず私たちを促している。私たちは共感の重要性を承知している。なぜなら、もし私たちの神経回路に共感が存在していなければ、他者の生命の儚さや、栄えたいという欲求を感じ取れないであろうから。この世に存在することに対する畏敬の念が理解できるようになるのは、そうしたものを感じ取る瞬間だ。そして、畏敬の念がなければ、好奇心も湧かないだろう。そして、好奇心が湧かなければ、想像力も働かない。そして、想像力がなければ、超越も経験できない。そして、自己を超越する能力がなければ、他者と共感することができない。これが、私たちが自分の存在を知る拠り所となる、相互作用する壮大なアンサンブルだ。このアンサンブルは、直線的にではなく全体として経験される。共感的な欲求が発端となってもたらされる畏敬の念や好奇心、想像力、超越のおかげで、各自が絶えず自分を超えて手を差し伸べ、存在の意味を探し求めることができる。これらは、共感的な衝動と密接に結びついた根本的な資質であり、私たち一人ひとりを人間たらしめている。

存在の意味の探究は、そのような形で意識的に考えられていようといまいと、私たちは人生のどの瞬間にもある程度、行なっている。共感的な衝動が育まれるほど、人生をいっそう徹底して経験し、生きることができる。私たちは、それが真実であることを知っている。なぜなら、最後に人生を振り返ったときに頭に浮かび、少なくとも、人生に意味を与えてくれるような、とりわけ鮮明な経験は、共感的な受容の瞬間だからだ。それは、私たちの個人的な意味の探究の指標となる。

身体的な経験は良くても取るに足りないもの、悪くすれば人を堕落させるものと見ていた啓蒙運動や近代の哲学者たちのことを考えてほしい。彼らは、人間の存在のすべてとして、共感的な超越ではなく数学的確実性と純粋理性に命運を託した。人間性の本質についての、この見当違いの見方は、人類全体の精神に甚大な害を与え、自然界と、同胞の生き物たちの将来にはなおさら深刻な害を及ぼした。

ありがたいことに、人間性の本質についてのこうした誤った考え方は、急速に廃れつつある。私たちは今や目を覚まし、それらのせいで文明がどうなったかがわかってきているからだ。これは、私たちの種がどのような道を歩んでいくかについて、考え方が変わり始めたことの、紛れもない表れだ。その変化は、存在の意味に関する最も深い疑問にはどう取り組むのが最善かや人類がどのように溶け込むかをめぐって、科学界で現在起こっている、反省と再考に見て取れる。複雑適応的社会・生態系の考え方の範疇《はんちゅう》に収まる科学的な探究や説明への新しいアプローチは、ある意味で、私たちが認知についての自分の考え方をどのように調整しているかの証拠となる。複雑適応系に基づく見方をする人々がどう考えるかを調べた最近の研究では、彼らが「認知的および情動的共感の他者中心的な要素に関する高い能力を示す」ことがわかった。[*48]「レジリエンスの時代」には、私たちは共感的な欲求を深め、共感の拡張の次なる段階、すなわち、人類を生命の家族の中に連れ戻す生命愛の意識を目指す必要がある。その試金石となるのが、のたうち回る地球の恐ろしい姿に対してさえ、畏敬の念を目覚めさせるために、私たちが子供を、そして彼らがそのまた子供を、どう育て、準備させるかということだろう。一新されたその畏敬の念は、ぞっとするようなものではあっても、人を解放する可能性も秘めている。正面から向き合えば、その畏敬の念は、新しい、より包括的な、不思議な感動を引き起こし、集合的な想像力を掻き立て、私たちが新しい道を探って自然からの呼び掛けに適応することへと向かい、レジリエンスを高めるように仕向けることができる――ただ生き延びるだけではなく、進化上の拡大家族とともに思いがけない形で栄えるように。

自然という故郷に帰る

私たちは歴史の違大なる放浪者で、放り出されて大陸と海洋を巡る無数の旅の途上にあり、クライマックスに達したありとあらゆる種類の危険な混乱状態や危機に勇敢に立ち向かい、この世界の中で自らの居場所や愛着の対象を休む間もなく探し続けている。二本の脚で支えた体の上に載った特大の脳はこれまでずっと、悩みの種であると同時に恵みでもあった。もし地球上に例外と考えるにふさわしい種があるとすれば、私たちがそれであることは間違いない。知られているかぎりでは、「物事の理由」にかかわる疑問に夢中になっている種は他にない。ただし、人類の類縁たちはみな、「物事のやり方」を管理する能力は十分に備えているが。共感の衝動は、なぜ私たちの神経回路に深く埋め込まれているのか？　あらゆる生き物のうち、なぜ私たちだけが畏敬と感嘆の念を抱き、自分が死ぬべき運命にあることを知っているのか？

人間は、自分たち以外は単なる不完全なモノ——資源——であり、その存在は、私たちの快楽主義の欲求と充足との関連においてしか重要性を持たないと信じるようになった。それでも共感の衝動は、私たちの神経回路の中で執拗に脈動し続け、人の一生の間に繰り返し姿を現し、歴史のさまざまな期間に外へと拡張し、人類のしだいに多くの成員を受け容れては、あっさり後戻りし、私たちを暗闇の中に引きずり込む。

この世界で安定した愛着を持てる場所を見つけるためでなければ、どうして私たちは進み続けることができるだろう？　そのような愛着が得られない不安を背負わされているとは、どういうことなのだろう？　もしエイリアンが訪ねてきて私たちの苦境を目撃したらおそらく、私たちの最も並外れた特徴は、普遍的な親密さを追い求めることだ、と言うのではないか。普遍的な親密さというのは、言葉の矛盾に思えなくもないが。人はどうして普遍性と深い親密さを同時に経験することなどできるだろう？　一見、不可能に思えるが、それがどうやら、私たちが負わされた十字架らしい。あるいは、見方を変えれば、計り知れない重みを持つ超越的な贈り物なのかもしれない。

この旅は、長く、胸が躍ると同時に、ときに紆余曲折のあるもので、今や私たちは、地球上での存在の終わりに近づいているのを感じているまさにそのとき、自然に回帰する道を見つけ始めている。私たちは種として生命愛の意識、すなわち、普遍的な親密さの感覚と経験、地球の生命力と一体化する感覚と経験に目覚めつつある。

二〇世紀のイギリスの哲学者オウエン・バーフィールドは、人類の一大長篇物語の本質とドラマを捉え、三つの明確な段階に切り分けた。そのそれぞれが、新しい世界観の採用に伴う、人間の意識の根本的変化を特徴としている。

狩猟採集民だった私たちの祖先は、同胞のさまざまな種との違いをほとんど感じていなかった。彼らは自然界に深くかかわって人生を送り、地球のリズムや季節や周期との密接なつながりに絶えず適応していた。共同で暮らし、社会生活は階層制ではなく仲間から成る集団の中で組み立てていた。彼らは世界をアニミズムの目で見ていた。同胞の生き物たちを、自分と類縁の霊として経験した。自分自身の存在からほとんど区別されておらず、自分と深く絡み合ってさえいる存在として経験していた。アニミズムの意識は、後の世代が「歴史」と見るようになるものが入り込む余地を持たず、一年と季節の周期の永遠の繰り返しに満足していた。

みなで共同生活を行ない、違いや階層制を生むような余剰も出ない社会では、各自の役割にもほとんど区別がなかったので、自己性はほとんど発達しなかった。彼らは、個人化した自己の集団ではなく共同の「私たち」として暮らした。今日の心理学者なら、「未分化の、大海原のような一体感」とでも呼ぶかもしれない状態で生きていた。彼らの意識は、自然への深い関与に見合った生命愛と生命嫌悪の二元性の中で経験された。

その後の旅路で人類は新石器時代に入り、原始的な農業と牧畜を始め、後には灌漑農業の大文明が、さらに後には「工業の時代」が続き、最終的には人類は自然から分離し、自然は、私たちの手で収奪されて有用なモノに変えられるまではほとんど価値のない資源の受動的な蓄えと考えられるようになった。今日、人類はかつてないほど統合的な社会で生きている。技能はいっそう細分化され、分業も進み、それが、ますます広範なインフラに埋め込まれ、何十億もの人を支えているのだが、その全員が世界の残りの部分からますます遮断されていっしょに暮らしている。現在、平均的なアメリカ人は一日の九〇%を屋内で過ごす。そこは、人工的に温度調節がなされ、電気で照明されていることが多く、私たちの種が地球に誕生して以来の期間の九五%以上を、狩猟採集民として祖先が暮らした自然界という故郷からは、遠くかけ離れている。[*49]

自らが生み出した人工的な第二の環境で暮らす安心感、そして今やバーチャルな世界やメタバースで暮らすときにさえ覚える安心感は、常に錯覚だった。私たちは祖先の住みかから遠ざかり、自らを偽って、自律的な生き方を確保したと思い込み、挙句の果てに、自分の愚行のつけを払わされている——温室効果ガスの排出と地球の歴史上六度目の大量絶滅によって、エントロピーのつけを突きつけられているのだ。それでも、そこには一つ教訓がある。

気候変動と、パンデミックの増加が教えてくれたとおり、私たちがこの世界ですることのいっさいが他のすべてに直接影響を与える。その逆もまた然《しか》り、だ。人間は誰一人として自分だけの島ではなく、自律的な主体として世界に働きかける存在でもなく、命ある他のあらゆる主体と、地球の各圏の動的な関係とに頼って存在していることを、私たちは自覚するようになった。この動かし難い事実がこれまでずっと、生命愛の意識——生命への深い共感的な共鳴——を推進する原動力となってきたが、私たちの未来そのものが問題視されている今では、なおさらそうだ。

バーフィールドは、人間の意識にとって第三の重大な段階——自然界との一体感を取り戻す段階——を私たちが迎えようとしている、と考えていた。だが今回の生命愛に基づいた共感の飛躍は、地球上の人類以外の生命に、完全かつ無条件に再び関与して普遍的な親密さを経験するという、自覚を伴う選択となる。これは、無知蒙昧《むちもうまい》な迷信からくるものではなく、生命に対する私たちの不変の愛着を、共感的でマインドフルに、そして認知的に深く理解することから生まれる。それは、人類を故郷へと連れ戻す、壮大な長い旅だ。その故郷で私たちがしっかりと地に足をつけ、生まれ変わり、万全の状態で、生命の息吹を再び活気づけるという、目前の侮り難い課題に立ち向かえることが願われる。地球はそれを待望している。

謝辞

私は本書『レジリエンスの時代』の重要なテーマの数々を二〇一三年に調べ始め、その後八年の大半を、その調査に没頭して過ごした。書物というものは常に、共同で行なう冒険だ。この点で、クローディア・サルバドールが編集で差し伸べてくれた支援に特別に感謝したい。私たちのさまざまな活動でスタッフのまとめ役を果たしてくれるクローディアは、文字どおり何千という雑誌記事や調査や報告を調べ、分類し、整理することから、大量の注の処理を監督することまで、計り知れない貢献をしてくれた。クローディアの賢く見識ある編集上の提案は、本書の随所に見て取れ、原稿を最終作品へと磨き上げるのに役立った。

私たちのオフィススタッフの前主任で、本書のための調査の初期段階に貢献してくれたダニエル・クリステンセンと、終盤に助けてくれたジョーイ・ビリクにも感謝したい。原稿の構成に深くかかわり、本書をすっきりした作品にするために編集上の提案をしてくれた、ジョン・コックスにもお礼を言いたい。

国内の著作権エージェント、メグ・トンプソンにもお世話になった。彼女は終始私を支え、賢明な助言をし、本書が軌道を外れないように気を配ってくれた。また、外国の出版社との間を取り持ち、本書が世界で幅広い読者層を獲得するように手配してくれた、外国の著作権エージェント、サンディ・ホッジマンにも感謝する。

原稿が刊行までのさまざまな編集段階を通り抜けられるように導き、障害を取り除き、途中あれこれ提案し、この本が針路を逸れないようにしてくれたケヴィン・ライリーには、たっぷりお礼を言いたい。リマ・ワインバーグもありがとう。彼女は、最後のほうの段階で鋭い編集手腕を発揮してくれた。

セント・マーティンズ・プレス社の担当編集者のティム・バートレットにも謝辞を捧げる。彼はこの企画を熱心に支援し、本書の重要なテーマが一般読者に伝わるように、力を尽くしてくれた。私たちの種の歴史におけるこの重大な時点で人類が直面している実存的危機に強い関心のある編集者についてもらえたおかげで、終始勇気づけられた。

最後に、いつもながら妻のキャロル・グリューネワルトにとりわけ感謝したい。本書の構想や内容に対する彼女の貢献や、長年の間に交わした数え切れないほどの会話はじつに貴重だった。この企画に取り組むに当たって、私自身が考えをまとめるうえで、どれほど助けられたことか。

訳者あとがき

本書は、アメリカの経済社会理論家・文明評論家ジェレミー・リフキンの最新作*The Age of Resilience: Reimagining Existence on a Rewilding Earth*の全訳だ。『大失業時代』、『エイジ・オブ・アクセス』、『水素エコノミー』、『ヨーロピアン・ドリーム』、『第三次産業革命』、『限界費用ゼロ社会』、『グローバル・グリーン・ニューディール』をはじめとする邦訳作品を含む多数の著作で、過去・現在の的確な分析や先見性のある未来構想の提示を行なう一方、アメリカやEUや中国のインフラ改革案などの策定と展開にもかかわってきた著者が、地球や自然や人間の同胞たる生き物たちとの関係の観点から、文明の歴史と今後の人類のあり方に取り組んだのが本作だ。

著者によれば、私たちは「レジリエンスの時代」へと移行しつつあるという。何の時代から、と言えば、それは「進歩の時代」からだ。だが、なぜ？　進歩自体は悪くなさそうに思えるかもしれないが、進歩に伴う弊害があまりに大き過ぎるためだ。「無駄」を徹底的に排除し、過度に効率の向上を追求した結果、社会はむしろ脆弱になった。需要に大きな変動が出たり、サプライチェーンが寸断されたりしたときには対応が間に合わず、近年では半導体不足で多くの製品の生産が滞ったり、コロナ禍でマスクや医療用品が手に入りにくくなったりしたことは記憶に新しい。

だが、それだけではない。人間は、各自が唯一無二の特質を持つ、比較的「自由」で自律的な主体である、この地球を分かち合っている他の生き物とは出来が違う、自然を支配し、自らのために利用し、欲望を満たすためにいくらでもモノやサービスを生み出し続けて当然という「進歩の時代」の考え方が、自然界からの果てしない収奪につながり、それが今、地球温暖化や生態系の崩壊、六度目の大量絶滅の危機という形で私たちに跳ね返ってきている。

だからこそ、私たちは「進歩の時代」を脱却して「レジリエンスの時代」へと進まなければならない、と著者は言う。効率の追求に明け暮れる支配と収奪の時代から、レジリエンスに満ちた適応と共存の時代へというパラダイムシフトが必要だ、と。

ここで、はっきりさせておかねばならないが、レジリエンスとは、何か問題が生じたときに、元の状態に素早く戻る能力ではない。あらゆるものの関係は動的であり、時間の経過とさまざまな出来事の発生によって、状況は刻々と変わっているからだ。レジリエンスとは、ただ主導権を取り戻すだけではなく、以前とは異なる新しい水準で適応し、自分の居場所を確立する能力を意味する。そして、地球温暖化が進んで自然災害が前代未聞の頻度と規模で発生し、新たな感染症も繰り返し流行する昨今、自然界の未来の予測が難しくなるなかでは、適応力の重要性がいやでも増す。

　レジリエンスを高め、適応力を発揮するための第一歩は、私たちの自己認識を改めることだ。人間は各自が自律性のある主体、いわば自己完結型の自分だけの島ではなく、地球の生物圏に組み込まれ、さまざまな相互作用やつながりの中で生きていることを、著者は本書で示していく。変わることのない自己と私たちが思っているものは、じつはプロセスとパターンにすぎず、私たちを構成している分子や原子は、絶えず入れ替わっている。自分の体と思っているものも、厖大な数の微生物との共生の場だ。そして誰もが体内に生物時計を持っており、地球の自転や公転などに伴う、自然界の多くの周期と同調しているし、周りの電磁場の影響も受けている。

　そうした新しい自己認識を踏まえて「レジリエンスの時代」へと向かう動きの一例が、バイオリージョン（生命地域）統治だ。これは、従来の政治的境界を超越した、生態的一体性に基づく統治だ。自然は人間が設けた国境などおかまいなしだから、洪水や森林火災や旱魃の対策も、絶滅危惧種の保護も、関係する地域がこれまでの枠組みを超えて協力するのが理に適っている。

　大きな災害は、国家や地方自治体の手に余ることもしばしばだから、そんなときには、当該地域のコミュニティや住民の幅広い関与が必要になる。そこで政府や自治体と並んで活躍する場を与えられるのが、「対等《ピア》者議会」（ピア主導の能動的な市民議会）だ。こうして、バイオリージョンでは中央集権的な代議制民主政治は分散型のピア議会による政治に道を譲っていく。この新しい形態の政治を、著者は「ピア政治《ピアオクラシー》（peerocracy）」と呼ぶ。英語でも日本語でも、まだ耳慣れない言葉だが、著者の主張どおりに物事が展開すれば、いずれ定着することだろう。

この自己認識の変化や「レジリエンスの時代」への移行を後押ししてくれる要因を、著者はいくつも挙げる。一つ目は、インフラの発展だ。通信インターネットはすでに全世界をほぼ網羅しているが、それに加えて、このインターネットと似た流通システムを活用してエネルギー供給を行なうエネルギー・インターネットが誕生し、両者が融合しつつある。エネルギー・インターネットを流れる電気は、太陽光発電と風力発電によるもので、これら二つの発電は、各地で分散して行なえる。さらに、移動・ロジスティクス・インターネットもそこにも加わる。これら三つが一体化し、至る所に埋め込まれたセンサーが監視を行なってすべてを漏れなく結びつけることで、レジリエントな二一世紀のインテリジェント・インフラ「モノのインターネット（ＩｏＴ）」を形成する。

二つ目は、私たちがもともと持っている適応能力だ。人類の祖先は、生息環境の予測が不可能だった長い時期を通じて進化したことを、近年の研究が示唆している。人類の適応力が、地球温暖化が進んで予測が難しい現代や未来にも発揮される可能性に、著者は期待をかける。

三つ目は、これまた私たちがすでに持っている共感能力だ。この能力は、私たちの神経回路に組み込まれていて、しかも可塑性を備えており、無限に拡張できることが証明されているという。実際、私たちが共感する対象は、歴史の流れの中でしだいに拡がってきた。特に、新しいインフラが構築され、社会全体に展開されたときに、共感は進化し、拡張する。そして今日、前述の三つのインターネットの構築が進むなかで起こる次の拡張の段階が「バイオフィリア」、すなわち「生命愛」の段階であり、これは人間ばかりではなく、同胞たる生きとし生けるものすべてが共感の対象となる。

四つ目が若い世代で、新しい時代の担い手として、著者は彼らに希望を見出している。彼らは相互接続性に慣れ親しんだデジタル・ネイティブのグローバルな世代だから、アクセスが生命線、つながっていることが命であり、「我参加す、故に我あり」がモットーと言ってもよく、これは上意下達の階層制よりも、ピア議会やピア政治と相性が良い。しかも、自然界や同胞の生き物たちと親しむ教育が世界各国で浸透しつつあり、それがおのずと今後の世代の生命愛を育むのを助けている。

それにしても、著者の知識の幅広さには、いつもながら舌を巻く。経済学や社会学、歴史はもとより、ニュートン力学から熱力学、哲学、生物学、人類学、地球物理学、本作では心理学の愛着理論にまで話が及ぶ。下手をすれば収拾がつかなくなりそうだが、レジリエンスを軸に、これらの学際的な知見を一つにまとめ上げた著者の力量には感服する。もちろん、それは一朝一夕で成ることではない。著者は本書の重要なテーマの数々を二〇一三年に調べ始め、その後八年の大半を、その調査に没頭して過ごしたというのだから、頭が下がる。

ただ、一つ気になることがある。私は著者の本を訳すのはこれが四冊目だが、今回はこれまでにない切迫感が察せられた。地球上の生命の基盤である土壌の劣化と喪失、森林の減少、二酸化炭素の正味の排出量の増加、温暖化の加速などの深刻な実情が、本書のあちこちでデータに基づいて説明されており、手遅れになりはしないかという危惧が窺える。ぜひ、人類の対応が間に合ってほしいものだ。そして、本書『レジリエンスの時代』がその一助になることを、願ってやまない。

柴田裕之

本書の引用部分は原著の文章に従って、訳者が翻訳を行なった。
ただし、聖書からの引用部分については、
『聖書　聖書協会共同訳』（日本聖書協会）の訳による。

44. Johann Wolfgang von Goethe, Gedenkausgabe der *Werke, Briefe und Gespräche. Gedenkausgabe.* 24 vols. *Naturwissenschaftliche Schriften*, Vols. 16–17, edited by Ernst Beutler (Zürich: Artemis-Verlag, 1948–53), 921–923.

45. 同上。

46. Goethe, Gadenkausgabe der *Werke, Briefe und Gespräche. Dichtung und Wahrheit*, vol. 10, 168.

47. 同上、425.

48. Adam C. Davis et al., "Systems Thinkers Express an Elevated Capacity for the Allocentric Components of Cognitive and Affective Empathy," *Systems Research and Behavioral Science* 35, no. 2 (July 19, 2017) : 216–229.

49. United States Environmental Protection Agency, Report to Congress on indoor air quality: Volume 2, EPA/400/1-89/001C, Washington, D.C., 1989; Kim R. Hill et al., "Co-Residence Patterns in Hunter-Gatherer Societies Show Unique Human Social Structure," *Science* 331, no. 6022 (March 11, 2011) : 1286–1289.

28. 同上。

29. Tony Loughland, Anna Reid, Kim Walker, and Peter Petocz, "Factors Influencing Young People's Conceptions of Environment," *Environmental Education Research* 9 (February 2003).

30. Daniel Acuff, Robert H. Reiher, *What Kids Buy and Why: The Psychology of Marketing to Kids* (New York: Simon & Schuster, 2010).

31. David Sobel, *Beyond Ecophobia: Reclaiming the Heart in Nature Education* (Great Barrington, MA: Orion Society, 1999)(『足もとの自然から始めよう——子どもを自然嫌いにしたくない親と教師のために』岸由二訳、日経BP、2009年); Mary Renck Jalongo, *The World's Children and Their Companion Animals: Developmental and Educational Significance of the Child/Pet Bond* (Association for Childhood Education International, 2014).

32. Robin C. Moore and Clare Cooper Marcus, "Healthy Planet, Healthy Children: Designing Nature into Childhood," in *Biophilic Design: The Theory, Science, and Practice of Bringing Buildings to Life*, edited by Stephen R. Kellert, Judith Heerwagen, and Martin L. Mador (Hoboken, NJ: John Wiley & Sons, 2008), 163.

33. Veronique Pittman, "Large School Districts Come Together to Prioritize Sus tainability," *The Huffington Post*, February 22, 2016, https://www.huffpost.com/entry/large-school-districts-co_b_9279314.

34. "Stanford Analysis Reveals Wide Array of Benefits from Environmental Education," North American Association for Environmental Education, n.d., https://cdn.naaee.org/sites/default/files/eeworks/files/k-12_student_key_findings.pdf.

35. Nicole Ardoin, Alison Bowers, Noelle Wyman Roth, and Nicole Holthuis, "Environmental Education and K-12 Student Outcomes: A Review and Analysis of Research," *Journal of Environmental Education* 49, no. 1 (2018).

36. Cathy Conrad and Krista Hilchey, "A Review of Citizen Science and Community-Based Environmental Monitoring: Issues and Opportunities," *Environmental Monitoring and Assessment* 176 (2011).

37. "2021 Outdoor Participation Trends Report," Outdoor Foundation, 2021, https://ip0o6y1ji424m0641msgjlfy-wpengine.netdna-ssl.com/wp-content/uploads/2015/03/2021-Outdoor-Participation-Trends-Report.pdf.

38. Jeff Opperman, "Taylor Swift Is Singing Us Back to Nature," *The New York Times*, March 12, 2021.

39. Opperman, "Taylor Swift Is Singing Us Back to Nature"; Selin Kesebir and Pelin Kesebir, "A Growing Disconnection from Nature Is Evident in Cultural Products," *Perspectives on Psychological Science* 12, no. 2 (March 27, 2017) : 258–269, https://doi.org/10.1177/1745691616662473.

40. Edward O. Wilson, "The Biological Basis of Morality," *The Atlantic*, April 1998, https://www.theatlantic.com/magazine/archive/1998/04/the-biological-basis-of-morality/377087/.

41. Giuseppe Barbiero, "Biophilia and Gaia: Two Hypotheses for an Affective Ecology," *Journal of Biourbanism* 1 (2011).

42. Jeremy Rifkin, *The Empathic Civilization* (New York: TarcherPerigee, 2009), 2.

43. Martin Buber, *I and Thou*, (1923).

Attachment and a Secure Base for Children," Sutton Trust, March 2014.
11. Huber, B. Rose. "Four in 10 Infants Lack Strong Parental Attachments." Princeton University, March 27, 2014. https://www.princeton.edu/news/2014/03/27/four-10-infants-lack-strong-parental-attachments#:~:text=March%2027%2C%202014%2C%201%3A,according%20to%20a%20new%20report.
12. 同上。
13. Nelli Ferenczi and Tara Marshall, "Exploring Attachment to the 'Homeland' and Its Association with Heritage Culture Identification," *PLOS One* (January 2013).
14. 同上。
15. Pernille Darling Rasmussen, Ole Jakob Storebø, Trine Løkkeholt, Line Gaunø Voss, Yael Shmueli-Goetz, Anders Bo Bojesen, Erik Simonsen, and Niels Bilenberg, "Attachment as a Core Feature of Resilience: A Systematic Review and Meta-Analysis," *Psychological Reports* 122, no. 4 (August 2019).
16. Giuseppe Carrus, Massimiliano Scopelliti, Ferdinando Fornara, Mirilia Bonnes, and Marino Bonaiuto, "Place Attachment, Community Identification, and Pro-Environmental Engagement," in *Advances in Theory, Methods and Applications*, edited by Lynne C. Manzo and Patrick Devine-Wright (London: Routledge, 2014).
17. Victor Lebow, "Price Competition," *Journal of Retailing* (Spring 1955).
18. Bum Jin Park, Yuko Tsunetsugu, Tamami Kasetani, Takahide Kagawa, and Yoshifumi Miyazaki, "The Physiological Effects of *Shinrin-yoku* (Taking in the Forest Atmosphere or Forest Bathing): Evidence from Field Experiments in 24 Forests Across Japan," *Environmental Health and Preventive Medicine* 15, no. 1 (2010): 21.
19. Yoshinori Ohtsuka, Noriyuki Yabunaka, and Shigeru Takayama, "Shinrin-yoku (Forest-Air Bathing and Walking) Effectively Decreases Blood Glucose Levels in Diabetic Patients," *International Journal of Biometeorology* 41, no. 3 (February 1998).
20. Roly Russell, Anne D. Guerry, Patricia Balvanera, Rachelle K. Gould, Xavier Basurto, Kai M. A. Chan, Sarah Klain, Jordan Levine, and Jordan Tam, "Humans and Nature: How Knowing and Experiencing Nature Affect Well-Being," *Annual Review of Environment and Resources* 38 (2013): 43.
21. 同上。
22. Edward O. Wilson, *Biophilia* (Cambridge, MA: Harvard University Press, 1984).(『バイオフィリア——人間と生物の絆』狩野秀之訳、ちくま学芸文庫、2008年、他)
23. Giuseppe Barbiero and Chiara Marconato, "Biophilia as Emotion," *Visions for Sustainability* 6 (2016).
24. Karen D'Souza, "Outdoor Classes and 'Forest Schools' Gain New Prominence amid Distance Learning Struggles," *EdSource*, October 1, 2020, https://edsource.org/2020/outdoor-classes-and-forest-schools-gain-new-prominence-amid-distance-learning-struggles/640853; Tina Deines, "Outdoor Preschools Grow in Popularity but Most Serve Middle-Class White Kids," Hechinger Report, February 26, 2021, https://hechingerreport.org/outdoor-preschools-grow-in-popularity-but-most-serve-middle-class-white-kids/.
25. 同上。
26. 同上。
27. 同上。

to-defund-them-survey-finds; "Majority of Public Favors Giving Civilians the Power to Sue Police Officers for Misconduct," Pew Research Center, July 2020.

28. Archon Fung and Erik Olin Wright, *Deepening Democracy: Institutional Innovations in Empowered Participatory Governance* (London: Verso, 2003), 120.

29. "Recommendations for Reform: Restoring Trust between the Chicago Police and the Communities They Serve," Police Accountability Task Force, 2016.

30. "Can Chicago Restore Public Trust in Police?" Institute for Policy Research, April 26, 2016, https://www.ipr.northwestern.edu/news/2016/skogan-chicago-police-task-force-accountability.html.

31. City of Chicago, Office of the Mayor, "Mayor Lori E. Lightfoot and Empowering Communities for Public Safety Pass Proposal for Civilian Oversight of Chicago's Police Department and Accountability Agencies," July 21, 2021, https://www.chicago.gov/content/dam/city/depts/mayor/Press%20Room/Press%20Releases/2021/July/CivilianOversightChicagoPoliceDepartmentAccountabilityAgencies.pdf.

32. Janelle Griffith, "Is Chicago's New Layer of Police Oversight as 'Unique' as Sponsors Say?" NBC News, July 31, 2021, https://www.nbcnews.com/news/us-news/chicago-s-new-layer-police-oversight-unique-sponsors-say-n1275414.

33. Fung and Wright, *Deepening Democracy*, 137.

34. Claire Mellier and Rich Wilson, "Getting Climate Citizens' Assemblies Right," Carnegie Europe, November 5, 2020, https://carnegieeurope.eu/2020/11/05/getting-climate-citizens-assemblies-right-pub-83133 (2021年8月20日に閲覧).

第一三章

1. Lauretta Bender, "An Observation Nursery: A Study of 250 Children on the Psychiatric Division of Bellevue Hospital," *American Journal of Psychiatry* (1941).

2. John Broadus Watson, *Psychological Care of Infant and Child* (New York: W. W. Norton, 1928). (『子供は如何に育てらるべきか――心理学の実験に基いて語る』細井次郎・斎田晃訳、成美堂書店、1934 年)

3. Robert Karen, *Becoming Attached; First Relationships and How They Shape Our Capacity to Love* (New York: Oxford University Press, 1998), 19.

4. Harry Bakwin, "Loneliness in Infants," *American Journal of Diseases of Children* 63 (1942) : 31.

5. Karen, *Becoming Attached*, 20.

6. John Bowlby, foreword in M. D. S. Ainsworth, Infancy in Uganda: *Infant Care and the Growth of Love* (Baltimore: Johns Hopkins University Press, 1967), v.

7. John Bowlby, *The Making and Breaking of Affectional Bonds* (London: Routledge, 2015), 133. (『ボウルビイ母子関係入門』作田勉監訳、星和書店、1981年)

8. 同上、136.

9. M Mikulincer, O. Gillath, V. Halevy, N. Avihou, S. Avidan, and N. Eshkoli, "Attachment Theory and Reactions to Others' Needs: Evidence That Activation of the Sense of Attachment Security Promotes Empathic Responses," *Journal of Personality and Social Psychology* 81, no. 6 (2001)

10. Sophie Moullin, Jane Waldfogel, and Elizabeth Washbrook, "Baby Bonds: Parenting,

14. New York University, "New Research on Participatory Budgeting Highlights Community Priorities in Public Spending."
15. Lester M. Salamon and Chelsea L. Newhouse, "2020 Nonprofit Employment Report," Johns Hopkins Center for Civil Society Studies, http://ccss.jhu.edu/wp-content/uploads/downloads/2020/06/2020-Nonprofit-Employment-Report_FINAL_6.2020.pdf.
16. Lester M. Salamon, Chelsea L. Newhouse, and S. Wojciech Sokolowski, "The 2019 Nonprofit Employment Report," Johns Hopkins Center for Civil Society Studies, 2019, https://philanthropydelaware.org/resources/Documents/The%202019%20Nonprofit%20Employment%20Report%20-%20Nonprofit%20Economic%20Data%20Bulletin%20-%20John%20Hopkins%20Center%20for%20Civil%20Society%20Studies%20_1.8.2019.pdf.
17. Brice S. McKeever and Sarah L. Pettijohn, "The Nonprofit Sector in Brief 2014," Urban Institute, October 2014, https://www.urban.org/sites/default/files/publication/33711/413277-The-Nonprofit-Sector-in-Brief--.PDF.
18. "The Nonprofit Sector in Brief 2019," Urban Institute, 2020, https://nccs.urban.org/publication/nonprofit-sector-brief-2019#the-nonprofit-sector-in-brief-2019; "Table 1.3.5., Gross Value Added by Sector at 'National Income and Product Accounts: National Data: Section 1 Domestic Product and Income,' " Bureau of Economic Analysis, n.d.
19. NCCS Team, "The Nonprofit Sector in Brief 2019."
20. Karin Chenoweth and Catherine Brown, "A Few Unique Things About Chicago Public Schools," Center for American Progress, 2018, https://www. americanprogress.org/article/unique-things-chicago-public-schools/.
21. Dorothy Shipps, Joseph Kahne, and Mark Smylie, "The Politics of Urban School Reform: Legitimacy, City Growth, and School Improvement in Chicago," *Educational Policy* 13, no. 4 (1999) : 518–545, https://doi.org/10.1177/0895904899013004003.
22. Chenoweth and Brown, "A Few Unique Things About Chicago Public Schools"; Sean F. Reardon and Rebecca Hinze-Pifer, "Test Score Growth Among Chicago Public School Students, 2009–2014," Center for Education Policy Analysis, November 2, 2017, https://cepa.stanford.edu/content/test-score-growth-among-chicago-public-school-students-2009-2014.
23. Denisa R. Superville, "Chicago's Local School Councils 'Experiment' Endures 25 Years of Change," *Education Week*, October 7, 2021, https://www.edweek.org/leadership/chicagos-local-school-councils-experiment-endures-25-years-of-change/2014/10.
24. "City of Los Angeles Open Budget," City of Los Angeles, http://openbudget.lacity.org/#!/year/2021/operating/0/source_fund_name/General+Fund/0/department_name/Police/0/program_name.
25. Abby Narishkin et al., "The Real Cost of the Police, and Why the NYPD's Actual Price Tag Is $10 Billion a Year," *Business Insider*, August 13, 2020, https://www.businessinsider.com/the-real-cost-of-police-nypd-actually-10-billion-year-2020-8#:~:text=In%202020%2C%20the%20NYPD%20had,billion%20dollars%20off%20of%20that.
26. Juliana Feliciano Reyes, "Philly Plans to Increase Police Funding While Cutting City Services. Critics Say That's a Mistake," *Philadelphia Inquirer*, June 2. 2020.
27. Scott Neuman, "Police Viewed Less Favorably, But Few Want to 'Defund' Them, Survey Finds," National Public Radio, July 9, 2020, https://www.npr.org/sections/live-updates-protests-for-racial-justice/2020/07/09/889618702/police-viewed-less-favorably-but-few-want-

and Roads," *The Guardian*, September 3, 2019.

第一二章

1. James Madison, "Federalist No. 10: The Same Subject Continued: The Union as a Safeguard Against Domestic Faction and Insurrection," Library of Congress from the *New York Packet*, November 23, 1787.
2. John Adams to John Taylor, No. 18, December 17, 1814, National Archives, https://founders.archives.gov/documents/Adams/99-02-02-6371.
3. *The Candidate*, Redford-Ritchie Productions and Wildwood Enterprises, 1972.
4. Claudia Chwalisz, *Innovative Citizen Participation and New Democratic Institutions: Catching the Deliberative Wave*, Organisation for Economic Co-operation and Development, June 10, 2020.
5. "Edelman Trust Barometer 2020," Daniel J. Edelman, https://www.edelman.com/sites/g/files/aatuss191/files/2020-01/2020%20Edelman%20Trust%20Barometer%20Executive%20Summary_Single%20Spread%20without%20Crops.pdf.
6. "Beyond Distrust: How Americans View Their Government," Pew Research Center, November 23, 2015, https://www.pewresearch.org/politics/2015/11/23/1-trust-in-government-1958-2015/.
7. 同上。
8. William Davies, "Why We Stopped Trusting Elites," *The Guardian*, November 29, 2018, https://www.theguardian.com/news/2018/nov/29/why-we-stopped-trusting-elites-the-new-populism.
9. Chwalisz, *Innovative Citizen Participation and New Democratic Institutions*.
10. "Case Study: Porto Alegre, Brazil," Local Government Association, December 12, 2016, https://www.local.gov.uk/case-studies/case-study-porto-alegre-brazil; Valeria Lvovna Gelman and Daniely Votto, "What if Citizens Set City Budgets? An Experiment That Captivated the World—Participatory Budgeting—Might Be Abandoned in Its Birthplace," *World Resources Institute*, June 13, 2018, https://www.wri.org/blog/2018/06/what-if-citizens-set-city-budgets-experiment-captivated-world-participatory-budgeting.
11. William W. Goldsmith, "Participatory Budgeting in Brazil," Planners Network, 1999, http://www.plannersnetwork.org/wp-content/uploads/2012/07/brazil_goldsmith.pdf.
12. Peter Yeung, "How Paris's Participatory Budget Is Reinvigorating Democracy," *City Monitor*, January 8, 2021, https://citymonitor.ai/government/civic-engagement/how-paris-participatory-budget-is-reinvigorating-democracy ; "World," Participatory Budgeting World Atlas, https://www.pbatlas.net/world.html (2022年2月4日に閲覧).
13. "New Research on Participatory Budgeting Highlights Community Priorities in Public Spending," New York University, July 22, 2020, https://www.nyu.edu/about/news-publications/news/2020/july/new-research-on-participatory-budgeting-highlights-community-pri.html; Carolin Hagelskamp, Rebecca Silliman, Erin B. Godfrey, and David Schleifer, "Shifting Priorities: Participatory Budgeting in New York City Is As sociated with Increased Investments in Schools, Street and Traffic Improvements, and Public Housing," *New Political Science* 42, no. 2 (2020) : 171-196, https://doi.org/10.1080/07393148.2020.1773689.

23. Peter Berg and Raymond Dasmann, "Reinhabiting California," *The Ecologist* 7, no. 10 (1977); Cheryll Glotfelty and Eve Quesnel, *The Biosphere and the Bioregion: Essential Writings of Peter Berg* (London: Routledge, 2015), 35.
24. David Bollier, "Elinor Ostrom and the Digital Commons," *Forbes*, October 13, 2009.
25. Kirkpatrick Sale, "Mother of All: An Introduction to Bioregionalism," in *Third Annual E. F. Schumacher Lectures*, edited by Hildegarde Hannum (October 1983) ; Regional Factors in National Planning and Development, 1935.
26. "Bioregions of the Pacific U.S.," USGS, https://www.usgs.gov/centers/werc/science/bioregions-pacific-us?qt-science_center_objects=0#qt-science_center_objects (2021年6月30日に閲覧).
27. "Ecoregions and Watersheds," Cascadia Department of Bioregion, n.d., https://cascadiabioregion.org/ecoregions-and-watersheds/.
28. "The Cascadia Bioregion: Facts & Figures," Cascadia Department of Bioregion, n.d., https://cascadiabioregion.org/facts-and-figures.
29. 同上。
30. "About PNWER," Pacific NorthWest Economic Region, n.d., http://www.pnwer.org/about-us.html.
31. P. Mote, A. K. Snover, S. Capalbo, S. D. Eigenbrode, P. Glick, J. Littell, R. Raymondi, and S. Reeder, "Northwest," in *Climate Change Impacts in the United States: The Third National Climate Assessment*, edited by J. M. Melillo, Terese Richmond, and G. W. Yohe for the U.S. Global Change Research Program (2014), 487–513, 488.
32. Alan Steinman, Bradley Cardinale, Wayne Munns Jr., et al., "Ecosystem Services in the Great Lakes," *Journal of Great Lakes Research* 43, no. 3 (June 2017) : 161–68, https://www.ncbi.nlm.nih.gov/pmc/articles/PMC6052456/pdf/nihms976653.pdf.
33. Jeff Desjardins, "The Great Lakes Economy: The Growth Engine of North America," *Visual Capitalist*, August 16, 2017, https://www.visualcapitalist.com/great-lakes-economy/.
34. Tim Folger, "The Cuyahoga River Caught Fire 50 Years Ago. It Inspired a Movement," *National Geographic*, June 22, 2019, https://www.nationalgeographic.com/environment/article/the-cuyahoga-river-caught-fire-it-inspired-a-movement.
35. Erin Blakemore, "The Shocking River Fire That Fueled the Creation of the EPA," *History Channel*, April 22, 2019, edited December 1, 2020, https://www.history.com/news/epa-earth-day-cleveland-cuyahoga-river-fire-clean-water-act.
36. "When Our Rivers Caught Fire," Michigan Environmental Council, July 11, 2011, https://www.environmentalcouncil.org/when_our_rivers_caught_fire; John H. Hartig, *Burning Rivers: Revival of Four Urban-Industrial Rivers That Caught on Fire* (Burlington, Ontario: Aquatic Ecosystem Health and Management Society, 2010).
37. Rachel Carson, *Silent Spring* (Boston: Houghton Mifflin Company, 1962). (『沈黙の春』新装版、青樹簗一訳、新潮社、2001年、他)
38. *Strategic Plan for the Great Lakes Commission 2017–2022*, Great Lakes Commission.
39. "An Assessment of the Impacts of Climate Change on the Great Lakes," *Environmental Law & Policy Center*, n.d., https://elpc.org/wp-content/uploads/2020/04/2019-ELPCPublication-Great-Lakes-Climate-Change-Report.pdf.
40. Tom Perkins, " 'Bigger Picture, It's Climate Change': Great Lakes Flood Ravages Homes

9. Bill Howard, "Vehicles and Voting: What Your Car Might Say About How You'll Vote," *Forbes*, October 1, 2020, https://www.forbes.com/wheels/news/what-your-car-might-say-about-how-you-vote/.
10. Craig Mauger, "Whitmer: Michigan Lacked 'Real Opportunity' to Compete for Ford Plants," *The Detroit News*, September 29, 2021, https://www.detroitnews.com/story/news/politics/2021/09/29/whitmer-michigan-lacked-real-opportunity-compete-ford-plants/5917610001/.
11. E. Dinerstein et al., "A Global Deal for Nature: Guiding Principles, Milestones, and Targets," *Science Advances* 5 (2019) : 1.
12. 同上。
13. 同上。
14. Sarah Gibbens, "The U.S. Commits to Tripling Its Protected Lands. Here's How It Could Be Done," *National Geographic*, January 28, 2021, https://www.nationalgeographic.com/environment/article/biden-commits-to-30-by-2030-conservation-executive-orders ; "Fact Sheet: President Biden Takes Executive Actions to Tackle the Climate Crisis at Home and Abroad, Create Jobs, and Restore Scientific Integrity Across Federal Government," The White House, January 27, 2021, https://www.whitehouse.gov/briefing-room/statements-releases/2021/01/27/fact-sheet-president-biden-takes-executive-actions-to-tackle-the-climate-crisis-at-home-and-abroad-create-jobs-and-restore-scientific-integrity-across-federal-government/.
15. Matt Lee-Ashley, "How Much Nature Should America Keep?" Center for American Progress, August 6, 2019, https://www.americanprogress.org/issues/green/reports/2019/08/06/473242/much-nature-america-keep/.
16. Sandra Diaz, Josef Settele, and Eduardo Brondizio, "Summary for Policymakers of the Global Assessment Report on Biodiversity and Ecosystem Services of the Intergovernmental Science-Policy Platform on Biodiversity and Ecosystem Services," *Intergovernmental Science-Policy Platform on Biodiversity and Ecosystem Services* (2019), https://www.ipbes.net/sites/default/files/downloads/spm_unedited_advance_for_posting_htn.pdf.
17. Lee-Ashley, "How Much Nature Should America Keep?"
18. "Federal Land Ownership: Overview and Data," Congressional Research Service, February 21, 2020, https://sgp.fas.org/crs/misc/R42346.pdf; Lee-Ashley, "How Much Nature Should America Keep?"; Robert H. Nelson, "State-Owned Lands in the Eastern United States: Lessons from State Land Management In Practice," Property and Environment Research Center, March 2018, https://www.perc.org/2018/03/13/state-owned-lands-in-the-eastern-united-states/; Ryan Richards and Matt Lee-Ashley, "The Race for Nature," Center for American Progress, June 23, 2020, https://www.americanprogress.org/article/the-race-for-nature/.
19. "Forests Programs," United States Department of Agriculture, National Institute of Food and Agriculture, https://www.nifa.usda.gov/grants/programs/forests-programs.
20. A. R. Wallace, "What Are Zoological Regions?" *Nature* 49 (April 26, 1894) : 610–613.
21. Karl Burkart, "Bioregions 2020," *One Earth*, n.d., https://www.oneearth.org/bioregions-2020/.
22. "Ecoregions," World Wildlife Fund, n.d., https://www.worldwildlife.org/biomes.

Per Employee Last Year," *Fortune*, August 10, 2020, https://fortune.com/longform/global-500-companies-profits-employees/.
2. "Number of Smartphone Subscriptions Worldwide from 2016 to 2027," Statista, February 23, 2022, https://www.statista.com/statistics/330695/number-of-smartphone-users-worldwide/; David R. Scott, "Would Your Mobile Phone Be Powerful Enough to Get You to the Moon?" *The Conversation*, July 1, 2019, https://theconversation.com/would-your-mobile-phone-be-powerful-enough-to-get-you-to-the-moon-115933.
3. Mark Muro et al., "Advancing Inclusion Through Clean Energy Jobs," Brookings Institution, 2019, https://www.brookings.edu/wp-content/uploads/2019/04/2019.04_metro_Clean-Energy-Jobs_Report_Muro-Tomer-Shivaran-Kane.pdf.
4. TIR Consulting Group, "America 3.0: The Resilient Society: A Smart Third Industrial Revolution Infrastructure and the Recovery of the American Economy," Of fice of Jeremy Rifkin, July 28, 2021, https://www.foet.org/about/tir-consulting-group/.
5. Harriet Festing et al., "The Case for Fixing the Leaks: Protecting People and Saving Water While Supporting Economic Growth in the Great Lakes Region," Center for Neighborhood Technology, 2013, https://cnt.org/sites/default/files/publications/CNT_CaseforFixingtheLeaks.pdf.

第一一章

1. Karla Schuster, "Biden Widens Lead, But Voter Mistrust of Process Runs Deep: Kalikow School Poll," Hofstra College of Liberal Arts and Sciences, September 29, 2020, https://news.hofstra.edu/2020/09/29/biden-widens-lead-but-voter-mistrust-of-process-runs-deep-kalikow-school-poll/.
2. Christopher Keating, "Quinnipiac Poll: 77% of Republicans Believe There Was Widespread Fraud in the Presidential Election; 60% Overall Consider Joe Biden's Victory Legitimate," *Hartford Courant*, December 10, 2020, https://www.courant.com/politics/hc-pol-q-poll-republicans-believe-fraud-20201210-pcie3uqqvrhyvnt7geohhsyepe-story.html.
3. Mario Carpo, "Republics of Makers," e-flux, https://www.e-flux.com/architecture/positions/175265/republics-of-makers/（2021年1月20日に閲覧）.
4. Frank Newport, "Americans Big on Idea of Living in the Country," Gallup, December 7, 2018, https://news.gallup.com/poll/245249/americans-big-idea-living-country.aspx.
5. Robert Bonnie, Emily Pechar Diamond, and Elizabeth Rowe, "Understanding Rural Attitudes Toward the Environment and Conservation in America," Nicholas In stitute for Environmental Policy Solutions, February 2020.
6. "Ford to Lead America's Shift to Electric Vehicles with New Mega Campus in Tennessee and Twin Battery Plants in Kentucky; $11.4B Investment to Create 11,000 Jobs and Power New Lineup of Advanced EVS," Ford Media Center, September 27, 2021, https://media.ford.com/content/fordmedia/fna/us/en/news/2021/09/27/ford-to-lead-americas-shift-to-electric-vehicles.html.
7. Kyle Johnson, "Ford F-Series Made $42 Billion in Revenue in 2019," *The News Wheel*, June 25, 2020, https://thenewswheel.com/ford-f-series-42-billion-revenue-2019/.
8. "Ford to Lead America's Shift to Electric Vehicles with New Mega Campus in Tennessee and Twin Battery Plants in Kentucky."

Philosophy (Winter 2020), edited by Edward Zalta, https://plato.stanford.edu/archives/win2020/entries/scientific-method/.

13. Cynthia Larson, "Evidence of Shared Aspects of Complexity Science and Quantum Phenomena," *Cosmos and History: The Journal of Natural and Social Philosophy* 12, no. 2 (2016).
14. Rika Preiser, Reinette Biggs, Alta De Vos, and Carl Folke, "Social-Ecological Systems as Complex Adaptive Systems: Organizing Principles for Advancing Research Methods and Approaches," *Ecology and Society* 23, no. 4 (December 2018) : 46.
15. "Where Is Frozen Ground?" National Snow and Ice Data Center, https://nsidc.org/cryosphere/frozenground/whereis_fg.html (2021年7月25日に閲覧).
16. Richard Field, "John Dewey (1859–1952)," *Internet Encyclopedia of Philosophy*, n.d., https://iep.utm.edu/john-dewey/.
17. "Adaptation and Survival," *National Geographic Magazine*, April 23, 2020.
18. Martin Reeves and Mike Deimler, "Adaptability: The New Competitive Advantage," *Harvard Business Review* (July–August 2011).
19. 同上。
20. J. H. Barkow, L. Cosmides, and J. Tooby, *The Adapted Mind: Evolutionary Psychology and the Generation of Culture* (Oxford: Oxford University Press, 1992), 5.
21. Susan C. Anton, Richard Potts, and Leslie C. Aiello, "Evolution of Early *Homo*: An Integrated Biological Perspective," *Science* 345, no. 6192 (July 4, 2014).
22. 同上。
23. 同上。
24. Mohi Kumar, "Ability to Adapt Gave Early Humans the Edge over Other Hominins," *Smithsonian Magazine* (July 4, 2014), https://www.smithsonianmag.com/science-nature/ability-to-adapt-gave-early-humans-edge-hominin-180951959/.
25. "Quaternary Period," *National Geographic*, https://www.nationalgeographic.com/science/prehistoric-world/quaternary/#close.
26. Nathaniel Massey, "Humans May Be the Most Adaptive Species," *Scientific American* (September 25, 2013), https://www.scientificamerican.com/article/humans-may-be-most-adaptive-species/#:~:text=In%20the%205%20million%20years,climate%20has%20grown%20increasingly%20erratic.
27. 同上。
28. World Bank Group, *Piecing Together the Poverty Puzzle* (Washington, D.C.: World Bank, 2018), 7.
29. Deborah Hardoon, "An Economy for the 99%," Oxfam International Briefing Paper, January 2017, https://www-cdn.oxfam.org/s3fs-public/file_attachments/bp-economy-for-99-percent-160117-en.pdf (2019年3月12日に閲覧), 1.
30. Indu Gupta, "Sustainable Development: Gandhi Approach," *OIDA International Journal of Sustainable Development* 8, no. 7 (2015).

第一〇章

1. "Global 500," *Fortune* (August–September 2020), https://fortune.com/global500/; Brian O'Keefe and Nicolas Rapp, "These 18 Big Companies Made More Than $250,000 in Profit

46. Denis Noble, Eva Jablonka, Michael J. Joyner, Gerd B. Müller, and Stig W. Omholt, "Evolution Evolves: Physiology Returns to Centre Stage," *Journal of Physiology* 592 (Pt. 11) (June 2014) : 2237–2234.
47. Charles Darwin, "Difficulties of Theory—The Eye," in *On the Origin of Species*, https://www.theguardian.com/science/2008/feb/09/darwin.eye.（『種の起源』上下、渡辺政隆訳、光文社古典新訳文庫、2009年、他）
48. Patrick Collins, "Researchers Discover That Changes in Bioelectric Signals Trigger Formation of New Organs," *Tufts Now* December 8, 2011, https://now.tufts.edu/news-releases/researchers-discover-changes-bioelectric-sign.
49. 同上。
50. 同上。
51. Vaibhav P. Pai, Sherry Aw, TaI Shomrat, Joan M. Lemire, and Michael Levin, "Transmembrane Voltage Potential Controls Embryotic Eye Patterning in *Xenopus laevis,*" *Development* 139, no. 2 (January 2012) : 313–323; Collins, "Researchers Discover That Changes in Bioelectric Signals Trigger Formation of New Organs."

第九章

1. Francis Bacon 以下での引用。John Randall Herman Jr., *The Making of the Modern Mind* (Cambridge, MA: Houghton Mifflin, 1940), 223.（『人生を創る』木内基茂訳、教材社、1941年）
2. Francis Bacon, *The New Atlantis: A Work Unfinished* (London: Printed by Tho. Newcomb, 1983).（世界の大思想第8巻『学問の進歩 ノヴム・オルガヌム ニュー・アトランチス』所収、中橋一夫訳、河出書房新社、1972年）
3. Donald Worster, *Nature's Economy* (Cambridge: Cambridge University Press, 1977), 30.（『自然の摂理――エコロジーの歴史』小倉武一訳、食料・農業政策研究センター編、食料・農業政策研究センター、1996年）
4. James Spedding, Robert Leslie Ellis, and Douglas Denon Heath, eds., *The Works of Francis Bacon*, vol. 3, *Philosophical Works* (Cambridge: Cambridge University Press, 2011), doi:10.1017/CBO9781139149563.
5. Francis Bacon, "Novum Organum," in *The Works of Francis Bacon*, vol. 4 (London: W. Pickering, 1850), 114.
6. "Pioneering the Science of Surprise," Stockholm Resilience Centre, https://www.stockholmresilience.org/research/research-news/2019-08-23-pioneering-the-science-of-surprise-.html (2021年4月4日に閲覧).
7. "Case," *Merriam-Webster*, n.d., https://www.merriam-webster.com/dictionary/cases?utm_campaign=sd&utm_medium=serp&utm_source=jsonld.
8. C. S. Holling, "Resilience and Stability of Ecological Systems," *Annual Review of Ecology and Systematics* 4 (November 1973) : 1–23
9. 同上、17–21.
10. Lance H. Gunderson, "Ecological Resilience—In Theory and Application," *Annual Review of Ecology and Systematics* 31 (November 2000) : 425–439
11. Fiona Miller et al., "Resilience and Vulnerability: Complementary or Conflicting Concepts?" *Ecology and Society* 15, no. 3 (2010).
12. Hanne Andersen and Brian Hepburn, "Scientific Method," in *The Stanford Encyclopedia of*

Essay, in *ELF and VLF Electromagnetic Field Effects* (New York: Plenum Press, 1974), 101–144.

25. R. A. Wever, "Basic Principles of Human Circadian Rhythm," *Temporal Variations of the Cardiovascular System* (1992).

26. Richard H. W. Funk, Thomas Monsees, and Nurdan Ozkucur, "Electromagnetic Effects—From Cell Biology to Medicine," *Progress in Histochemistry and Cytochemistry* 43, no. 4 (2009) : 177–264; R. Wever, "Effects of Electric Fields on Circadian Rhythmicity in Men," *Life Sciences in Space Research* 8 (1970) : 177–187.

27. James Clerk Maxwell, "Inaugural Lecture at King's College London" (1860), http://www.michaelbeeson.com/interests/GreatMoments/MaxwellDiscoversLightIsElectromagnetic.pdf.

28. "Earth's Magnetic Field and Its Changes in Time," NASA, n.d., https://image.gsfc.nasa.gov/poetry/tour/AAmag.html#:~:text=The%20magnetic%20field%20of%20earth%20actually%20changes%20its%20polarity%20over,years%20according%20to%20geological%20evidence.

29. Karen Fox, "Earth's Magnetosphere," NASA, January 28, 2021, https://www.nasa.gov/magnetosphere; "Magnetospheres," NASA Science, https://science.nasa.gov/heliophysics/focus-areas/magnetosphere-ionosphere (2021年8月26日に閲覧).

30. Ronald Desmet, "Alfred North Whitehead," *Stanford Encyclopedia of Philosophy*.

31. Alfred North Whitehead, *Nature and Life* (London: Cambridge University Press, 1934), 15. (前掲『自然と生命』)

32. 同上、86.

33. "Morphogenesis," Encyclopædia Britannica, https://www.britannica.com/science/morphogenesis (2021年4月16日に閲覧).

34. A. G. Gurwitsch, *A Biological Field Theory* (Moscow: Sovetskaya Nauka, 1944) ; Daniel Fels, Michal Cifra, and Felix Scholkmann, *Fields of the Cell* (Kerala: Research Signpost, 2015), 274.

35. Paul A. Weiss, *The Science of Life: The Living System—A System for Living* (Mount Kisco, NY: Futura, 1973), 19.

36. 同上、45.

37. 同上、47.

38. Harold Saxton Burr, *Blueprint for Immortality* (London: Neville Spearman, 1972), 30. (『生命場の科学――みえざる生命の鋳型の発見』神保圭志訳、日本教文社、1988年)

39. 同上、107.

40. 同上。

41. Mats-Olof Mattsson and Myrtill Simkó, "Emerging Medical Applications Based on Non-Ionizing Electromagnetic Fields from 0 Hz to 10 THz," *Dovepress* (September 12, 2019), 347–368, https://doi.org/10.2147/MDER.S214152.

42. Daniel Fels, "The Double-Aspect of Life," *Biology* (*Basel*) 7, no. 2 (May 2018) : 28.

43. "The Face of a Frog: Time-Lapse Video Reveals Never-Before-Seen Bioelectric Pattern," *Tufts Now*, July 18, 2011, https://now.tufts.edu/news-releases/face-frog-time-lapse-video-reveals-never-seen#:~:text=%2D%2DFor%20the%20first%20time,where%20eyes%2C%20nose%2C%20mouth%2C.

44. 同上。

45. 同上。

Geographic, June 11, 2016, https://www.nationalgeographic.com/science/article/milky-way-space-science.
7. Abraham Haim and Boris A. Portnov, *Light Pollution as a New Risk Factor for Human Breast and Prostate Cancers* (New York: Springer Nature, 2013).
8. A. L. Baird, A. N. Coogan, A. Siddiqui, R. M. Donev, and J. Thome, "Adult Attention-Deficit Hyperactivity Disorder Is Associated with Alterations in Circadian Rhythms at the Behavioural, Endocrine and Molecular Levels," *Molecular Psychiatry* 17, no. 10 (2012) : 988–995.
9. Elaine Waddington Lamont, Daniel L. Coutu, Nicolas Cermakian, and Diane B. Boivin, "Circadian Rhythms and Clock Genes in Psychotic Disorders," *Israel Journal of Psychiatry and Related Sciences* 47, no. 1 (2010), 27–35.
10. Russell Foster, "Waking Up to the Link Between a Faulty Body Clock and Mental Illness," *The Guardian*, July 22, 2013.
11. G. J. Whitrow, *The Natural Philosophy of Time* (Oxford: Oxford University Press, 1980), 146.
12. E. T. Pengelley and K. C. Fisher, "The Effect of Temperature and Photoperiod on the Yearly Hibernating Behavior of Captive Golden-Mantled Ground Squirrels," *Canadian Journal of Zoology* 41 (1963) : 1103–1120.
13. David Lloyd, "Biological Timekeeping: The Business of a Blind Watchmaker," *Science Progress* 99, no. 2 (2016) : 113–132.
14. 同上、124.
15. Grace H. Goh, Shane K. Maloney, Peter J. Mark, and Dominique Blache, "Episodic Ultradian Events—Ultradian Rhythms," *Biology* 8, no. 1 (March 2019) : 12.
16. 同上。
17. B. P. Tu, A. Kudlicki, M. Rowicka, and S. L. McKnight, "Logic of the Yeast Metabolic Cycle: Temporal Compartmentalization of Cellular Processes," Science 310, no. 5751 (November 2005), and B. P. Tu and S. L. McKnight, "Metabolic Cycles as an Underlying Basis of Biological Oscillations," *Nature Reviews Molecular Cell Biology* 7, no. 9 (2006).
18. Maximilian Moser, Matthias Frühwirth, Reiner Penter, and Robert Winker, "Why Life Oscillates—From a Topographical Towards a Functional Chronobiology," *Cancer Causes & Control* 17, no. 4 (June 2006) : 591–599.
19. Thomas A. Wehr, "Photoperiodism in Humans and Other Primates: Evidence and Implications," *Journal of Biological Rhythms* 16, no. 4 (August 2001) : 348–364.
20. 同上、349.
21. Nicola Davis and Ian Sample, "Nobel Prize for Medicine Awarded for Insights into Internal Biological Clock," *The Guardian*, October 2, 2017, https://www.theguardian.com/science/2017/oct/02/nobel-prize-for-medicine-awarded-for-insights-into-internal-biological-clock.
22. Ian Sample, "Nobel Prizes 2017: Everything You Need to Know About Circadian Rhythms," *The Guardian*, October 2, 2017.
23. Gina Kolata, "2017 Nobel Prize in Medicine Goes to 3 Americans for Body Clock Studies," *The New York Times*, October 2, 2017.
24. Michael A. Persinger and Rütger Wever, "ELF-Effects on Human Circadian Rhythms,"

44. David Pride, "Viruses Can Help Us as Well as Harm Us," *Scientific American*, December 1, 2020, https://www.scientificamerican.com/article/viruses-can-help-us-as-well-as-harm-us/#.
45. David Pride and Chandrabali Ghose, "Meet the Trillions of Viruses That Make Up Your Virome," *The Conversation*, October 9, 2018, https://theconversation.com/meet-the-trillions-of-viruses-that-make-up-your-virome-104105#:~:text=It%20has%20been%20estimated%20that,infections%20like%20Ebola%20or%20dengue（2020年11月1日に閲覧）.
46. James Gallagher, "More Than Half Your Body Is Not Human," BBC News, April 10, 2018, https://www.bbc.com/news/health-43674270（2020年11月1日に閲覧）.
47. 同上。
48. Prabarna Ganguly, "Microbes in Us and Their Role in Human Health and Disease," National Human Genome Research Institute, May 29, 2019, https://www.genome.gov/news/news-release/Microbes-in-us-and-their-role-in-human-health-and-disease.
49. "Biome," *Lexico: Powered by Oxford*, https://www.lexico.com/en/definition/biome（2021年11月20日に閲覧）.
50. "Ecosystem," *Lexico: Powered by Oxford*, https://www.lexico.com/en/definition/ecosystem（2021年11月20日に閲覧）.
51. Peter Turnbaugh, Ruth Ley, Micah Hamady, Claire M. Fraser-Liggett, Rob Knight, and Jeffrey Gordon, "The Human Microbiome Project," *Nature* 449（October 2007）: 804, https://www.nature.com/articles/nature06244.pdf.
52. Gallagher, "More Than Half Your Body Is Not Human."
53. 同上。
54. Bertalanffy, *Problems of Life*, 134.
55. Dominique Frizon de Lamotte, Brendan Fourdan, Sophie Leleu, François Leparmentier, and Philippe de Clarens, "Style of Rifting and the Stages of Pangea Breakup," *Tectonics* 34, no. 5（2015）: 1009–1029, https://doi.org/10.1002/2014tc003760.
56. Stager, *Your Atomic Self*, 193–194.

第八章

1. James D. Watson, *The Double Helix: A Personal Account of the Discovery of the Structure of DNA*（New York: Simon & Schuster, 1968）.（『二重らせん―― DNAの構造を発見した科学者の記録』江上不二夫・中村桂子訳、講談社ブルーバックス、2012年、他）
2. Patricia J. Sollars and Gary E. Pickard, "The Neurobiology of Circadian Rhythms," *Psychiatric Clinics of North America* 38, no. 4（2015）: 645–65, https://doi.org/10.1016/j.psc.2015.07.003.
3. Joseph Zubin and Howard F. Hunt, *Comparative Psychopathology: Animal and Human*（New York: Grune & Stratton, 1967）, https://www.gwern.net/docs/psychology/1967-zubin-comparativepsychopathology.pdf.
4. Ueli Schibler, "The Mammalian Circadian Timekeeping System," in *Ultradian Rhythms from Molecules to Mind: A New Vision of Life*, edited by David Lloyd and Ernest Rossi（Heidelberg: Springer Netherlands, 2008）, 261–279.
5. J. O'Neill and A. Reddy, "Circadian Clocks in Human Red Blood Cells," *Nature* 469（January 27, 2011）: 498–503.
6. Michelle Donahue, "80 Percent of Americans Can't See the Milky Way Anymore," *National*

calcium%2C%20and%20phosphorus.
32. Elizabeth Pennisi, "Plants Outweigh All Other Life on Earth," *Science*, May 21, 2018, https://doi.org/10.1126/science.aau2463; Yinon M. Bar-On, Rob Phillips, and Ron Milo, "The Biomass Distribution on Earth," *Proceedings of the National Academy of Sciences* 115, no. 25 (May 21, 2018), https://doi.org/10.1073/pnas.1711842115.
33. Sender, Fuchs, and Milo, "Revised Estimates for the Number of Human and Bacteria Cells in the Body."
34. Anne E. Maczulak, *Allies and Enemies: How the World Depends on Bacteria* (FT Press, 2010); Molika Ashford, "Could Humans Live Without Bacteria?" *Live Science*, August 13, 2010, https://www.livescience.com/32761-good-bacteria-boost-immune-system.html.
35. Anil Kumar and Nikita Chordia, "Role of Microbes in Human Health," *Applied Microbiology: Open Access* 3, no. 2 (April 2017): 131, https://www.longdom.org/open-access/role-of-microbes-in-human-health-2471-9315-1000131.pdf; Ana Maldonado-Contreras, "A Healthy Microbiome Builds a Strong Immune System That Could Help Defeat COVID-19," University of Massachusetts Medical School, January 25, 2021, https://www.umassmed.edu/news/news-archives/2021/01/a-healthy-microbiome-builds-a-strong-immune-system-that-could-help-defeat-covid-19/.
36. Patrick C. Seed, "The Human Mycobiome," *Cold Spring Harbor Perspectives in Medicine* 5, no. 5 (2015), https://dx.doi.org/10.1101%2Fcshperspect.a019810.
37. Gary B. Huffnagle and Mairi C. Noverr, "The Emerging World of the Fungal Microbiome," *Trends in Microbiology* 21, no. 7 (2013): 334–341, https://doi.org/10.1016/j.tim.2013.04.002.
38. Mahmoud A. Ghannoum, Richard J. Jurevic, Pranab K. Mukherjee, Fan Cui, Masoumeh Sikaroodi, Ammar Naqvi, and Patrick M. Gillevet, "Characterization of the Oral Fungal Microbiome (Mycobiome) in Healthy Individuals," *PLOS Pathogens*, January 8, 2010, https://doi.org/10.1371/journal.ppat.1000713; Bret Stetka, "The Human Body's Complicated Relationship with Fungi," MPR News, April 16, 2016, https://www.mprnews.org/story/2016/04/16/npr-the-human-bodys-complicated-relationship-with-fungi.
39. Kaisa Koskinen, Manuela R. Pausan, Alexandra K. Perras, Michael Beck, Corinna Bang, Maximilian Mora, Anke Schilhabel, Ruth Schmitz, and Christine Moissl-Eichinger, "First Insights into the Diverse Human Archaeome: Specific Detection of Archaea in the Gastrointestinal Tract, Lung, and Nose and on Skin," *mBio* 8, no. 6 (November 14, 2017), http://dx.doi.org/10.1128/mBio.00824-17.
40. Mor N. Lurie-Weinberger and Uri Gophna, "Archaea in and on the Human Body: Health Implications and Future Directions," *PLOS Pathogens* 11, no. 6 (2015), https://doi.org/10.1371/journal.ppat.1004833.
41. Graham P. Harris, *Phytoplankton Ecology: Structure, Function and Fluctuation* (London: Chapman and Hall, 1986); Yadigar Sekerci and Sergei Petrovskii, "Global Warming Can Lead to Depletion of Oxygen by Disrupting Phytoplankton Photosynthesis: A Mathematical Modelling Approach," *Geosciences* 8, no. 6 (June 3, 2018), doi:10.3390/geosciences8060201.
42. John Corliss, "Biodiversity and Biocomplexity of the Protists and an Overview of Their Significant Roles in Maintenance of Our Biosphere," *Acta Protozoologica* 41 (2002): 212.
43. Karin Moelling, "Viruses More Friends Than Foes," *Electroanalysis* 32, no. 4 (November 26, 2019): 669–673, https://doi.org/10.1002/elan.201900604.

19.“What Does Blood Do?” Institute for Quality and Efficiency in Health Care, InformedHealth.org, National Library of Medicine, August 29, 2019, https://www.ncbi.nlm.nih.gov/books/NBK279392/.

20. Water Science School, “The Water in You.”

21. Alison Abbott, “Scientists Bust Myth That Our Bodies Have More Bacteria Than Human Cells,” *Nature*, January 8, 2016, https://doi.org/10.1038/nature.2016.19136; Ron Sender, Shai Fuchs, and Ron Milo, “Revised Estimates for the Number of Human and Bacteria Cells in the Body,” *PLOS Biology*, August 19, 2016, https://doi.org/10.1371/journal.pbio.1002533.

22. Kirsty L. Spalding, Ratan D. Bhardwaj, Bruce A. Buchholz, Henrik Druid, and Jonas Frisén, “Retrospective Birth Dating of Cells in Humans,” *Cell* 122, no. 1 (July 15, 2005) : 133–143, https://doi.org/10.1016/j.cell.2005.04.028.

23. Nicholas Wade, “Your Body Is Younger Than You Think,” *The New York Times*, August 2, 2005, https://www.nytimes.com/2005/08/02/science/your-body-is-younger-than-you-think.html.

24. 同上。

25. 同上; Spalding et al., “Retrospective Birth Dating of Cells in Humans”; Stavros Manolagas, “Birth and Death of Bone Cells: Basic Regulatory Mechanisms and Implications for the Pathogenesis and Treatment of Osteoporosis,” *Endocrine Reviews* 21, no. 2 (April 1, 2000) : 116, https://doi.org/10.1210/edrv.21.2.0395; Ron Milo and Rob Phillips, *Cell Biology by the Numbers* (New York: Garland Science, 2015), 279. (『数でとらえる細胞生物学』舟橋啓監訳、羊土社、2020年)

26. Curt Stager, *Your Atomic Self; The Invisible Elements That Connect You to Everything Else in the Universe* (New York, 2014), 212; Bente Langdahl, Serge Ferrari, and David W. Dempster, “Bone Modeling and Remodeling: Potential as Therapeutic Targets for the Treatment of Osteoporosis,” *Therapeutic Advances in Musculoskeletal Disease* 8, no. 6 (October 6, 2016), https://dx.doi.org/10.1177%2F1759720X16670154; Elia Beniash et al., “The Hidden Structure of Human Enamel,” *Nature Communications* 10, no. 4383 (2019), https://www.nature.com/articles/s41467-019-12185-7.

27. Brian Clegg, “20 Amazing Facts About the Human Body,” *The Guardian*, January 27, 2013, https://www.theguardian.com/science/2013/jan/27/20-human-body-facts-science.

28. J. Gordon Betts et al., *Anatomy and Physiology* (Houston: Rice University, 2013), 43; Curt Stager, *Your Atomic Self*, 197.

29. Ethan Siegel, “How Many Atoms Do We Have in Common with One Another?” *Forbes*, April 30, 2020, https://www.forbes.com/sites/startswithabang/2020/04/30/how-many-atoms-do-we-have-in-common-with-one-another/?sh=75adfe6a1b38 (2020年11月1日に閲覧).

30. 同上。

31. Amit Shraga, “The Body's Elements,” The Davidson Institute of Science Education, April 1, 2020, https://davidson.weizmann.ac.il/en/online/orderoutofchaos/body%E2%80%99s-elements; Reginald Davey, “What Chemical Elements Are Found in the Human Body?” *News Medical Life Sciences*, May 19, 2021, https://www.news-medical.net/life-sciences/What-Chemical-Elements-are-Found-in-the-Human-Body.aspx#:~:text=The%20human%20body%20is%20approximately,carbon%2C%20calcium%2C%20and%20phosphorus.Body.aspx#:~:text=The%20human%20body%20is%20approximately,carbon%2C%20

第七章

1. Erich Kahler, *Man the Measure: A New Approach to History* (Cleveland: Meridian Books, 1967).
2. Lewis Mumford, *Technics and Human Development* (New York: Harcourt Brace Jovanovich/Harvest Books, 1966), 101.（『機械の神話——技術と人類の発達』樋口清訳、河出書房新社、1971年）
3. Mircea Eliade, *The Myth of the Eternal Return* (Princeton, NJ: Princeton Classics, 2019), originally published in English in 1954.（『永遠回帰の神話——祖型と反復』堀一郎訳、未來社、1963年）
4. Jeremy Rifkin, "The Risks of Too Much City," *The Washington Post*, December 17, 2006, https://www.washingtonpost.com/archive/opinions/2006/12/17/the-risks-of-too-much-city/db5c3e65-4daf-465f-8e58-31b47ba359f8/.
5. Ludwig von Bertalanffy, *Problems of Life* (New York: Harper and Brothers, 1952), 134.
6. Norbert Wiener, *The Human Use of Human Beings: Cybernetics and Society* (New York: Da Capo Press, 1988), 96.（前掲『人間機械論——人間の人間的な利用』）
7. Alfred North Whitehead, *Science and the Modern World* (Cambridge: Cambridge University Press, 1926), 22.（『科学と近代世界』ホワイトヘッド著作集第6巻、上田泰治・村上至孝訳、松籟社、1981年、他）
8. Ronald Desmet and Andrew David Irvine, "Alfred North Whitehead," *Stanford Encyclopedia of Philosophy, September* 4, 2018, https://plato.stanford.edu/entries/whitehead/.
9. Alfred North Whitehead, *Science and the Modern World: Lowell Lectures 1925* (Cambridge: Cambridge University Press, London 1929), 61; Alfred North Whitehead, *Nature and Life* (Chicago: University of Chicago Press, 1934) and reprinted (Cambridge: Cambridge University Press, 2012).（『自然と生命』柘植秀臣・永野為武訳、三省堂、1939年）
10. Whitehead, *Nature and Life*, 65.（前掲『自然と生命』）
11. Robin G. Collingwood, *The Idea of Nature* (Oxford: Oxford University Press, 1945), 146.（『自然の観念』平林康之・大沼忠弘訳、みすず書房、1974年）
12. 同上。
13. Fritjof Capra, *The Tao of Physics: An Exploration of the Parallels Between Modern Physics and Eastern Mysticism* (Berkeley: Shambhala Publications, 1975), 138.（『タオ自然学——現代物理学の先端から「東洋の世紀」がはじまる』吉福伸逸・田中三彦・島田裕巳・中山直子訳、工作舎、1979年）
14. Whitehead, *Nature and Life*, 45–48.（前掲『自然と生命』）
15. Ernst Haeckel, *The Wonders of Life: A Popular Study of Biological Philosophy* (London: Watts, 1904), 80.
16. Whitehead, *Nature and Life*, 61.（前掲『自然と生命』）
17. Water Science School, "The Water in You: Water and the Human Body," U.S. Geological Survey, May 22, 2019, https://www.usgs.gov/special-topic/water-science-school/science/water-you-water-and-human-body?qt-science_center_objects= 0#qt-science_center_objects.
18. H. H. Mitchell, T. S. Hamilton, F. R. Steggerda, and H. W. Bean, "The Chemical Composition of the Adult Human Body and Its Bearing on the Biochemistry of Growth," *Journal of Biological Chemistry* 158, no. 3 (May 1, 1945) : 625–637, https://doi.org/10.1016/S0021-9258(19) 51339-4.

employees-workforce-workers-2020-9-1029591975（2020年8月20日に閲覧）.
34. Jodi Kantor and David Streitfeld, "Inside Amazon: Wrestling Big Ideas in a Bruising Workplace," *The New York Times*, August 15, 2015.
35. 同上。
36. Jay Greene and Chris Alcantara, "Amazon Warehouse Workers Suffer Serious Injuries at Higher Rates Than Other Firms," *Washington Post*, June 1, 2021, https://www.washingtonpost.com/technology/2021/06/01/amazon-osha-injury-rate/.
37. Emily Guendelsberger, *On the Clock: What Low-Wage Work Did to Me and How It Drives America Insane*（Boston: Little, Brown, 2019）.
38. Esther Kaplan, "The Spy Who Fired Me: The Human Costs of Workplace Monitoring," *Harper's Magazine*, March 2015, https://harpers.org/archive/2015/03/the-spy-who-fired-me/（2020年8月21日に閲覧）.
39. Johan Huizinga, "Homo Ludens: A Study of the Play Element in Culture"（Boston: Beacon Press, 1950）, 46.
40. Jennifer deWinter et al., "Taylorism 2.0: Gamification, Scientific Management and the Capitalist Appropriation of Play," *Journal of Gaming & Virtual Worlds* 6, no. 2（June 2014）: 109–127, http://dx.doi.org/10.1386/jgvw.6.2.109_1.
41. 同上、113.
42. "Stone City-Cold Stone Creamery, Inc. : Learn the Relationship Portion Sizes and Profitability in an Ice Cream Franchise," Cold Stone Creamery Inc., http://persuasivegames.com/game/coldstone.
43. Anna Blake and James Moseley, "Frederick Winslow Taylor: One Hundred Years of Managerial Insight," *International Journal of Management* 28, no. 4（December 2011）: 346–353, https://www.researchgate.net/profile/Anne_Blake/publication/286930119_Frederick_Winslow_Taylor_One_Hundred_Years_of_Managerial_Insight/links/5670846c08aececfd5532970/Frederick-Winslow-Taylor-One-Hundred-Years-of-Managerial-Insight. pdf.
44. Jill Lepore, "Not So Fast: Scientific Management Started as a Way to Work. How Did It Become a Way of Life?" *The New Yorker*, October 5, 2009, https://www.newyorker.com/magazine/2009/10/12/not-so-fast（2020年8月21日に閲覧）.
45. Edward Cone and James Lambert, "How Robots Change the World: What Automation Really Means for Jobs and Productivity," *Oxford Economics*, June 26, 2019, https://www.oxfordeconomics.com/recent-releases/how-robots-change-the-world; Susan Lund, Anu Madgavkar, James Manyika, Sven Smit, Kweilin Ellingrud, Mary Meaney, and Olivia Robinson, "The Future of Work After COVID-19," McKinsey & Company, 2021, https://www.mckinsey.com/featured-insights/future-of-work/the-future-of-work-after-covid-19; John Hawksworth, Richard Berriman, and Saloni Goel, "Will Robots Really Steal Our Jobs? An International Analysis of the Potential Long Term Impact of Automation," PricewaterhouseCoopers, 2018, https://www.pwc.co.uk/economic-services/assets/international-impact-of-automation-feb-2018.pdf.
46. Henry Blodget, "CEO of Apple Partner Foxconn: 'Managing One Million Animals Gives Me a Headache,' " *Business Insider*, January 19, 2012, https://www.businessinsider.com/foxconn-animals-2012-1（2020年8月21日に閲覧）.
47. Cone and Lambert, "How Robots Change the World."

2020, https://fred.stlouisfed.org/series/MSPNHSUS（2020年9月17日に閲覧）.
22. Susanna Kim, "2010 Had Record 2.9 Million Foreclosures," ABC News, January 13, 2011, https://abcnews.go.com/Business/2010-record-29-million-foreclosures/story?id=12602271（2020年8月21日に閲覧）.
23. Meta Brown et al., "The Financial Crisis at the Kitchen Table: Trends in Household Debt and Credit," *Federal Reserve Bank of New York Current Issues in Economics and Finance* 19, no. 2（2013）, https://www.newyorkfed.org/medialibrary/media/research/current_issues/ci19-2.pdf.
24. "GDP United States," n.d. World Bank National Accounts Data, and OECD National Accounts Data Files, https://data.worldbank.org/indicator/NY.GDP.MKTP.CD?locations=US（2021年8月23日に閲覧）.
25. Felix Richter, "Pre-Pandemic Household Debt at Record High," Statista, July 22, 2020, https://www.statista.com/chart/19955/household-debt-balance-in-the-united-states/（2020年8月21日に閲覧）; Jeff Cox, "Consumer Debt Hits New Record of $14.3 Trillion," *CNBC*, May 5, 2020, https://www.cnbc.com/2020/05/05/consumer-debt-hitsnew-record-of-14point-3trillion.html.
26. James Womack et al., *The Machine That Changed the World: The Story of Lean Production—Toyota's Secret Weapon in the Global Car Wars That Is Now Revolutionizing World Industry*（New York: Harper Perennial, 1991）, 11.（『リーン生産方式が、世界の自動車産業をこう変える。——最強の日本車メーカーを欧米が追い越す日』沢田博訳、経済界、1990年）
27. Charles House and Raymond Price, "The Return Map: Tracking Product Teams," *Harvard Business Review*（January–February 1991）, https://hbr.org/1991/01/the-return-map-tracking-product-teams#.
28. Christopher Huxley, "Three Decades of Lean Production: Practice, Ideology, and Resistance," *International Journal of Sociology* 45, no. 2（August 2015）: 140, https://doi.org/10.1080/00207659.2015.1061859; Satoshi Kamata, Ronald Philip Dore, and Tatsuru Akimoto, *Japan in the Passing Lane: An Insider's Account of Life in a Japanese Auto Factory*（New York: Pantheon Books, 1982）; Mike Parker and Jane Slaughter, *Choosing Sides: Unions and the Team Concept*（Boston: South End Press, 1988）.（『米国自動車工場の変貌——「ストレスによる管理」と労働者』戸塚秀夫監訳、緑風出版、1995年）
29. 同上、140.
30. 同上。
31. Hayley Peterson, "Amazon's Delivery Business Reveals Staggering Growth as It's on Track to Deliver 3.5 Billion Packages Globally This Year," *Business Insider*, December 20, 2019, https://www.businessinsider.com/amazon-package-delivery-business-growth-2019-12#:~（2020年8月20日に閲覧）.
32. "Forbes 400: #1 Jeff Bezos," *Forbes*（September 2020）, https://www.forbes.com/profile/jeff-bezos/?sh=1d26aa0a1b23; "The World's Real-Time Billionaires," *Forbes*, 2022, https://www.forbes.com/real-time-billionaires/#3bfb2bde3d78（2022年3月8日に閲覧）.
33. Áine Cain and Hayley Peterson, "Two Charts Show Amazon's Explosive Growth as the Tech Giant Prepares to Add 133,000 Workers Amid Record Online Sales," *Markets Insider*, September 16, 2020, https://markets.businessinsider.com/news/stocks/amazon-number-of-

5. Committee on Recent Economic Change, "Report of the Committee on Recent Economic Changes of the President's Conference on Unemployment," in *Recent Economic Changes in the United States*, Volumes 1 and 2 (Cambridge, MA: National Bureau of Economic Research, 1929), xviii. (『米國近時の經濟變化』三上正毅・他訳、日本讀書協會事務所、1929年)
6. Will Slatyer, *The Debt Delusion: Evolution and Management of Financial Risk* (Boca Raton: Universal Publishers, 2008), 29.
7. Christopher Lasch, *The Culture of Narcissism: American Life in an Age of Diminishing Expectations* (New York: Warner Books, 1979). (『ナルシシズムの時代』石川弘義訳、ナツメ社、1981年)
8. Frederick C. Mills, *Employment Opportunities in Manufacturing Industries of the United States* (New York: National Bureau of Economic Research, 1938), 10–15.
9. Benjamin Kline Hunnicutt, "Kellogg's Six-Hour Day: A Capitalist Vision of Liberation Through Managed Work Reduction," *Business History Review* 66, no. 3 (Autumn 1992) : 475, https://www.jstor.org/stable/3116979.
10. Robert Higgs, "The Two-Price System: U.S. Rationing During World War II Price Controls and Rationing Led to Law-Breaking and Black Markets," *Foundation for Economic Education*, April 24, 2009, https://fee.org/articles/the-two-price-system-us-rationing-during-world-war-ii/ (2020年8月21日に閲覧).
11. Louis Hyman, *Debtor Nation: The History of America in Red Ink* (Princeton, NJ: Princeton University Press, 2011), 136.
12. "Number of TV Households in America 1950–1978," *The American Century*, November 15, 2014, https://americancentury.omeka.wlu.edu/items/show/136 (2020年8月21日に閲覧).
13. "Television & Health," California State University, Northridge Internet Resources, https://www.csun.edu/science/health/docs/tv&health.html (2021年6月24日に閲覧).
14. Hyman, *Debtor Nation*, 156–70.
15. 同上、270; Michael A. Turner, Patrick Walker, and Katrina Dusek, "New to Credit from Alternative Data," *PERC*, March 2009, https://www.perc.net/wp-content/uploads/2013/09/New_to_Credit_from_Alternative_Data_0.pdf.
16. Norbert Wiener, *The Human Use of Human Beings: Cybernetics and Society* (New York: Avon Books, 1954), 278. (『人間機械論——人間の人間的な利用』第2版、鎮目恭夫・池原止戈夫訳、みすず書房、2007年、他)
17. 同上、162.
18. Betty W. Su, "The U.S. Economy to 2010: Domestic Growth with Continued High Productivity, Low Unemployment Rates, and Strong Foreign Markets Characterize the Expected Outlook for the Coming Decade (Employment Outlook: 2000–10)," *Monthly Labor Review* 124, no. 11 (November 2001) : 4, https://www.bls.gov/opub/mlr/2001/11/art1full.pdf.
19. Michael Simkovic, "Competition and Crisis in Mortgage Securitization," *Indiana Law Journal* 88, no. 213 (2013) : 227, https://dx.doi.org/10.2139/ssrn.1924831.
20. Stefania Albanesi et al., "Credit Growth and the Financial Crisis: A New Narrative," National Bureau of Economic Research Working Paper 23740 (2017), 2, http://www.nber.org/papers/w23740.
21. "Median Sales Price for New Houses Sold in the United States," U.S. Census Bureau, July 1,

63. Joseph Firth, John Torous, Brendon Stubbs, Josh A. Firth, Genevieve Z. Steiner, Lee Smith, Mario Alvarez-Jimenez, John Gleeson, Davy Vancampfort, Christopher J. Armitage, and Jerome Sarris, "The "Online Brain": How the Internet May Be Changing Our Cognition," *World Psychiatry* 18 (2019) : 119–129.
64. 同上、119.
65. 同上、121.
66. 同上。
67. Firth et al., "The "Online Brain"," 123; N. Barr, G. Pennycook, J. A. Stolz, et al., "The Brain in Your Pocket: Evidence That Smartphones Are Used to Supplant Thinking," *Computers in Human Behavior* 48 (2015) : 473–480.
68. Donald Rumsfeld, "Press Conference by US Secretary of Defence, Donald Rumsfeld," NATO HQ, June 6, 2002, https://www.nato.int/docu/speech/2002/s020606g.htm.
69. John Cheney-Lippold, "A New Algorithmic Identity: Soft Biopolitics and the Modulation of Control," *Theory, Culture & Society* 28, no. 6 (2011) : 164–181.
70. Lee Rainie and Janna Anderson, "Code-Dependent: Pros and Cons of the Algorithm Age," Pew Research Center, February 8, 2017.
71. 同上、9.
72. 同上。
73. 同上、12.
74. George W. Bush, "President Bush Delivers Graduation Speech at West Point," The White House, June 1, 2002, https://georgewbush-whitehouse.archives.gov/news/releases/2002/06/20020601-3. html.
75. Svati Kirsten Narula, "The Real Problem with a Service Called 'Ghetto Tracker'," The Atlantic, September 6, 2013, https://www.theatlantic.com/technology/archive/2013/09/the-real-problem-with-a-service-called-ghetto-tracker/279403/.
76. Ian Kerr and Jessica Earle, "Prediction, Preemption, Presumption: How Big Data Threatens Big Picture Privacy," *Stanford Law Review*, Symposium 2013—Privacy and Big Data, https://www. stanfordlawreview.org/online/privacy-and-big-data-prediction-preemption-presumption/.

第六章

1. Bennett Harrison and Barry Bluestone, *The Great U-Turn: Corporate Restructuring and the Polarizing of America* (New York: Basic Books, 1990), 38.(『危険な大転進——アメリカはどこへ向かうべきか？』田中孝顕訳、騎虎書房、1990年)
2. Isador Lubin, "The Absorption of the Unemployed by American Industry," In *Brookings Institution Pamphlet Series* 1, no. 3 (Washington, D.C.: Brookings Institution, 1929) ; Isador Lubin, "Measuring the Labor Absorbing Power of American Industry," *Journal of the American Statistical Association* 24, no. 165 (1929) : 27–32, https://www.jstor.org/stable/2277004.
3. Henry Ford, *My Life and Work* (London: William Heinemann, 1923), 72.(『我が一生と事業——ヘンリー・フォード自叙伝』加藤三郎訳、文興院、1924年)
4. Charles Kettering, "Keep the Consumer Dissatisfied," *Nation's Business* 17, no. 1 (January 1929) : 30–31.

33 (2015) : 237–240, https://doi.org/10.1038/nbt.3171.

46. Carolyn Brokowski and Mazhar Adli, "CRISPR Ethics: Moral Considerations for Applications of a Powerful Tool," *Journal of Molecular Biology* 431, no. 1 (January 2019), https://www.ncbi.nlm.nih.gov/pmc/articles/PMC6286228/pdf/nihms973582.pdf.

47. Jon Cohen, "CRISPR, the Revolutionary Genetic 'Scissors,' Honored by Chemistry Nobel," *Science*, October 7, 2020, https://www.sciencemag.org/news/2020/10/crispr-revolutionary-genetic-scissors-honored-chemistry-nobel#:~:text=This%20year's%20Nobel%20Prize%20in,wheat%20to%20mosquitoes%20to%20humanss (2020年10月12日に閲覧) ; Martin Jinek, Krzysztof Chylinski, Ines Fonfara, Michael Hauer, Jennifer A. Doudna, and Emmanuelle Charpentier, "A Programmable Dual-RNA–Guided DNA Endonuclease in Adaptive Bacterial Immunity," *Science* 337, no. 6096 (2012) : 816–821, https://doi.org/10.1126/science.1225829.

48. Cohen, "CRISPR, the Revolutionary Genetic 'Scissors' Honored by Chemistry Nobel."

49. Dennis Normile, "Chinese Scientist Who Produced Genetically Altered Babies Sentenced to 3 Years in Jail," *Science Mag*, December 30, 2019, https://www.sciencemag.org/news/2019/12/chinese-scientist-who-produced-genetically-altered-babies-sentenced-3-years-jail.

50. Katelyn Brinegar, Ali K. Yetisen, Sun Choi, Emily Vallillo, Guillermo U. Ruiz-Esparza, Anand M. Prabhakar, Ali Khademhosseini, and Seok-Hyun Yun, "The Commercialization of Genome-Editing Technologies," *Critical Reviews in Biotechnology* 37, no. 7 (2017) : 924–932.

51. Brokowski and Adli, "CRISPR Ethics: Moral Considerations."

52. Mauro Salvemini, "Global Positioning System," in *International Encyclopedia of the Social & Behavioral Sciences*, 2nd ed., edited by James D. Wright (Amsterdam: Elsevier, 2015), 174–177.

53. Greg Milner, *Pinpoint: How GPS Is Changing Technology, Culture, and Our Minds* (New York: W. W. Norton, 2016).

54. 同上。

55. Thomas Alsop, "Global Navigation Satellite System (GNSS) Device Installed Base Worldwide in 2019 and 2029," Statista, 2020, https://www. statista.com/statistics/1174544/gnss-device-installed-base-worldwide/#statisticContainer.

56. "Global Navigation Satellite System (GNSS) Market Size," Fortune Business Insights, 2020, https://www.fortunebusinessinsights.com/global-navigation-satellite-system-gnss-market-103433.

57. Ashik Siddique, "Getting Lost: What Happens When the Brain's 'GPS' Mapping Malfunctions," *Medical Daily*, May 1, 2013, https://www.medicaldaily.com/getting-lost-what-happens-when-brains-gps-mapping-malfunctions-245400 (2020年11月1日に閲覧).

58. 同上。

59. Milner, Pinpoint.

60. Patricia Greenfield et al., "Technology and Informal Education: What Is Taught, What Is Learned," *Science* 323, no. 69 (2009).

61. Stuart Wolpert, "Is Technology Producing a Decline in Critical Thinking and Analysis?" *UCLA Newsroom*, January 27, 2009, https://newsroom.ucla.edu/releases/is-technology-producing-a-decline-79127.

62. 同上。

27.“Trawling Takes a Toll,” *American Museum of Natural History*, n.d., https://www.amnh.org/explore/videos/biodiversity/will-the-fish-return/trawling-takes-a-toll（2020年9月4日に閲覧）.
28.同上。Andy Sharpless and Suzannah Evans, “Net Loss: How We Continually Forget What the Oceans Really Used to Be Like［Excerpt］,” *Scientific American*, May 24, 2013, https://www.scientificamerican.com/article/shifting-baselines-in-ocean-fish-excerpt/（2022年7月25日に閲覧）.
29.Hilal Elver. “The Emerging Global Freshwater Crisis and the Privatization of Global Leadership.” Essay. In *Global Crises and the Crisis of Global Leadership*, edited by Stephen Gill (Cambridge: Cambridge University Press, 2012).
30.同上。
31.Maude Barlow, *Whose Water Is It, Anyway?* (Toronto: ECW Press, 2019), 18.
32.“1 in 3 People Globally Do Not Have Access to Safe Drinking Water—UNICEF, WHO,” World Health Organization, June 18, 2019, https://www.who.int/news/item/18-06-2019-1-in-3-people-globally-do-not-have-access-to-safe-drinking-water-unicef-who（2020年9月3日に閲覧）.
33.“Water Privatization: Facts and Figures,” Food & Water Watch, August 2, 2015, https://www.foodandwaterwatch.org/print/insight/water-privatization-facts-and-figures（2020年9月3日に閲覧）.
34.同上。
35.Diamond v. Chakrabarty, 447 U.S. 303 (1980).
36.同上。
37.同上。
38.“Genentech Goes Public.” Genentech: Breakthrough Science, April 28, 2016, https://www.gene.com/stories/genentech-goes-public.
39.Keith Schneider, “Harvard Gets Mouse Patent, A World First,” *The New York Times*, April 13, 1988, A1.
40.Association for Molecular Pathology v. Myriad Genetics, US 12-398 (2013).
41.Kelly Servick, “No Patent for Dolly the Cloned Sheep, Court Rules, Adding to Industry Jitters,” *Science*, May 14, 2014, https://www.sciencemag.org/news/2014/05/no-patent-dolly-cloned-sheep-court-rules-adding-industry-jitters.
42.“Monsanto vs. U.S. Farmers,” a report by the Center for Food Safety (2005), 11, https://www.centerforfoodsafety.org/files/cfsmonsantovsfarmerreport11305.pdf.
43.Sheldon Krimsky, James Ennis, and Robert Weissman, “Academic-Corporate Ties in Biotechnology: A Quantitative Study,” *Science, Technology, & Human Values* 16, no. 3 (July 1991).
44.Association for Molecular Pathology v. Myriad Genetics.
45.Sergio Sismondo, “Epistemic Corruption, the Pharmaceutical Industry, and the Body of Medical Science,” *Frontiers in Research Metrics and Analytics* 6 (2021), https://doi.org/10.3389/frma.2021.614013; Bernard Lo and Marilyn J. Field, *Conflict of Interest in Medical Research, Education, and Practice* (Washington, D.C.: National Academies Press, 2009), 84; Sharon Lerner, “The Department of Yes: How Pesticide Companies Corrupted the EPA and Poisoned America,” *The Intercept*, July 1, 2021, https://theintercept.com/2021/06/30/epa-pesticides-exposure-opp/; Jack T. Pronk, S. Lee, J. Lievense, et al., “How to Set Up Collaborations Between Academia and Industrial Biotech Companies,” *Nature Biotechnology*

10. "What's Driving Deforestation?" Union of Concerned Scientists, February 2016, https://www.ucsusa.org/resources/whats-driving-deforestation.
11. *USDA Coexistence Fact Sheets: Soybeans.* U.S. Department of Agriculture, 2015.
12. Wannes Hubau et al., "Asynchronous Carbon Sink Saturation in African and Amazonian Tropical Forests," Nature 579 (March 2020) : 80–87.
13. 同上。
14. 同上。
15. 同上。
16. Research and Markets, *World— Beef (Cattle Meat) — Market Analysis, Forecast, Size, Trends and Insights*, 2021.
17. Reportlinker, *Forestry and Logging Global Market Report 2021: COVID-19 Impact and Recovery to 2030*, 2020.
18. IMARC Group, *Soy Food Market: Global Industry Trends, Share, Size, Growth, Opportunity and Forecast 2021–2026*, 2021; Reportlinker, *Palm Oil Market Size, Share & Trends Analysis Report by Origin (Organic, Conventional) , by Product (Crude, RBD, Palm Kernel Oil, Fractionated) , by End Use, by Region, and Segment Forecasts, 2020–2027*, 2020.
19. M. Garside, "Topic: Mining," Statista, https://www.statista.com/topics/1143/mining/ (2021年4月30日に閲覧).
20. Marvin S. Soroos, "The International Commons: A Historical Perspective," *Environmental Review* 12, no. 1 (Spring 1988) : 1–22, https://www.jstor.org/stable/3984374.
21. Sir Walter Raleigh, "A Discourse of the Invention of Ships, Anchors, Compass, & amp;c.," in *Oxford Essential Quotations*, edited by Susan Ratcliffe (2017), https://www.oxfordreference.com/view/10.1093/acref/9780191843730.001.0001/q-oro-ed5-00008718.
22. "The United Nations Convention on the Law of the Sea (A historical perspective)," United Nations, 1998, https://www.un.org/depts/los/convention_agreements/convention_historical_perspective.htm.
23. R. R. Churchill and A. V. Lowe, *The Law of the Sea*, vol. 1 (Oxford: Oxford University Press, 1983), 130; U.S. maritime limits & Boundaries, https://nauticalcharts.noaa.gov/data/us-maritime-limits-and-boundaries.html#general-information (2021年8月21日に閲覧). Continental Shelf (Tunis. v. Libya) (International Court of Justice February 24, 1982). http://www.worldcourts.com/icj/eng/decisions/1982.02.24_continental_shelf.htm (2022年7月25日に閲覧).
24. Clive Schofield and Victor Prescott, *The Maritime Political Boundaries of the World* (Leiden: Martinus Nijhoff, 2005), 36; Food and Agriculture Organization of the United Nations, "The State of World Fisheries and Aquaculture 2020. Sustainability in Action," 2020, 94; "United Nations Convention on the Law of the Sea (UNCLOS)," Encyclopedia.com, https://www.encyclopedia.com/environment/energy-government-and-defense-magazines/united-nations-convention-law-sea-unclos (2021年5月20日に閲覧).
25. "Ocean Governance: Who Owns the Ocean?" *Heinrich Böll Stiftung: Brussels*, June 2, 2017, https://eu.boell.org/en/2017/06/02/ocean-governance-who-owns-ocean.
26. Enric Sala et al., "The Economics of Fishing the High Seas," *Science Advances* 4, no. 6 (June 2018) ; David Tickler, Jessica J. Meeuwig, Maria-Lourdes Palomares, Daniel Pauly, and Dirk Zeller, "Far from Home: Distance Patterns of Global Fishing Fleets," *Science Advances* 4, no. 8 (August 2018), https://doi.org/10.1126/sciadv.aar3279.

柴田元幸訳、朝日新聞出版、2022年、他)
9. Alfred W. Crosby, *The Measure of Reality: Quantification in Western Europe, 1250–1600* (Cambridge: Cambridge University Press, 1996), 171.(『数量化革命——ヨーロッパ覇権をもたらした世界観の誕生』小沢千重子訳、紀伊國屋書店、2003年)
10. Encyclopaedia Britannica, "Linear Perspective," https://www.britannica.com/art/linear-perspective (2021年4月30日に閲覧).
11. Galileo Galilei, "The Assayer," in *Discoveries and Opinions of Galileo* (New York: Anchor Books, 1957) (original work published 1623).(『偽金鑑識官』山田慶兒・谷泰訳、中公クラシックス、2009年)
12. Philipp H. Lepenies, *Art, Politics, and Development* (Philadelphia: Temple University Press, 2013), 48–50.
13. Walter J. Ong, *Orality and Literacy* (London: Routledge, 1982), 117.(『声の文化と文字の文化』桜井直文・林正寛・糟谷啓介訳、藤原書店、1991年、他)
14. Eric J. Hobsbawm, *Nations and Nationalism Since 1780: Programme, Myth, Reality* (Cambridge: Cambridge University Press, 1990), 60.
15. Tullio De Mauro, *Storia Linguistica Dell'Italia Unita* (Rome: Laterza, 1963).
16. Charles Killinger, *The History of Italy* (Westport, CT: Greenwood Press, 2002), 1. Massimo D'Azeglio, I Miei Ricordi (1891), 5.
17. Bob Barton, "The History of Steam Trains and Railways," Historic UK, n.d., https://www.historic-uk.com/HistoryUK/HistoryofBritain/Steam-trains-railways/ (2020年9月1日に閲覧).
18. Eric J. Hobsbawm, *The Age of Revolution*, 1789–1848 (New York: Vintage Books, 1996), 298.(『市民革命と産業革命——二重革命の時代』安川悦子・水田洋訳、岩波書店、1968年)
19. Warren D. TenHouten, Time and Society (Albany: State University of New York Press, 2015), 62.

第五章

1. John Locke, *Two Treatises on Civil Government* (London: George Routledge and Sons, 1884) (original work published 1689), 207.(『市民政府論』鵜飼信成訳、岩波文庫、1968年)
2. 同上。
3. "The Critical Zone: National Critical Zone Observatory," https://czo-archive.criticalzone.org/national/research/the-critical-zone-1national/ (2021年4月30日に閲覧).
4. Renee Cho, "Why Soil Matters," State of the Planet, April 12, 2012, https://news.climate.columbia.edu/2012/04/12/why-soil-matters/.
5. 同上。
6. Food and Agriculture Organization of the United Nations, *Livestock and Landscapes*, 2012, http://www.fao.org/3/ar591e/ar591e.pdf (2019年3月23日に閲覧).
7. 同上。
8. Geoff Watts, "The Cows That Could Help Fight Climate Change," BBC Future, August 7, 2019, https://www.bbc.com/future/article/20190806-how-vaccines-could-fix-our-problem-with-cow-emissions (2021年7月12日に閲覧).
9. Nicholas LePan, "This Map Shows the Extent of Human Impact on the Earth's Surface," World Economic Forum, December 4, 2020, https://www.weforum.org/agenda/2020/12/visualizing-the-human-impact-on-the-earth-s-surface/ (2021年4月30日に閲覧).

27. 同上。

28. "Bacterial Pneumonia Caused Most Deaths in 1918 Influenza Pandemic," National Institutes of Health, August 19, 2008, https://www.nih.gov/news-events/news-releases/bacterial-pneumonia-caused-most-deaths-1918-influenza-pandemic#:~:text=Bacterial%20Pneumonia%20Caused%20Most%20Deaths%20in%201918%20Influenza%20Pandemic,Implications%20for%20Future&text=The%20majority%20of%20deaths%20during,the%20National%20Institutes%20of%20Health（2020年8月25日に閲覧）.

29. Morgan McFall-Johnsen, "These Facts Show How Unsustainable the Fashion Industry Is," World Economic Forum, January 31, 2020, https://www.weforum.org/agenda/2020/01/fashion-industry-carbon-unsustainable-environment-pollution/（2020年8月31日に閲覧）.

30. Kirsi Niinimäki et al., "The Environmental Price of Fast Fashion," *Nature Reviews Earth & Environment* 1（April 2020）: 189–200, https://doi.org/10.1038/s43017-020-0039-9.

31. 同上、190.

32. "How Much Do Our Wardrobes Cost to the Environment?" World Bank, September 23, 2019, https://www.worldbank.org/en/news/feature/2019/09/23/costo-moda-medio-ambiente（2020年9月1日に閲覧）; Rep. *Pulse of the Fashion Industry* 2017. Global Fashion Agenda & Boston Consulting Group, 2017.

33. Niinimäki et al., "The Environmental Price of Fast Fashion."

34. 同上、191–193; "Chemicals in Textiles—Risks to Human Health and the Environment," Report from a Government Assignment, KEMI Swedish Chemicals Agency, 2014, https://www.kemi.se/download/18.6df1d3df171c243fb23a98f3/1591454110491/rapport-6-14-chemicals-in-textiles.pdf.

35. 同上、195; Ellen MacArthur Foundation and Circular Fibres Initiative, "A New Textiles Economy: Redesigning Fashion's Future"（2017）, https://emf.thirdlight.com/link/2axvc7eob8zx-za4ule/@/preview/1?o.

第四章

1. "What Hath God Wrought?" Library of Congress, May 24, 1844, https://www.loc.gov/item/today-in-history/may-24（2020年9月1日に閲覧）.

2. Sebastian de Grazia, *Of Time, Work, and Leisure*（New York: The Twentieth Century Fund, 1962）, 41.

3. 同上。

4. Reinhard Bendix, *Max Weber: An Intellectual Portrait*（Garden City: Anchor Doubleday, 1962）, 3184.（『マックス・ウェーバー――その学問の包括的一肖像』上下、折原浩訳、三一書房、1987–1988年、他）

5. Lewis Mumford, *Technics and Civilization*（New York: Harbinger, 1947）, 13–14.（『技術と文明』生田勉訳、美術出版社、1972年、他）

6. Daniel J. Boorstin, *The Discoverers*（New York: Random House, 1983）, 38.（『大発見――未知に挑んだ人間の歴史』鈴木主税・野中邦子訳、集英社、1988年）

7. Mary Bellis, "The Development of Clocks and Watches over Time," *ThoughtCo.*, February 6, 2019, https://www.thoughtco.com/clock-and-calendar-history-1991475.

8. Jonathan Swift, *Gulliver's Travels: The Voyages to Lilliput and Brobdingnag*（Ann Arbor: University of Michigan Press, 1896）（original work published 1726）, 48.（『ガリバー旅行記』

http://citeseerx.ist.psu.edu/viewdoc/download?doi=10.1.1.80.3270&rep=rep1&type=pdf（2020年8月25日に閲覧）.
6. Anju Bala, "Green Revolution and Environmental Degradation," *National Journal of Multidisciplinary Research and Development* 3, no. 1（January 2018）, http://www.nationaljournals.com/archives/2018/vol3/issue1/2-3-247.
7. "The Hidden Costs of Industrial Agriculture," Union of Concerned Scientists, August 24, 2008, https://www.ucsusa.org/resources/hidden-costs-industrial-agriculture（2020年8月25日に閲覧）.
8. 同上。
9. Boyd A. Swinburn et al., "The Global Syndemic of Obesity, Undernutrition, and Climate Change: *The Lancet* Commission Report," *The Lancet* 393（2019）: 791–846, https://doi.org/10.1016/S0140-6736（18）32822-8.
10. 同上。
11. 同上。
12. 同上。
13. 同上。
14. Kevin E. Trenberth, "Changes in Precipitation with Climate Change," *Climate Research* 47（March 2011）: 123, https://doi.org/10.3354/cr00953.
15. Kim Cohen et al., "The ICS International Chronostratigraphic Chart," *Episodes* 36, no. 3（September 1, 2013）: 200–201, https://doi.org/10.18814/epiiugs/2013/v36i3/002.
16. "Healthy Soils Are the Basis for Healthy Food Production," Food and Agriculture Organization of the United Nations, February 19, 2015, http://www.fao.org/3/a-i4405e.pdf（2020年8月25日に閲覧）.
17. David Wallinga, "Today's Food System: How Healthy Is It?" *Journal of Hunger & Environmental Nutrition* 4, no. 3–4（December 2009）: 251–281, https://doi.org/10.1080/19320240903336977.
18. 同上。
19. Peter Dolton and Mimi Xiao, "The Intergenerational Transmission of Body Mass Index Across Countries," *Economics & Human Biology* 24（February 2017）: 140–152, https://doi.org /10.1016/j.ehb.2016.11.005.
20. Michelle J. Saksena et al., "America's Eating Habits: Food Away from Home," U.S. Department of Agriculture, September 2018, https://www.ers.usda.gov/webdocs/publications/90228/eib-196_ch8.pdf ?v=3344.
21. 同上。
22. "Antibiotic Resistance Threats in the United States, 2019," Centers for Disease Control and Prevention（2019）, 18, http://dx.doi.org/10.15620/cdc:82532.
23. 同上、vii.
24. Susan Brink, "Why Antibiotic Resistance Is More Worrisome Than Ever," NPR, May 14, 2020, https://www.npr.org/sections/goatsandsoda/2020/05/14/853984869/antibiotic-resistance-is-still-a-top-health-worry-its-a-pandemic-worry-too（2020年8月25日に閲覧）.
25. "Drug-Resistant Infections: A Threat to Our Economic Future," World Bank, March 2017, viii, http://documents1.worldbank.org/curated/en/323311493396993758/pdf/final-report. pdf.
26. 同上、18.

34. G. Tyler Miller, *Energetics, Kinetics, and Life: An Ecological Approach* (Belmont: Wadsworth, 1971), 293.
35. 同上、291.
36. Elias Canetti, *Crowds and Power* (London: Gollancz, 1962), 448.
37. "James Watt," *Encyclopaedia Britannica*, https://www.britannica.com/biography/James-Watt (2020年8月23日に閲覧).
38. Margaret Schabas, "Alfred Marshall, W. Stanley Jevons, and the Mathematization of Economics," *Isis, A Journal of the History of Science Society* 80, no. 1 (March 1989) : 60–72, http://www.jstor.com/stable/234344.
39. William Stanley Jevons, *The Progress of the Mathematical Theory of Political Economy* (J Roberts, 1875), https://babel.hathitrust.org/cgi/pt?id=ien.35556020803433&view=1up&seq=22&skin=2021 (2022年7月25日に閲覧).
40. William Stanley Jevons, *The Theory of Political Economy*, 3rd ed. (London: Macmillan, 1888). (『経済学の理論』近代経済学古典選集 4、小泉信三・寺尾琢磨・永田清訳、寺尾琢磨改訳、日本経済評論社、1981年、他)
41. 同上、vii.
42. Frederick Soddy, *Matter and Energy* (New York: H. Holt, 1911), 10–11.
43. Ilya Prigogine, "Only an Illusion," *The Tanner Lectures on Human Values*, December 18, 1982, https://tannerlectures.utah.edu/_resources/documents/a-to-z/p/Prigogine84.pdf (2020年8月23日に閲覧).
44. 同上、46.
45. 同上、50.
46. 同上。

第三章

1. "Historical Estimates of World Population," U.S. Census Bureau, July 5, 2018, https://www.census.gov/data/tables/time-series/demo/international-programs/historical-est-worldpop.html (2020年8月24日に閲覧).
2. Helmut Haberl, Karl-Heinz Erb, Fridolin Krausmann, Veronika Gaube, Alberte Bondeau, Christoph Plutzar, Simone Gingrich, Wolfgang Lucht, and Marina Fischer-Kowalski, "Quantifying and Mapping the Human Appropriation of Net Primary Production in Earth's Terrestrial Ecosystems," *Proceedings of the National Academy of Sciences* 104, no. 31 (2007), https://www.pnas.org/doi/pdf/10.1073/pnas.0704243104.
3. Fridolin Krausmann, Karl-Heinz Erb, Simone Gingrich, Helmut Haberl, Alberte Bondeau, Veronika Gaube, Christian Lauk, Christoph Plutzar, and Timothy D. Searchinger, "Global Human Appropriation of Net Primary Production Doubled in the 20th Century," *Proceedings of the National Academy of Sciences* 110, no. 25 (June 3, 2013), https://doi.org/10.1073/pnas.1211349110.
4. "What on Earth Is Soil?" U. S. Department of Agriculture Natural Resources Conservation Service, n.d., https://www.nrcs.usda.gov/wps/PA_NRCSConsumption/download?cid=nrcseprd994617&ext=pdf (2020年8月25日に閲覧).
5. Prabhu L. Pingali and Mark W. Rosegrant, "Confronting the Environmental Consequences of the Green Revolution in Asia," International Food Policy Research Institute, August 1994,

18. James E. M. Watson et al., "Protect the Last of the Wild," *Nature* 563 (2018) : 27–40, http://dx.doi.org/10.1038/d41586-018-07183-6.

19. John Herman Randall, *The Making of the Modern Mind* (Cambridge: Houghton Mifflin, 1940), 241 (『人生を創る』木内基茂訳、教材社、1941年) ; quotation by René Descartes in René Descartes, *Rules for the Direction of the Mind* (1684). (『精神指導の規則』野田又夫訳、岩波文庫、1950年、他)

20. 同上、241–242.

21. René Descartes, *Treatise of Man*, translated by Thomas Steele Hall (Cambridge, MA: Harvard University Press, 1972). (『デカルト著作集 増補版』4所収、伊東俊太郎・塩川徹也訳、白水社、2001年)

22. Daniel Everett, "Beyond Words: The Selves of Other Animals," *New Scientist*, July 8, 2015, https://www.newscientist.com/article/dn27858-beyond-words-the-selves-of-other-animals/ (2020年7月31日に閲覧).

23. Gillian Brockell, "During a Pandemic, Isaac Newton Had to Work from Home, Too. He Used the Time Wisely," *The Washington Post*, March 12, 2020, https://www.washingtonpost.com/history/2020/03/12/during-pandemic-isaac-newton-had-work-home-too-he-used-time-wisely/ (2020年7月20日に閲覧).

24. "Philosophiæ Naturalis Principia Mathematica (MS/69) " (University of Cambridge Digital Library, n.d.), https://cudl.lib.cam.ac.uk/view/MS-ROYALSOCIETY-00069/7.

25. National Aeronautics and Space Administration, "More on Newton's Law of Universal Gravitation," *High Energy Astrophysics Science Archive Research Center*, May 5, 2016, https://imagine.gsfc.nasa.gov/features/yba/CygX1_mass/gravity/more.html (2020年7月20日に閲覧).

26. Isaac Newton, *Newton's Principia: The Mathematical Principles of Natural Philosophy* (New York: Daniel Adee, 1846). (『プリンシピア——自然哲学の数学的原理』中野猿人訳、講談社、1977年、他)

27. Norriss S. Hetherington, "Isaac Newton's Influence on Adam Smith's Natural Laws in Economics," *Journal of the History of Ideas* 44, no. 3 (1983) : 497–505, http://www.jstor.com/stable/2709178.

28. Martin J. Klein, "Thermodynamics in Einstein's Thought: Thermodynamics Played a Special Role in Einstein's Early Search for a Unified Foundation of Physics," *Science* 157, no. 3788 (August 4, 1967) : 509–513, https://doi.org/10.1126/science.157.3788.509.

29. Mark Crawford, "Rudolf Julius Emanuel Clausius," ASME, April 11, 2012, https://www.asme.org/topics-resources/content/rudolf-julius-emanuel-clausius.

30. National Aeronautics and Space Administration, "Meteors & Meteorites," *NASA Science*, December 19, 2019, https://solarsystem.nasa.gov/asteroids-comets-and-meteors/meteors-and-meteorites/in-depth/ (2020年8月23日に閲覧).

31. Brian Greene, "That Famous Equation and You," *The New York Times*, September 30, 2005.

32. Nahid Aslanbeigui, "Pigou, Arthur Cecil (1877–1959)," in *The New Palgrave Dictionary of Economics*, edited by Steven N. Durlauf and Lawrence E. Blume (London: Palgrave Macmillan, 2008).

33. Erwin Schrödinger, *What Is Life?* (New York: Macmillan, 1947), 72–75. (『生命とは何か——物理的にみた生細胞』岡小天・鎮目恭夫訳、岩波文庫、2008年、他)

5. Mary Pattison, *The Business of Home Management: The Principles of Domestic Engineering* (New York: R. M. McBride, 1918) ; Haber, Efficiency and Uplift, 62.
6. Haber, *Efficiency and Uplift*, 62. (前掲『科学的管理の生成と発展』)
7. William Hughes Mearns, "Our Medieval High Schools: Shall We Educate Children for the Twelfth or the Twentieth Century?" *Saturday Evening Post*, March 2, 1912; Raymond E. Callahan, *Education and the Cult of Efficiency: A Study of the Social Forces That Have Shaped the Administration of The Public Schools* (Chicago: University of Chicago Press, 1964), 50. (『教育と能率の崇拝』中谷彪・中谷愛訳、教育開発研究所、1996年)
8. Maude Radford Warren, "Medieval Methods for Modern Children," *Saturday Evening Post*, March 12, 1912; Callahan, *Education and the Cult of Efficiency*, 50.
9. Wayne Au, "Teaching Under the New Taylorism: High-Stakes Testing and the Standardization of the 21st Century Curriculum," *Journal of Curriculum Studies* 43, no. 1 (2011) : 25–45, https://doi.org/10.1080/00220272.2010.521261.
10. Samuel P. Hays, *Conservation and the Gospel of Efficiency: The Progressive Conservation Movement*, 1890–1920 (Pittsburgh: University of Pittsburgh Press, 1999), 127.
11. "Open for Business (and Not Much Else) : Analysis Shows Oil and Gas Leasing Out of Whack on BLM Lands." The Wilderness Society, n.d., https://www.wilderness.org/articles/article/open-business-and-not-much-else-analysis-shows-oil-and-gas-leasing-out-whack-blm-lands.
12. "In the Dark: The Hidden Climate Impacts of Energy Development on Public Lands," The Wilderness Society, n.d., https://www.wilderness.org/sites/default/files/media/file/In%20the%20Dark%20Report_FINAL_Feb_2018.pdf(2021年4月16日に閲覧) ; Matthew D. Merrill, Benjamin M. Sleeter, Philip A. Freeman, Jinxun Liu, Peter D. Warwick, and Bradley C. Reed, "Federal Lands Greenhouse Gas Emissions and Sequestration in the United States: Estimates for 2005–14. Scientific Investigations Report 2018–5131," U.S. Geological Survey, U.S. Department of the Interior, 2018.
13. Chris Arsenault, "Only 60 Years of Farming Left If Soil Degradation Continues," *Scientific American*, December 5, 2014, https://www.scientificamerican.com/article/only-60-years-of-farming-left-if-soil-degradation-continues/.
14. "Fact Sheet: What on Earth Is Soil?" Natural Resources Conservation Service, 2003, https://www.nrcs.usda.gov/Internet/FSE_DOCUMENTS/nrcs144p2_002430.pdf.
15. Robin McKie, "Biologists Think 50% of Species Will Be Facing Extinction by the End of the Century," *The Guardian*, February 25, 2017, https://www.theguardian.com/environment/2017/feb/25/half-all-species-extinct-end-century-vatican-conference(2020年8月22日に閲覧).
16. Yadigar Sekerci and Sergei Petrovskii, "Global Warming Can Lead to Depletion of Oxygen by Disrupting Phytoplankton Photosynthesis: A Mathematical Modelling Approach," *Geosciences* 8, no. 6 (June 2018) : 201, https://doi.org/10.3390/geosciences8060201; "Research Shows Global Warming Disaster Could Suffocate Life on Planet Earth," University of Leicester, December 1, 2015, https://www2.le.ac.uk/offices/press/press-releases/2015/december/global-warming-disaster-could-suffocate-life-on-planet-earth-research-shows.
17. Abrahm Lustgarten, "The Great Climate Migration," *The New York Times Magazine*, July 23, 2020, https://www.nytimes.com/interactive/2020/07/23/magazine/climate-migration.html (2020年8月22日に閲覧).

5. William Galston, "Efficiency Isn't the Only Economic Virtue," *The Wall Street Journal*, March 10, 2020.
6. 同上。
7. Marco Rubio, "We Need a More Resilient American Economy," *The New York Times*, April 20, 2020.
8. 同上。
9. "Rethinking Efficiency," *Harvard Business Review*, 2019, https://hbr.org/2019/01/rethinking-efficiency.
10. Roger Martin, "The High Price of Efficiency," *Harvard Business Review* (January–February 2019), 42–55.
11. 同上。
12. Annette McGivney, " 'Like Sending Bees to War': The Deadly Truth Behind Your Almond Milk Obsession," *The Guardian*, January 8, 2020, https://www.theguardian.com/environment/2020/jan/07/honeybees-deaths-almonds-hives-aoe; Selina Bruckner, Nathalie Steinhauer, S. Dan Aurell, Dewey Caron, James Ellis, et al., "Loss Management Survey 2018–2019 Honey Bee Colony Losses in the United States: Preliminary Results," Bee Informed Partnership, https://beeinformed.org/wp-content/uploads/2019/11/2018_2019-Abstract.pdf (2021年6月23日に閲覧).
13. Tom Philpott and Julia Lurie, "Here's the Real Problem with Almonds," *Mother Jones*, April 15, 2015, https://www.motherjones.com/environment/2015/04/real-problem-almonds/; Almond Board of California, About Almonds and Water, n.d., https://www.almonds.com/sites/default/files/content/attachments/about_almonds_and_water_-_september_2015_1.pdf.
14. Almond Board of California, California Almond Industry Facts, 2016, https://www.almonds.com/sites/default/files/2016_almond_industry_factsheet.pdf.
15. Hannah Devlin and Ian Sample, "Yoshinori Ohsumi Wins Nobel Prize in Medicine for Work on Autophagy," *The Guardian*, October 3, 2016, https://www.theguardian.com/science/2016/oct/03/yoshinori-ohsumi-wins-nobel-prize-in-medicine.
16. "The Nobel Prize in Physiology or Medicine 2016," The Nobel Assembly at Karolin ska Institutet, 2016, https://www.nobelprize.org/uploads/2018/06/press-34.pdf.
17. Pat Lee Shipman, "The Bright Side of the Black Death," *American Scientist* 102, no. 6 (2014): 410, https://doi.org/10.1511/2014.111.410.

第二章

1. Charlie Chaplin, *Modern Times* (United Artists, 1936).
2. Samuel Haber, *Efficiency and Uplift: Scientific Management in the Progressive Era*, 1890–1920 (Chicago: University of Chicago Press, 1965), 62 (『科学的管理の生成と発展』小林康助・今川仁視訳、広文社、1983年); Martha Bensley Bruère and Robert W. Bruère, *Increasing Home Efficiency* (New York: Macmillan, 1912), 291.
3. Christine Frederick, "The New Housekeeping: How It Helps the Woman Who Does Her Own Work," *Ladies' Home Journal*, September–December 1912, 13, 23.
4. Christine Frederick, *The New Housekeeping: Efficiency Studies in Home Management* (Doubleday, Page, 1913), 30.

注

序

1. Vivek V. Venkataraman, Thomas S. Kraft, Nathaniel J. Dominy, and Kirk M. Endicott, "Hunter-Gatherer Residential Mobility and the Marginal Value of Rainforest Patches," *Proceedings of the National Academy of Sciences* 114, no. 12 (March 6, 2017) : 3097, https://doi.org/10.1073/pnas.1617542114.
2. Marie-Jean-Antoine-Nicolas Caritat, Marquis de Condorcet, *Outlines of an Historical View of the Progress of the Human Mind* (Philadelphia: M. Carey, 1795), https://oll.libertyfund.org/titles/1669%20 (2019年5月11日に閲覧).(『人間精神進歩史』第一・二部、渡辺誠訳、岩波文庫、1951年)
3. The Bible: *Authorized King James Version with Apocrypha* (Oxford: Oxford University Press Oxford World's Classics, 2008), 2.
4. Nicholas Wade, "Your Body Is Younger Than You Think," *The New York Times*, August 2, 2005, https://www.nytimes.com/2005/08/02/science/your-body-is-younger-than-you-think.html; Ron Milo and Rob Phillips, *Cell Biology by the Numbers* (New York: Garland Science, 2015), 279.(『数でとらえる細胞生物学』舟橋啓監訳、羊土社、2020年)
5. Wade, "Your Body Is Younger Than You Think."
6. Helmut Haberl, Karl-Heinz Erb, Fridolin Krausmann, Veronika Gaube, Alberte Bondeau, Christoph Plutzar, Simone Gingrich, Wolfgang Lucht, and Marina Fischer-Kowalski, "Quantifying and Mapping the Human Appropriation of Net Primary Production in Earth's Terrestrial Ecosystems," *Proceedings of the National Academy of Sciences* 104, no. 31 (2007) : 12942–12947, https://www.pnas.org/doi/pdf/10.1073/pnas.0704243104; Fridolin Krausmann et al., "Global Human Appropriation of Net Primary Production Doubled in the 20th Century," *Proceedings of the National Academy of Sciences* 110, no. 25 (June 2013) : 10324–10329, https://doi.org/10.1073/pnas.1211349110.
7. Krausmann et al., "Global Human Appropriation of Net Primary Production Doubled in the 20th Century."

第一章

1. Adam Smith, *An Inquiry into the Nature and Causes of the Wealth of Nations* (Oxford: Oxford University Press, 1976) (original work published 1776), 454.(『国富論――国民の富の性質と原因に関する研究』上下、高哲男訳、講談社学術文庫、2020年、他)
2. Alex T. Williams, "Your Car, Toaster, Even Washing Machine, Can't Work With out Them. And There's a Global Shortage," *The New York Times*, May 14, 2021, https://www.nytimes.com/2021/05/14/opinion/semiconductor-shortage-biden-ford.html?referringSource=articleShare.
3. "Enhanced Execution, Fresh Portfolio of Exciting Vehicles Drive Ford's Strong Q1 Profitability, As Trust in Company Rises," Ford Motor Company, April 28, 2021, https://s23.q4cdn.com/799033206/files/doc_financials/2021/q1/Ford-1Q2021-Earnings-Press-Release.pdf.
4. Williams, "Your Car, Toaster, Even Washing Machine, Can't Work Without Them. And There's a Global Shortage."

ジェレミー・リフキン
経済社会理論家。EU、中国、メルケル独首相をはじめ、世界各国の首脳・政府高官のアドバイザーを歴任。経済・社会・科学技術を分析し、未来構想を提示する手腕への評価が高く、アメリカ政府の政策形成にも大きな影響力をもつ。経済動向財団会長及びTIRコンサルティング・グループ代表。ペンシルヴェニア大学ウォートンスクール上級講師。『限界費用ゼロ社会』、『エイジ・オブ・アクセス』、『第三次産業革命』などが世界的ベストセラーに。一九八〇年代から気候変動の危機を訴えるなど、先見性にも定評がある。

柴田裕之 しばた・やすし
翻訳家。早稲田大学、アーラム・カレッジ卒業。訳書にジェレミー・リフキン『限界費用ゼロ社会』、ユヴァル・ノア・ハラリ『サピエンス全史』『ホモ・デウス』、ニーアル・ファーガソン『大惨事(カタストロフィ)の人類史』ほか話題書多数。

レジリエンスの時代《じだい》
再野生化《さいやせいか》する地球《ちきゅう》で、人類《じんるい》が生《い》き抜《ぬ》くための大転換《だいてんかん》

2023年9月30日　第1刷発行

著者　ジェレミー・リフキン
訳者　柴田裕之
発行者　樋口尚也
発行所　株式会社 集英社
〒101-8050 東京都千代田区一ツ橋2-5-10
電話 編集部 03-3230-6137
読者係 03-3230-6080
販売部 03-3230-6393(書店専用)
印刷所　大日本印刷株式会社
製本所　株式会社ブックアート
マークデザイン+ブックデザイン　鈴木成一デザイン室
カバーデザイン　川名潤　Photo: Jan Stýblo / Alamy Stock Photo

Printed in Japan　ISBN978-4-08-737002-7　C0033

Shueisha
Series
Common